《朱子学研究》编辑委员会

CSSCI来源集刊

《朱子学研究》编委会◎编

朱子学研究

【第四十四辑】

周谷城题

江西人民出版社
Jiangxi People's Publishing House
全国百佳出版社
·南昌·

图书在版编目（CIP）数据

朱子学研究 . 第四十四辑 /《朱子学研究》编委会编 . -- 南昌 : 江西人民出版社 , 2025. 6. -- ISBN 978-7-210-16525-5

Ⅰ. B244.75-53

中国国家版本馆 CIP 数据核字第 2025RZ8759 号

朱子学研究 · 第四十四辑
ZHUZIXUE YANJIU · DI-SISHISI JI

《朱子学研究》编委会　编

责 任 编 辑：李鉴和　郭文慧
封 面 设 计：回归线视觉传达

江西人民出版社
Jiangxi People's Publishing House
全国百佳出版社
出版发行

地　　　址：江西省南昌市三经路 47 号附 1 号（邮编：330006）
网　　　址：www. jxpph. com
电 子 信 箱：jxpph@tom. com
编辑部电话：0791-86892125
发行部电话：0791-86898815
承　印　厂：江西新华印刷发展集团有限公司
经　　　销：各地新华书店

开　　　本：720 毫米 × 1000 毫米　1/16
印　　　张：24.75
字　　　数：380 千字
版　　　次：2025 年 6 月第 1 版
印　　　次：2025 年 6 月第 1 次印刷
书　　　号：ISBN 978-7-210-16525-5
定　　　价：50. 00 元
赣版权登字 -01-2025-269

目 录

儒家思想史研究

朱子理学研究

朱子、阳明格致说关系辨

赵 玫*

【摘 要】对于朱子，“明德”是“本心”，亦为心之全体，“明明德”即明心。格致属于明心工夫的一种，它并非在外物中获取性理，而是心之自觉与自明。朱子格致论包含两个基本内容：首先，心作为一物，格物含有“格心”义，从良心发见之端推扩至心之全体，既是格物又是致知。这与阳明“致良知”而复见本心之明的思路类似。其次，物是心知之物，知是及物之知，知与物是内外合一的。从“物是心知之物”来看，朱子与阳明亦无不同。二人之说有交集，但也有差异：一则，“格心”是朱子格致说中的一端，却是阳明格致说的全部；二则，在“吾心即物理”“物理即吾心”之圆融论述中，朱子两头并取，阳明却更重前者。从根本上说，阳明格致说不能被朱子说所涵摄。阳明“无善无恶”的心体说源自胡五峰，五峰其说曾被朱子批评。性体作为格致说的本体前提，因不能保证纯粹善，意与知的道德难以保证。加之阳明视明德为形上者，高估心的作用，又有重心轻物的思想倾向，必然导致其格致说陷入险厄之境。

【关键词】明心；格致；朱子；阳明

---

*【作者简介】赵玫，西北民族大学马克思主义学院副教授，哲学博士，研究方向为宋明理学与朱子学。

【项目基金】2024年度教育部哲学社会科学研究后期资助重大项目“现代视域下的儒家人道观新论”（24JHQ005）。

历来探讨朱子、王阳明格致说的关系，主要有三种观点：一种站在陆王学的立场上，批评朱子学析心理为二，是专务向外而遗其内的"义外"之学。如牟宗三视朱子格致论为"泛认知主义格物论"，进而称朱子学缺乏自发自律的实体心，定其为"他律道德"[①]。第二种以和会朱、王为目的。具体而论，学者或调停二说，如明儒施邦耀认为，朱子格致论并非泛滥外求，阳明说亦非主内而遗外；学者或呈现二说的包含关系，日本学者吾妻重二视朱子格致论有内外两个面向，阳明之说舍弃外而独守内，被朱学囊括。[②]第三种为朱子辩，认为朱子格致论是合内外、一心理之学，"义外"的评价实乃误读。代表人物如明儒胡居仁、高攀龙，清儒朱泽沄，现代学者唐君毅。

上述前两种观点声势不小，但若将朱子格致说纳入"明明德"的工夫总纲，似可直显其合内外、一心理这一特点，澄清误读，进而辨明二人格致说的关系。

一、朱子格致工夫的始与终：本心即明德

朱子对本心的论述，是其格致论的出发点与落脚点，因所有的工夫须在心上做，且工夫的指向是复归本心之明。

朱子论本心，需与论天、性合观。朱子言：

> 盖天者，理之自然，而人之所由以生者也；性者，理之全体，而人之所得以生者也；心则人之所以主于身而具是理者也。天大无外，而性禀其全，故人之本心，其体廓然，亦无限量。惟其梏于形器之私，滞于闻见之小，是以有所蔽而不尽。[③]

---

① 牟宗三：《心体与性体》（下），吉林出版集团有限责任公司，2013，第 356 页。

② ［日］吾妻重二：《朱子学的新研究：近世士大夫思想的展开》，商务印书馆，2017，第 245 页。

③ 朱熹：《晦庵先生朱文公文集》卷六十七《尽心说》，朱杰人等主编：《朱子全书（修订本）》第 23 册，上海古籍出版社、安徽教育出版社，2010，第 3273 页。

理自然流行而赋予万物，被称为天命；人禀赋得理之全体，则被称为人性；而人性无形象方体，唯有以心的形式落实与显见，并作为人身的主宰。因此，“天”“性”“心”，是从不同角度描述同一超越者。就本然而言，天命下贯于人性是整全的，人性通过心的显呈也可以是完全通达的。从这个意义上说，人之本心即完备之人性，亦整全之天理。本心是“无限量”之心。

朱子之本心，被称为“心之全体”，它不夹杂一毫私欲而有无限妙用：“心之全体湛然虚明，万理具足，无一毫私欲之间；其流行该遍，贯乎动静，而妙用又无不在焉。”[①] 全体之心，即统性情而无不善之心，其未发时含众理，已发时妙用显形、流行不已。

朱子之本心也称为“明德”。朱子称：“明德者，人之所得乎天，而虚灵不昧，以具众理而应万事者也。”[②] 人所禀得者，有理有气，理称性，气称心，心具性而为一体。“虚灵不昧”是朱子对心的惯常描述，其内具性理而能接应万事。朱子释“明德”，正是指心之全体而言，朱子称：“明德是指全体之妙。”[③] 这一“心之全体”是心性合一、圆融无间的统一整体，即“道理在心里光明照彻，无一毫不明”[④]。因此，有善无恶的未发之心、已发之情皆为明德。朱子将其具体描述为：“明德，是我得之于天，而方寸中光明底物事。统而言之，仁义礼智。以其发见而言之，如恻隐、羞恶之类；以其见于实用言之，如事亲、从兄是也。”[⑤] 仁义礼智是性，是从未发而言明德；恻隐、羞恶为情，事亲、从兄是实理落实在具体的事上，是从已发而言明德。简言之，仁义礼智是明德之体，恻隐、羞恶、辞让、是非是明德之用，明德是心之全体。这和朱子“心统性情”之旨是一致的。

综上，“本心”“心之全体”“明德”是对同一对象的不同指称。它既指心在未发时的浑然在中，亦指已发时的无不中节。未发之“本心”被称为“心之

① 朱熹：《朱子语类》卷五，黎靖德编，王星贤点校，中华书局，1986，第 94 页。
② 朱熹：《四书章句集注》，中华书局，1983，第 3 页。
③ 《朱子语类》卷十四，第 261 页。
④ 《朱子语类》卷十四，第 260 页。
⑤ 《朱子语类》卷十四，第 271 页。

本体”，指心本然的体段[1]：“却是心之本体本无不善，其流为不善者，情之迁于物而然也。”[2]已发之“本心”则被称为“良心”：“‘孩提之童，无不知爱其亲；及其长也，无不知敬其兄’，此良心也。良心便是明德。”[3]爱亲敬兄是人心呈现出来的本有的良善，这是在用上说明德。同时，良心又是人所本具的基本道德能力，因此朱子又将“明德”或“良心”称为“良知”与“良能”：“良知、良能，本自有之，只为私欲所蔽，故暗而不明。所谓‘明明德’者，求所以明之也。”[4]据此可推知，四端与道心即已发之“本心”，是强调“本心”的直接流行发用。

质言之，在朱子，从本然的意义上论心，它是纯善的，是与理无间隔的。从全体来看，它被称为“本心”“心之全体”“明德”；从其体来看，它被称为“心之本体”“未发之中”；从其用来看，它被称为“已发之和”“良心”“良知”“良能”“道心”“四端”。然而，无论是全体而言之心、心之体、心之用，虽已具内在的超越性，实现了心与理的一致，但仍属形而下的经验物。

二、朱子格致论的两个面向：“格心”与知与物“正相照在”

既然“明德”是“本心”，亦为心之全体，“明明德”的工夫便是将被气质物欲所杂的人心复归其初的过程。此工夫不仅指复归未发之心体的虚灵不昧，亦指复归已发之心用的明觉鉴照。因此，“明明德”即明心。

明明德作为心学工夫的总纲领，统领具体条目，朱子提出：

> 所谓明之者，致知、格物、诚意、正心、修身，皆明之之事，五者不

---

① “本体”一词在朱子思想中有两种用法：一属联合式复合词，指事物的终极根据，是形而上者；二属偏正式复合词，指本然的体段，是形而下者。这里的“心之本体”指后者，说明心有本来面目，而非指心如性一般是形而上的本体存在。

② 《朱子语类》卷五，第 92 页。

③ 《朱子语类》卷十四，第 269 页。

④ 《朱子语类》卷十四，第 267 页。

可阙一。若阙一，则德有所不明。……惟知无不尽，物无不格，意无不诚，心无不正，身无不修，即是尽明明德之功夫也。[①]

可见，格、致、诚、正、修的工夫即明心（明明德）的工夫。

既然格物致知亦属明心（明明德）工夫的一种，朱子也强调“明德在人，非是从外面请入来底”，则明明德是“为己工夫”。[②] 则朱子之格致论并非在外物中获取性理，而应当是心之自觉与自明。

朱子将“致知”解释为“推极吾之知识，欲其所知无不尽也”[③]。知之、识之是心的功能，知识是心所具有，“推极”又被朱子训为“推开去”“以手推送去”，又喻为“暗室中见些子明处，便寻从此明处去。忽然出到外面，见得大小大明”[④]。可知这一“推极”的动作是从“暗室”到“外面”，由内而外，说明人心虽被气质物欲有部分的蒙蔽，但总有本心之明的显见，由此推扩以至于穷尽心之所知，便是“致知”，按朱子说，此即孟子之“知皆扩而充之矣，若火之始然，泉之始达”（《孟子·公孙丑上》）。

朱子将“格物”解释作“穷至事物之理，欲其极处无不到也”[⑤]。朱子所谓“事物”的范围很广，“凡有声色貌象而盈于天地之间者，皆物也”[⑥]，说明凡有声臭的形而下者皆是物。朱子又指出物的具体范围：“心之为物”（包含志、意、才、情等心之诸功能）、“身之所具”（包括眼耳鼻舌身）、“身之所接”（即与人交接之事）及外在的人或具体存在物。[⑦] 从朱子的理气论来看，万物属形而下之气，凡气中皆有形而上的理。心中有人性、事中有常理、物中有物则，这些都是“事物之理”。它们不仅包括“所当然者”，亦包括“所以然者”。“格”当被训为“穷至”或“极致”，意味着格物是推致形而下之事物到极处，即穷究事

---

① 《朱子语类》卷十四，第 265 页。

② 《朱子语类》卷十四，第 261 页。

③ 《四书章句集注》，第 4 页。

④ 《朱子语类》卷十五，第 291 页。

⑤ 《四书章句集注》，第 4 页。

⑥ 《大学或问》，《朱子全书（修订本）》第 6 册，第 526 页。

⑦ 《大学或问》，《朱子全书（修订本）》第 6 册，第 527 页。

物而知形而上者的活动。

综上，“致知”是推扩本心之明的工夫，“格物”是穷极事物之理的工夫。合观“致知”与“格物”，可获得几点结论性认识：

首先，结合之前的结论，心属一般经验物又具超越性，那么，心作为经验物，是格物的客体，其属形而下者却内具性理为根据；心又作为超越物，是致知的主体，它有明处且能推扩此明之端。由此，格物中含有“格心”义。心不是对象性地打量自身，心自明又自推扩其知，而其所知者即其内具的性理。在此意义上，格物与致知实现了统一：格物即穷尽心中之理，致知即推扩此心之一点明以至于全体之明。简言之，格物即致知，它是从良知发见之端扩充至整个心体之全的过程，即心自寻求与理的完全贴合的过程。“格心”是朱子格物论的含义之一，但不是全部，正如明儒罗整庵所阐明：“人之有心，固然亦是一物，然专以格物为格此心则不可。”①

其次，结合朱子的理气论，极本穷源之性只是一，但在人、事、物当中则各有不同。因此，理异，万事万物表现出不同的气质之性；理同，心之理即物之理，物之理即事之理，诸物可以相通。如此，人心所具有的知识能向外推扩，物之中的理能被人穷极，正由于心与物中的理本同而相通。当人推扩得一分知识，物理便被穷格得一分，这一过程是同一的。也就是说，心之明的推扩与物之理的穷格是同一的。

从以上两点来看朱子的格致论，一方面，因“心之为物”，格物中包括格心，这并非以心格心，而是从本心发端之明推扩至本心全体之明的过程。这便是程子所谓“求之性情”为格物之一端的意思，也是朱子提出“凡自家身心上，皆须体验得一个是非”②的意思。另一方面，格物与致知并非次第有别的不同工夫，而是同一过程的两个面向。格物的主体是心，致知须指向物，心与物在本然意义上相通。因此，物之理能被心格，心之知因物而尽。格物以尽心知，致知以穷物理。所以朱子说：“知与物至切近，正相照在。格物所以致知，物才

---

① 罗钦顺：《答允恕弟（己丑夏）》，《困知记·附录论学书信》，中华书局，2013，第149页。

② 《朱子语类》卷十五，第284页。

格，则知已至，故云在，更无次第也。”[①]“正相照在”很好地解释了“致知在格物”之“在”的意思：物是心知之物，知是及物之知，知与物是内外合一的。事物虽在外，但被内化为心之物；心虽在内，但当及于外物才能尽其知。如此，格物不当仅被视作外求，致知亦不仅是内寻，格物致知的过程是呈现心物、内外本然统一的过程。

获得此结论后，再来看朱子的如下表述：

格物者，欲究极其物之理，使无不尽，然后我之知无所不至。物理即道理，天下初无二理。[②]（条一）

格物，只是就事上理会；知至，便是此心透彻。[③]（条二）

人之所以为学，心与理而已矣。心虽主乎一身，而其体之虚灵，足以管乎天下之理；理虽散在万物，而其用之微妙，实不外乎一人之心，初不可以内外精粗而论也。[④]（条三）

若“致知在格物”，则致知便在格物上。[⑤]（条四）

条一之“物理”指格物所获知事物中的理，如父子有慈孝、鸟兽有好生恶杀之情，“道理”即致知所得的人心之知，如当行慈孝、不忍鸟兽之死。物格则知至，二者无次第。条二精要地说明格物与知至都是复明本心的同一工夫，格物从事物上说，知至从心上说。此意被条四表达成“致知便在格物上”。条三是朱子对“不求诸心，而求诸迹，不求之内，而求之外”质疑的回复：心虽方寸之地，然具众理；事物之理虽多而杂，然不出于心之运作之外，可知格物即在心之运作下进行，格物并非绝然地外求事物之迹。对朱子格物说的“外求”“义外”等批评是不恰当的。

---

① 《朱子语类》卷十五，第 309 页。

② 《朱子语类》卷十五，第 294 页。“条某”为笔者加注，下同。

③ 《朱子语类》卷十五，第 297 页。

④ 《大学或问》，《朱子全书（修订本）》第 6 册，第 528 页。

⑤ 《朱子语类》卷十五，第 310 页。

三、阳明与朱子格致论的交集

阳明格致说也是一种心物内外相合之论，这是朱、王二人理论中的交集。阳明对性、身、心、意、知、物作了如下规定：

理一而已。以其理之凝聚而言，则谓之性；以其凝聚之主宰而言，则谓之心；以其主宰之发动而言，则谓之意；以其发动之明觉而言，则谓之知；以其明觉之感应而言，则谓之物。[①]

众理聚于人心称为性。身是人具形体而有运用处，其所以能运用，在于心的主宰功能。心面向物而生出的意欲则为意。对如何实现意欲来说，心具有的指导功能便是知。因心之所知、所及而被纳入心中的便是物。

从阳明对性、身、心、意的规定可见：

一方面，众理内具于人心，则心外无理，而不可外寻性理。意与知作为心之功能，其欲为善去恶，属道德动机；其知善知恶，属道德认知。二者皆是心的自动与自觉。进一步言，外事外物无所谓善恶，当事物进入到心、意、知的视域之中，方才有了善恶。因此阳明所谓的“物”是心之物、意之物、知之物。

另一方面，诚意是心学工夫的核心。心为身的主宰，心体的属性暂不论，在心之运用处（意）才有善恶之分，因此为善去恶即须诚意。从而，阳明从《大学》旧本，认为格物致知围绕诚意展开：“《大学》工夫即是明明德，明明德只是个诚意，诚意的工夫只是格物致知。”[②] 这就是说，格物致知只是要诚其意，意之不诚则知有不致、物有不格。

以诚意为工夫核心来理解格物致知，得出第三方面的认识：一则，“致知”即“致良知”，“即心之良知更无障碍，得以充塞流行”[③]，致知即良知呈现的工

---

① 王阳明：《答罗整庵少宰书庚辰》，《阳明先生集要》，中华书局，2008，第250—251页。

② 王阳明：《理学编》卷一，《阳明先生集要》，第96页。

③《理学编》卷一，《阳明先生集要》第37页。

夫。二则,“格物”即让心之物“正其不正以归于正”①。心之能正物，正在于将本然之良知落实在心之物上。三则，统合前两点,“致知”即“致良知”,“格物”即“格心”而“正物”。物格知致则良心充塞流行。诚其意而能为善去恶。

总之，在阳明看来，当外物不被人心的意与知所及，则不具有物之为物的意义；当外物被人心所知感，其为物的意义才能全副呈现。因此，心即正物之心，物即在心之物，心与物不分内外，不分彼此。

阳明看到朱子穷格事事物物以求理，则批评他“析心与理而为二”。结合之前对朱子格致论的分析，阳明误解了朱子。朱子格物诸义中，首含“格心”之义，即从心之发见出来的光明推扩到全体之明的工夫，这与阳明“致良知”，而复见本心之明的思路类似。朱子喻其为“一穴之光，也唤做光，然逐旋开划得大，则其光愈大”②。徐爱（字曰仁，号横山）将阳明说喻为“磨镜而使之明，磨上用功，明了后，亦未尝废照”③。从“一穴之光”到大光明，从镜之一点明到全体之明，皆是使人心复明的工作。

但是，朱子之格物除了有“格心”之义以外，亦有其他路径，朱子说:“或考之事为之著，或察之念虑之微，或求之文字之中，或索之讲论之际。”④除“察之念虑”之外，其余内容看起来是向外寻取事理之则的工夫。然据前所述，格物与致知是“正相照在”的:物之所以能格，是因为心中之理应之而无不通。因此心与物看似为主客、内外对应，实则通过格致，外物与人心贯通为一。如此看来，阳明不当批评朱子“析心理为二”。

四、朱子与阳明格致论之差异:心物并举与重心轻物

若从朱子格物是“格心”，心物是“正向照在”的内外相合这两点看，朱子、阳明都从事明心的工作。但二人仍存在难以调和的矛盾。

---

① 《理学编》卷二,《阳明先生集要》，第 151 页。

② 《朱子语类》卷十五，第 291 页。

③ 《理学编》卷一,《阳明先生集要》，第 61 页。

④ 《大学或问》,《朱子全书（修订本）》第 6 册，第 527 页。

朱子《补格物致知传》称：

是以《大学》始教，必使学者即凡天下之物，莫不因其已知之理而益穷之，以求至乎其极。至于用力之久，而一旦豁然贯通焉，则众物之表里精粗无不到，而吾心之全体大用无不明矣。此谓物格，此谓知之至也。①

所谓“已知之理而益穷之”，便是人心之知的扩充。心中之理扩充一分，则外物之理亦穷格一分。当物格知至，在物上言，心之为物（里）与外部事物（表）中的理俱呈于人心之知；在心上言，心之全体复明而事物之来莫不能应。因此，日益的穷格，即事事物物中要推寻其理，包括在读书文字、言语讲论、接物待事中皆要一一验证其心知。在不断的积累渐进中，心之蒙蔽日渐扫除，所以朱子称为“知愈博而心愈明”②。

与朱子不同，阳明以心外无物为理论基础，强调直接存养心体而使之明的工夫，进而反对朱子在一草一木、名物度数当中求理的思路。梁焯（日孚）问阳明如何看待“一草一木亦皆有理，不可不察”③之说，阳明回答：“夫我则不暇，公且先去理会自己性情，须能尽人之性，然后能尽物之性。”④由此可见，在一草一木中求理是舍本而逐末的。阳明又言：

人只要成就自家心体，则用在其中。……苟无是心，虽预先讲得世上许多名物度数，与己原不相干，只是装缀，临时自行不去。亦不是将名物度数全然不理，只要知所先后，则近道。⑤

在阳明，存养心体是工夫之本，求名物度数之理是工夫之末。若无涵养心

① 《四书章句集注》，第 7 页。

② 《大学或问》，《朱子全书（修订本）》第 6 册，第 532 页。

③ 《朱子语类》卷十八，第 396 页。

④ 《理学编》卷一，《阳明先生集要》，第 87 页。

⑤ 《理学编》卷一，《阳明先生集要》，第 63 页。

体之工夫，讲求名物度数而不被心之知意所及，则只是装饰点缀而已。这与朱子的思路不同。朱子之格物穷理工夫重在事事尽察，内外精粗无不该贯。阳明则重在明本心的径直工夫，而将诸多节次统领在明心的工夫中。阳明弟子徐横山问："如事父一事，其间温清定省之类，有许多节目，不知亦须讲求否？"阳明认为"温清定省"是"诚孝的心发出来的条件"，"诚孝"之心如树根，"温清定省"如枝叶，当此心中纯是天理，则此心纯是诚孝，如此在根上、本上用功，则节目条件得以发见。①

总之，二人之格致工夫皆为了复明本心，但具体路径不一样。朱子将明心的工夫落实在事事物物中，以求内外彼此相互应照而达成的一贯；阳明将心与物分本末，明心工夫则由本而及末。这根源于在二人观念里，朱子重物同于重心，阳明重心而轻物。

朱子重物表现在，他认为事物能将"无可捉摸"② 的形上之理落实。若不在具体之事物中求理，便是"把这道理作一个悬空底物"，如此之穷理是"舍事迹以求道"。③

阳明重心而轻物，这是相对而言的。阳明言："良知不繇见闻而有，而见闻莫非良知之用，故良知不滞于见闻，而亦不离于见闻。"④ 一则心与物不相离，这可使阳明学避免离弃事物，而步入虚空寂灭之域；二则物是心之物，心是第一义的，物作为心之用是第二义的。两方面，即心"不离于"与"不滞于"物。从心"不离于"物来看，阳明似与释氏存在明确界限。阳明言："吾儒养心，未尝离却事物，只顺其天则，自然就是功夫。释氏却要尽绝事物，把心看作幻相，渐入虚寂去了。"⑤ 从心"不滞于"物来看，"致良知"是格物的前提保障，亦是目的，则在事事物物中穷究其理的工夫只是次一级的。

阳明主张心不离于物，心又不滞于物，但由于他对心物有高低层次的划

① 《理学编》卷一，《阳明先生集要》，第 30 页。

② 《朱子语类》卷十五，第 289 页。

③ 《朱子语类》卷十五，第 288 页。

④ 《理学编》卷三，《阳明先生集要》，第 196 页。

⑤ 《理学编》卷二，《阳明先生集要》，第 118 页。

分，导致他与朱子之论，名似而实不同。

朱子说："俗儒记诵词章之习，其功倍于小学而无用；异端虚无寂灭之教，其高过于大学而无实。"① 记诵词章的俗儒殉外物而不本于人心，虚无寂灭的释氏本心而遗物理，两者皆割裂了心物无间、内外相合义：前者殉外而无内，后者明内而无外。

阳明也有类似的周全表达："世儒之支离，外索于刑名器数之末，以求明其所谓物理者，而不知吾心即物理，初无假于外也。佛、老之空虚，遗弃其人伦事物之常，以求明其所谓吾心者，而不知物理即吾心，不可得而遗也。"② 阳明用"吾心即物理""物理即吾心"概括心物关系，一则心外无理、不假外求，二则物理通人心、不弃人伦。

但阳明也会抛却后者，滑向一边：

> 夫物理不外于吾心，外吾心而求物理，无物理矣；遗物理而求吾心，吾心又何物邪？心之体，性也；性即理也。故有孝亲之心，即有孝亲之理；无孝亲之心，即无孝亲之理矣。有忠君之心，即有忠之理；无忠君之心，即无忠之理矣。理岂外于吾心邪？③

在这段材料中，阳明一开始两边兼顾、圆融表达，反对"外吾心而求物理"与"遗物理而求吾心"。但是，当举孝亲、忠君的例子时，便落入一边，突出"物理不外于吾心"之意。以至于阳明不能兼顾两轮两翼的圆融表达，难怪整庵批评他"沈溺于枯槁虚寂之偏，而不尽于物理人事之变"④。

进一步追究朱子心物并举与阳明重心轻物之理论根源，在于二人对明德的属性有不同判定。

据前所论，在朱子看来，明德是心性合一的统体，是心之全体，又称本

① 朱熹：《大学章句序》，《四书章句集注》，第 2 页。

② 王阳明：《象山文集序（庚辰）》，《王阳明集》，中华书局，2016，第 218 页。

③ 王阳明：《答顾东桥书》第四书，《王阳明集》，第 39 页。

④《理学编》卷四，《阳明先生集要》，第 251 页。

心，其发见即道心、良心、良知、良能，是纯善无恶的超越性形而下的实体。明德是性理之直接显见处，但明德与性不能完全等同。正由此故，朱子称："至善虽不外乎明德，然明德亦有略略明者。须是止于那极至处。"[①]极善即性理，明德虽是性理的直接显见，但其显见处仍有层次高低之别。将"止于至善"视为工夫目标，明其明德的工作便须缓缓而进，须钝入而非敏求。明德之明有层次差别，则当将其置于与物等同地位而观，心与物相互照应，方能将人物中之天理贯通为一。

不同于朱子，阳明认为明德即本心，当即便是天理。阳明称："天理即是'明德'，穷理即是'明明德'。"[②]穷理即格物致知，当格去心之不正而复归于本心之正，意中之物皆纳入本心的运作中，此时人心复明，天理方存。全其本心的穷理工夫即明明德。明德即本心，亦即天理，二者无间隔。明德是具超越性的形而上者，如此，人心较之于物更根本，更高一层次，则人心即理，不需于事物中求层层验证。

五、对阳明格致论的批判：本体有失，工夫落空

阳明重心轻物的根源，在于他对本心即明德，亦即天理的确信。然而，阳明对天理或人性的阐明，恰是最有问题的，以至于其格致工夫进路便层层有误。

阳明称："是故至善也者，心之本体也。"[③]却又立"无善无恶是心之体"[④]为宗旨。为了将两说融通起来，阳明言："无善无恶者，理之静，有善有恶者，气之动。不动于气，即无善无恶，是谓至善。"[⑤]他认为动静之别是在经验时空中对物体状态的描述，因此"心不可以动静为体用"[⑥]。但此处"理之静""气之动"

① 《朱子语类》卷十四，第 269 页。
② 《理学编》卷一，《阳明先生集要》，第 36 页。
③ 王阳明：《大学古本序》，《王阳明集》，第 216 页。
④ 《理学编》卷二，《阳明先生集要》，第 139 页。
⑤ 《理学编》卷一，《阳明先生集要》，第 77 页。
⑥ 《理学编》卷一，《阳明先生集要》，第 82 页。

是从静“见其体”、动“见其用”的意义上说，因此“理之静”指心之体，“气之动”指心之用。从体上言，纯是理而无气的搅扰，故而“不着意”于善恶，故“无善无恶”，又称“至善”。

阳明论性的主张，来源于胡五峰。[①] 胡五峰一方面说：“凡人之生，粹然天地之心，道义完具，无适无莫，不可以善恶辨，不可以是非分，无过也，无不及也。此中之所以名也。”[②] 具有完备道义的人心无善恶、无是非、无过无不及，所以被称为“中”。同理，性也无善恶相对，“善不足以言之，况恶乎”[③]？但他同时又说：“人之为道，至大也，至善也。”[④]

朱子认可五峰“人之为道，至大也，至善也”之说，却对其“性无善恶”说有所批评。朱子追溯胡五峰此说的家学渊源：杨龟山从同乡东林常摠处得其“本然之性，不与恶对”[⑤] 之说。朱子认为其“本亦未有病”，[⑥] 朱子意为：从超验意义上看，本然之善无恶相对，恶是后起的。常摠此说后经胡文定，遂定孟子“性善”是“叹美之词，不与恶对”，[⑦] 便走偏了。再经胡文定之子胡致堂与胡五峰，乃至五峰之子胡季随，便有了“性无善恶”[⑧] 之说。

对于胡文定父子之说，朱子的评价大致有两点：一则，既分本然之性，又分善恶相对之性，“遂分成两截”。[⑨] 二则，当割裂本然之性与善恶相对之性，

---

① 这一观点，早有学者提出。如：向世陵先生认为阳明“无善无恶心之体”的说法“显然是对胡宏的性超越善恶的观点的继承”。（向世陵：《理学流派与性学的价值》，《哲学研究》1999 年第 9 期，第 67 页。）丁纪先生亦称：“阳明之无善无恶说，谓自象山继承而来亦不是。……则于阳明，如衡山胡氏学之潜在影响亦未必无之。”（丁纪：《鹅湖诗与四句教》，《切磋七集——四川大学哲学系儒家哲学合集》，华夏出版社，2018，第 146 页。）

② 胡宏：《胡宏集》，中华书局，1987，第 332 页。

③ 《胡宏集》，第 333 页。

④ 《胡宏集》，第 331 页。

⑤ 《朱子语类》卷一百一，第 2586 页。

⑥ 《朱子语类》卷一百一，第 2586 页。

⑦ 周汝登：《圣学宗传》，浙江古籍出版社，2015，第 568 页。

⑧ 《五峰学案》，黄宗羲原著，全祖望补修：《宋元学案》，中华书局，1986 年，第 1371 页。

⑨ 《朱子语类》卷一百一，第 2586 页。

则经验性之善何以被说明？称本然之性“无善无恶”，那么“却那处得这善来”[①]？且如何有“性善”之赞叹？进一步言，若无至善作为存在论的本体，则如何建立起牢靠的道德体系来。三则，大本不明，则入于异端。“性无善恶”论即告子“性无善无不善”[②]之论，又“便似说得空了，却近释氏”[③]。

在这个问题上，不容忽视牟宗三先生批朱子而为胡氏父子所作的辩护与表彰。[④]牟先生的辩护有四点，今撮其要，列举如下：

牟先生溯源胡氏父子之说，认为其并非本于东林林揔，而本于大程子。大程子称：“故不是善与恶在性中为两物相对，各自出来。”[⑤]又称：“有自幼而善，有自幼而恶。”[⑥]牟宗三先生认为，这两句话分别阐述两种“性”：前者称为“超越的绝对体”“性体自身的绝对善”“‘于穆不已’之奥体”“无条件的定然的善”“绝对的至善”，这种性即超验的性之本体；后者则为“事相的相对善”“作为价值判断上的指谓谓词之善恶”，此种性即被物的善恶划分所限。牟先生认为无论胡文定谓孟子道性善是“叹美之词”，抑或胡五峰“性无善恶”说，皆属于超善恶相对的至善，即“绝对的至善”。在牟先生看来，胡氏弟子此说源于大程子，并认为朱子对“赞叹”说及“遂分成两截”的批评，皆不得要领。

牟先生的反对有效吗？首先，朱子并非不理解大程子两种性的划分。朱子称：“形而上者一理浑然，无有不善；形而下者则纷纭杂揉，善恶有所分矣。”[⑦]结合伊川“性即理”之说，朱子将“一理浑然”称为“理底性”[⑧]，它不杂气，是纯然善的。朱子也称其为“性之本体”“本然之性”“极本穷源之性”“天命之

---

① 《朱子语类》卷一百一，第 2586 页。

② 《朱子语类》卷一百一，第 2590 页。

③ 《朱子语类》卷一百一，第 2590 页。

④ 牟宗三：《心体与性体》（中），吉林出版集团有限责任公司，2013，第 378—383 页。下引牟先生语，皆出于此。

⑤ 程颢、程颐：《河南程氏遗书》卷一，《二程集》（上），中华书局，1981，第 11 页。

⑥ 《河南程氏遗书》卷一，《二程集》（上），第 10 页。

⑦ 朱熹：《明道论性说》，《晦庵先生朱文公文集》卷六十七，《朱子全书（修订本）》，第 3275 页。

⑧ 《朱子语类》卷九十五，第 2425 页。

本体”“理之性”。[1] 此即牟先生所说的“性体自身的绝对善”。朱子将“纷纭杂揉”之性称为“气质之性”，它呈现出有善有恶的特质。此即牟先生所说的“事相的相对善”。

其次，当大程子说超验的“性之本体”时，是纯然善的，其间无恶与之相对，继而他说：“然不是性中元有此两物相对而生也。”[2] 此绝对的善即天道，“道即性也。若道外寻性，性外寻道，便不是”[3]。人正是秉承了这一天然完具自足的天道本体，直道而行便是善。恶是对善的遮蔽，但不是缺失，所以说“善固性也，然恶亦不可不谓之性也”[4]。

胡文定说孟子“性善”是“叹美之词，不与恶对”，不仅与大程子论“生之谓性”章立论不符，且不足以尽至善本体的流行义。大程子言：“凡人说性，只是说‘继之者善’也，孟子言人性善是也。”[5]“继之者善”，本说天道流行、生生不已，此处和孟子言“性善”类举，说明人性善也是本然性善的生化流行。因此，当朱子弟子说：“凡言性者，只是说性之流出处”，“《易》与《孟子》就天人分上各以流出处言，明道则假彼以明此耳”[6]，朱子频频点头。总之，在大程子和朱子看来，孟子之人性善是从善端发萌处看到纯然本性的内在自足、流行无碍。称其“叹美之词”，则不足以呈现其为至善本体的自然流行生化；称其“不与恶对”，则与大程子此处所论本意不符。

胡五峰说性无善恶，离大程子之说更是相差甚远。大程子虽有两种善的划分，但对于本体之性，唯以“至善”言。据前所述，牟先生在描述这一超越的绝对体时，亦称其为“至善”。五峰之“性无善恶”说，明显偏离了此意。但牟先生仍为五峰辩护：“‘善不足以言之，况恶乎哉’，此在字面上可译为‘性不可以善恶言’，而此语字面上又可转为性‘无所谓善恶’或‘无善恶’。”[7] 牟先生

---

① 以上词条散见朱子与弟子的问答。朱熹：《朱子语类》卷九十五，第 2430—2431 页。

② 《河南程氏遗书》卷一，《二程集》（上），第 10 页。

③ 《河南程氏遗书》卷一，《二程集》（上），第 1 页。

④ 《河南程氏遗书》卷一，《二程集》（上），第 10 页。

⑤ 《河南程氏遗书》卷一，《二程集》（上），第 10 页。

⑥ 《朱子语类》卷九十五，第 2433 页。

⑦ 《心体与性体》（中），2013，第 383 页。

仍以“无善恶”为“无善恶对待”的超越善恶义视之，此有过度解释之嫌。比如，再看胡五峰的另一些表达，更证实胡五峰的“无善恶”不等于“至善”。他说，“天理人欲同体而异用”[①]，体用对举，天理和人欲同称“体”，此即将人欲混入本体。在朱子，天理生而有，人欲后有，视二者同体，则不免有病。对此朱子称：“此是义理本原极精微处，不可少差。……当见本体实然只一天理，更无人欲。”[②]因此，若说胡五峰“性无善恶”说源于大程，则误。

胡五峰称性无善恶，又称“天理人欲同体异用”，并非一以贯之地将“至善”称大本，又不除人欲于大本之外。其说不同于小程子“性即理”、大程子“道即性也”，则难能将人性善与天理、天道之至善通贯起来，也难为实现道德实体的流行生化不已提供牢靠的本体论依据。总之，牟先生的反对无效。

阳明与朱子生不同时，并未直接交锋。但据朱子对胡五峰性无善恶的批评，可推想朱子对阳明论性的态度。

阳明对性无善恶的发挥，较之胡氏父子，有过之而无不及。阳明尝言：“善恶皆天理。谓之恶者本非恶，但于本性上过与不及之间耳。”[③]阳明此说本欲发挥大程子“善固性也，恶亦不可不谓之性”之说，强调恶是善的被遮蔽而非缺失。但当他说“于本性上过与不及之间”是恶的来源时，已含有本性的“充盈”与“缺失”两种含义。本性已然不如初。这意味着：随人接物，本性会随外境迁移，则本性并非先天而牢靠的存在之本体。这陷入了一种本体的脆弱化，乃至虚无化。这种阐释，较之胡五峰“天理人欲同体异用”，对性体的至上道德本质会造成更大冲击。

此外，阳明从本体、发用、源头、流弊上说性，他的总体看法是：

> 总而言之，只是这个性，但所见有浅深尔。若执定一边，便不是了。性之本体，原是无善无恶的，发用上也原是可以为善，可以为不善的。其流弊也原一定善，一定恶的。……孟子说性，直从源头上说来，亦是说个

① 《胡宏集》，第 329 页。

② 《胡宏集》，第 330 页。

③ 《理学编》卷二，《阳明先生集要》，第 109 页。

> 大概如此。荀子性恶之说，是从流弊上说来，也未可尽说他不是，只是见得未精耳。①

先来梳理这段话：本体与发用相对，源头与流弊相对；孟子与荀子分别为源头、流弊说性的典型。加之阳明曾说："孟子性善，是从本原上说。然性善之端，须在气上始见得，若无气，亦无可见矣。恻隐、羞恶、辞让、是非，即是气。"② 可以推断，他认为孟子性善即源头说，又是本体说。从源头或本体上说性，是纯粹的理而不落于气，因此是无善恶对待的，此时说性只是"说个大概如此"。孟子说"乃若其情，则可以为善矣，乃所谓善也"（《孟子·告子上》），四端与良知即为善的发用，可知性本善，阳明接着说"发用上也原是可以为善，可以为不善的"。从语脉上看，发用强调可能性，流弊是发用的现实性。

阳明这段话险怪有三：首先，孟子从性体的发端上看"可以为善"，则可知性体"本善"；而阳明从发用上将"可以为善""可以为不善"同等视之，那么，如何能追溯其本体之善？其次，说"流弊"，一般指向恶，阳明却同样将"一定善""一定恶"同等视之，这是否一种善恶不明？最后，其说行险，原于视"无善无恶"为本体、源头，虽他常以"性善"论之，但此处定以"说个大概如此"，便知"性善"未必实见。

综上可见，阳明不能保证性体纯粹善的道德属性，那么其发用流行也可能陷入无善恶的虚无空洞。进而，意作为为善去恶的道德动机，知作为知善知恶的道德认知，其道德功能也会飘忽难定。那么，如何确保良知之良？良知之良如何能落实于"意之物"，从而正物？加之其视明德为形上者，高估心的作用，重心轻物的思想倾向，必然导致其格致论陷入险厄之境。这是基于阳明本体论而对格致论发起的诘难，是阳明格致论难以回避的问题。

总之，作为明心工夫的朱子格致论，并非析心理为二的"义外"之学，而是合内外、一心理的一贯之学。朱、王在格致论上有交集亦存在差异，二说在根本上难以调停或融通。

---

①《理学编》卷二,《阳明先生集要》，第136—137页。

②《理学编》卷三,《阳明先生集要》，第192页。

Gezhi Theory of Zhu Xi and Yangming

Zhao Mei

Abstract: Among Zhu Xi' s theories, "Mingde" refers to the "original mind" , which means the entire body of the mind. Therefore, "Ming Mingde" is to enlighten the original mind. Gezhi ("Investigating things to attain knowledge") is a kind of work of enlightening the original mind (Mingxin) , which is not to obtain the nature and principle in external objects, but is the self-consciousness and self-explanation of the mind. Zhu Xi' s theory of Gezhi contains two basic contents: first, the mind is a thing, and Gezhi contains the meaning of "Investigating mind" ,which is both investigating things and attaining knowledge. This is similar to Yangming' s idea of " the cultivation of innate knowledge " (Zhi Liangzhi) , and to see the brightness of the mind again. Secondly, things are the things that the mind knows, knowledge is the knowledge of things, and knowledge and things are one and the same internally and externally. From the point of view of "things are what the mind knows" , Zhu Xi is no different from Yangming. There are overlaps between their theories, but there are also differences: First, " Investigating mind " is one part of Zhu Xi' s Gezhi theory, but it is the whole of Yangming's Gezhi theory; second, in the harmonious discussion of "my mind is physics" and "physics is my mind" , Zhu Xi takes both, but Yangming emphasizes the former. Fundamentally speaking, Yangming' s theory of "Gezhi" cannot be embraced by Zhu Xi' s theory. Yangming' s theory of the mind that "there is no good or evil" originated from Hu Wufeng, whose theory was criticized by Zhu Xi. As the ontological premise of the theory of Gezhi, the substance of human nature cannot guarantee pure goodness, therefore, it is difficult to guarantee the morality of intention and knowledge. In addition, Yangming regarded the enlightenment of virtue as metaphysical. He overestimated the role of the heart and tended to emphasize the mind over things. These inevitably led to his theory of Gezhi falling into a dangerous situation.

Key words: Enlighten the original mind, Gezhi, Zhu Xi, Yangming

朱子哲学中的“知觉”——以理气论为视角的探析

姜　楠　刘增光*

【摘　要】在朱子的哲学体系中，理作为贯通天道与人性的本体，是“知觉”所以可能的根本；而气作为现象世界的形构与差异化原则，则影响着“知觉”在现实中的产生和展开。通过分析朱子如何论述人、物“知觉”之不同以及“人心”“道心”之知的区别，可见朱子自觉地区分了主于理的“知觉”与主于气的“知觉”，前者与张载所论“德性之知”以及康德的“智的直觉”概念相近，后者则可类比于张载的“见闻之知”与康德的“感性直观”。在区分“知觉”的不同层级的基础上，朱子知论的一大特点是相比于超越的、直指心体与道体的“良知”，更加强调即物获知对于修养工夫的重要性，这一点在工夫论上体现为他对于由“闻见”而安顿义理、格物致知的“顺取”之路的坚持。朱子认识论、工夫论上的特点也反过来印证了朱子哲学中气质范畴的重要地位。

【关键词】朱熹；知觉；理气；道心人心；工夫

在朱子哲学中，“知觉”是一个不容忽视的概念，“知觉”承接着心与物的关联，作为人的认识能力亦构成工夫论的基础。目前学界已从不同角度对朱子的“知觉”命题进行了阐述，其中从朱子心论出发的讨论颇为丰富，最具代表性的当属牟宗三以朱子析“心”与“理”为二的观点，其批评便涉及朱子所

*【作者简介】姜楠，中国人民大学哲学院博士研究生，研究方向为宋明理学；刘增光，中国人民大学哲学院教授、哲学博士，研究方向为宋明理学。

论“知觉”是否仅为经验意识、朱子所论之“心”是否为经验心等问题，钱穆、刘述先、劳思光、李明辉、陈来等学者也在探讨朱子是否承认超越的本体之心时涉及人的觉知能力。[①] 此外，一些学者也从认识论层面针对朱子的“知觉”概念本身进行了探究，如杨儒宾提出并解析朱子是否承认超越之知以及他如何看待“见闻之知”与“德性之知”的关联等问题，刘畅、蔡方鹿对朱子“人心”“道心”之知的区别的讨论等。[②] 这些对朱子心论、知论的解析均关乎朱子论“知觉”是否考虑到认识具有不同的层次，以及朱子为何注重经验性认识等问题。

陈来指出，就含义而言，朱子哲学中可发掘出狭义与广义两层“知觉”，狭义的“知觉”仅仅指人与生俱来的思维能力，而广义的“知觉”“则明显地包含各种具体思维内容，其中有合理的，也有不合理的”[③]。陈来对朱子“知觉”内涵的概括正合于朱子所言的“所觉者，心之理也；能觉者，气之灵也”[④]，前者指向认识的（应然的）对象和内容，后者关乎认识的能力、功能，这两种要素共同构成了“知觉”概念的内涵。同时，朱子对“所觉者”和“能觉者”的区分也是自觉地从理与气的双重范畴、层次出发对“知觉”的来源、作用和对象进行分析。朱子的哲学体系围绕着理、气两重原则而建构，天理是自然与人性的本原与本体，而气则是标识着变化、差异以及具体活动之展开的实在论范畴，对朱子“知觉”概念的考察亦不能脱离以理、气为基础的本体论与实在论原则。

---

① 张卫红总结了历代学者对朱子心论所持的不同观点，参见张卫红：《朱子“心论”的层面与超越性特质——兼与阳明“心论”比较》，《中国文化》2020 年第 1 期，第 134—146 页。

② 参见杨儒宾：《理学工夫论的“德性之知”》，《中国文化》2018 年第 1 期；刘畅、蔡方鹿：《道心与人心——从认识论视域看朱熹“十六字心法”》，《社会科学战线》2020 年第 6 期。

③ 参见陈来：《朱子哲学研究》，生活 · 读书 · 新知三联书店，2010，第 248—249 页。陈来指出：“在《知言疑义》朱熹就曾指出：‘所谓心者，乃夫虚灵知觉之性，犹耳目之有见闻耳。’（《文集》七十三）这是指心是人的知觉能力，如耳目具有见闻的功能……后来他常说‘有知觉谓之心’（《语类》十四），又说‘性只是理，情是流出也能用处，心之知觉即所以具此理而行此情者也’（《答潘谦之一》，《文集》五十五）。”可以说能知构成了心区别于性以及其他器官的本质属性。见《朱子哲学研究》，第 248 页。

④ 朱熹：《朱子语类》卷五，黎靖德编，王星贤点校，中华书局，1986，第 85 页。

借由理气论，特别是气质的视角，才能更好地探究朱子如何理解“知觉”的根源及认识的不同层级等问题，并可进一步由朱子的“知觉”观念理解他所提倡的工夫路径。

一、气质与“知觉”

气的存在和活动是人身各种动作的基础，也主导着人的“知觉”作用。《礼记·祭义》有言：“子曰：‘气也者，神之盛也。魄也者，鬼之盛也。’”郑玄注曰“气，谓嘘吸出入者也。耳目之聪明为鬼”[①]，指明气是维持人生命的呼吸，即生命存续的质素。唐代孔颖达的疏解进一步指出气是人产生各种灵妙的认识活动的必要条件：“气在口嘘吸出入，此气之体无性识也。但性识依此气而生，有气则有识，无气则无识，则识从气生，性则神出入也。故人之精灵而谓之神。”[②]孔颖达说明，“神”体现在人身上，正表现为人有“性识”、能认知之聪明灵敏，而气本身虽然无知无识，但气的出入往复中酝酿了“性识”的可能。朱子认为，“鬼神”这对概念的原始含义便是形容气的不同性质和状态：“气之方来皆属阳，是神；气之反皆属阴，是鬼。”[③]“神”指的是气之伸张，“鬼”指的是气之屈缩。在汉唐气论的基础上，朱子对《祭义》中的“鬼神”道：“人之语言动作是气，属神；精血是魄，属鬼。发用处皆属阳，是神；气定处皆属阴，是魄。知识处是神，记事处是魄。”[④]朱子将“神”理解为气之发用，将“鬼”理解为气之局定，前者包含了人的知觉、语言、运动等能够主动动用的能力，后者则主要指人的精血、形体等生理物质基础以及器官所具有的视听、记事等偏向于被动接受的、较为初级的感知。总的来说，“神”与“鬼”是气的作用的不同形式，而知觉作为人之“神”的一个重要方面，其产生与活动亦离不开气的活动和发用。

---

① 郑玄注，孔颖达疏：《十三经注疏·礼记正义》，北京大学出版社，1999，第1324页。

② 《十三经注疏·礼记正义》，第1325页。

③ 《朱子语类》卷六十三，第1550页。

④ 《朱子语类》卷六十三，第1550页

从气的角度理解“知觉”，则这一功能并非独属于人，自然界中亦多有能知能识的动物，但朱子进一步指出：“以气言之，则知觉运动，人与物若不异也；以理言之，则仁义礼智之禀，岂物之所得而全哉？”[①] 人与禽兽的知觉虽都有赖于气，但二者之间仍有差距，动物不能像人一样完整地觉察到理。人和动物所具有的认识能力是有差别的，其所能够达到的认识层次也是不同的：

> 天下之物，精细底便难见，粗底便易见。饥渴寒暖是至粗底，虽至愚之人亦知得。若以较细者言之，如利害，则禽兽已有不能知者。若是义理，则愈是难知。这只有些子，不多。所以说“人之所以异于禽兽者几希”！言所争也不多。[②]

朱子在此划分了认识内容或曰认识结果的精粗层次，饥渴寒暖仅仅是最粗显的内容，禽兽与至愚之人皆能于此有所识；利害较饥渴这样的感觉更精细，一些禽兽便不具备识利害的能力；义理则是最精细深奥的知识，只有人能够识义理。通过对知识对象和结果的区分，可见“人与物若不异”仅仅是针对较低层次的认识而言，实际上心与知的不同恰恰是人与禽兽之间的一大差距。朱子曾就人物之间的区别言道：“人与万物都一般者，理也；所以不同者，心也。人心虚灵，包得许多道理过，无有不通。”[③] 意即人与禽兽之间的差异并不在于性，对万物来说，理均先天地内在并构成其本性，真正造成人禽之别的是心，更具体地来说，是心的知觉能力的不同。

人禽之间心之用的不同，其原因大率取决于气质的不同，朱子在《大学或问》中阐发“明德”之旨时指出，人具备参赞天地、明明德的资质正是由于得气禀之正：

> 彼贱而为物者，既梏于形气之偏塞，而无以充其本体之全矣。惟人之

① 朱熹：《四书章句集注》，中华书局，2011，第305页。

② 《朱子语类》卷七十八，第2013页。

③ 《朱子语类》卷五十七，第1347页。

> 生乃得其气之正且通者，而其性为最贵，故其方寸之间，虚灵洞彻，万理咸备，盖其所以异于禽兽者正在于此，而其所以可为尧舜而能参天地以赞化育者，亦不外焉，是则所谓明德者也。①

人物之性虽然都直接禀受自天理，但由于所禀之气的通塞、偏正、昏明等质性不同，影响了天命之性在不同物类中的实现。禽兽等物因仅得气之偏塞，虽然被赋予了天理之本体，但在现实层面受制于形气，无法在现实中完整地表现其本性，也就不能达到对天理的明达；而人的方寸之心则不会过多受到壅塞之气的遮蔽，能够在后天达到并保持“虚灵洞彻”的状态，也就相较于禽兽更加具备穷理、“明德”的“潜能”。由此可见，禀气的不同直接决定着万物能否达到虚心的状态，也决定着人和物知觉水平的差距和所知结果的不同。朱子亦言：“万物之心，便包许多道理不过，虽其间有禀得气稍正者，亦止有一两路明。”② 人以外的万物之所以有时能表现出对少许道理的通达，仅仅是由于其禀气中夹杂了少许平正通达的气质。

知觉能力和内容的差距并非仅仅体现在人与禽兽之间，人与人之间也存在着个体差异，而其影响因素亦在于禀气，正如朱子所言：“然其通也或不能无清浊之异，其正也或不能无美恶之殊。故其所赋之质，清者智而浊者愚，美者贤而恶者不肖，又有不能同者。”③ 即使是禀得正气、通气的人，其禀气亦有清浊、美恶的差异。而气之清浊、美恶对人“知觉”的影响主要体现在两个方面：

> 必其上智大贤之资乃能全其本体，而无少不明，其有不及乎此，则其所谓明德者已不能无蔽而失其全矣。况乎又以气质有蔽之心，接乎事物无穷之变，则其目之欲色，耳之欲声，口之欲味，鼻之欲臭，四肢之欲安

---

① 朱熹：《四书或问》，朱杰人、刘永翔、严佐之主编：《朱子全书》第6册，上海古籍出版社、安徽教育出版社，2002，第507页。

② 《朱子语类》卷五十七，第1347页。

③ 《四书或问》，《朱子全书》第6册，第507页。

佚，所以害乎其德者，又岂可胜言也哉！[①]

其一，不同的禀气造就了人认知的不同资质，得清气、美气者可为生知安行的上智，对智者而言，不需要下苦力以澄治其心便能保持心性之本体，而通过后天工夫去弊、“明德”的学者则不能在资质上与上智大贤相匹配，后者便需要更多后天的工夫来弥补、变化本性之德被遮蔽的状态；其二，昏浊的气质会使人受到情欲的蒙蔽，“其所知者不过情欲利害之私而已”[②]，其所感所知所思便仅仅局限在如何满足自身欲利，而不能向天理靠近。从禀气出发，朱子已经指明人禽之间、个体之间“知觉”有精粗之别。

二、“知觉”的不同层级

从朱子对人禽之间、个体之间“知觉”不同原因的分析可见，气禀、气质虽然是知觉活动得以产生的基础，亦是人识理、成德的限制性条件。然朱子并未将知觉活动仅仅视为气的发用。陈来指出，针对“知觉”是否为气的产物的问题，朱子坚持“知觉是理与气结合后共同作用下形成的，不能说仅仅是气之所为”，更不能将主宰知觉之心仅仅等同于气。[③]对于“知觉”在不同主体处的差异，朱子亦从理的层面给予了解释。

从知觉产生的根源上，朱子指出：“先有知觉之理。理未知觉，气聚成形，理与气合，便能知觉。”[④]理首先是知觉所应当认识、求致的对象，有“知觉之理”才有知觉的可能。在朱子处，理亦并非仅仅独立而外在于人的静默存在，心之所以能够识理，其根源在于“性即理”。张传海总结了在朱子处理对于认识主体、修养主体的意义：理本身就在主体内部，自然能“自行进入知觉之中而

① 《四书或问》，《朱子全书》第6册，第507—508页。

② 《四书或问》，《朱子全书》第6册，第508页。

③ 参见陈来：《中国近世思想史研究》，生活·读书·新知三联书店，2010，第124—125页。

④ 《朱子语类》卷五，第85页。

产生知识”，“正是因为性理为至实至善，所以才与心一体，并必然从心中发见，而知觉的流行，耳目之官与外物的交感，都因此而得以可能。”[①]理绝非仅仅作为认识的内容被动地等待知觉的感悟，而是内在于人，能够牵涉乃至主导知觉的活动。朱子在论及《大禹谟》“十六字心传”中“人心”“道心”的区分时亦涉及知觉问题，指出作为知觉主体的心的不同层面所发出的知觉也是不同的，如言：“心之虚灵知觉，一而已矣，而以为有人心、道心之异者，则以其或生于形气之私，或原于性命之正，而所以为知觉者不同，是以或危殆而不安，或微妙而难见耳。”[②]“人心”“道心”虽实为一心而不可割裂，但“人心”受个体私有的形气影响，从它流出的知觉往往只关注耳目之欲、饥食渴饮；“道心”则出乎公共之理，知觉从道心发出则能识义理。可以说，“人心”主要受到气的制导，而对“道心”而言，理不仅是其所发之知觉追寻的对象，亦可谓是“所以为知觉者”，即知觉作用产生的来源。由“道心”流出的知觉乃是受到理的促发，并自觉地追寻理，这便是理对知觉进行主宰的形式。

综合朱子对人与禽兽的“知觉”以及“人心”“道心”的区分来看，他对认识活动的来源、精粗层级以及认识对象的深浅不同已加以细密分别。近代以来一些学者将理学所论的“知”与康德在认识论上对感性与知性（理性）的区分做对比，这一比较进路应肇始于牟宗三。杨儒宾、田智忠等学者又延伸了这一思路，提出并诠释了为何朱子慎言张载所提出的“德性之知”问题。[③]牟宗三以康德的认识论对儒家的知论做了诠释，指出儒家思想中实际上蕴含着康德哲学中“智的直觉”这一概念，这便是先秦儒家用“本心”“心体”“仁体”等不同语词所表示的“道德创生之心”。到北宋张载处，本心的道德创知过程被凝练为

---

① 张传海：《智的直觉何以可能？——以康德、牟宗三、朱子为中心的考察》，《中国哲学史》2022 年第 5 期。

② 《四书章句集注》，第 16 页。

③ 参见杨儒宾：《理学工夫论的“德性之知”》，《中国文化》2018 年第 1 期。田智忠：《为何朱子慎言德性之知？》，《哲学动态》2020 年第 7 期。

“德性之知”[1]。张载首倡“见闻之知”与“德性之知”的区分：“见闻之知，乃物交而知，非德性所知；德性所知，不萌于见闻。”[2]“人谓己有知，由耳目有受也；人之有受，由内外之合也。”[3]张载认为见闻之知是耳目与外物相交接，受到外物刺激而产生的反应，“耳目有受”暗示了人之耳目等器官在产生见闻之知的时候并没有主动发挥创造作用。依牟宗三所言，“耳目见闻之知是被动的接受的”，“其所思所知者亦确是一对象，此即所谓‘现象’”。[4]这就可以等同于康德所说的感性直观；而德性之知则不依赖、不产生于见闻之知，只是本心的发明，“在此知上之‘合内外’不是能所关系中认知地关联的合，乃是随超越的道德本心之‘遍体天下之物而不遗’而为一体之所贯，一心之圆照”[5]，类似于康德所说的智的直觉。杨儒宾亦认同牟宗三的类比：“作为感性直觉的见闻之知的功能建构了现象的世界；作为智的直觉的‘德性之知’的功能则是创造性的活动，它以能所不分的方式进入超越界。‘德性之知’的创造不是创造对象，也不是物理意义上的创造，它实质上即是心体的朗照作用。”[6]

虽然朱子反对将“见闻之知”与“德性之知”截然分列[7]，但其对“人心”“道心”之知的区分实际上与张载对“见闻之知”“德性之知”的区分有相似之处。朱子将“人心”“道心”分别类比于孟子所言的“小体”“大体”：

---

① 牟宗三：《智的直觉与中国哲学》，中国社会科学出版社，2008，第162页。牟宗三还认为，宋儒中唯独“伊川与朱子所言之德行之知，则不能有此义，以其析心与理为二，心性不能一，所言之心非‘本心’故也”。见《智的直觉与中国哲学》，第165页。

② 张载：《张载集》，章锡琛点校，中华书局，2022，第24页。

③ 《张载集》，第25页。

④ 《智的直觉与中国哲学》，第162—163页。

⑤ 《智的直觉与中国哲学》，第162页。

⑥ 杨儒宾：《理学工夫论的“德性之知”》，《中国文化》2018年第1期，第40—57页。

⑦ 杨儒宾通过查证指出：“朱子不提两种知的分别，不是存而不论，而是故意漠视……我们在朱子的著名学术论辩中，如‘观过知仁’、‘先涵养后察识’、‘知行并进’诸说中，都可实质地读出朱子对前贤所说的‘德性之知’的否定。”见杨儒宾：《理学工夫论的“德性之知”》，《中国文化》2018年第1期，第40—57页。

人心如孟子言“耳目之官不思”，道心如言“心之官则思”，故贵“先立乎其大者”。人心只见那边利害情欲之思，道心只见这边道理之公。有道心，则人心为所节制，人心皆道心也。[①]

朱子认为，若知觉仅受“人心”利用，只能局限于动物性的饥渴寒暖等欲望以及趋利避害的需求，实际上的驱动者都是耳目之官等“小体”，心的主体性并未挺立，其思维的功能并未产生作用，和耳目的视听功能便处于同一层次。朱子将“人心”等同于“耳目之官不思”，如是产生的知觉具有被动接受的特征，只是一种“物交而知”，“人心”对于知觉如同耳目对于声音一般，仅仅类似于一种接收的器官，思的作用是隐没的，并不具有主动性。“道心”则能够超越形气的限制，在“道心”的驱动和节制下，心之知觉不会停留在粗浅的生理或现象层面，而是能够深入义理之微，使心脱离了耳目感知的限制，不再局限于声味与安佚，而能够深入到性与天道的本质，此时的知觉才是合理与气的心之思。从来源上看，“道心”之知觉主要产生于具有主体性的心主动的知与思，从结果来看，“道心”之知觉能够达到对作为本体之理的完满的认识，可见朱子所言的道心之知觉亦可以类比于康德的智的直觉。

结合上文从理、气角度对“人心”“道心”的区分，可见“人心”产生的知觉主要受气辖制，其作用方式和认识对象都几近于张载所说的耳目闻见之知，这种知觉与朱子所言“人与物若不异”的生理性的感官知觉同级，从而与康德所言的感性直观相肖；“道心”所发之知觉则是原于理并受理主宰，从而能够达至对性与天道的认识，也能够指导人于动静之间合乎义理，从而与张载之“德性之知”、康德之“智的直觉”相类。朱子的知论中已然包含了表象认识与超越之知的区分。

---

① 《朱子语类》卷七十八，第 2011 页。

三、作为工夫入手处的“知觉”

朱子认为，学者最终的目标是“必使道心常为一身之主，而人心每听命焉”[①]，这正合于朱子针对理、气关系所言的“若功夫至，则气质岂得不听命于义理”[②]，由此可见，为学修养的工夫都应当以确立理在人心中对知行等各种活动的主导作用为旨归，那么人在格物致知、明德复性的学习过程中可能受到气质蒙蔽的问题便是亟待解决的。

朱子与弟子针对这一问题多番讨论，如：“问：‘人气力怯弱，于学有妨否？’曰：‘为学在立志，不干气禀强弱事。’又曰：‘为学何用忧恼，但须令平易宽快去。’”[③]朱子指出破除气质遮蔽的关键在于养心，他格外提举出“立志”的重要性，“所谓志者，不道将这些意气去盖他人，只是直截要学尧舜”[④]，意即学者要立成贤成圣之志。刘增光指出，天理、良知本就是先验性、本来性的知识，“天理到底存在不存在、我能否体认到天理，一个人到底有没有良知、我能否体认到良知，这都不是直接性对象，不是‘物交物而知’的感官直接认识和确定的对象，而是非直接性的对象，是‘生成’”[⑤]。朱子认识到向内探求的重要性：“致知，则理在物，而推吾之知以知之也；知至，则理在物，而吾心之知已得其极也。”[⑥]在物所具之理与我心中之理同属一理、本然贯通的前提下，致知从根本上来说并不是从外物处获取知识，而是要以己心体贴天下万物之理，恢复心中本来就具有的义理。朱子亦言：“知先自有。才要去理会，便是这些知萌露。若懵然全不向著，便是知之端未曾通。才思量著，便这个骨子透出来。”[⑦]

---

① 《四书章句集注》，第 16 页。

② 《朱子语类》卷四，第 74 页。

③ 《朱子语类》卷八，第 134 页。

④ 《朱子语类》卷八，第 133 页。

⑤ 刘增光：《宋明理学的“信得及”观念申论——从王阳明〈朱子晚年定论〉说起》，《上饶师范学院学报》2016 年第 2 期。

⑥ 《朱子语类》卷十六，第 324 页。

⑦ 《朱子语类》卷十六，第 324 页。

从性与天道合一的原则出发，天理是不假外求的，只有挺立“道心”之知，发挥人心本有的超越之知与思的能力，才能发明、生成本就内蕴在心中的天理。

然除却向内的工夫，朱子还表明在心志、意念不精时，要下穷理、致知的工夫：“大凡气俗不必问，心平则气自和。惟心粗一事，学者之通病。横渠云：‘颜子未至圣人，犹是心粗。’一息不存，即为粗病。要在精思明辨，使理明义精。”[①] 朱子指示学者，面对“气俗”之蔽，当“立志”“平心”以使气和；但若更进一步犯“心粗”之病，即对心本身的涵养不足以涤除气禀之病时，又应当务求明理。此处的明理显然有别于向内探求的养心之方，朱子在此处想要指示的应是一条对普通人而言更加受用的“下学而上达”之路。就心与气的关系而言，朱子此处的回答使我们联想到他对《孟子·公孙丑上》“知言养气”章中告子养心养气之法的批判。面对告子“不得于心，勿求于气”的教条，孟子只下一“可”字，在朱子看来是“仅可而有所未尽之辞也”[②]，即并非最好的做法。朱子认为：“人固当敬守其志，然亦不可不致养其气。盖其内外本末，交相培养。”[③] 在心不能与理贴近时，若能够涵养气而非一味摒除气的影响，便能以外养内、以气养心。这一养气之方落实在与穷理、致知工夫上，正指向由气所发的识见活动对天德良知的促发。对人的“知觉”而言，感知与经验之知亦可能促进“智的直觉”的创知，以例为证，朱子格外强调“小学”是一条古人习用而值得效仿的为学入路：“古人便都从小学中学了，所以大来都不费力，如礼乐射御书数，大纲都学了。及至长大，也更不大段学，便只理会穷理、致知工夫。”[④]“小学是学事亲，学事长，且直理会那事。大学是就上面委曲详究那理，其所以事亲是如何，所以事长是如何。古人于小学存养已熟，根基已深厚，到大学，只就上面点化出些精彩。”[⑤] 小学所教授的内容都集中于事亲、事长等具体的事项而非传授义理，其教导的核心在于如何做出合乎道德与理义的行动，

① 《朱子语类》卷十二，第 205 页。

② 《四书章句集注》，第 214 页。

③ 《四书章句集注》，第 214 页。

④ 《朱子语类》卷七，第 125 页。

⑤ 《朱子语类》卷七，第 125 页。

这便不涉及从本心而发的对义理的“创造性”发明。根据黄勇对“关于美德的知识”（knowledge about virtue）和“作为美德的知识”（knowledge as virtue）的区分，前者只是对于美德的知性理解，而后者则不仅是对有关美德的内涵或行动的理解，从来源上来说，后者的产生不仅依赖智力（mind），而且还依赖心（heart）。[①]“作为美德的知识”要求认识者对美德的心通，非深层的、超越的知觉，亦即“智的直觉”不能达此“合内外”境界，“小学”的教习几乎完全是在传授“关于美德的知识”，即合乎美德的做法、表现等，但从朱子对“小学”的推崇不难看出，他相信由此入手能够达至对“作为美德的知识”的觉悟。在两层知识之间虽然不可否认地存在质的差异，但朱子显然认为二者之间并非断裂的，且“关于美德的知识”的线性积累对于达到“作为美德的知识”来说反倒是有益乃至必要的。

顺此而言，我们更加可以理解朱子为何反对将“德性之知”与“见闻之知”截作两节，从认识论上来说，其原因指向的是朱子对气所促发、主导的近于感性直观的知觉活动的肯定。张载认为闻见可能成为心的负累，“人病其以耳目见闻累其心而不务尽其心”[②]，如果仅仅关心耳目之闻见所得，而不努力发挥“心体的朗照作用”（杨儒宾语），便会被闻见所蒙蔽，主体的创造之心也会受到牵累。朱子则更多强调带有经验性的认识活动有所裨益，如朱子基于《论语·为政》“子张学干禄”章孔子所言的“多闻阙疑”“多见阙殆”指出，多闻多见是十分重要的做工夫的基础：“‘多闻、多见’二字，人多轻说过了，将以为偶然多闻多见耳。殊不知此正是合用功处……不然，则闻见孤寡，不足以为学矣。”[③]朱子将多闻多见视为博学之事，并不认为见闻会成为义理之心的负累。同时见闻所得和“德性之知”之间并不是断裂的，从见闻中能够启迪对义理的认识：“问：‘知，有闻见之知否？’曰：‘知，只是一样知，但有真不真，争这些子，不是后来又别一项知。所知亦只是这个事，如君止于仁，臣止于敬之

① 黄勇、崔雅琴：《美德是否可教，如何教？》，《思想与文化》2018年第2期。

② 《张载集》，第25页。

③ 《朱子语类》卷二十四，第588—589页。

类。人都知得此，只后来便是真知。”[①] 见闻从感觉的直观上来，得到的可能是对臣民的仁爱之情、对君上的敬重之情、对物类的欲望等属于感性的情感，但义理也就体现在见闻的对象中，从感性的认识中能够提升至对义理的真知。针对“人心”“道心”的知觉对象，朱子亦说：“饥欲食，渴欲饮者，人心也；得饮食之正者，道心也。须是一心只在道上，少间那人心自降伏得不见了。”[②]“人心”“道心”之间的界限本来就是非常模糊的，二者所应用的对象也可能是都是现象界中可感知的事物，其实质性的差别只在于受义理主宰之“道心”是否在场，而修养的目标正是逐渐使义理为心之主，使“大体”之心主动去思，从饥食渴饮等本能的、生理性的感受，逐渐揭示出义理之正，并进一步去指引人应当怎样正确处理饥渴等较低层次的感受。可见朱子格外强调即物穷理，质言之，虽然对义理的明达并不直接来源于认识对象的给予，但义理可以寓于感知的对象中，多闻多见亦可以启发对德性的认识。

至于如何能够通过即物之知上升到对天理的体认，朱子在诠释《论语·宪问》中“下学而上达”一语时有所说明。朱子首先表明，“方其下学人事之卑，与众人所共，又无奇特耸动人处”[③]，可见“下学”的内容不过是平易直截的人事之则，其中并不必要包含对理之本的通达或顿觉的工夫。至于如何通过“下学”进于“上达”，朱子门人曾提问道，“有一节之上达，有全体之上达”[④]，即是否有对一件事所含分殊之理的上达、亦有对理之全体的上达。朱子回答道，“不是别有一个大底上达”，对理的全体的上达和对理会一件件事的学习过程并不能截然分开，上达只是经历了必要的下学的积累后贯通的结果。朱子紧接着说“又不是下学中便有上达”，这应当是针对“一节之上达”的提问而言，表明“下学”之事须切实做工夫，于一件事上将其中邪正是非利害看得透彻，并不等同于即使是片面的、枝节的“上达”，寄希望于理会一件事便顿悟玄妙的道理也

① 《朱子语类》卷三十四，第 899 页。

② 《朱子语类》卷七十八，第 2011—2012 页。

③ 《朱子语类》卷四十四，第 1138 页。

④ 《朱子语类》卷四十四，第 1140 页。

是不可行的。[①] 总的来说，朱子强调对“下学”之事所做的量的积累是必不可少的，同时，“下学”和“上达”之间的界限也是存在的，二者之间在知的范围和深浅上都有质的差距。“上达”的境界对于在积习中的学者而言可能是非常难以体会的：“及其上达天理之妙，忽然上达去，人又捉摸不着”[②]，但这一质的突破只能通过于下学处的量的积累才能实现，正如：“理只在事中。若真能尽得下学之事，则上达之理便在此。”[③]

综上所述，虽然朱子讳言“闻见之知”与“德性之知”的区分，但实际上并未忽视认识能力的不同层次，无论是人和动物的“知觉”差异，还是“人心”与“道心”所主宰的“知觉”不同，其中都包含着对感性的、本能的、生理性的认知和理性的、德性的、超越的认知之间的区分。但以不同认识能力、认识层级的区分为基础，朱子并没有一味强调对本心的澄澈之功，而是认为感官或曰感性认识的对象中亦包含着义理，“闻见”未必会蒙蔽或阻碍对天理的认识，从气质所生发的、较低层级的“知觉”入手做工夫亦可进于“智的直觉”。

总结与余论：从“知觉”看朱子的“顺取”之路

理与气作为朱子哲学框架的基础，一为贯通天道与人性的本体，一为形下现实世界的形构原则，在分析朱子的“知觉”概念时，从理气论的视角出发，能够更加清晰地看到朱子如何区分出现象性、生理性的“知觉”以及超越的、通乎道的“知觉”，而朱子对“闻见”的态度亦反映了他对气所构成的现实世界、对人受气质影响一面的重视。牟宗三批评朱子讲格物致知、下学上达的工夫论，认为这种“顺取”而非诉诸发明本心的工夫路径反映的是朱子对通乎道体的人之性体的能动性、创造性的减杀，并判别朱子的学说相对于提倡道德心

① 《朱子语类》卷四十四，第 1140 页。
② 《朱子语类》卷四十四，第 1138 页。
③ 《朱子语类》卷四十四，第 1139 页。

性本体的正统儒家而言乃是“别子为宗”[①]。从本文的分析可见，朱子的确未视心为一个纯粹超越的道德本心，也并不认为即心而穷理、反身而诚是为学的第一义工夫，而是强调受气主宰的带有经验性与感性色彩的闻见活动对于明德的重要性，但这并不必然意味着在朱子的道德学说中人这一主体没有自觉与主动性。我们可以借用郑宗义针对儒学中“气性”论一脉能否证成人的道德主体性的分析和结论来衡量朱子的德性论与工夫论，郑宗义指出，由“心知之自然”，即人的觉知能力亦能论证人具有道德的潜能，朱子之后，戴震作为主张气性论的学者便采取了这一进路，认为人的血气心知中包含道德判断能力，从而“心既能知觉仁之情（爱己爱人），则能进而肯定之、确认之并以之为善、为理义、为道”。[②]陈来亦指出，在先秦儒家特别是荀子已经萌发了以心知证道德之产生与可能的理路，且朱子的心论多有继承荀子之处。[③]朱子虽多因其理论的气论色彩而受到批评，但站在朱学立场上来看，从气的角度探究人的“知觉”的来源、层级、限制与差异，导向的是为工夫论提供更多平实的、有着力处的、可渐进的方法，其中也蕴含着从认识论的角度切入而证成人性为善或曰人能成善的可能。

① 见牟宗三：《心体与性体（上）》，第 41、73—75 页。牟宗三认为，从孟子所言“乍见孺子将入于井”的性善论证所指示的，到濂溪、横渠、明道、五峰等宋儒的工夫论都以“逆觉体证”为进路，所谓“逆觉体证”即“从本心仁体之当机跃动之明觉而发，此只是其明觉活动之反照其自己”，大要在于首先体征自我本心、本性之善。参见《智的直觉与中国哲学》，第 170—171 页。

② 参见郑宗义：《论儒学中“气性”一路之建立》，载杨儒宾、祝平次编：《儒学的气论与工夫论》，华东师范大学出版社，2008，第 178 页。

③ 参见《朱子哲学研究》，第 257 页。

Consciousness in Zhu Xi's Philosophy – An Analysis from the Perspective of the Theory of "Li" and "Qi"

Jiang Nan Liu Zengguang

Abstract: In Zhu Xi's philosophical system, "Li", as the ultimate substance that unifies the cosmic order and human nature, is the fundamental basis for the possibility of consciousness; while "qi", as the principle of the phenomenal world's formation and differentiation, influences the emergence and operation of consciousness in reality. By analyzing how Zhu Xi differentiates between consciousness of people and other objects, as well as the difference between "renxin" (the consciousness of the moral self) and "daoxin" (the consciousness of the Dao), it reflect that Zhu Xi consciously differentiates between consciousness that is dominated by "Li" and these that is dominated by "qi". The former is similar to Zhang Zai's "virtue knowledge" and Kant's intellectual intuition, while the latter can be compared to Zhang Zai's "sensory knowledge" and Kant's sensible intuition. Through the clarification of consciousness at different levels, it can be seen that one feature of Zhu Xi's elucidation of consciousness is that he often emphasizes the importance of acquiring knowledge from phenomena for the cultivation of moral character, which is reflected in his "shun qu" approach of investigating things to extend knowledge. The features of Zhu Xi's epistemology and Theory of Gongfu also reflect the important position of the "qi" category in his philosophy.

Key words: Zhu Xi; consciousness; "Li" and "qi"; "daoxin" and "renxin"; Gongfu

精粗之间：朱子卜筮思想的工夫论义涵

梁从峨[*]

【摘　要】“《易》本卜筮之书”是朱子易学的基本立场，它不是一个知识性命题，而是一个工夫论命题。朱子认为这是为了把《易》说“粗”，因为精义是《易传》中的理，“粗”的就是卜筮。“把《易》说粗”可以具体展开为三层意涵：首先指出义理易学只求精义而忽视了“粗”的一面；其次则通过卜筮来还原卦爻辞中的生活世界，说明精义不可以独立于日用；最后则说明卜筮活动中的时间性结构，如何将过去未来同一在当下，这就是精粗无间的理事关系。

【关键词】朱子；卜筮；精粗；工夫论

北宋易学大致形成了邵雍之数学和程颐义理学对峙的局面，南宋初期的朱震又对汉易象数学作了系统总结，看上去已经穷尽了易学研究的各个方向。但朱熹和吕祖谦在《古周易》的文本复原上打开了局面，朱子进一步走出了一条离传解经的新路，摆脱了传统以《易传》解经的束缚，为宋易学又开生面。尽管《周易》起源于卜筮活动，但学者们都在某种程度上回避这一事实。比如苏轼也说过“《易》者，卜筮之书”的话，但他认为卜筮是“日者之事，而非圣人之道也”[①]。朱子的创造就在于不把“《易》本卜筮”当作一个知识，而是当作

---

* 【作者简介】梁从峨，上饶师范学院副教授，主要从事易学与宋明理学研究。

【基金项目】江西省社会科学规划课题“南宋易学历史哲学研究”（22ZX06）。

① 苏轼：《苏轼文集》卷二，孔凡礼点校，中华书局，1986，第52页。

一个方法，从而开辟了以卜筮解《易》的新路径。朱子的原话是说："《易》本卜筮之书，后人以为止于卜筮。"① 因为卜筮只是极粗的事，易学家们讳言卜筮，而选择了以精义解《易》："至王弼用老庄解，后人便只以为理，而不以为卜筮，亦非。"② 尽管易学在两宋获得了巨大发展，但朱子认为义理易学的问题在于只能"精"而不能"粗"。把《易》还原为卜筮之书，目的就是将《易》说"粗"。因为"易"固然是个精微的道理，但《易》之为书却不应该忽视"粗"的一面。其中"精"的一面关注"理"和"体"，而"粗"的一面关注"事"和"用"。卜筮是为了解决当下所遭遇的疑难，卜辞中寄寓着先人的历史教训，问卜者应该怀着虔敬谋划未来。三者贯穿了做事、读书和明理，要求学者在精粗两端之间反复做工夫，这是朱子以卜筮解《易》的用心。

一、义理易学的"入粗不得"

朱子认为易学发展到宋代，问题在于只能"精"而不能"粗"。所以朱子说："据某解，一部《易》，只是作卜筮之书。今人说得来太精了，更入粗不得。如某之说虽粗，然却入得精，精义皆在其中。"③"今人"显然是指义理易学，这一派易学只关注精义；而朱子却要将《易》说粗，因为由粗才能入精。朱子担心的是"精义"常常会沦为空洞的话头，说者就忘了精义所根由的生活世界，于是需要由精返粗再以粗入精，这样彻上彻下才有实在功用。

之所以时人说《易》的毛病是"入粗不得"，就是只能彻上而不能彻下，所以说："今未晓得圣人作《易》之本意，便先要说道理，纵饶说得好，只是与《易》元不相干。"④ 朱子特别反感尹焞宣讲伊川的《易》学纲领，所谓："'体用一源，显微无间。'此是切要处。"朱子认为："尹说固好。然须是看得六十四卦、三百八十四爻都有下落，方始说得此话。若学者未曾子细理会，便与他如

① 朱熹：《朱子语类》卷六十六，黎靖德编，王星贤点校，中华书局，1986，第1622页。
② 《朱子语类》卷六十六，第1622页。
③ 《朱子语类》卷六十六，第1629页。
④ 《朱子语类》卷六十六，第1629页。

此说，岂不误他！”[①] 朱子认为程氏易学陈义过高，会误导初学者远离具体的卦爻意。义理易学常用某个抽象原则去通贯全《易》，而朱子认为每一爻都应该分别去读，并落实到具体生活中。

《周易》卦爻辞本来记录着西周初民的生活琐事，但义理易学将其抽象为道理了。所以朱子批评："伊川求之太深，尝说：'三百八十四爻，不可只作三百八十四爻解。'其说也好。而今似他解时，依旧只作得三百八十四般用。"[②] 这段话是针对"体用一源"的名言而发的，伊川易学试图找到一个统摄全《易》的道"体"，朱子认为不如每一爻都分别去看如何致"用"。因为从"理"的角度看当然都是一理，但爻辞本来是为生活世界而作，这里应该首先求"用"。所以朱子说："若是把做占看时，士农工商，事事人用得。这般人占得，便把做这般用；那般人占得，便把做那般用。若似而今说时，便只是秀才用得，别人都用不得了。"[③] 朱子认为《周易》卦爻辞不是专为读书人阐发精义而作，恰是为了士农工商都能在生活中应用而作的。

为何今人说《易》"入粗不得"，还因为义理易学特别热衷于思想体系的构造，总试图用精巧的形式去统摄杂多的现象。[④] 比如《程氏易传》每一卦前先讲《序卦》，意谓六十四卦是一周流通贯的整体，可《序卦》自身的说理却很随意，难以使人信服。黄榦就提问《序卦》可能不是圣人所作，朱子没有明确回答，然后退一步说："先儒以为非圣人之蕴，某以为谓之非圣人之精则可，谓非《易》之蕴则不可。"不管《序卦》是否为圣人所作，但其中只有"蕴"而无"精"。所谓："《序卦》却正是《易》之蕴，事事夹杂，都有在里面。"与"蕴"相对的是"精"，朱子说："如'《易》有太极，是生两仪，两仪生四象，四象生八卦'，这是《易》之精。"黄榦不解，继续问："如《序卦》中亦见消长进退之

① 《朱子语类》卷十一，第 191—192 页。

② 《朱子语类》卷六十六，第 1625 页。

③ 《朱子语类》卷六十六，第 1625 页。

④ 韩康伯的这句话概括了义理易学的方法论宗旨："约以存博，简以兼众，杂物撰德，而一以贯之。形之所宗者道，众之所归者一。"王弼、韩康伯注，孔颖达疏：《宋本周易注疏》卷十二，中华书局，2018，第 461 页。

义，唤作不是精不得。”朱子认为：“此正是事事夹杂，有在里面，正是蕴。须是自一个生出来以至于无穷，便是精。”[①]

概括而言，能从一个单纯的原则生出无穷的具体事物，这叫作“《易》之精”；而只是在具体的事物中来回打转，这只能叫作“《易》之蕴”。所以《系辞》讲的太极生生，这是“《易》之精”；而《序卦》讲的天地夫妇，这就只是“《易》之蕴”。朱子又说：“精是圣人本意，蕴是偏旁带来道理。”[②]显然“《易》之精”是面向普遍原则的，而“《易》之蕴”是面向具体事物的。这样《序卦》传就有一个内在的矛盾，就是要用六十四个具体事物来构造一个普遍性的秩序，但秩序的普遍性又是以摆脱具体事物来实现的。所以很多学者觉得《序卦》传没有道理，认为它是将不相干的具体事物强行串联了起来。

连给《序卦》作注的韩康伯也说：“凡《序卦》所明，非《易》之缊也，盖因卦之次，托以明义。……斯盖守文而不求义，失之远矣。”[③]朱子所说的“谓非《易》之蕴则不可”，正是就着韩康伯这段话来的。但韩康伯的本意是说《序卦》的文意不精，朱子却在“蕴”和“精”的区别上发出了新意。朱子的意思是不如说成：“凡《序卦》所明，非《易》之精也”。朱子强调的重点是《序卦》只有“《易》之蕴”，就是些“事事夹杂”的粗糙质料。而《程氏易传》试图用《序卦》的秩序来贯穿全经，可能未能真正消化掉这些内在的矛盾。因为《序卦》只是个粗的东西，却用它来构造形式体系，难免有牵强附会的地方。

整个易学史都是对《易》这一原典进行加工的过程，随着“易”的精义被不断提纯，也逐渐遮蔽了《易》之书的本来面目。朱子的易学号称“本义”，就是要再做由精返粗的一个还原，不仅仅是复原《易》之为书的本来面目，更深远的意义在于还原古人作《易》的生活场景与历史世界。这个还原工作分为两步，第一步是和吕祖谦复原《周易》古本的卷帙编排，第二步是在这个《古周易》的本子上阐发“本义”。这个本子将经和传再次分开，其中传的部分朱子所说甚简，因为这部分工作已经由《程氏易传》完成了，而关于经的解释才是朱

① 《朱子语类》卷七十七，第 1975 页。
② 《朱子语类》卷六十六，第 1624 页。
③ 《宋本周易注疏》卷十三，第 489 页。

子的创造，主要就是以卜筮还原卦爻辞的“本义”。所以“易本卜筮”的原则不是为了卜筮，而是提出一种解《易》的方法，朱子的卜筮思想实质上关注的是学《易》者如何做工夫的问题。卜筮是极粗的事，而易道是极精微的，所以这个方法论指向两个方向：由精返粗是解经的方法，再以粗入精则是做工夫的方法。

于是朱子就提出了以卜筮解《易》的方法：

> 殊不知由卜筮而推，则上通鬼神，下通事物，精及于无形，粗及于有象，如包罩在此，随取随得。[①]

为何卜筮具有由精返粗和由粗入精的双向作用呢？因为卜筮是沟通“事物”和“鬼神”的桥梁，在生活世界中我们总是遭遇到种种事物，古人遇到疑难就通过卜筮而问鬼神。问鬼神不是因为迷信权威或相信奇迹，而是为了反省自身而忧患戒惧，这是由粗入精的方向。而读《易》这本书时要知道精义之所根由，仍以忧患戒惧的心态观照生活，这是表里精粗合而为一的最终境界。

吾妻重二认为前人没有注意到“精粗”这一问题的理论性。他说：“这‘表里精粗’的概念尽管常常被朱熹提到，而且在思想史上含有重大的意义，但历来学者几乎都没有注意。”他从较宽泛的角度将“表、粗”理解为“经学上的考证”，相应的“事物的‘里、精’乃是经由深层的知而在自身中切实理解的”[②]。概言之，“表里精粗”就是如何从经学考证走向自身认知的问题。当然吾妻重二只是在“学问修养论”这一领域内一般性地提出了这一问题，还没有深入到每一经的具体认识中去。

而具体到《周易》这一经，从“表、粗”到“里、精”的认识过程中需要一个中介，就是卜筮。不经过卜筮这一中介，精、粗两端就是殊隔不通的。而经过了卜筮这一中介，《易》的精微之理才能下降到日用常行，这就是朱子所说的“入粗”。在具体的问题中究竟哪一端是“精”哪一端是“粗”，这不应该拘

---

① 《朱子语类》卷七十五，第 1924 页。

② ［日］吾妻重二：《朱子学的新研究：近世士大夫思想的展开》，傅锡洪译，商务印书馆，2017，第 216、218、224 页。

定了去讲。比如只是玩弄经义中的“精”义，这样的经义就是未能内化的文字“粗”迹；而卜筮这样的“粗”事，只要问卜者怀有戒惧忧患的诚心，就可以通达鬼神“精”境。关键不是为了得到一个拘定的“精粗”，而是能“入”得精也“入”得粗，在精粗之间有一个两端做工夫的过程。所以下一节继续讨论由精返粗的日用工夫。

二、由精返粗的日用工夫

在朱子看来理无精粗，而气有精粗。气之所以有精粗，是因为造化不齐。朱子说：“造化之运如磨，上面常转而不止。万物之生，似磨中撒出，有粗有细，自是不齐。”[①]这就是“精”“粗”二字的本义。按《说文》的解释，“精”字的本义就是“择”[②]（米），又引申为加工过的精米。“粗”的意思自然正好相反，《说文》只是将“粗”解为“疏”[③]，段玉裁说“粗”就是“粝米”[④]，即未加工的糙米。“粗”字也常写成“麤”，《说文》将“麤”字解为“行超远也”[⑤]，这是“疏”之义的来源。段玉裁说糙米较精米为大，所以“粗”和“麤”都联系在了“疏”之义下，在一般语境中将两字看作一字即可。

人就是这不齐的造物之一，好比磨中撒出有精米、糙米，人的气质便有清有浊。用孟子的话说：“物之不齐，物之情也。”[⑥]物之不齐，正是人的有限性本质；理之齐一，是人的无限性向往。从有限到无限，对具体个人来说是一段时间性的历程，在这个过程中人不只是被动地消磨时间，而是积极地有所谋划，这就是具体个人的生活世界。

---

① 《朱子语类》卷一，第 8 页。

② 许慎：《说文解字》，中华书局，1963，第 147 页上栏。

③ 《说文解字》，第 147 页下栏。

④ 段玉裁：《说文解字注》，中华书局，2013，第 334 页下栏。

⑤ 《说文解字》，第 203 页上栏。

⑥ 朱熹：《孟子集注》卷五，《四书章句集注》，中华书局，2012，第 265 页。

朱子尝说："《语》《孟》《中庸》《大学》是熟饭，看其它经，是打禾为饭。"① 显然，"四书"是"精"的，已经加工提纯了；而"五经"却是"粗"的，还没有进行加工。就读书的工夫而言，这里也有朱子的真切体验，他说《周易》"上经犹可晓，易解。下经多有不可晓，难解处"，还说"六十四卦，只是上经说得齐整，下经便乱董董地。《系辞》也如此，只是上系好看，下系便没理会"。② 前人一般将朱子的这些话理解为谦虚，认为朱子保留着多闻阙疑的古风。但是作为一个工夫论来思考，也应该体会到朱子将《易》读粗、读碎的苦心。因为古今相去甚远，古书中必然存在难以确解的地方，朱子有意停留这些小问题上面，说明难解的地方就不该追求通贯。"体用一源，显微无间"的理论固然很高明，但个人读书的具体理解中不该采用这种形而上的心态。

遇到经文中确实难解的地方，朱子认为要与切己的生活体验关联起来：

> 某尝语学者，欲看《易》时，且将孔子所作《十翼》中分明易晓者看，如《文言》中"元者善之长"之类。如《中孚》九二"鸣鹤在阴，其子和之"，亦不必理会鹤如何在阴？其子又如何和？且将那《系辞传》中所说言行处看。此虽浅，然却不到差了。盖为学只要理会自己胸中事尔。③

朱子虽然主张读书要细心，但是应该粗读的地方就不妨粗读。比如爻辞的本义大抵只是卜筮，没有太多的深意可求，这就需要粗读。粗读不是说粗心，而是要求回归到浑沦的生活世界，体会如何生活，这是无数杂多经验的聚合，就不是一个分析的、必然的问题，而是一个综合的、偶然的问题，所以谓之"粗"。有时朱子也将这种"粗"称作"浅"，"浅"就是"近"，就是生活中最切身的直观体验。人生的大多问题不是在玄思中解决的，而是在读书、做事的生活状态中自行解决的。

所以朱子特别关注在形而下的世界中做工夫，从形下到形上，可谓："自

---

① 《朱子语类》卷十九，第 429 页。

② 《朱子语类》卷六十七，第 1671—1672 页。

③ 《朱子语类》卷六十七，第 1659 页。

近以及远，由粗以至精。”[①] 具体就读书的工夫而言：“粗是大纲，精是里面曲折处。”就为人的工夫而言：“且须立个粗底根脚，却正好着细处工夫。”常人的问题往往不在于精微的义理未知，而在于粗的脚跟未立。所以朱子说：“今人于无义理底言语尽说了，无义理底事尽做了。是于粗底根脚犹未立，却求深微。纵理会得，干己甚事！”[②] 还有在道理上能尽精微的人，日用常行处却连粗的脚跟都没立住，那精微的道理只沦为话头闲说。

朱子问陈淳：“相别十年，有甚大头项工夫，大头项疑难，可商量处？”然后陈淳说了一大段话，包含很多内容，似乎已经将经典、境界、道理全都打通，做到了彻上彻下一以贯之。比如陈淳说：“《易》三百八十四爻时义，便正是就日用上剖析个天理流行底条目。前圣后哲，都是一揆。”朱子听后却说了句：“恁地泛说也容易。”显然朱子认为这些道理要真实践履并不容易。朱子觉得这些“都是闲说，不是真积实见”。这些精义的概括性太强了，追求这些精义“正如吃馒头，只撮个尖处，不吃下面馅子，许多滋味都不见”[③]。因为陈淳说得有些容易了，朱子提醒他不要忽略了生活中的切实滋味。

孔子说过：“仁者其言也讱。”朱子如此解释：“讱，忍也，难也。仁者心存而不放，故其言若有所忍而不易发，盖其德之一端也。”[④] 真正切实用工的人很难说出漂亮的空话，因为他自己最清楚其中的艰难困苦。朱子说这里最有滋味，所谓“滋味”，意谓这是用来体验而不是用来分析的。所以说：“凡读《易》而能句句体验，每存兢栗戒慎之意，则于己为有益；不然，亦空言尔。”[⑤] 朱子之所以主张以卜筮解《易》，未尝不是提醒学者理解生活的艰难。“卜以决疑，不疑何卜？”[⑥] 生活中的疑难造就了卜筮，这是极粗的地方，然而日常工夫正在这里见到实用。

---

① 《朱子语类》卷十五，第 295 页。

② 《朱子语类》卷十三，第 236 页。

③ 《朱子语类》卷一百一十七，第 2819—2820 页。

④ 《论语集注》卷六，《四书章句集注》，第 134 页。

⑤ 《朱子语类》卷七十五，第 1924 页。

⑥ 杨伯峻：《春秋左传注（修订本）》，中华书局，1990，第 131 页。

所以朱子解卦特别具有忧患的意识，让读者能够感受他身处的历史语境。比如《姤》卦《彖》传说："姤之时义大矣哉！"程颐以为这是"赞姤之时、与姤之义至大也……君臣不相遇，则政治不兴"[①]。但朱子《周易本义》中只简单说了一句："几微之际，圣人所谨。"[②]学生问为什么和程颐所说不同，朱子的回答是："上面说'天地相遇'，至'天下大行也'，正是好时节，而不好之渐已生于微矣，故当谨于此。"[③]"姤"是相遇之意，在程颐看来君臣相遇是要做出一番事业来的。朱子关注的却是其中埋着祸患的苗头，这可能和两宋政治生态的变化有关，南宋的中央是更加集权的，"君臣相遇"只是士大夫的单方面愿望。

庆元元年（1195 年）朱子遭遇政治变故，门人蔡元定为他占得《遯》之《家人》[④]。见此卦象后，朱子就焚了为赵汝愚辩护的奏稿，而更号"遯翁"，选择退避政争接受现实。这是朱子解《易》以日用的具体一例，和他经历的忧患坎坷互为表里。朱子考证过"五十以学《易》"这一章，他认为这时候孔子已经七十了，所以"'五十'字误无疑也"。朱子遭遇党祸的时候六十七岁，也是年近七十。朱子说："学《易》，则明乎吉凶消长之理，进退存亡之道，故可以无大过。盖圣人深见易道之无穷，而言此以教人，使知其不可不学，而又不可以易而学也。"[⑤]这段话的大意是说：人生没有经历过忧患，就无法真正学到《易》理。这是朱子以卜筮解《易》的核心涵义。

中国传统思想的一大特点就是注重生活体验，而不是在语言和概念中构造一个对象世界。用孔子的话说："道不远人。人之为道而远人，不可以为道。"[⑥]用子夏的话说："切问而近思，仁在其中矣。"[⑦]朱子尽管是中国思想史上最具有

---

① 程颐：《周易程氏传》卷三，中华书局，2011，第 251 页。

② 朱熹：《周易本义》卷二，中华书局，2009，第 164 页。

③ 《朱子语类》卷七十二，第 1838 页。

④ 黄榦的《朱子行状》中记作"《遯》之《同人》"，张立文先生考为"《遯》之《家人》"。张立文：《宋明理学研究》，人民出版社，2002，第 358 页。

⑤ 《论语集注》卷四，《四书章句集注》，第 97 页。

⑥ 《中庸章句》，《四书章句集注》，第 23 页。

⑦ 《论语集注》卷十，《四书章句集注》，第 190 页。

形而上学追求的学者[①]，但仍然拒绝将全部实在赋予一个超验的“理”。因为古希腊的“逻各斯”是概念之间的关系，而宋明理学的“理”是人伦之间的关系，后者无法像前者那样具有独立的实在性。所以当《程氏易传》将原本生活化的卜辞抽象为道理之后，朱子便以为这有割裂形而上下的嫌疑。生活世界才是活的源泉，离开这个源泉道理就会走向枯涸。伊川易学已经发明了《易》之义，朱子就为他补上了卜筮之用，认为这样才是完整的“易”理。

三、以粗入精的理事关系

朱子认为自己解《易》的特色在于以粗入精。他说：“某之说虽粗，然却入得精，精义皆在其中。”[②]即先从粗处下手，再体会精义的所在。而如何获得粗中之精，就成为读书学习的核心工夫。学生就向朱子提出了这一课题：

> 问精粗。曰：“如管仲之仁，亦谓之仁，此是粗处。至精处，则颜子三月之后或违之。……然其实一念不当，则为不仁不义处。”[③]

这一章是林夔孙记录的，他以“精粗”向朱子提问，朱子则以《论语》中的管仲之仁来回应。因为孔子一边说管仲“不知礼”[④]，一边又说“如其仁”[⑤]，看上去有些矛盾。朱子认为这说明管仲只有仁之粗，而颜回却有仁之精。因为用颜回的标准来衡量的话，管仲就只能是不仁。而颜回的标准就在于“一念”是否得当，“不知礼”的管仲当然禁不起这样的动机分析。用今天的话来说，评价

---

① “朱熹是中国最后一个形而上学家，在他之后，陆王及其后继者虽然也吸收了某些形而上学的因素，但已不再有真正的形而上学冲动了。”邓晓芒：《从宋明道学与西方形而上学之别看中西文化分野》，《探索与争鸣》2023年第9期，第58页。

② 《朱子语类》卷六十六，第1629页。

③ 《朱子语类》卷十六，第325页。

④ 《论语集注》卷二，《四书章句集注》，第67页。

⑤ 《论语集注》卷七，《四书章句集注》，第154页。

颜回之仁用的是道德判断，而评价管仲之仁用的是历史判断，两种判断依据的标准不同，结论也就不同。道德判断是极精微的，要求个人内省其动机，所以《易传》要从继善成性的细微处去体会。而历史判断是极粗疏的，因为历史总是由集团行为演成的，所以只能看个大致效果，就像《春秋》只能从尊卑名分的粗处去看。管仲之所以能称“仁”，在于他重新巩固了周王的威严，团结华夏而重聚为一个共同体，事实上在东周初期重建了政治秩序。从族群历史的整体效果去判断，而不是从管仲本人的道德动机去判断的话，他配得上称“仁”。

类似的道理也体现在朱子对司马迁的评价中：

> 史迁不可谓不知孔子，然亦知孔子之粗耳。历代世变即《六国表序》是其极致，乃是俗人之论。知孔子者固如是耶。[①]

司马迁当然是“知孔子”的，毕竟他作的《孔子世家》记录了孔子生平。但在朱子看来，太史公只知道孔子的“粗”——就是事迹，不了解孔子思想的精义。朱子的论据是《史记》中的《六国年表序》，大概是指其中的这句话：“秦取天下多暴，然世异变，成功大。传曰‘法后王’，何也？以其近己而俗变相类，议卑而易行也。”[②] 秦法家不法先王而法时王（即荀子、司马迁所说的“后王”，韩非所说的“新圣”），太史公认为这有可取之处，毕竟秦始皇建立了大功绩。但在理学家看来这是崇尚功利背弃王道的霸政，是和孔孟之道截然相反的政治观念。所以朱子认为太史公不知孔子之“精”，即只知历史判断而不知道德判断。

儒家追求的当然是道德判断，但每一位儒者又生活在各自具体的历史语境中。后来的王阳明不让学生看《左传》，有一种“仲尼之门无道桓、文之事者”的道德洁癖。[③] 但朱子认为：“文字是底固当看，不是底也当看；精底固当看，

---

① 朱熹：《答蔡季通》，《朱文公文集》卷四十四，载朱杰人等主编：《朱子全书》第22册，上海古籍出版社、安徽教育出版社，2002，第1999页。

② 司马迁：《史记》卷十五，中华书局，2009，第113页。

③ 邓艾民：《传习录注疏》卷上，上海古籍出版社，2012，第19页。

粗底也当看。”[①]朱子认为一本书是对的还是错的，根本不在书那里，而在于读者。甚至那“不是底”书还必须要看，因为这是学者在成长中应有的经历。精义不是从思索中得来的，而是在粗率的经历中生长出来的。所以朱子说：“不可一向去无形迹处寻，更宜于日用事物、经书指意，史传得失上做工夫。即精粗表里，融会贯通，而无一理之不尽矣。”[②]朱子主张少玄想，而多做事、多读书，读书的时候还要分析“史传得失”，这些粗的工夫将来会通达精义。这无疑是说道德判断又不能独立于历史判断，没有关于历史经验的充分研究，所谓的道德判断也会流于空虚。

这两种判断集中体现在《易》与《春秋》之中，朱子认为“五经”中这二书最为重要，但也最难读。朱子说：“某尝谓上古之书莫尊于《易》，中古后书莫大于《春秋》，然此两书皆未易看。今人才理会二书，便入于凿。”[③]朱子认为年轻人不要急于看这二书：“《易》与《春秋》难看，非学者所当先。盖《春秋》所言，以为褒亦可，以为贬亦可。《易》如此说亦通，如彼说亦通。”[④]《易》与《春秋》难看，是因为二者都是活的，不能仅从文义上去讲，而自古以来的注解多有穿凿。朱子说：“如今不曾经历得许多事过，都自揍他道理不着。若便去看，也卒未得他受用。……如《春秋》《易》，都是极难看底文字。”[⑤]年轻人缺乏经历，容易陷入字面的矛盾，在字面上究诘不已，就失去了读经以致用的本意。所以朱子常常举孔子五十学《易》的例子，说明《易》的真意不在字义而在于人生的忧患。

在朱子看来，《春秋》就是记事的，不必深求古书中纠缠的微言大义。朱子说：“如《春秋》，圣人本意只是载那事，要见世变，‘礼乐征伐，自诸侯出’，‘臣弑其君，子弑其父’，如此而已。”[⑥]读《春秋》看那实事就行了，但读《易》则

---

① 《朱子语类》卷十一，第179页。

② 《朱子语类》卷九，第152页。

③ 《朱子语类》卷六十七，第1659页。

④ 《朱子语类》卷六十七，第1660页。

⑤ 《朱子语类》卷六十七，第1659页。

⑥ 《朱子语类》卷六十六，第1624页。

恰恰相反，其中所说的事物都无实事。朱子说："《易》难看，不比他书。《易》说一个物，非真是一个物，如说龙非真龙。若他书，则真是事实。"[①]《春秋》只是记事，而《易》理都是虚设，事与理的关系不是靠文字的表面涵义硬凑在一起的，而是在读者的个人阅历中获得了关联。朱子也用《书》和《易》的区别来说明这一理事关系：

> 初只是许多卦爻，后来圣人又系许多辞在下。如他书则元有这事，方说出这个道理。《易》则未曾有此事，先假托都说在这里。如《书》，便有个尧舜，有个禹汤文武周公出来做许多事，便说许多事。今《易》则元未曾有。圣人预先说出，待人占考，大事小事无一能外于此。圣人大抵多是垂戒。[②]

《易》和《书》(《春秋》) 的关系就是理和事的关系，用表里显隐来解释这一关系仍然流于表面，不如说二者都统一在个人的忧患意识之中，它的具体活动就是卜筮，即所谓"待人占考，大事小事无一能外于此"。史事是前人的经验，而卜筮要面向今人的未来，却能将所有的大事小事囊括其中。因为卜筮提供了垂戒与忧患的道德体验，垂戒是经验带来的教训，忧患是关于未来的谋划。过去塑造着当下，当下也预设着未来，过去和未来都同一在了当下的忧患意识之中。这个"当下"不是从过去未来中切分出来的时间刻度，而是过去未来同时从中绽出的时间之流。每个"当下"都同时蕴含着过去和未来，在此时间之流中，"当下"也不断成为"过去"，而"未来"不断成为新的"当下"。所以《易》理尽管是过去的圣人"假托都说在这里"的，但"这里"会成为每个人终将面对的具体当下。那么对《易》之辞的解释就不在古人那里，而应该在于今人的当下。

所以朱子说："今人只把做占去看，便活。若是的定把卦爻来作理看，恐死

---

① 《朱子语类》卷六十七，第 1660 页。

② 《朱子语类》卷六十五，第 1606—1607 页。

了。”[1]卜筮要解决的只是生活中遭遇的具体困境，只有在这具体的忧患之思中才能将卦爻之理体会为活的时间之流。朱子认为《易》理不可以拘定，必须当成不断生成的生活本身去体会。所以在《周易本义》的序言中说：

> 时固未始有一，而卦未始有定象；事固未始有穷，而爻亦未始有定位。以一时而索卦，则拘于无变，非《易》也；以一事而明爻，则窒而不通，非《易》也。知所谓卦、爻、彖、象之义，而不知有卦、爻、彖、象之用，亦非《易》也。[2]

这篇《易序》附在四卷本《周易本义》之前，作者有些争议，但这段话的意思比较能代表朱子的卜筮思想。朱子所说的“时固未始有一”，即近似于现象学、诠释学中所说的“时间之流”[3]。因为时间不断生成，所以《易》理不可拘定。时间固然是无形的，但卜筮构成了一个关于时间结构的具体形象：爻辞的内容是远古的记事，而吉凶休咎的关切却指向了未来。读《易》不只是为了得一个具体的“理”，对学者而言更重要的是体会“卦、爻、彖、象之用”。因为自王弼以来的易学几乎都忽视了《易》的实用，所以朱子格外要强调《易》是“义”和“用”的统一。

结　语

关于朱子卜筮思想的方法论意义，林忠军先生借用诠释学的观念，大致将其概括为“还原易学文本原貌”“还原易学文本的历史”。[4]因为诠释学要求在特

---

① 《朱子语类》卷六十六，第1624—1625页。

② 《周易本义·周易序》，第1页。

③ 参见［美］罗伯特·索科拉夫斯基：《现象学导论》，高秉江、张建华译，武汉大学出版社，2009，第128—129页。

④ 林忠军：《论朱子对〈周易〉卜筮性的重新确立及其解释学意义》，《学术月刊》2020年第9期。

定的语境中获取意义，这在本质上是一种历史主义，追根溯源是在海德格尔清理形而上学的工作中诞生的。朱子以卜筮解《易》的目的确有类似的意味，用朱子的话说是为了将“易”说“粗”。因为“易”作为一个形而上的道理本是精微的，但是当我们学易、解易、用易的时候却应该由精而返粗。就《周易》本文的形成来说这一要求是历史的还原，就“易”的道理来说这是生活世界的还原，这两个还原都依据着“《易》本卜筮之书”的方法而发生。

在朱子这里“卜筮”的意思不只是占卜，而是整个生活世界。这一点上王阳明倒是朱子的知音，他的学生不理解朱子以卜筮解《易》的内涵，阳明就说：“卜筮是理，理亦是卜筮。……今之师友问答，博学、审问、慎思、明辨、笃行之类，皆是卜筮”。① 卜筮就是学者的生活，学者如何面对卜筮，本身就是一个做工夫的过程。表面上卜筮关注的是吉凶休咎等生活中的偶然遭遇，但学者真正关注的是这些偶然遭遇背后的道理。生活的遭遇就是人身所历的粗迹，这背后的道理就是学者追问的精义，精与粗就在这个工夫中获得了同一性。

所以《周易本义》尽管是以卜筮解《易》，又未尝不能说是以生活解《易》、以史事（前人的生活）解《易》。《周易本义》中六次提到《春秋》或《春秋传》，还有其他的一些先秦史事，用来考察历史人物占筮的情况。根本的观点只有一个，即“占者德必如是，则其占亦如是矣”②。这句话朱子多次使用，比如说南蒯占得《坤》卦六五大吉，但却是为叛乱之事问卜的，所以最终大败。又比如穆姜是个失德之人，虽然占得大吉，但自知绝无吉休之理。③ 所以卜筮不是为了安慰侥幸心理，而是为了明白事理。用朱子的话说，问卜的心态应该如此：“我求人者，当致其精一而扣之。”④ 占卜虽是极粗的事，但却是对过去经历的审视和升华、是对未来人生的操心和谋划，自然要抱着通达精微之理的严肃态度。

---

① 《传习录注疏》卷下，第 212 页。
② 《周易本义》卷一，第 46 页。
③ 《周易本义》卷一，第 90 页。
④ 《周易本义》卷一，第 53 页。

Between Refined and Primitive: The Meaning of Zhu Xi's Divination Thought on Gongfu Theory

Liang Cong'e

Abstract: "The Yi was originally a book used for divination" is the fundamental position of Zhu Xi's Yi-ology, which is not a knowledge-based proposition, but a Gongfu theory proposition. Zhu Xi said that this is to restore *Yi* to an primitive state, because the principle of refinement is a principle in *Yizhuan*, while the primitive meaning is divination. The restoration of *Yi* to an primitive state can be expanded into three layers of meaning: Firstly, it points out that the Yili Yi-ology only seeks the essence and neglects the primitive aspect; Secondly, to restore the living world in the original text of the *Yijing* through divination, explaining that the principle of refinement cannot be independent of daily use; Finally, it is explained that the temporal structure in divination activities integrates the past and future into the present, which is the inherent relationship between exquisite principles and chaotic events.

Key words: Zhu Xi; Divination; Refined and Primitive; Gongfu Theory

数字人文视野下基于文献计量学的朱子学研究综述（1983—2024）

张红燕*

【摘　要】以数字人文视野为切入点，基于 CNKI 数据库 1990—2024 年的 7043 篇中文文献和 Web of Science ™数据库 1983—2024 年的 317 篇外文文献，采用文献计量学方法与可视化分析工具，对朱子学研究的学术成果进行系统梳理与深度解析，研究表明：（1）朱子学研究的外文论文最早可追溯到 1983 年，自 21 世纪开始，中外文论文发表数量呈现持续增长的趋势，反映出该领域学术关注度的逐步提升；（2）在研究机构和学者层面，中国大陆的上饶师范学院、厦门大学、山东大学、中山大学，中国台湾的东海大学和中国文化大学等高校成为中国朱子学研究的核心机构，中国大陆学者贡献突出，中国台湾地区的学者以及欧美和东亚国家的学者也有不俗的表现；（3）研究热点逐渐聚焦于“人类命运共同体”“和谐社会”“家庭教育”等领域，展现出朱子学研究对当代社会伦理与全球化议题的回应能力；（4）朱子学研究的综合性日益增强，《朱子学研究》《中国哲学史》《孔子研究》等期刊（集刊）是中国大陆学者的重要发文平台，《哲学与文化》《道：比较哲学》是较有影响力的国际期刊，给海外学术传播架起了重要桥梁。

【关键词】朱子学研究；文献计量学；数字人文；综述

*【作者简介】张红燕，浙江海洋大学图书馆副研究馆员，研究方向为文献计量、数字人文、知识图谱。

朱子学作为儒学的重要分支，承载着中国传统文化的核心价值，对哲学、教育、伦理乃至社会治理产生了深远影响。随着中华优秀传统文化的创造性转化与创新性发展成为国家文化战略的重要组成部分，朱子学研究正迎来新的发展契机。中央宣传部印发的《中华优秀传统文化传承发展工程“十四五”重点项目规划》进一步强调要加强传统文化学术体系的构建，并推动中华文化的国际传播。[①]在此背景下，朱子学研究不仅承载着学术探索的使命，更在当代社会发展与文化自信的构建中发挥着独特作用。

近年来，国内外学界围绕朱子学的哲学体系、教育理念、文本诠释等多维度展开深入研究，逐步形成了系统化的学术脉络。研究重点涵盖朱子学的核心思想、发展流变、与现代社会的契合点以及跨文化传播路径等多个方面。然而，当前朱子学研究仍面临诸多挑战：一方面，学术研究多侧重于文献整理与传统阐释，研究方法较为单一，缺乏跨学科、数据驱动的分析视角；另一方面，在全球化与多元文化交融的时代背景下，如何结合现代学术规范，推动朱子学研究的国际化进程，使其在全球思想体系中占据更重要的位置，仍是值得深入探讨的问题。

鉴于此，本文基于数字人文视角，利用 Web of Science ™、CNKI 等权威数据库，并借助文献计量学工具，从文献数量、研究机构、核心学者、研究热点等多个维度进行可视化分析，全面梳理 1983 年至 2024 年间朱子学研究的发展脉络，揭示其在现代社会与全球化语境中的演进特征，为后续研究提供数据支持和趋势指引，同时也希望通过数字人文的研究范式，进一步挖掘朱子学在当代伦理建设、文化自信构建及全球文明互鉴中的理论价值，以期为新时代朱子学研究的创新发展提供新的思路和方法。

一、研究方法与数据来源

随着数字人文的兴起，文献计量学工具在揭示人文社科领域研究热点和

---

① 王珏：《赓续历史文脉建设文化强国》，《人民日报》，2024 年 9 月 26 日第 1 版。

知识结构方面得到了广泛关注和应用。CiteSpace 知识图谱作为一款由美国德雷塞尔大学教授陈超美开发的文献分析与可视化工具，通过结合共被引分析理论和寻径网络算法，能够直观展现学术领域的知识演化轨迹和研究热点分布。[①]CiteSpace 不仅为传统人文研究提供了新的分析视角，也成为数字人文领域探索学术脉络的重要工具之一。近年来，随着该软件和图谱方法被引入国内，其在诸多人文学科中的应用日益广泛，为探索复杂知识网络和学科交叉提供了强有力的支持。

本文基于 CiteSpace 6.2.R7 版本的分析功能，对 1990—2024 年间我国朱子学研究领域的文献数据进行了系统梳理。数据来源于中国学术期刊出版总库（CNKI）。为确保分析结果的准确性与学术质量，筛选了 CSSCI 来源期刊及集刊作为研究样本。检索主题设定为“朱子”与“朱熹”，并结合关键词精确匹配，共获取文献记录 7138 条。经去重整理，并剔除征稿启事、会议通告等无效条目后，最终保留 7043 条有效数据用于分析。具体操作包括：利用 CiteSpace 的 CNKI 数据处理模块，设定时间范围为 1990—2024 年，并以年度为时间分区，选取各时间段中出现频率最高的前 20 个样本，从作者、机构、关键词及期刊等维度进行知识图谱分析，生成了朱子学研究领域的学术演化图谱。

在对 CNKI 数据库进行分析的基础上，为进一步探索朱子学研究在国际学术界的交叉性和影响力，本文同时参考了 Web of Science ™核心合集数据库中的相关数据。Web of Science ™作为全球领先的学术文献检索和分析平台，其核心合集涵盖多个高影响力的数据库，其中的社会科学引文索引，即 SSCI[②] 和艺术与人文科学引文索引，即 A&HCI[③] 尤为突出。SSCI 专注于社会科学领域，覆盖哲学、教育学、心理学等学科，广泛用于衡量社会科学研究的国际影响力；而 A&HCI 则聚焦人文与艺术类期刊，是评估哲学、文学、历史等领域研究成果的重要工具。两者以严格的选刊标准和广泛的国际覆盖范围著称，是学术研究领

① 李杰、陈超美：《CiteSpace 科技文本挖掘及可视化》（第三版），首都经济贸易大学出版社，2022，第 2、79、93 页。

② 其全称是 Social Science Citation Index。

③ 其全称是 Arts & Humanities Citation Index。

域的标杆性资源。因此，本文检索了以“Zhuzi”“Zhu Xi”等为主题词的相关文献，覆盖所有文献类型，时间截至2024年共获取319篇论文。经过筛选，剔除被撤稿的论文后，最终保留有效文献317篇，涉及论文、书籍评论、社论材料和书目项目。[①] 其中论文274篇，占86.44%；书评32篇，占10.1%，如图1所示。

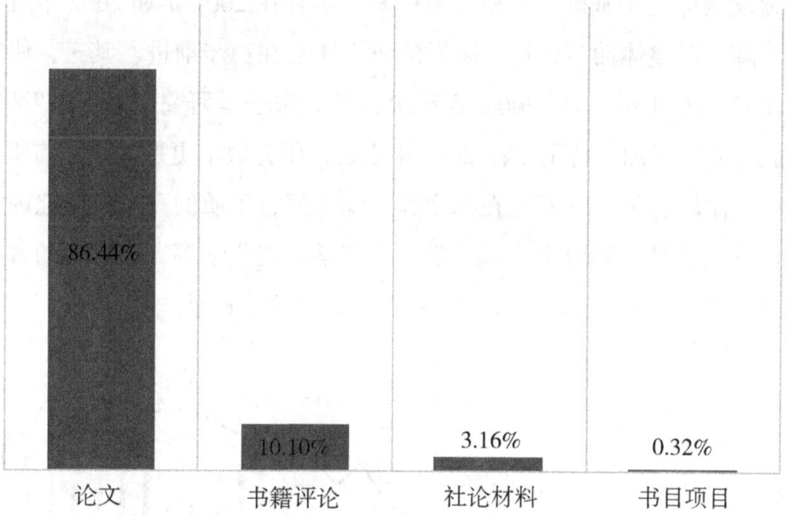

图1 朱子学外文文献类型分布

二、海内外朱子学文献统计分析

（一）文献产出时间分析

朱子学研究发文年度数量情况如图2所示。从图2中可以看出中国大陆朱子学研究发文数不断上升。根据发文数量可以看出中国大陆朱子学研究经历了三个阶段。其一，缓慢起步阶段（1990—1997年），在1990年至1997年期间，朱子学研究处于刚起步阶段。这一阶段的研究数量相对较少，且增长缓慢，

① 论文 Article；书籍评论 Book Review；社论材料 Editorial Material；书目项目 Biographical—Item。

研究刊载量基本保持在较低水平。其二，波动上升阶段（1998—2007 年），从 1998 年至 2007 年，朱子学研究逐渐进入波动上升阶段。随着学术界对朱子学兴趣的日益浓厚，研究数量开始逐年增加。尽管其间有一些波动，但整体趋势是上升的。这一时期，研究内容逐渐丰富，研究质量也有所提升，为朱子学研究的后续发展奠定了基础。值得注意的是，尽管在 2001 年和 2002 年研究刊载量有所下降，但整体而言，这一阶段的研究还是在稳步前进。其三，快速发展阶段（2008—2024 年），从 2008 年至 2024 年，朱子学研究进入快速发展时期。研究刊载量显著增加，特别是在 2012 年之后，研究数量更是达到了前所未有的高度。这一阶段，朱子学研究在深度和广度上都有了质的飞跃，研究内容涵盖了更加广泛的领域，如哲学、教育学、伦理学、文化学等。同时，随着国际学术交流的增加，朱子学在国际学术界的影响力也逐步提升。

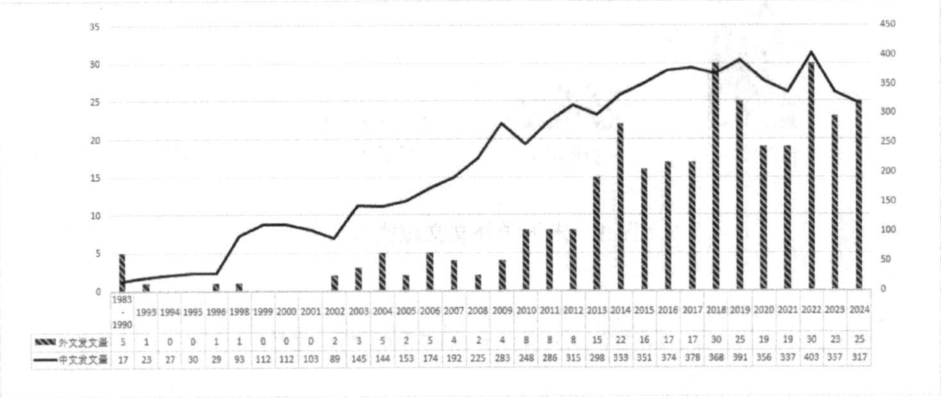

	1983-1990	1993	1994	1995	1996	1998	1999	2000	2001	2002	2003	2004	2005	2006	2007
外文发文量	5	1	0	0	1	1	0	0	0	2	3	5	2	5	4
中文发文量	17	23	27	30	29	93	112	112	103	89	145	144	153	174	192

	2008	2009	2010	2011	2012	2013	2014	2015	2016	2017	2018	2019	2020	2021	2022	2023	2024
外文发文量	2	4	8	8	8	15	22	16	17	17	30	25	19	19	30	23	25
中文发文量	225	283	248	286	315	298	333	351	374	378	368	391	356	337	403	337	317

图 2　1983—2024 年朱子学研究论文中外文刊载量

从图 2 的柱状图可以看出，朱子学研究的外文发文量虽然总体体量相对较小，却展现出独特的增长趋势。最早的外文论文可追溯至 1983 年，发表于《中国哲学研究》[1]，文章标题为《关于朱熹的格物形而上学理论》[2]。此后，外文发文量在 2000 年之前基本上保持较少状态，仅偶尔发表相关论文，但进入 2000 年后开始逐步攀升，尤其是从 2010 年起，外文发文量与中文发文量的增长趋势基

① 原期刊名为“*Chinese Studies In Philosophy*”。

② 原文标题为“*On Zhu Xi Metaphysical Theory of Investigating Things*（*Gewu*）”。

本同步。这一现象不仅反映出国际学术界对朱子学研究的日益关注，也展现出朱子学逐渐融入全球学术话语体系的过程。特别是在2012年至2022年间，外文发文量显著增长，2018年和2022年均达到30篇的峰值。这一时期恰逢朱子学研究的国内外学术合作日益频繁，以及中国文化“走出去”战略的实施，学者们通过国际会议、英文期刊等平台向国际学术界介绍朱子学的思想体系与学术价值。

近年来，尽管外文发文量略有波动，但整体维持在较高水平，与中文发文量的高峰期相呼应。这种同步性表明，朱子学研究的国际化步伐已经趋于稳定，并且形成了以中文研究为主导、外文研究为重要补充的双向互动格局。

（二）发文作者与机构

1. 主要发文作者与团队

统计显示（表1），乐爱国为中文发文数最多的作者，达127篇，遥遥领先；许家星以83篇次之；朱汉民、陈来、李敬峰等作者的发文量也较为突出，分别为53篇、51篇、50篇等。徐公喜等15位作者发文量在30篇以上，占发文总量的10%。这些作者成为朱子学研究的核心作者群，他们在该领域的研究中发挥了重要引领作用，对朱子学的发展与传承贡献颇丰。进一步分析文献可知，朱子的哲学思想、伦理观念、教育理念以及其对后世的影响等成为核心作者群的研究热点，这也反映出朱子学研究领域核心作者群的研究方向具有一定的集中度。从合作角度来看，朱子学的研究群体呈现出相对集中的态势。目前朱子学研究团队主要集中于乐爱国所在的厦门大学哲学系、许家星所在的北京师范大学价值与文化研究中心暨哲学学院、朱汉民所在的湖南大学岳麓书院等团队。

表1　中文发文量在30篇以上的作者

序号	作者	发文数量/篇	作者单位
1	乐爱国	127	厦门大学哲学系
2	许家星	83	北京师范大学价值与文化研究中心暨哲学学院
3	朱汉民	53	湖南大学岳麓书院

续表

序号	作者	发文数量 / 篇	作者单位
4	陈来	51	清华大学国学研究院
5	李敬峰	50	陕西师范大学哲学学院
6	吴震	43	复旦大学哲学学院
7	张立文	39	中国人民大学哲学院
8	丁为祥	35	陕西师范大学哲学学院
9	肖永明	34	湖南大学岳麓书院
10	李承贵	33	南京大学哲学学院
11	何俊	32	复旦大学哲学学院
12	蔡方鹿	32	四川师范大学哲学学院
13	徐公喜	30	上饶师范学院朱子学研究所
14	向世陵	30	中国人民大学国学院
15	杨泽波	30	复旦大学哲学学院

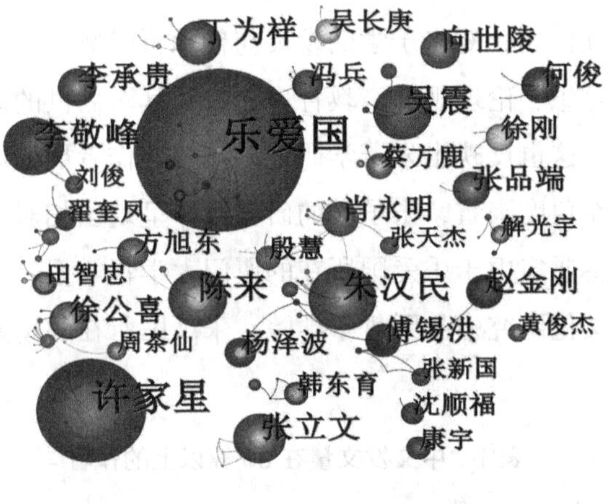

图 3　作者共现图[①]

① 节点的大小通常表示作者的发文数量或影响力，节点越大表示发文数量越多或影响力越大。

结合图 3 能够发现，中国大陆的多数研究学者的合作关系主要集中在团队内部，而不同学术团队之间的合作相对较少。经分析，造成这种现象的原因主要在于地域和学缘关系的限制，例如同一院校或相近地域的学者交流更为便利，合作机会更多，而不同地域和学缘背景的学者之间交流合作相对困难。因此，朱子学研究有必要进一步加强不同地域、不同学缘背景的学者及团队之间的合作与交流，以推动朱子学研究的全面深入发展。

表 2 外文发文量在 3 篇以上的作者

序号	作者	发文数量 / 篇	作者单位
1	Tsai, Chia-He（蔡家和）	6	（中国台湾）东海大学哲学系
2	Arghirescu, Diana	6	（加拿大）魁北克大学蒙特利尔分校哲学系
3	Chun-Hai Tseng（曾春海）	6	（中国台湾）中国文化大学哲学系
4	Pokorny, Lukas K	5	（奥地利）维也纳大学
5	Li, Lizhu（李丽珠）	5	北京航空航天大学人文社会科学高等研究院
6	Chen, J. K.（陈振昆）	4	（中国台湾）中国文化大学哲学系
7	Angle, Stephen C.	4	（美国）维思大学[①]哲学系
8	Tan, Mingran（谭明冉）	3	南开大学哲学院
9	Vende, Yves	3	（法国）里尔天主教大学神学院
10	Zheng, Zemian（郑泽绵）	3	（中国香港）香港大学哲学系
11	Chung, Yung-Hsing（钟永兴[②]）	3	厦门大学嘉庚学院人文与传播学院

① 又译为卫斯理大学、卫斯廉大学、卫斯理安大学。

② 系中国台湾学者。

续表

序号	作者	发文数量 / 篇	作者单位
12	Hyoungchan, Kim	3	（韩国）高丽大学哲学系
13	Huang, Hsin–Er	3	（韩国）高丽大学哲学系
14	Tsai, Lung Chiu（蔡龙九）	3	（中国台湾）中国文化大学哲学系
15	Zheng, Shuhong（郑淑红）	3	中山大学哲学系
16	Tan, Charlene	3	（新加坡）南洋理工大学国立教育学院

表 2 数据显示，在 A&HCI 和 SSCI 收录的期刊平台上，东亚地区（包括中国大陆、中国台湾、中国香港，韩国和新加坡）的学者在朱子学研究中占据主导地位，尤其以中国台湾学者为代表，高产学者数量和成果均表现突出。这说明东亚地区的学术传统与儒学文化深度结合，其在朱子学研究的国际化进程中扮演了核心角色。

外文发文量达到 6 篇的学者共有 3 位，分别是中国台湾地区的蔡家和、曾春海，以及加拿大的 Arghirescu, Diana，他们在该领域的研究成果显著，显示出较高的研究活跃度和持续产出能力。特别是蔡家和和曾春海，同属中国台湾地区的哲学研究机构，表明该地区在朱子学研究领域具有深厚的学术传统和系统性支持。

紧随其后的发文量为 5 篇的学者有 2 位，分别是奥地利维也纳大学的 Pokorny, Lukas K. 和中国大陆的李丽珠。Pokorny, Lukas K. 的研究表明朱子学在欧洲学术界的影响力正逐步扩大，而李丽珠作为大陆学者的代表，其成果凸显了大陆研究者在推动传统文化研究现代化方面的潜力。发文量为 4 篇的学者包括中国台湾的陈振昆和美国的 Stephen C. Angle，反映了两地学术界对朱子学持续关注的多元视角。陈振昆延续了中国台湾地区的强劲研究势头，而 Stephen C. Angle 作为西方学者，通过跨文化视角为朱子学研究注入了新的思考。发文量为 3 篇的学者数量共有 11 位，虽然发文量稍少，但显示出参与朱子学研究的学者群体具有明显的国际化特点。

2. 主要发文机构分析

基于 CiteSpace 软件的 Institution（机构）分析功能，对中国大陆的 7043 篇朱子学相关文献的所属机构进行统计，为便于分析，需要先将机构下的二级单位进行合并，然后选取发文量排名前十的机构，如表 3 所示。从发文数量来看，高校是朱子学研究的主要机构。其中，上饶师范学院、厦门大学、山东大学位列前三。上饶师范学院以 258 篇发文量位居榜首，这一优势得益于该校设立了朱子学研究所，并拥有集刊《朱子学研究》(原名《朱子学刊》，由中国社会科学院古代史研究所与上饶师范学院主办，上饶师范学院朱子学研究所和中国社会科学院古代史研究所古代思想史研究室承办)[①]。凭借专门化的研究平台和长期积累，上饶师范学院在朱子学研究领域形成了显著的学术优势和深厚的研究基础。

表 3　发文量在 150 篇以上的机构

序号	发文量	机构	序号	发文量	机构
1	258	上饶师范学院	6	155	北京大学
2	196	厦门大学	7	155	中国人民大学
3	189	山东大学	8	152	湖南大学
4	160	中山大学	9	150	中国社会科学院
5	157	复旦大学	10	150	陕西师范大学

从地域分布来看，朱子学研究机构的发文量呈现出显著的区域特征，这一现象与各地区的学术资源配置和文化传承密切相关。从高产研究机构的表现来看，上饶师范学院、厦门大学、山东大学等不仅在发文量上位居前列，其学术实力也得到了广泛认可。此外，一些未列入统计表的高产机构同样在朱子学研究领域发挥了重要作用，例如清华大学、武汉大学、南京大学、安徽大学等。这些高校长期致力于朱子学及相关领域的研究，形成了独特的学术传统和显著的研究优势。

---

① 参见官网 http://lishisuo.cssn.cn/qk/202412/t20241202_5807590.shtml。

进一步分析表明，这些高水平研究机构多集中于文化底蕴深厚的地区，例如江西、福建、山东、安徽等地。这些区域既是朱熹活动的重要历史场域，也是朱子学传播的核心地点，为相关研究提供了丰富的历史资源和学术土壤。此外，东部经济发达地区的高校（如复旦大学、华东师范大学）则借助优越的经济条件和科研支持，逐渐成为推动朱子学研究发展的重要力量。

整体而言，中国大陆的朱子学研究的区域分布特征反映了学术实力与文化背景的有机结合。以历史传承为基础，这些机构通过现代研究方法和多学科交叉的创新实践，为朱子学研究注入了新的活力。这种地域性与学术资源的结合不仅推动了该领域的持续发展，也为传统文化的当代价值挖掘提供了坚实的理论支撑和研究范式。

结合表 2 的作者所在机构及表 3，显而易见，中国大陆学者在国内学术研究领域已建立了牢固的研究基础，但在提升国际学术影响力方面，需进一步通过加强国际合作、拓宽研究视野和鼓励发表更多英文论文来实现突破，从而让中国大陆的朱子学研究成果在国际学术界中获得更广泛的认可和关注。

（三）关键词分析

1. 关键词发展路径分析

对 1990—2024 年中文期刊所载文献的关键词进行梳理，归并相关同义词等数据清洗，然后统计其频次。用 CiteSpace 关键词的时区功能进行分阶段分析，发现朱子学研究在其每个阶段的关键词都呈现出鲜明的时代特征，体现了朱子学思想在不同历史时期与社会需求的深度互动。

表 4　中文期刊（集刊）朱子学文献的关键词分布情况

三个阶段	时间	高频关键词
缓慢起步阶段	1990—1997 年	朱子、朱子学、周易、儒家思想、中国哲学、人性论、后世影响
波动上升阶段	1998—2007 年	道学、礼学、理性精神、诗经经学、心性论、和谐社会、当代价值

续表

三个阶段	时间	高频关键词
快速发展阶段	2008—2024 年	儒家伦理、家庭教育、义利之辩、家庭伦理、知行合一、实践教育、共同体

如表4所示，在缓慢起步阶段（1990—1997年），研究的核心关键词如“朱子”“朱子学”“周易”“儒家思想”等，主要聚焦于朱子学思想体系的基本框架和历史传承。学者们在这一阶段注重朱子学的哲学本质及其在儒家思想史中的重要地位，尤其是“人性论”和“后世影响”等关键词反映了对朱熹思想体系伦理核心的探索。这一阶段的研究具有整理与继承的性质，为后续研究奠定了理论基础。同时，这一时期的关键词更多停留在学术内省层面，尚未与现实社会问题直接结合。

波动上升阶段（1998—2007年），随着研究的深入，呈现出更为多元化的特征。关键词如“道学”“礼学”“诗经经学”“心性论”标志着朱子学研究从经典文本的诠释向哲学和伦理思想的延伸。“和谐社会”作为这一阶段的重要关键词，首次将朱子学思想与社会发展需求联系起来，表明学者们开始关注朱子学的当代价值。特别是朱子学中“中和”与“仁义”观念对“和谐社会”建设的启示，体现了朱子学思想在伦理与社会建设中的实践意义。这一阶段的研究体现了学术思想与社会实践的相互激发，既丰富了朱子学研究的内容，也为传统文化融入现代社会奠定了理论基础。

进入快速发展阶段（2008—2024年），研究呈现出更加广泛的议题与高度融合的特征。主要关键词如“儒家伦理”“家庭教育”“义利之辩”“实践教育”“共同体”等，反映了朱子学研究已深入到具体社会问题与学术前沿的交叉领域。尤其值得关注的是，“共同体”作为这一阶段的重要关键词，朱子学所强调的“万物一体”“天人合一”理念与“人类命运共同体”追求的全球合作、共同发展的思想内核高度契合。朱子学的伦理思想强调通过礼仪规范、道德教育和社会责任来维持社会整体的和谐与稳定，而这些核心观念为构建“人类命运共同体”提供了深厚的文化滋养。同时，“共同体”的出现不仅仅是对朱子学思想的一种继承和发展，也体现了这一传统思想与当代全球化议题的深度对话。例如，

“共同体”在研究中被重新审视，着眼于全球化背景下的文化多样性、社会公平和生态文明建设，这正是朱子学中“仁”与“礼”思想的现代性体现。此外，“义利之辩”“知行合一”则将传统伦理问题重新置于现代社会的伦理困境中予以审视。

表 5　外文期刊中朱子学文献的高频关键词

序号	关键词	词频	中心性	首现年份
1	Neo-Confucianism 新儒学	29	0.25	2003
2	Wang Yangming 王阳明	13	0.13	2009
3	Yi Hwang 李滉	8	0.07	2003
4	Horak Debate 霍拉克辩论	4	0.07	2011
5	korean confucianism 韩国儒学	3	0.04	2007
6	four beginnings 四端	2	0.03	2006
7	Luo Qinshun 罗钦顺	4	0.02	2012
8	four-seven debate 四七之辩	3	0.02	2007
9	chinese philosophy 中国哲学	4	0.02	2018
10	interreligious dialogue 宗教间对话	3	0.02	2010

关键词的重要性可以通过 CiteSpace 中的“中心性”这一指标来衡量。① 如表 5 所示，关键词“Neo-Confucianism”（新儒学）的词频高达 29 次，中心性更是达到了 0.25，这无疑彰显了新儒学在海外朱子学研究中的核心地位。自 2003 年首次出现以来，新儒学一直备受关注，其学术价值和现实意义不断得到挖掘和阐述。李滉作为朝鲜半岛重要的朱子学家，其词频为 8 次，中心性为 0.07。此外，关键词“korean confucianism”（韩国儒学）的出现，标志着韩国儒学作为一个独立的研究领域开始受到学术界的关注。而“Horak Debate”（霍拉克辩论）的词频为 4 次，中心性为 0.07，这显示了韩国朱子学界内部对于某些问题的争

① 当某个节点的中心性值高于 0.1 时，通常意味着该节点在研究体系中处于核心位置，且具有显著的影响力。

论和探讨，也推动了朱子学的深入研究和学术交流。

从以上的关键词数据分析来看，可以看出国内学者的研究更注重朱子学的哲学本质及其伦理核心，如“人性论”与“后世影响”关键词的探讨，反映出对传统思想的整理与传承；而随着时间推进，国内研究逐渐与社会实践结合，尤其是“和谐社会”与“共同体”概念的引入，表明朱子学的现代价值与社会需求紧密关联。相较之下，海外研究则更多关注新儒学的国际化传播与现代适应性，尤其是“Neo-Confucianism”和“Korean Confucianism”的中心性提升，突出朱子学在全球化背景下的理论影响力与跨文化对话。这表明，国内朱子学研究更倾向于深入挖掘其历史与伦理思想，而海外则通过新儒学和地域性研究推动朱子学的当代转化与跨国交流。

2. 关键词研究热点分析

利用 CiteSpace 关键词的突现强度（Burst Strength）[①] 检测分析方法，得到朱子学研究关键词共现网络突现词（表 6），并由此明确朱子学研究热点。

表 6 关键词共现网络突现词

关键词	突现强度	起始年	截止年	1990—2024
朱熹思想	4.49	1990	2005	
人性论	1.84	1995	2003	
心性论	2.47	2001	2010	
李退溪	4.83	2003	2009	
当代价值	3.45	2003	2008	

① 表示某一关键词在特定时间段内出现频率的急剧增长程度，反映该主题在该时期的研究热点程度，突现强度越高，说明该关键词在短时间内受到学术界的高度关注。

续表

关键词	突现强度	起始年	截止年	1990—2024
和谐社会	4.51	2005	2012	
海外传播	3.93	2007	2012	
王夫之	4.74	2008	2013	
唐君毅	3.84	2012	2017	
理气论	2.54	2014	2018	
牟宗三	10.72	2015	2019	
吕祖谦	9.79	2016	2019	
工夫论	5.55	2016	2020	
东亚朱子学	6.92	2018	2024	
家礼	3.75	2018	2022	
知行合一	4.77	2019	2024	
阳明心学	4.24	2019	2021	
刘宗周	2.94	2019	2024	
王船山	2.79	2020	2024	
家庭教育	6.76	2022	2024	

从表6中可以看出，不同时期的突现关键词及其强度变化清晰地反映了朱子学研究的发展路径和研究重点的演变，尤其是在海外传播与区域文化中的地位和影响逐渐凸显。研究热点逐渐聚焦于“东亚朱子学”“李退溪”“海外传播”和“当代价值”等领域，展现了朱子学研究对全球化与跨文化议题的回应能力。

“东亚朱子学”作为2018—2024年间的突现关键词（突现强度6.92），反映了朱子学在东亚区域内的持续影响力。朱熹的哲学思想不仅深刻塑造了中国文化，也在韩国、日本、越南等国家留下了影响深远的思想遗产。例如，在韩国，李退溪作为朱子学的重要传承者和发展者，将朱熹的性理学思想进一步本土化，形成了具有鲜明地方特色的性理学传统。其“敬义相辅”的伦理思想不仅在朝鲜王朝的教育制度中占据核心地位，还成为现代韩国儒家文化的重要精神源泉。在日本，朱子学通过德川幕府时期的教育体系传播，逐渐影响到日本社会的伦理观念和政治哲学，奠定了阳明学与朱子学对话的基础。

此外，“海外传播”（2007—2012年，突现强度3.93）这一关键词表明朱子学研究逐步超越东亚区域，进入更广泛的国际学术语境。近年来，西方学者对朱熹思想的兴趣逐渐增加，其哲学体系在伦理学、教育学和生态学领域的研究中得到了更多关注。例如，在全球化背景下，朱熹“万物一体”的宇宙观和“仁”的伦理观被重新解读为全球伦理建设的重要理论基础，为构建跨文化理解提供了丰富的思想资源。

关键词“当代价值”（2003—2008年，突现强度3.45）的出现，进一步彰显了朱子学在现代社会中的适用性。学者们不仅关注朱熹思想的历史意义，还探讨其对当代社会问题的解决方案。例如，朱子学中的“理”“气”观念在现代哲学和科学讨论中被赋予了新的解释，为理解人类与自然的关系提供了启发。这些研究充分体现了朱子学在全球化与现代化背景下的持续生命力。

此外，“家庭教育”（2022—2024年，突现强度6.76）也成为朱子学研究的重要领域。这一关键词反映了朱子学在现代社会中对家庭伦理建设的实践应用，特别是在探讨现代家庭关系与道德教育时，朱子学的思想资源被视为一种重要的价值指南。

（四）发文期刊（集刊）分析

朱子学研究的核心期刊（集刊）在中外学术界均有重要分布，如表 7 所示，其中中文期刊（集刊）刊载量排名前五的分别为《朱子学研究》《中国哲学史》《孔子研究》《哲学研究》和《周易研究》。这些期刊（集刊）由中国大陆的高校、研究机构和学术组织主办，充分体现了大陆在朱子学研究领域的学术传承与研究优势。而外文期刊刊载量排名前五则包括《哲学与文化》[①]《道：比较哲学》[②]《中国哲学期刊》[③]《东方与西方哲学》[④]，以及《韩国杂志》[⑤]。这些外文期刊由中国台湾、香港，欧美和韩国等知名学术机构主办，展现了朱子学研究在国际学术界的广泛传播与多元视角。

此外，除了《朱子学研究》作为专门聚焦朱子学的集刊外，其他中外期刊以哲学研究为核心，涵盖儒学、比较哲学和思想文化等领域，充分体现了朱子学研究与哲学学科的深度交叉以及其作为中国传统思想体系的重要组成部分，在哲学研究中不可或缺的地位。

表 7　中外文发文期刊（集刊）分布（刊载量前 5）

序号	中文期刊（集刊）	主办单位	外文期刊	主办单位
1	《朱子学研究》	中国社会科学院古代史研究所 上饶师范学院	*Universitas Monthly Review Of Philosophy And Culture* （中文名《哲学与文化》）	（中国台湾） 台湾辅仁大学
2	《中国哲学史》	中国哲学史学会	*Dao a Journal Of Comparative Philosophy* （中文名《道：比较哲学》）	（中国香港）香港中文大学

① 原期刊名为“*Universitas Monthly Review Of Philosophy And Culture*”。

② 原期刊名为“*Dao: a Journal Of Comparative Philosophy*”。

③ 原期刊名为“*Journal Of Chinese Philosophy*”。

④ 原期刊名为“*Philosophy East West*”。

⑤ 原期刊名为“*Korea Journal*”。

续表

序号	中文期刊（集刊）	主办单位	外文期刊	主办单位
3	《孔子研究》	中国孔子基金会	*Journal Of Chinese Philosophy*（中文名《中国哲学期刊》）	（荷兰）博睿（Brill）学术出版社
4	《哲学研究》	中国社会科学院哲学研究所	*Philosophy East West*（中文名《东方与西方哲学》）	（美国）夏威夷大学出版社
5	《周易研究》	山东大学	*Korea Journal*（中文名《韩国杂志》）	（韩国）韩国学中央研究院

三、结论与展望

朱子学作为儒学发展的重要分支，自20世纪80年代以来，在全球学术界的关注度持续上升。基于对1983年至2024年间文献数据的计量分析，本文系统梳理了朱子学研究的发展脉络，揭示了该领域的研究现状、核心学者、研究机构、主题热点及国际传播情况。从整体来看，朱子学研究经历了从经典诠释向跨学科融合的拓展，从区域性研究向全球化传播的转变，呈现出学术网络化、话题多元化和国际影响力增强的特点。近年来，研究热点逐步向伦理思想、教育理念、社会实践以及全球文化交流等方向拓展，展现了朱子学对当代社会的回应能力。

从地域分布来看，中国大陆是朱子学研究的主阵地，依托哲学、历史学、教育学等学科的交叉研究，逐步形成了较为完备的学术体系。高校和研究机构，如上饶师范学院、厦门大学、山东大学等，在朱子学文献整理、思想研究及跨学科融合方面成果卓著。相较之下，中国台湾地区的研究以哲学诠释学为核心，聚焦于朱熹思想体系的内部逻辑，同时在比较哲学、新儒学研究等方面有所突破。东亚其他国家如韩国和日本，则更加注重朱子学的本土化诠释，韩国学者围绕李退溪、四端七情论、霍拉克辩论等议题展开深入研究，而日本学界则通过朱子学与阳明学的互动探讨其思想流变。欧美学界的研究则主要围绕新儒学的全球化发展，强调朱子学思想在伦理学、宗教对话和生态哲学领域的现实价值，但整体上仍受制于对儒学文本的间接解读，尚未形成系统性的理论体系。

尽管朱子学研究在多个国家和地区取得了重要进展，但仍面临一些挑战。首先，跨区域、跨文化的学术对话尚显不足，朱子学在国际学术体系中的话语权仍需加强，特别是如何在西方哲学话语框架下重构朱子学的思想体系，是当前研究的关键问题。其次，研究方法虽已突破传统考据与文本分析的局限，但多学科融合的深度仍需加强，特别是在人工智能、大数据分析等技术快速发展的背景下，如何利用数字人文工具深化朱子学的知识体系建构，是未来的重要方向。此外，朱子学的现实价值尚未得到充分挖掘，如何结合当代社会需求，将其应用于家庭伦理、社会治理、人类命运共同体建设等领域，仍有待进一步探索。

未来，朱子学研究不仅应加强国际学术对话，推动跨区域合作，促进不同文化背景下的朱子学诠释与传播，同时应借助数字人文的技术手段，构建朱子学研究的知识网络，为其全球传播提供更为精准的理论支撑。与此同时，在社会现实需求日益凸显的当下，朱子学的研究不能仅停留在思想史的梳理和理论探讨，而应更加注重其实践转化，使其在伦理教育、社会治理、生态文明等领域发挥更直接的影响。可以预见，随着研究方法的更新和国际传播的深化，朱子学不仅将继续作为儒学研究的重要课题，也将在全球思想体系中占据更具分量的位置。

A Review of Zhu Xi Studies (1983–2024) from the Perspective of Digital Humanities Based on Bibliometrics

Zhang Hongyan

Abstract: This paper, taking digital humanities as the entry point, adopts bibliometric methods and visualization analysis tools to systematically sort out and deeply analyze the academic achievements of Zhu Xi's studies based on 7043 Chinese articles from CNKI database during 1990–2024 and 317 foreign articles from Web of Science™ database during 1983–2024. The research findings are as follows: (1) The earliest foreign paper on Zhu Xi's studies dates back to 1983. Since the 21st century, the number of both Chinese and foreign papers published has shown a continuous upward trend, reflecting the gradually increasing academic attention to this field; (2) In terms of research institutions and scholars, Shangrao Normal University, Xiamen University, Shandong University, and Sun Yat-sen University on the Chinese mainland, as well as Tunghai University and Chinese Culture University in the Taiwan region of China, have become the core institutions for Zhu Xi's studies in China. Mainland scholars such as Le Aiguo, Xu Jiaxing and Xu Gongxi have made outstanding contributions. Scholars from the Taiwan region like Tsai Chia-He and Tseng Chun-Hai, as well as those from European, American and East Asian countries, have also performed well; (3) The research hotspots have gradually focused on fields such as "community of shared future for mankind," "harmonious society" and "family education," demonstrating Zhu Xi's studies' ability to respond to contemporary social ethics and global issues; (4) The comprehensiveness of Zhu Xi's studies has been increasingly enhanced. Journals and collected papers like *Zhu Xi Studies*, *History of Chinese Philosophy* and *Confucius Studies* are important vehicles for Chinese mainland scholars to publish papers, while Universitas Monthly *Review of Philosophy* and *Culture and Dao: A Journal of Comparative Philosophy* are influential international journals that provide important bridges for overseas academic dissemination.

Key Words: Zhu Xi's studies; Bibliometrics; Digital humanities; Review

朱子学与经学史研究

《大学章句》“止于至善”版本辨析与义理诠释

田炳郁　吴　佩*

【摘　要】韩国朝鲜时期的学者普遍认为《大学大全》中朱注“止于至善之地而不迁”的内容有误。针对此处文字之疑，通过对宋本的考证、以韩国学者相关资料为佐证，再结合朱子及其门人后学对“止于至善”的义理阐释，可以明确“止”兼具“必至于是”和“不迁”两层含义。若写成“止于至善之地而不迁”，便存在语义重复问题，所以表述为“至于至善之地而不迁”更符合朱子本意。开展对《大学章句》“止于至善”的版本辨析及义理诠释，有利于纠正相关四书类著作中《大学章句》的朱注传写之误，并有益于深化朱子哲学有关“止于至善”的义理研究。

【关键词】《大学章句》；止于至善；版本；义理

一、韩国学界对《大学大全》朱注文字的讨论

《四书大全》作为一部集结宋元诸儒学说的四书集成类官修著作，自明代

---

* 【作者简介】田炳郁，南昌大学人文学院哲学系教授，博士生导师，主要研究方向为宋明理学与韩国儒学。吴佩，南昌大学中国哲学专业博士研究生，主要研究方向为宋明理学。

【基金项目】国家社科基金一般项目“元代新安朱子学及其对韩国儒学的影响研究”（19BZX077）。

1417年由内府刊印完毕后，以官方颁赐的方式发放全国，在国内的科举与学术方面发挥了重要作用；同时该书也在朝鲜半岛广泛流行，如韩国儒学的哲学论辩基本围绕《四书大全》进行。

宣德年间，《四书大全》以颁赐的形式传入朝鲜，据记载：

宣德元年（1426）十月，遣使以《五经四书性理大全》《通鉴纲目》赐朝鲜国王李祹。[①]

宣德八年（1433）十一月，赐朝鲜国王李祹《五经四书大全》诸书。初，王奏欲遣子弟诣北京国学或辽东学校读书，上嘉之，故赐之书，且敕祹曰："王欲遣子入学，具见务善求道之心，但念父子远违，情不相舍，兼山川隔远，气候不同，或至不安，不若就本国中务学之更也。今遣书赐王，以为教子弟之资，王其体朕至意。"[②]

明宣宗朱瞻基多次赐书朝鲜，开启了《四书大全》传入朝鲜的序幕。《四书大全》东传以后，很快成为朝鲜官方的标准经典，朝鲜朝廷也多次刊印《四书大全》，并颁赐于全国学校。作为官赐图书，该书在当时学界影响较大，而随着研究的深入，朝鲜学界也发现该书虽然是一部朝廷官修著作，但在内容编纂上也出现了一些错误。比如实学派代表李瀷（1681—1763，号星湖），就指出《四书大全》所用的《大学章句》版本中存在文字错误：

《大学》经一章注"止于至善之地而不迁"，此"止"字即"至"字之误，今古诸儒皆不能看得出也。但曰："一字致疑，则妄也。考校参互，则罪也。"[③]

从上述引文可见，《四书大全》作为当时的绝对权威，即使有明显的文字

① 甄洪永、孔德凌：《明代经学学术编年》（上），凤凰出版社，2015，第451页。

② 《明代经学学术编年》（上），第484页。

③ ［韩］李瀷：《星湖先生僿说》卷二十一，《经史门·儒门禁网》，韩国古典翻译院，1977，第59页。

错误，但“今古诸儒皆不能看得出”，比如《大学章句》“止于至善之地而不迁”实则是“至于至善之地而不迁”之误。对此，李瀷在《大学疾书》中提到，出现这样的错误，主要是所用《大学章句》的底本有问题。他说：

> 考于诸本，则中国版刻，亦多作如此，独于《朱子大全》《仪礼经传》等数书，得其本字，乃知丁宁有错。学术之顽弊，奚但外国然哉？①

李瀷指出，通过比较数种《大学章句》版本，诸本大多与《四书大全》一致，均作“止于至善之地而不迁”，可是《朱子大全》（即《朱文公文集》）卷十五中的《经筵讲义》，以及《仪礼经传通解》卷十六中的《大学》，则将此处写为“至于至善之地而不迁”。而稍晚的李世龟（1646—1700，字寿翁，号养窝）、尹拯（1629—1714，号明斋）和朴世采（1631—1695，号南溪）等学者也同样关注到这个问题。比如尹拯在答李世龟的一封书信中就提到：

> 《大学》经一章“止于至善”下大注曰：止者，必至于是而不迁之意云云。按此止字，既兼至与不迁两意矣。其下曰：明明德、新民，皆当止于至善之地而不迁。是不迁与止字中所带不迁之意似重叠相碍，更考《经筵讲义》及《仪礼经传通解》则止于至善之“止”作“至”，岂见行《大学》或是传写之讹耶？唐本乡本，皆如此矣。②

又如朴世采说：

> 《章句》“明明德新民，皆当止于至善”之“止”。不但《大全》《通解》《辑释》皆作“至”字。张氏师曾以为“此至字，应上文必至于是而不迁之至，其义亦明矣”。第念此乃统论三纲大意处，未必全用初训，然则今

① ［韩］李瀷：《星湖疾书》，《大学疾书·经1章》，翰林大学出版部，1999，第16页。

② ［韩］尹拯：《明斋先生遗稿》卷十八，《答李寿翁》，《韩国文集丛刊》第135册，韩国古典翻译院，1994，第403页。

《章句》恐是。[①]

朴世采这里提到的《辑释》是朝鲜宣祖时期重刊的《大学章句重订辑释章图通义大成》，这本书原是明宣德、正统年间王逢、刘剡将倪士毅《四书辑释》、程复心《四书章图纂释》、王元善《四书通考》等多种元代理学家的著作，编成的一部集锦式“四书”讲章，取名为《重订四书辑释章图通义大成》（即《四书通义》）。该书是王逢重订在先，刘剡记其本末、缘起在后，最后由建阳詹氏进德书堂于正统二年（1437）至十年（1445）间刊刻、补修完成。[②]该书在出版八十年后，又被其他书坊翻刻，远播朝鲜[③]，并在朝鲜宣祖时期得以重刊。《四书通义·大学通义》正是写为“至于至善之地而不迁”，而且编者还引用了元人张师曾（字叔舆）的注解加以说明：

（张叔舆曰）：“至于”之“至”，诸本多作“止”，非也。此“至”字，应上文“止者，必至于是而不迁”之“至”。盖“至”则用功之辞，而“不迁”然后见其止也。[④]

张师曾的说明已经很清楚，即“止”兼“至”与“不迁”之意，所以应该写为“至于至善之地而不迁”，这跟“至于是而不迁”内涵一致。朝鲜儒者在考察《大学章句》版本时，普遍赞同“至于至善之地而不迁”，那么国内的情况如何，需要我们进一步梳理。

---

① ［韩］朴世采：《南溪先生文集》卷五十二，《答泰初侄问》，《韩国文集丛刊》第140册，韩国古典翻译院，1994，第80页。

② 参见顾永新：《从〈四书辑释〉的编刻看〈四书〉学学术史》，《北京大学学报（哲学社会科学版）》2006年第2期。

③ 参见杨洋：《〈四书章图〉东亚流传考——以日藏文献为中心》，《域外汉籍研究集刊》2021年第1期。

④ 刘剡：《四书辑释章图通义大成》（第二册），内阁文库，第18页。

二、《大学章句》“止于至善”版本辨析

相对于韩国学界的“至于至善之地而不迁”之说，国内部分学者对此有不同的看法，比如许家星教授就特别指出“至于至善之地而不迁”应当作“止于至善之地而不迁”，他说：

> 《大学章句》，“言明明德、新民，皆当至于至善之地而不迁。”（第3页）
>
> 按：因中华本仅以两种版本校勘，故不无失校处。仅以此处为例，“至于至善”未出校。然上古本出校记认为“至于”当为“止于”：“‘止’原作‘至’，据元甲本、监本及正文改。”另宋元朱子后学四书类著作多为“止”，如胡炳文《四书通》即是“止于善”。“止于至善”说与正文相切合对应。因参照版本过少，中华本在校勘上间有此类失校处。①

许家星教授认为宋元朱子后学四书类著作多为“止”，比如胡炳文《大学通》即是“止于善”，写作“止于至善”与正文的“在止于至善”相对应。许教授认为之所以出现此种校勘之误，是中华本参照版本过少导致的。

可见，中外学者对“至于至善之地而不迁”的存疑都集中指向了《大学章句》的版本问题。许家星教授特别提到上古本、元甲本、监本等多个版本，既然中华本即中华书局整理本因所参照版本过少而导致在校勘上出现此类失校处，那就不得不追问其所参照的版本到底是何种版本，而诸多版本中究竟哪一个版本才是最接近朱子原意的版本？关于《大学章句》的版本问题，历来是学界的争论焦点。早在元代，新安两位理学家胡炳文与陈栎即围绕《四书章句集注》文本差异，展开了一场学术上的纷争（胡炳文主宋本，陈栎主祝洙《四书附录》本）。这场争议延续数百年，也表明版本问题并非是一个简单的校勘问题，其争论的背后体现了学者对朱子思想中若干重要论题的理解。基于此，要辨清“至于至善之地而不迁”和“止于至善之地而不迁”的正误，就不得不对《大学章

① 许家星：《经学与实理：朱子四书学研究》，中国社会科学出版社，2021，第475页。

句》的版本进行比较甄别。

《大学章句》的版本实则可分为两大系列：一是宋本，即胡炳文等推崇的版本，该本盛行于宋元，没落于明清，而在现代社会又重新获得主导地位；二是祝本（祝洙《四书附录》本），即陈栎等尊信的版本，该本藉《四书大全》在明清时期成为权威流行之解。[①]

关于宋本，据徐德明先生考察，现存宋本仅两种：当涂郡斋本与影宋本。当涂郡斋本为吴柔胜刻本（即宣城本）的递修补刻本［淳祐十二年（1252）补刻《大学章句》一卷］。影宋本即仿刻淳祐六年本［淳祐六年（1246）刻本即翻刻吴柔胜本］。[②] 当涂郡斋本是朱熹晚年修订的一个定本（详参吴英《四书章句附考序》《四书章句集注定本辨》），该本是现存最早、校刻最精的宋刻本。清嘉庆年间江苏吴县吴英、吴志忠父子以数十年之功，通过比较多种旧本及宋元疏释本，力推当涂郡斋本，认为“此其为定本又益可无疑也”[③]，并在此本基础上于清嘉庆十六年（1811）校勘出吴氏父子校刻本。当前大陆学界出版的《四书集注》版本，多采用吴氏父子本，如中华书局整理本即以该本为底本，并参考清康熙内府仿刻的宋淳祐六年本[④]（即影宋本）进行校勘，形成了现在通行的《四书章句集注》。又如《朱子全书 · 大学章句》本，在以当涂郡斋本为底本的基础上，也参校了吴氏父子校刻本进行整理。

关于祝本，祝洙根据朱子嫡孙朱鉴之说以刊于兴国者为定本，兴国本历代所见者甚少，现已更不可得见，祝洙《四书附录》本于明代已散佚不存。祝本流传之广主要源于陈栎的力推，明清因作为科举功令的《四书大全》以倪士毅《四书辑释》为底本，而倪士毅惟师（陈栎）是从，亦主《四书附录》，故使得祝本在明清成为权威流行之解。现存祝本以监本和《四书大全》本为主要代表，

---

① 许家星：《〈四书集注〉定本之辨与朱子晚年定见——以胡炳文、陈栎之争为中心》，《中共宁波市委党校学报》2020 年第 6 期。

② 徐德明：《〈四书章句集注〉版本考略》，《华东师范大学学报（哲学社会科学版）》1998 年第 4 期。

③ 吴英：《四书章句集注定本辨》，《四书章句集注 · 附录》，中华书局，2011，第 360 页。

④ 中华书局本写作“淳祐二年”，实则是六年，即 1246 年。

监本即正统十二年（1447）司礼监刻本。根据徐德明先生之考察，《四书大全》本与监本同出元至正二十二年（1362）沈氏尚德堂本，即元至正本。[①]

从以上版本的梳理大致可见，遵从宋本的朱注，大都写作“至于至善之地而不迁”，如中华书局整理本和《朱子全书》本，且徐德明先生在《朱子全书·大学章句》后文的校勘记中特别指出“‘止于至善之地而不迁’，‘止’原作‘至’，据元甲本、监本及正文改”[②]；而遵从祝本的《四书辑释》，则写作“止于至善之地而不迁”，《四书大全》也是如此。值得注意的是，祝洙《四书附录》所参照的底本书目南宋真德秀《大学集编》以及参照《四书附录》而作的南宋赵顺孙《大学纂疏》亦主此。从文本传衍来看，我们或许可以推测《大学章句》祝本的源头出自南宋真德秀《大学集编》，而且真德秀的《西山读书记》也写作“止于至善之地而不迁”[③]。

然而到了元代，不论主张祝本还是主张宋本的元代四书学者，其“四书”著作都写作“止于至善之地而不迁”，如胡炳文的《大学通》、陈栎的《大学发明》、倪士毅的《大学辑释》、程复心的《大学章图》、詹道传的《大学纂笺》等。我们怀疑这很可能是刊刻失误导致的，而不是某个学者特地修改所为。因为《大学通》《大学辑释》《大学章图》等元代版本都出自同一地的刊印坊，即福建建阳书坊[④]，致使元代建阳刊刻失误进而影响到元至正本，乃至后期的《大学大全》诸监本。对此现象，同时代的元人也有过质疑，比如前面提到元人张师曾所指出的“诸本多作‘止’，非也”[⑤]。当然版本考据只是对此问题的一个侧面回应，诸多版本中究竟哪一个版本才最接近朱子原意？这就需要进一步对朱子“止于至善”的注解作分析论证，方能窥见其中的内幕。

---

① 徐德明：《四书章句集注·点校说明》，朱杰人等主编：《朱子全书（修订本）》第6册，上海古籍出版社、安徽教育出版社，2010，第4页。

② 徐德明：《四书章句集注·校勘记》，《朱子全书（修订本）》，第28页。

③ 真德秀：《西山读书记》，《全宋笔记：第十编二》，大象出版社，2018，第159页。

④ 如倪士毅《四书辑释》，该书于元至正元年（1341）由福建建阳书商刘叔简日新堂初刻；《重订四书辑释章图通义大成》即《四书通义》由建阳书商刘剡刊刻，而刘剡又是刘叔简的从侄孙，二人皆出自福建建阳刘氏刻书世家。

⑤ 刘剡：《四书辑释章图通义大成》第二册，内阁文库，第18页。

三、朱子及其后学对"止于至善"的义理诠释

朱子对《大学》"止于至善"这一概念给予了极高重视，并认为其在三纲领中居于主导地位，即"止于至善包'在明明德''在新民'"。对"止于至善"的诠释，首先，朱子认为"止"兼含"至"和"不迁"两个层面；其次，强调"至善"兼含"当然之则"和"极"两个面向；再者，强调要达到"止于至善"之境界，就需要在"尽天理"和"去人欲"方面做到极致的工夫，即最充分地实现天理，最完全地去除人欲。

（一）"至"而"不迁"："至且守""无过不及"

对"止于至善"中"止"的义理内涵，朱子在《大学章句》中注解为：

> 止者，必至于是而不迁之意。①

朱子认为，"止"兼具"必至于是"和"不迁"的两面性，一方面必须到达此至善之地，另一方面到达此地之后还须做到不迁动，这才是"止"。同时，朱子还特别强调"必至于是"和"不迁"的逻辑次序，如《语录》记载：

> 问："'必至于是而不迁'，如何？"曰："未至其地，则求其至；既至其地，则不当迁动而之它也。"②

是说"止"要历经"未至"和"既至"的两个阶段，当"未至其地"时，就必须设法追求到达此地；当"既至其地"时，又必须做到不迁移到其他地方。那所谓的"不迁动"是不是就意味着到了就可以就地停止呢？朱子强调"至此不能守，亦不可谓'止'"：

---

① 朱熹：《四书章句集注》，中华书局，2011，第 4 页。

② 黎靖德编：《朱子语类》（一），中华书局，2020，第 285 页。

止之为言，未到此便住，不可谓止；到得此而不能守，亦不可言止。①

是说，“止”是一个不断行进的工夫过程，即便到达了“此”处，但如果不能持守这种状态，也不能称为“止”。

此外，朱子还指出，此种持守工夫，还是“无过不及”的中道，如：

不及于止，则是未当止而止；当止而不止，则是过其所止；能止而不久，则是失其所止。②

如君止于仁，若依违牵制，懦而无断，便是过，便不是仁。臣能陈善闭邪，便是敬；若有所畏惧，而不敢正君之失，便是过，便不是敬。③

朱子认为，倘若在“不及”的时候“止”，是不恰当的“止”；在应当“止”的时候不“止”，是过其所止；在可以“止”的时候却不能恒久持守，是失其所止。正如君止于仁、臣止于敬，都应做到无过不及、恰到好处才可以，君主本当“止于仁”，但如果“依违牵制，懦而无断”，便是过其所止，就不是仁了；同样，人臣陈善闭邪是敬的表现，但如果“有所畏惧，而不敢正君之失”，便是过其所止，便不是敬了。凡此种种，都在强调“止”之工夫必须恰当与合当。

朱子曾在《大学或问》中进而指出“止于至善”如果能达到“无过不及”的状态，也就能“去人欲而复天理”：

诚能求必至是而不容其少有过不及之差焉，则其所以去人欲而复天理者，无毫发之遗恨矣。④

---

① 《朱子语类》(一)，第289页。

② 《朱子语类》(一)，第289页。

③ 《朱子语类》(一)，第341页。

④ 《大学或问》，朱杰人、严佐之、刘永翔主编：《朱子全书（修订本）》第6册，上海古籍出版社、安徽教育出版社，2010，第509页。

“求必至是”而“不容其少有过不及之差”即对应《大学章句》所言“止者，必至于是而不迁”。在朱子看来，要达到至善的境界，不仅要追求到达此地，而且还要做到不容许有丝毫“过”与“不及”的差缪，这也是朱子关于“止”工夫中“无过不及”的进一步阐述。值得一提的是，朱子后学对于朱子“无过不及”的观点尤为关注，如饶鲁、许谦都有过相关论述：

> （饶氏）又曰：“止者，毋过、毋不及之谓。”[1]
>
> （许谦）“必至于是”是不可不及，“不迁”是不可过。[2]

可见，饶鲁、许谦等人都继承了朱子用“无过不及”来阐释“止”字，而且许谦还特别指出“止”字的第一层含义“必至于是”，对应的就是“不可不及”的工夫要求；“止”字的第二层含义“不迁”对应的是“不可过”的工夫要求。对此，元人史伯璿却有不同的看法，他说：

> 窃意，“‘必至于是’是不可不及”，似矣。“‘不迁’是不可过”，则恐未然。何则？
>
> “至善”是极好处，“至”是“无以复加”之义。患其不及，不患其过。如山之绝顶，一般未至绝顶，固是不及；至绝顶而迁从它处去，亦只是下山了，但可言不及，不可言过。又如月之圆缺，一般惟望夕十分满轮，方是至善之意；未望明，未满魄，固是不及之意；过望而亏，又岂可以言过乎？如此，则“迁”只当作移动之意说。“不迁”如说不退转相似。[3]

史伯璿认为“必至于是”似乎可以对应“不可不及”，但是“不迁”并不能对应“不可过”。原因在于“至善”说的是“极好处”，其中的“至”字就有

① 史伯璿著，周文明、周峰点校：《四书管窥（上）》点校本，浙江文艺出版社，2015，第28页。

② 许谦：《读四书丛说》卷一，文渊阁四库全书电子版。

③ 《四书管窥（上）》点校本，第28—29页。

"无以复加"的意思。只有"不及"的忧虑，不存在"过"的担忧，就比如山的最高处，通常没有到达最高处，当然是"不及"；但到了最高处而迁移到其他地方，也就只是下山了，这就只能说是"不及"，不可以说是"过"。又比如月亮的圆满亏缺，一般只有在十五日的晚上才会有满轮圆月，没有到十五日晚上，不是圆月，当然是"不及"的意思；过了十五，月亮就会出现亏缺，又怎么可以说是"过"呢？这么说来，"迁"应当解释为"移动"，而"不迁"就是"不退转"的意思。可见史伯璿并不赞同许谦"'不迁'是不可过"的观点，并且他还进一步引用了善孝的例证来论述，如：

> 若以至善言之，则孝是善，孝如大舜方是至善。若以刲股之类为孝，此则大舜所必不为者，且不得为至善之极矣，况可谓之过乎？[①]

是说，如果以至善而言，孝是善，像大舜那样的孝顺就是至善；倘若以割股疗亲之类的方式来尽孝，那么大舜也不会做，这就不可称为至善之极，更不可能称为"过"了。[②]从上述朱子后学的阐述中可见，史伯璿"患其不及，不患其过"的论述有违朱子"无过不及"的原意，因为不论是过望而亏还是割股疗亲的例子本质上还是属于"过"的阶段。

因此，对于"止"的诠释"必至于是而不迁"，它不仅强调在时空上"至且守"的持续状态，同时在工夫境界上强调"无过不及"的时中之道，指向为"时刻呈现为合当"的最佳境界。

（二）"事理当然"之"极"："善之至""则之极"

朱子在《大学章句》中对"至善"注解为"事理当然之极也"[③]。其中"事

---

① 《四书管窥（上）》点校本，第28—29页。

② 对于朱子"无过不及"的论述，也有不少儒者赞同史伯璿的主张，认为"无太过，只有不及"，如王夫之在《读四书大全说》中说："朱子以'不能守'反'不迁'，最为明切。此中原无太过，只有不及。《语录》中作无太过不及说，自不如《章句》之当。盖既云至善，则终无有能过之者也。"参见王夫之：《读四书大全说（上册）》，中华书局，2021，第4页。

③ 《四书章句集注》，第4页。

理当然"是对"善"的解释，"极"是对"至"的解释。

首先，"事理当然"就是理应如此，即是社会的伦理原则和规范，这些规范是社会中人人都必须遵守的。可见，"善"不是人可以主观随意的选择，而是见于日用之间理应如此的、最根本的价值原则。其次，在朱子看来，天下之事都有其相应的当然之理，人不仅要依循此理做事，更需要在做事的过程中将此理呈现到极致，把事做到极好处。因此朱子对"至善"的解释，除了用"事理当然"，又补益了一个"极"字，强调"至善"的完满性、极致性。如《语录》：

> 凡曰"善"者，固是好。然方是好事，未是极好处。必到极处，便是道理十分尽头，无一毫不尽，故曰至善。①
>
> 极，尽也。如屋之极，极高之处，四边到此尽了，去不得，故谓之"极"。宸极亦然。至善亦如此。应于事到至善，是极尽了，更无去处。②

可见，"至善"就是"善之至极"，如"屋极""宸极"，到了极高之处，就再无别的去处了，其强调的是一种极致、极尽的最高范畴。从文意来看，朱子用"事理当然"与"极"两层涵义，对"至善"二字作了分解，一方面强调至善的"理"之面向，此理是人理应如此的价值原则和规范；另一方面强调了人循此"理"而为应达到的境界，即做到极致。对此，朱门弟子黄榦（1152—1221年）也有类似观点：

> 云"至善谓事理当然之极"者，言凡事理皆有当然之对，"当然之则"乃所谓"善"也，其"极"则"至善"也。不至于当然，不足以为善；不至于当然之极，不足以为至善。③

是说，凡天下之事理都有"当然之则"，这就是善。不达到当然之处，就

---

① 《朱子语类》(一)，第285页。

② 《朱子语类》(四)，第2197页

③ 曾枣庄、刘琳:《全宋文》第二百八十八册，上海辞书出版社，2006，第338—339页。

不是“善”，达不到当然之极处就不是“至善”。因此“当然之则”对应“善”之义，“极”对应“至”之义。

然而，黄榦的弟子饶鲁却不认同此说法，他说：“至善，只是事物当然之则，非指造极之地而言也。”[①] 他认为“事物当然之则”就是对“至善”的解释，不需要再加上“极”字来解释。无独有偶，元代新安理学家胡炳文也在《四书通》中引用《大学或问》、真德秀等论述，认为朱子添加一个“极”字来解释至善似乎不妥，并主张“事理当然之极者，事理当然之则也”，他说：

> 此“极”字，本传中“君子无所不用其极”。《或问》曰：“是其所以得之于天而见于日用之间者，固已莫不各有本然一定之则。”真氏释之曰：“则，法则也。天下之理皆天实为之，莫不有一定之法，非人力所可增损。故曰‘则’。”然则所谓“事理当然之极者”，事理当然之则也。下文曰“有以尽夫天理之则也”，曷尝以造极之地为言哉？”[②]

胡炳文认为，至善中的“事理当然之极”，其中的“极”字不应该指向“造极之地”，而换成“则”字似乎更妥当，因为“则”字强调了“本然一定之则”“天理之法则”的意蕴。因此下文的“有以尽夫天理之极也”，其中的“极”字也应该修改为“则”字，表述为“有以尽夫天理之则也”。

纵观上述朱子对“至善”的诠释，朱子反复强调“极”的重要性，意在说明不至于当然之极处，不足以称为至善。而“造极之地”就是至于善之极地，也是天理十分尽处，而天理尽处，就是“当然之极”，可见“造极之地”也符合朱子本意。然而饶鲁、胡炳文等后学却在未经分辨的情况下，急于提出新见和异议，贸然批评朱子《大学章句》“事理当然之极”不妥，以致蔑视朱子、曲解朱子之本意。对此，元人史伯璿在《四书管窥》中也指出了饶鲁和胡炳文的不当之处，他说：

---

① 《四书管窥（上）》点校本，第 28 页。

② 胡炳文：《大学通》，通志堂藏版，第 11 页。

> 双峰不知己意与《章句》之意只一般，乃是己而非《章句》。《通》者又不知《或问》之意与《章句》只一般，乃援《或问》之言以讳《章句》极字非造极之谓。读者但以《或问》《语录》玩之，则《章句》之意自明，本无可议，亦不必讳也。[①]

他认为，饶鲁（双峰）之意和朱子《大学章句》本意是一致的，但饶鲁自己却认为其提出“当然之则”的主张比朱子“当然之极”的主张更正确。而胡炳文的《四书通》也没有理清楚《大学或问》和《大学章句》的意思，反而贸然援引《或问》“本然一定之则”的论述来讳言《章句》用“极”字的不妥。

总之，朱子对《大学》中“至善”之义的诠释为“事理当然之极”，其中“事理当然”是对“善”的阐释，“极”是对“至”的解读。事理就是万事万物之“则”，因为善源于天理，此天理在事上体现为“当然之则”；而“极”字强调了此“则”的程度，所谓“事理当然之极”者就是“则”之极者，即万事万物是其所是的内在根据。因此，“当然之则”与“极”这两个层面共同构建起朱子对“至善”全面且深刻的理解，二者缺一不可。

（三）止于至善：“天理人心之极致”“分位界限为不差”

基于上述对“至善”的阐述，朱子继续引用“天理—人欲”这一组概念对“止于至善”进行进一步界定和解释：

> 盖必其有以尽夫天理之极，而无一毫人欲之私也。[②]

朱子强调“止于至善”是作为本原天理的第一性和纯一性，因为天理和人欲是此消彼长的关系，如果内心存有一毫的人欲偏私，那么就不能穷尽天理，也就不能达到至善的地步。这里朱子表达了一个观点，即追寻“止于至善”的过程，就是存天理灭人欲的过程，这是朱子理欲观的集中体现。

---

① 《四书管窥（上）》点校本，第 28—29 页。

② 《四书章句集注》，第 4 页。

可见，在朱子看来要达到“止于至善”之境界，就必须在“穷天理”和“去人欲”方面做到极致的工夫，那么这个极致的工夫如何把握呢？朱子说：

> 至者，天理人心之极致。盖其本于天理，验于人心，即事即物而无所不在。吾能各知其止，则事事物物莫不各有定理，而分位、界限为不差矣。①

是说，至善就是在天理人心上做到极致。因其源于天理，又在人心上得到效验，即在应事接物时都能感知到它的存在。又因为事事物物“各有定理”，如果人能“各知其止”，就能让万物各安其位，各顺其性，从而达到“分位、界限为不差”的境界。这里的“分位、界限为不差”不仅指万事万物各得其所、各安其位、各顺其性，其内在也包含了对天理人欲的分位和界限，因为做到了“各知其止”，所以天理人欲之序不会有错位和差缪，各自都达到了其极致，即达到“尽夫天理之极，而无一毫人欲之私”②之境界。

归而言之，朱子对于“止于至善”的诠释，提出了“至且守”“无过不及”的“止”观，以及“则之极者”的“至善”观，并且认为要实现“止于至善”之境界，就需要最充分地实现天理、最完全地去除人欲，达到天理人欲“分位、界限为不差”的状态。

（四）明明德、新民，皆当止于至善

在《大学章句》中，朱子又通过阐述“止于至善”与“明明德”“新民”的关系，突出强调了“止于至善”在三纲领中的主导地位。

一是，“止于至善”是明明德与新民的终极境界和归宿。朱子认为“明明德”和“新民”都应该达到“至善”的标准、到达“至善”的境界：

> 明德中也有至善，新民中也有至善，皆要到那极处。至善，只是以其

---

① 《朱子语类》(一)，第290页。

② 《四书章句集注》，第4页。

> 极言，不特是理会到极处，亦要做到极处。如"为人君，止于仁"，固是一个仁，然亦多般，须是随处看。如这一事合当如此，是仁；那一事又合当如彼，亦是仁。若不理会，只管执一，便成一边去，安得谓之至善，至善只是恰好处。①

是说，明德和新民当中都有至善的境地，而不论明德还是新民都要达到善之极致，即至善之地。朱子在这里特别强调知行概念，认为明德、新民之"至善"，不仅要理会到极处，更要做到极处，比如"为人君，止于仁"，知道了仁，还要在行事上处处做到合当才叫行仁。所以"止于至善"须做到知行并进，一方面，如果不知"至善"，只是糊涂地"明明德""新民"，就不可能到达至善的境地，所以人必须通过格物穷理，达到"知止"后才有行的方所；另一方面做到知而必行，已经领会了何是至善所止之地，就必须在"明明德""新民"的实践中朝着这个方向不断追求止于至善。

二是，"明明德""新民"是达到"止于至善"境界的实践工夫。朱子认为"明明德"是工夫入手处，而"为末为用"的"新民"又是工夫领域的扩展延伸。《朱子语类》记载：

> 又问："既曰明德，又曰至善，何也？"曰："明得一分，便有一分；明得十分，便有十分；明得二十分，乃是极致处。"又曰："明德是下手做，至善是行到极处。"又曰："至善虽不外乎明德，然明德亦有略略明者，须是止于那极至处。"②

朱子认为"明明德"与"至善"二者的差别主要在一个"极"字。"至善"是具有本体意蕴的天理之极，"止于至善"是穷天理至于极致处，而要达到至善的境界，必须首先通过"明明德"的实践工夫。只有将"明明德"工夫做到二十分之极致，"亲民"的工夫也自然做到二十分之极致，才能说达到了"止于

① 胡广等纂修，周群等校注：《四书大全校注》，武汉大学出版社，2015，第24页。

② 《朱子语类》(一)，第286页。

至善”的境界，其节点在于是否到达“极至处”。而且朱子强调“须是止于那极至处”，其中“须是”表明“明明德”与“新民”工夫的必要性，即“止于至善”必须从“明明德”的工夫处开始着手，才能最终实现“止于至善”的目标和境界。

三是，“止于至善”是践行“明明德”和“新民”工夫的当然之则。在朱子看来，明明德、新民虽然是达到至善境界的实践工夫，但践行该工夫必然有一个行事准则和标准，而这个准则就是止于至善，如：

> 然明德、新民，初非是人力私意所为，本自有一个当然之则，过之不可，不及亦不可。且以孝言之，孝是明德，然亦自有当然之则。不及则固不是，若是过其则，必有刲股之事。须是要到当然之则田地而不迁，此方是“止于至善”。①

是说，“明明德”“新民”本身并不可以主观随意而为，比如行孝作为明德的体现，其内在有一个当然之准则，不及不是尽孝，做得过分了如割股疗亲也不能称为孝，必须是达到理所当然的地步而不改变，才是行孝于至善。所以在朱子看来，“明明德”与“新民”两纲领是追求“止于至善”境界所要践行的工夫，而践行这两纲领，必须以“止于至善”作为行事的当然之则。可见，朱子将三纲领的关系通过“止于至善”形成了一个逻辑闭环，其中“止于至善”统摄了“明明德”和“新民”，也即朱子所言“‘止于至善’，是包‘在明明德，在新民’”② 的观点。

既然朱子主张“止于至善统摄明明德与新民”，且“明明德”与“新民”都需“止于至善”，那么针对“言明明德、新民，皆当止于至善之地而不迁”和“言明明德、新民，皆当至于至善之地而不迁”这一争议，答案便呼之欲出，即写为“言明明德、新民，皆当至于至善之地而不迁”更接近朱子本意。原因在于“至于至善之地而不迁”正好对应了“止于至善”之意，而如果写作“止于

① 《朱子语类》(一)，第 289 页。

② 《朱子语类》(一)，第 288 页。

至善之地而不迁”语意就重复了，正如韩国学者李瀷的分析：

> 上云“至于是而不迁”，故于此以“至善之地”四字换一“是”字，而云“至于至善之地而不迁”，兼“至至善”与“不迁”两句，方为止字之义。今若既云“止”，又云“不迁”，则便觉剩语，而不成文势。[①]

是说，朱子对于“止”字的阐释为“至于是而不迁”，而“至善之地”就是“至于是”中“是”的意思，因此对“至于至善之地而不迁”这句话中的“至善之地”四个字同义转换为“是”，就应该写作“至于是而不迁”，这也恰好对应了朱子关于“止”的注解，即“止者，必至于是而不迁之意”[②]。而如果把它写作为“止于至善之地而不迁”，后面“不迁”就成了赘语，显然和文意不合。

经以上论证，《大学大全》中“止于至善之地而不迁”的文字争议，据宋本、韩国学者的资料佐证，以及对朱子“止于至善”义理诠释的解读可知，写作“至于至善之地而不迁”更符合朱子本意。

结　语

对于《大学大全》中“止于至善之地而不迁”的存疑，中外学者都集中指向了《大学章句》的版本问题。而通过版本的梳理大致可见，遵从宋本的朱注大都写作“至于至善之地而不迁”，而遵从祝本的朱注大都写作“止于至善之地而不迁”，从文本传衍推测，被写作“止于至善之地而不迁”可能最初出自南宋真德秀《大学集编》或《西山读书记》。不过到了元代，几乎所有的“四书”类著作都统一写作成“止于至善之地而不迁”，我们怀疑这很可能是福建建阳书坊刊刻失误所致。

结合朱子及其后学对“止于至善”的义理诠释可知，“止于至善”之“止”兼含“至于是”和“不迁”之意，因此针对本文所讨论的“止于至善之地而不

① ［韩］李瀷：《星湖疾书》，《大学疾书 · 经 1 章》，翰林大学出版部，1999，第 16 页。
② 《四书章句集注》，第 4 页。

迁”和“至于至善之地而不迁”的文字争议，理应写作“至于至善之地而不迁”更符合朱子本意，若写作“止于至善之地而不迁”便有文意重复之嫌。

以上所讨论的问题看似是一个细微的刊刻问题，却引发了韩国朝鲜时期儒者以及国内朱子后学的普遍关注，因此希望通过对此问题的回应，能够纠正相关四书类著作中《大学章句》的朱注传写之误，并且通过分析朱子以及朱子门人后学的义理阐释，以期深化朱子哲学有关“止于至善”的义理研究。

Analysis and Interpretation of "aim at absolute perfection" about *Annotations on The Great Learning*

Jeon Byoungok Wu Pei

Abstract: Korean scholars during the Joseon Dynasty generally believed that the content of Zhu Xi's annotation "stopping at the highest good place without moving" in the Complete "Collections of *the Great Learning* Universities" was incorrect. Regarding the doubts about the wording here, based on the evidence provided by Song Dynasty scholars and Korean scholars, as well as the interpretation of the meaning of "stopping at the highest good" by Zhuzi and his disciples, it can be seen that "stopping" has both the dual meanings of "must arrive at then" and "not move". If we write "stopping at the highest good place but not moving", there is a suspicion of semantic repetition, so it should be "stopping at the highest good place but not moving". By analyzing the version and meaning of the phrase "stop at the highest good" in the *Annotations on The Great Learning*, it is beneficial to correct the errors in the Zhu Xi's Commentary on the *Annotations on The Great Learning* in related works of the four books, and to deepen the study of Zhu Xi's philosophy on the meaning of "stop at the highest good".

Key words: *Annotations on The Great Learning*; aim at absolute perfection; edition; Neo-Confucianism

朱子晚年改《大学章句》“诚意”章考释

——以卫湜《礼记集说》所引《大学章句》为中心

王 侃*

【摘 要】朱子易箦前三日仍在修改《大学章句》的“诚意”章，然其修改内容究竟为何，尚待研究。本文发现，卫湜在《礼记集说》中引用了朱子的《大学章句》，与今本相比，“诚意”章差别极大，并且同时出现了“一于善”和“必自慊”，为《大学》经一章的“一于善”“必自慊”之争提供了新的思路。比对《朱子语类》中有关“自欺”问题的材料后，本文认为，卫湜《礼记集说》所引《大学章句》应是戊午年（1198）李燔（敬子）问“容”之后所修改的版本，属于“温和的有意自欺说”立场，可能就是朱子易箦前三日所修改的底本。之所以改为今本，是受到己未（1199）以后余国秀问自欺的三种情况的启发，决定在原有的“温和的有意自欺说”之外，重新安顿“无意自欺论”和“有意自欺论”。从朱子大量削去“诚意”章中的“自慊”一语来看，定本也应当遵循这一思路，作“一于善”而非“必自慊”。归根结底，这是朱子将自慊从一项独立的工夫重新降格为心理状态，并且怀疑它能否忠实地反映意诚境界所致。

【关键词】朱熹；《大学章句》；礼记集说；诚意；自欺

* 【作者简介】王侃，复旦大学哲学学院博士研究生。

诸家年谱记载，朱熹在易箦前三日仍在修改他的《大学章句》“诚意”章，这是理学史上最为动人的事件之一。然而，关于其修改内容究竟为何，从古至今，众说纷纭，尤其是注解《大学》经文“欲诚其意者，先致其知”之“诚意”二字，有“实其心之所发，欲其必自慊而无自欺”与“实其心之所发，欲其一于善而无自欺”两个版本，遂启后学之疑窦。元胡炳文、清吴英赞成“一于善”，清江永、夏炘赞成“必自慊”，是“一于善”还是“必自慊”，遂成一桩著名的学术公案。民国以后，钱穆在《朱子新学案》中爬梳相关材料，支持“必自慊”一说。[①] 近来，许家星、陈林经过对文献和义理的细密考辨，分别导向“一于善”“必自慊”两种说法。[②] 郑泽绵则在支持“必自慊”的立场之上，又提出朱子易箦之前，不仅定下“必自慊”三字，还将“诚意”章的“若在于善而实则未能”(见《朱子语类》卷十六沈僩问“改注”)改为“心之所发有为实”。[③] 正如郑泽绵所说，诸家年谱记载朱子在易箦前三日修改的是“《大学》‘诚意’章”，那么只关注经文“一于善”“必自慊”显然是不准确的。朱子在《语类》《文集》中屡次提及修改《大学》“诚意”章，此一问题绝非无关痛痒，但苦于材料不足，长久以来，学界只能付诸阙如。

笔者近日发现，南宋卫湜在《礼记集说·大学》一篇中引用“新安朱氏”之语，经过比对，其中应包含朱子的《大学章句》。惊喜的是，在与今本《章句》整体一致的前提下,《集说》所引《章句》的“诚意”章却与今本大相径庭，尤其是《集说》所引《章句》“诚意”章同时出现“一于善而无不实”和“必自慊而无自欺”两语，更为“一于善”“必自慊”的千古谜题提供了新的思路。通过比对《朱子语类》中的相关材料，本文判定《集说》所引《章句》应是位于戊午（1198）李燔（敬子）欲改作“而中实容其不善之杂”之后，己未（1199）

---

① 钱穆:《朱子新学案》，九州出版社，2011，第532—535页。

② 许家星:《论朱子的“诚意”之学——以“诚意”章诠释修改为中心》，收录于陈来编:《哲学与时代:朱子学国际学术研讨会论文集》，华东师范大学出版社，2012，第57—80页。陈林:《朱熹〈大学章句〉“诚意”注解定本辨析》,《孔子研究》2015年第2期，第96—107页。

③ 郑泽绵:《诚意关——从朱子晚年到王阳明的哲学史重构》，人民出版社，2022，第30—33页。

及以后余国秀问"《大学》诚意，看来有三样"之前，可能就是朱子易箦前三日所修改的底本。

二

卫湜，字正叔，平江府昆山人，著有《礼记集说》一百六十卷。《礼记集说》之体例是先抄一节经文，再在经文下平列自汉至宋诸家注解，而又以宋人著作收录最多，如《大学》"大学之道在明明德"至"则近道矣"下，即列郑氏（玄）、孔氏（颖达）、河南程氏（颢、颐）、蓝田吕氏（大临）、延平杨氏（时）、新安朱氏（熹）、涑水司马氏（光）、广汉张氏（栻）、龙泉叶氏（适）、范阳张氏（九成）、山阴陆氏（佃）、建安真氏（德秀）、霅川倪氏（思）、晋陵喻氏（樗）、钱塘吴氏（知愚）、新定邵氏（甲）、金华邵氏（渊）、严陵方氏（悫）十八家之说，多有湮没失传者，极富辑佚价值。[①]《大学》一篇所引朱子之语，大体可以判为三节：一是"新安朱氏曰"以后，二是"或问"以后，三是"又曰"以后。[②]经过比对，"或问"以后抄录的是《大学或问》，"又曰"以后抄录的是《朱子语类》，而第一部分"新安朱氏曰"以后抄录的则是《大学章句》。今《集说》卷首有《进〈礼记集说〉表》一篇，系宝庆二年（1226）四库馆臣又以为"其书始作于开禧、嘉定间（1205—1224）"，则其成书距离朱子去世不过二十余年，应当保留了较为原始的资料。如据桂枭考证，《集说》所引《语类》皆是嘉定乙亥（1215）刊行的池录。[③]卫湜在《后序》中自称："予之此编，唯恐不出于人。"据王璐的研究，《集说》引用诸家之说，多有刊削而无作增改，可以说在一定程度上保留了古本的原来面目。[④]

卫本《大学》依照古本次序，即"诚意"章在"诗云：赡彼淇澳，绿竹猗

① 卫湜：《礼记集说》卷一四九，《儒藏·精华编》第54册下，北京大学出版社，2022，第4005—4018页。

② 《礼记集说》卷一四九，第4008—4012页。

③ 桂枭：《卫湜〈礼记集说〉引人引书考》，北京大学硕士论文，2013。

④ 王璐：《卫湜〈礼记集说〉研究》，吉林大学博士论文，2020，第77—81页。

猗”之上，故所引《大学章句》“此传之六章，释诚意”亦在“传之二章”之上。笔者比对《集说》所引《章句》和今本《章句》，发现二本文句大致相同，除个别虚词（如“此三者，大学之纲领也”，《集说》脱“此”字）、用语（如“静，谓心不妄动”，《集说》作“静，谓心不外驰”）、详略（如“引诗以释之，以明明明德者之止于至善。道学自修，言其所以得之之由。恂慄、威仪，言其德容表里之盛。卒乃指其实而叹美之也”，《集说》略作“引诗而释之，以见能得至善之所由，而又以赞其德容之盛也”）偶见相左之外，二本之间共有四处重要差异：一是经一章“虚灵不昧”，《集说》作“虚明不昧”。二是“正心”章“盖是四者，皆心之用，而人所不能无者。然一有之而不能察，则欲动情胜，而其用之所行，或不能不失其正矣”，《集说》作“湛然虚明，随感而应者，心之正也。不能操而存之，而苟以应物，则必反为所动而累乎其中，是以不得其正耳”。二者都是有关“明德”的诠释问题的，按下不表。三是经一章，今本《章句》作“实其心之所发，欲其一于善而无自欺也”[①]；《集说》作“实其心之所发，欲其一于善而无所杂也”[②]。

于是，在“一于善而无自欺”“必自慊而无自欺”之外，新出现了第三种说法：“一于善而无所杂。”这与《朱子语类》卷十五记载的林夔孙问“实其心之所发，欲其一于理而无所杂”只有一字之别。

四是差别最大的“诚意”章。为方便比对，谨将《集说》与今本《章句》“诚意”章列表于下：

① 朱熹：《四书章句集注》，中华书局，1983，第4页。

② 《礼记集说》卷一五〇，第4029页。

卫湜《礼记集说》所引《大学章句》	今本《大学章句》
此传之六章，释诚意。毋者，禁止之辞也。自欺者，知有不善之杂而不能去，又掩覆以自安也。欲自修者，先察乎此而禁之，则心之所发皆一于善而无不实矣。如恶恶臭，恶之深也。如好好色，好之切也。慊，快也，足也。独者，人所不知，而己所独知之地也。言毋自欺者，欲去其恶，当如恶恶臭，欲实其善，当如好好色。是皆必尽力以求快足乎己，而非以为人，所谓自慊也。然慊与不慊，其几甚微，是乃人所不知，己所独知之地，而诚伪之所由分也。是以君子必于此而致其戒谨省察之功焉。	诚其意者，自修之首也。毋者，禁止之辞。自欺云者，知为善以去恶，而心之所发有未实也。谦，快也，足也。独者，人所不知而己所独知之地也。言欲自修者知为善以去其恶，则当实用其力，而禁止其自欺。使其恶恶则如恶恶臭，好善则如好好色，皆务决去，而求必得之，以自快足于己，不可徒苟且以殉外而为人也。然其实与不实，盖有他人所不及知而己独知之者，故必谨之于此以审其几焉。
闲居，独处也。厌然，消沮闭藏之貌。小人为恶于隐微之中，而诈善于显明之地，其自欺亦甚矣，则与诚其意者相去远矣。然其诚伪之判，特在于自欺、自慊毫厘之间耳。且其念虑之微，虽或人所不知，然既有其实，则终不可掩。此君子所以重以为戒，而必慎其独，欲其必自慊而无自欺也。①	闲居，独处也。厌然，消沮闭藏之貌。此言小人阴为不善，而阳欲掩之，则是非不知善之当为与恶之当去也；但不能实用其力以至此耳。然欲掩其恶而卒不可掩，欲诈为善而卒不可诈，则亦何益之有哉！此君子所以重以为戒，而必谨其独也。
引曾子所言，以明上文深戒自欺之意。言虽幽独之中，而其善恶不可揜如此，可畏之甚也。	引此以明上文之意。言虽幽独之中，而其善恶之不可掩如此。可畏之甚也。
胖，安舒也。言富则能润屋矣，德则能润身矣，故心无愧怍，则广大宽平，而体常舒泰，德之润身者然也。盖善之实于中而形于外者如此，又以明不自欺而常自慊之验也。②	胖，安舒也。言富则能润屋矣，德则能润身矣，故心无愧怍，则广大宽平，而体常舒泰，德之润身者然也。盖善之实于中而形于外者如此，故又言此以结之。③

可以发现，《集说》所引《章句》在“自欺”“慎独”“小人闲居”等一系列关键

① 首节“言毋自欺者”至“致其戒谨省察之功焉”原与次节“则与诚其意者相去远矣”至“欲其必自慊而无自欺也”颠倒，文意不通，据今本《大学章句》次序正之。

② 《礼记集说》卷一五〇，第4049—4050页。

③ 《四书章句集注》，第7页。

问题的诠释上，都与今本有着很大的不同。[①] 尤其是“自欺者，知有不善之杂而不能去，又掩覆以自安也”一句，其与今本“自欺云者，知为善以去恶，而心之所发有未实也”之间的差距，绝不可以等闲视之。此外，《集说》“心之所发皆一于善而无不实矣”“欲其必自慊而无自欺也”二句，既出现了“一于善”，又出现了“必自慊”，对重审这一学术公案来说是至关重要的。《集说》又有“慊与不慊，其几甚微”八字，胡炳文《四书通》云：“初本曰：‘慊与不慊，其几甚微’，末乃改之曰：‘必慎之于此以审其几焉’”[②]，吴英《四书章句集注定本辨》云：“不待辨者维何？如《大学》‘诚意’章‘故必谨之于此，以审其几焉’，为定本；其初本则曰：‘慊与不慊，其几甚微。’如此之类是也”[③]。今“慊与不慊，其几甚微”八字，不见于他，仅见之于卫湜《集说》，足以证明《集说》所引《章句》确是旧本，是朱子修改《大学章句》过程中的一个中间版本。

二

以下将考证卫湜《礼记集说》所引《大学章句》究竟是朱子哪一时期的未定之本。

《朱子语类》卷十六记载了李燔（敬子）向朱子问难一事，其云：

> “所谓诚其意者，毋自欺也。”注云：“外为善，而中实未能免于不善之杂。”某意欲改作“外为善，而中实容其不善之杂”，如何？盖所谓不善之杂，非是不知，是知得了，又容着在这里，此之谓自欺。

朱子并不同意这一见解，认为李燔“合下认错了”“都粗了”，并交代了自

① 《礼记集说》所引《大学或问》“诚意”章亦与今本《或问》差距甚大，限于篇幅与学力，本文暂且不予讨论，且《集说》所引《或问》未必与《章句》处于同一时期。

② 胡炳文：《四书通》，《景印文渊阁四库全书》第203册，台湾商务印书馆，1986，第24页下。

③ 吴英：《四书章句集注定本辨》，见于《四书章句集注》附录，第381页。

己对自欺的界定：

> 自欺，只是自欠了分数，恰如淡底金，不可不谓之金，只是欠了分数。如为善，有八分欲为，有两分不为，此便是自欺，是自欠了这分数。

次日，经过一夜的思考，朱子承认李燔的见解不无道理，说：

> 某之言，却即说得那个自欺之根。自欺却是敬子“容”字之意。“容”字却说得是，盖知其为不善之杂，而又盖庇以为之，此方是自欺。谓如人有一石米，却只有九斗，欠了一斗，此欠者便是自欺之根，自家却自盖庇了，吓人说是一石，此便是自欺。

朱子原先将自欺看作“自欠了这分数”，在得到李燔的启发之后，认为“自欠”只是“自欺之根”，而自欺这一心理现象本身，用李燔的“容”来说则更为恰当。他举例道：一石米只有九斗，欠了一斗，唤作“自欺之根”，而又要“盖庇”此欠，方唤作“自欺”。郑泽绵将前者视作“无意自欺论”，即“人会不知不觉地陷入自欺”，后者则是“温和的有意自欺论”，它和外善内恶的“有意自欺论”的差别在于“这里的自欺的意图不是强烈的欺瞒，而是隐微的容许”。[①] 可以说，经过李燔的启发，朱子对自欺的诠释从“无意自欺论”转向了所谓的“温和的有意自欺论”。

次日，朱子又补充道：

---

① 郑泽绵：《诚意关——从朱子晚年到王阳明的哲学史重构》，第 29 页。关于朱子自欺思想的历时性变化，郑泽绵的研究是具有典范性的。他认为，朱子存在从“有意自欺论”向“无意自欺论”再向“温和的有意自欺论”的转变历程。“有意自欺论”（intentionalism）、“无意自欺论”（non—intentionalism）是英美分析哲学视域下对自欺现象的分类，“温和的有意自欺论”（moderate intentionalism）则是郑泽绵基于朱子“外为善，而中实容其不善之杂”而构建出来的新模型，它意味着一个隐微的容许意图，并不像“有意自欺论”那样强烈。从朱子本人的思想历程，尤其是己未年（1199）余国秀问自欺的三种情况（见下文）来看，这三种自欺论都曾在朱子的思想世界中占据一席之地。

夜来说得也未尽。夜来归去又思，看来“如好好色，如恶恶臭”一段，便是连那“毋自欺”也说。言人之毋自欺时，便要“如好好色，如恶恶臭”样方得。若好善不“如好好色”，恶恶不“如恶恶臭”，此便是自欺。毋自欺者，谓如为善，若有些子不善而自欺时，便当斩根去之，真个是“如恶恶臭”，始得。如“小人闲居为不善”底一段，便是自欺底，只是反说。“闲居为不善”，便是恶恶不“如恶恶臭”；“见君子而后厌然，掩其不善而著其善”，便是好善不“如好好色”。

在甲寅（1194）年所上的《经筵讲义》中，朱子将“所谓诚其意者：毋自欺也”和“如恶恶臭，如好好色，此之谓自谦，故君子必慎其独也”判作两段，至此，则将“如好好色，如恶恶臭”和“无自欺”连在一起说。自欺即是“好善不如好好色，恶恶不如恶恶臭”，“闲居为不善”是“恶恶不如恶恶臭”，“见君子而后厌然”是“好善不如好好色”，如此理解，则将“诚意”一章“毋自欺”“如好好色，如恶恶臭”“小人闲居为不善”都贯通了。朱子对此说较为满意，说：

若只如此看，此一篇文义都贴实平易，坦然无许多屈曲。某旧说忒说阔了、高了、深了。然又自有一样人如旧说者，欲节去之又可惜。但终非本文之意耳。[①]

朱子反思自己之前的“无意自欺论”说得过高，若从李燔的“温和的有意自欺论”，整章都能“贴实平易”。但削去“欠了分数”这一“自欺之根”又太过可惜，只是传文本意不在于此。

《朱子语类》卷十六又记：

问：“‘诚其意者，毋自欺也。’近改注云：‘自欺者，心之所发若在于善，而实则未能，不善也。’‘若’字之义如何？”曰：“‘若’字只是外面

① 朱熹：《朱子语类》，黎靖德编，王星贤点校，中华书局，1986，第339页。

做得来一似都善，其实中心有些不爱，此便是自欺。前日得孙敬甫书，他说'自慊'字，似差了。其意以为，好善'如好好色'，恶恶'如恶恶臭'，如此了然后自慊。看经文，语意不是如此。'此之谓自慊'，谓'如好好色，恶恶臭'，只此便是自慊。是合下好恶时便是要自慊了，非是做得善了，方能自慊也。自慊正与自欺相对，不差毫发。所谓'诚其意'，便是要'毋自欺'，非至诚其意了，方能不自欺也。所谓不自欺而慊者，只是要自快足我之志愿，不是要为他人也。诚与不诚，自慊与自欺，只争这些子毫发之间耳。"又曰："自慊则一，自欺则二。自慊者，外面如此，中心也是如此，表里一般。自欺者，外面如此做，中心其实有些子不愿，外面且要人道好。只此便是二心，诚伪之所由分也。"[①]

朱子反对"做得善了，方能自慊也"的看法，认为"自慊正与自欺相对，不差毫发"。近改注"自欺者，心之所发若在于善，而实则未能，不善也"，实与"外为善，而中实未能免于不善之杂"相近，都是朱子之前所持的"无意自欺论"。此问当在李燔问"容"之前。所提及的"前日得孙敬甫书"，应是《文集》中《答孙敬甫》的来信，朱子在答信中说"自欺、自慊，两事正相抵背"，与此文意大同。据陈来考证，该书当系于戊午年（1198）。[②]

以上两条均是沈僩"戊午以后所闻"。据此，笔者认为，卫湜《礼记集说》所引《大学章句》应当系于戊午年。首先，《集说》"自欺者，知有不善之杂而不能去，又掩覆以自安也"，"掩覆"其实就是"盖庇"，是对已经体认到的"不善之杂"加以盖庇以求"自"安，不能与小人"掩其不善"的有意自欺论（是"安人"而不是"自安"）相混同。其次，《集说》"小人为恶于隐微之中，而诈善于显明之地，其自欺亦甚矣。言毋自欺者，欲去其恶，当如恶恶臭；欲实其善，当如好好色"，是朱子将"毋自欺""如好好色，如恶恶臭""小人闲居为不善"连在一起的"贴实平易"之说。最后，《集说》"然其诚伪之判，特在于自欺自慊毫厘之间耳"，又与次条"诚与不诚，自慊与自欺，只争这些子毫发之间

① 《朱子语类》，第331—332页。

② 陈来：《朱子书信编年考证》，上海三联书店，2007，第479页。

耳”“只此便是二心，诚伪之所由分也”大同。前两条是主证，后一条是旁证。从这三条证据来看，判定《集说》所引《章句》在戊午年以后，应是比较可信的，朱子之所以将“诚意”章修改为这一版本，正是受到了李燔“温和的有意自欺论”的启发。

朱子在《答孙敬甫》一书中说：“此段《章句》、《或问》近皆略有修改，见此刊正旧版，俟可印即寄去。”[①]李默《年谱》记载：“戊午岁，尝与廖德明贴云：‘《大学》又修得一番，简易平实，次第可以绝笔。’”[②]钱穆、郑泽绵都将《答孙敬甫》和李默《年谱》中所说的戊午岁修《大学》看作一事，其实未必。《答孙敬甫》解释“小人闲居”，只说“则是极言其弊如此，以为痛切之戒，非谓到此方是差了路头处也”，又说“但以上二节，当更深考之，则首尾该贯，无遗恨矣”，尚未将“小人闲居”与“如好好色，如恶恶臭”打成一片，当在李燔问“容”之前；《年谱》“简易平实”，则与朱子受李燔启发后所下的“贴实平易”一语相符，故《年谱》所记“修得一番”者，当在李燔问“容”之后。《答孙敬甫》时，“自欺”注作“自欺者，心之所发若在于善，而实则未能，不善也”（《语类》卷十六“近改注云”），还是“无意自欺论”的立场；“修得一番”时，“自欺”注作“自欺者，知有不善之杂而不能去，又掩覆以自安也”（《集说》所引《章句》），则改成“温和的有意自欺论”立场。据此，亦可确定《集说》所引《章句》正是戊午年“《大学》又修得一番”后的版本，应当限于戊午一年，不必再添“以后”二字。

总之，戊午一年，朱子的自欺思想发生了剧烈的变化。先是《答孙敬甫》、沈僩问“若”，此时“诚意”章“略有修改”，但修改之后的“自欺”注仍是属

---

① 朱熹：《晦庵集》，《朱子全书》第23册，上海古籍出版社、安徽教育出版社，2002，第3066—3067页。

② 李默：《紫阳文公先生年谱》，《朱子全书》第27册，第158页。束景南据吕柟《朱子抄释》、杨与立《朱子语略》，质疑李《谱》有误，认为当系于朱子捐馆前一月，见于束景南：《朱熹年谱长编（增订本）》，华东师范大学出版社，2014，第1410页。按：李默《年谱》改编自李方子《文公年谱》。李方子、杨与立皆朱子门人，而李方子《年谱》久佚，孰是孰非，未可定谳。本文以“简易平实”与朱子受李燔启发后所下的“贴实平易”一语相符，故据李默《年谱》之系于戊午年立说。

于“无意自欺论”，并未将“小人闲居”与“如好好色，如恶恶臭”打成一片，故有“当更深考之”之叹。后是李燔问“容”，在受到学生的启发后，朱子从“无意自欺论”转向了“温和的有意自欺论”，并将“自欺”注改成了《集说》所引的“知有不善之杂而不能去，又掩覆以自安也”。这一解释能将“诚意”章首尾贯通，故朱子认为此说“简易平实”，达到了他在《答孙敬甫》中所谓“首尾该贯，无遗恨矣”的期待，“次第可以绝笔”。

三

朱子将《大学章句》“诚意”章“修得一番”之后，从原先的“有意自欺论”转向了“温和的有意自欺论”，本以为“次第可以绝笔”，为何又要在易箦前三日修改为今本？从“知有不善之杂而不能去，又掩覆以自安也”到“知为善以去恶，而心之所发有未实也”，朱子的自欺思想又发生了怎样的变化？《朱子语类》卷十六中的一条，或许能够帮助我们作出回答：

> 国秀问：“《大学》诚意，看来有三样：一则内全无好善恶恶之实，而专事掩覆于外者，此不诚之尤也；一则虽知好善恶恶之为是，而隐微之际，又苟且以自瞒底；一则知有未至，随意应事，而自不觉陷于自欺底。”曰：“这个不用恁地分，只是一路，都是自欺，但有深浅之不同耳。”

余国秀将“不诚”分成三种情况：一是“内全无好善恶恶之实，而专事掩覆于外”，外诚内伪，阳善阴恶，属于“有意自欺论”；二是“虽知好善恶恶之为是，而隐微之际，又苟且以自瞒”，即自知不善，而又“盖庇”了，属于“温和的有意自欺论”；三是“知有未至，随意应事，而自不觉陷于自欺”，是十斗里欠了一斗，属于“无意自欺论”。朱子认为三者都是自欺，只是程度不同，不须如此分判。显然，“有意自欺”的程度最深，是“不诚之尤”，“无意自欺”的程度最为纤细，是“自欺之根”，“温和的有意自欺”则介于二者之间。

次日，经过一夜的思考，朱子又说：

夜来国秀说自欺有三样底，后来思之，是有这三样意思。然却不是三路，只是一路，有浅深之不同。

朱子承认自欺的确包含这三种情况，但又坚持“只是一路”，只不过有浅深之别。继而讨论能否用“假托”二字来替换“掩覆”：

“假托”字又似重了，“掩覆”字又似轻，不能得通上下底字。

余国秀在谈及“有意自欺论”时使用了“专事掩覆于外”一语，这里又说“‘掩覆’字又似轻”。我们知道，《集说》所引《章句》“自欺”注为“知有不善之杂而不能去，又掩覆以自安也”，也使用了“掩覆”二字，这肯定不是巧合。此条是吕焘“己未（1199）以后所闻”，在戊午年“修得一番”之后，此时的“自欺”注很有可能就是《集说》的“掩覆以自安也”。余国秀错看“掩覆”二字，以为说的是“有意自欺论”，朱子的本意却是“温和的有意自欺论”。尽管错看了，但余国秀所提出的问题仍是有效的，即如何合理地安顿自欺的三种情况？“假托”所代表的“有意自欺论”只能涵盖最重的一端，“掩覆”所代表的“温和的有意自欺论”，又无法囊括外诚内伪、阳善阴恶这一“有意自欺”的恶劣情况，都不能上下贯通。因此，朱子讨论用“假托”来换“掩覆”，换的并不是余国秀问话中的“掩覆”，而是“自欺”注中的“掩覆”，目的是要找到一个能够涵盖三种情况的合适说法。继而又讨论诚与不诚的区别：

不特见之于外，只里面一念之发，便有诚伪之分。譬如一粒粟，外面些皮子好，里面那些子不好。如某所谓：“其好善也，阴有不好者以拒于内；其恶恶也，阴有不恶者以挠其中。”盖好恶未形时，已有那些子不好、不恶底藏在里面了。[①]

朱子说自欺的三种情况“只是一路”，其理据就是“只里面一念之发，便

① 《朱子语类》，第329页。

有诚伪之分”。无论是外诚内伪、阳善阴恶，还是隐微之际、苟且自瞒，或是不知不觉、陷于自欺，都是极为纤细的“一念之发”未实所致，也就是朱子在回答李燔时说的“自欺之根”。朱子在受李燔启发，转向“温和的有意自欺论”后，还要补上一句“然又自有一样人如旧说者，欲节去之又可惜”，可见朱子仍对“自欺之根”一说念念不忘。余国秀的问题则重新勾起了朱子对“自欺之根”的思考，朱子发现，“旧说”在统合三种自欺的问题上具备非常重要的意义，绝不可轻易放弃。只不过，李燔问“容”之前，朱子只承认自欺是“自欠了分数”这一最为纤细的情况，如今，朱子虽然重视“自欺之根”一说，却同时承认从深到浅的三种情况，故不能说朱子转回了“无意自欺论”的立场，而是以“自欺之根”为轴心，将“自欺”三种情况统合起来的一次调整。

朱子对自欺思想这一调整，促成了他在易箦前三日修改戊午年的“次第可以绝笔”之说。《集说》“知有不善之杂而不能去，又掩覆以自安也”和今本“知为善以去恶，而心之所发有未实也”之间的差距就在于，前者明确自修者已经发觉己心中有不善之杂，又苟且掩覆以求自安，属于“温和的有意自欺论”；后者的“知为善以去恶”只是说知道“为善以去恶”这个道理，却没有明确自修者究竟是否自觉到“未实”之处。“未实”二字能够统合余国秀提出的自欺的三种情况，尤其是能将“无意自欺说”安顿下来，这是“假托”或“掩覆”都办不到的。因此，朱子放弃了“掩覆”“假托”这些或轻或重的说法，直从病根下手：“心之所发”是“意”，“实”是“诚”，“心之所发有未实”其实就是“意有未诚”，也就是说，朱子将“诚意”和“毋自欺”完全看作是同一种工夫了。

再看“诚意”章的其他改动。《集说》“欲自修者，先察乎此而禁之，则心之所发皆一于善而无不实矣”，今本作“言欲自修者知为善以去其恶，则当实用其力，而禁止其自欺”，避开了“察乎此”的表述，这是因为“无意自欺”是自修者暂时还未察觉到的。《集说》“慊与不慊，其几甚微，是乃人所不知己所独知之地”，今本作“然其实与不实，盖有他人所不及知而己独知之者”，放弃将“诚意”工夫的关键放在“自慊”之上，而是起用更加客观的“实与不实”。这是因为当自修者处于两种“有意自欺”的状态时，都会清楚地感受到“快足”或“不快足”，并以此作为“意”是否“诚”的标准，但当他处于“无意自欺”的状态时，由于缺乏足够的道德判断力，可能会在“欠了一分”的状态下仍然保持虚假的“快足”，进而陷入到更加难以挣脱的自欺之中。次节讨论“小人闲居”，《集说》“然其诚伪之判，特在于自欺自慊毫厘之间耳”，遵从的是“首尾该贯”的“温和的有意自欺论”立场，语气下得较轻；今本改作“然欲掩其恶而卒不可掩，欲诈为善而卒不可诈，则亦何益之有哉”，不再说些“毫厘之间”、隐微之际的话，语气下得更重，应是自欺程度最深的“有意自欺论”。可以发现，朱子对“诚意”章首节的改动，主要是为了安顿不知不觉、陷于自欺的“无意自欺”；对次节的改动，主要是为了安顿外诚内伪、阳善阴恶的“有意自欺”。

今《文集》中有两封《与周南仲书》，与今本“诚意”章注一字不差，郑泽绵判断是“朱子临终前令人誊抄新改‘诚意’章注并寄与诸生，作为定论式的文献”，其说可从。[①] 两封《与周南仲书》只抄录了“诚意”章的首节、次节，不含末二节，这正是因为朱子临终前所面对的主要问题是如何同时安顿自欺的三种情况，故与第三、四节关系不甚密切。比对《集说》所引《章句》与今本《章句》，亦可见第三、四节差别不大，这与《与周南仲书》只抄首二节的现象若合符契。据此判断，《集说》所引《章句》很有可能就是朱子易箦前三日所修改的底本，即便不是，也相去不远。

四

最后，让我们回到“一于善”和“必自慊”这一桩争论已久的学术公案之中。《集说》所引《章句》“诚意”章有“慊与不慊，其几甚微”“特在于自欺自慊毫厘之间耳”“欲其必自慊而无自欺也”“如此又以明不自欺而常自慊之验也”四句，都高度重视“自慊”，今本尽数削去，本文认为这是朱子在受到余国秀的启发后，为了安顿“无意自欺”这一情况所作出的调整。“诚意”章既然作此修改，经文“欲诚其意者，先致其知”之下，定本亦不合作“必自慊”，当从“一于善”之说。其实，陈林、郑泽绵从义理出发，判断在戊午年（1198）李燔问“容”之后，朱子开始重视“自慊”，并把它视作一项独立的工夫，从《集说》

---

① 《诚意关——从朱子晚年到王阳明的哲学史重构》，第31—32页。

“诚意”章如此密集地出现“自慊”二字来看，他们的推论并没有什么谬误。但是，如果朱子在戊午年就形成了自欺思想的定论，为何要等到易箦前三日才匆匆修改呢？陈林、郑泽绵的说法忽视了己未年（1199）以后余国秀问自欺三种情况的重要意义，对朱子最后两年的思想调整把握不足，因此误认戊午年的看法为晚年定论。在《集说》所引《章句》这一新材料的帮助下，即可补全戊午“次第可以绝笔”至庚申定论的间隙，据此，定本应当贯彻“诚意”章削去“自慊”的调整，作“一于善而无自欺”。

关于“诚意”注，还有两个小问题留待解决。之前提到，《集说》所引《章句》作“一于善而无所杂”，《语类》卷十五云：

> 问“实其心之所发，欲其一于理而无所杂”。曰：“只为一，便诚；二，便杂。‘如恶恶臭，如好好色’，一故也。‘小人闲居为不善,（止）著其善’，二故也。只要看这些便分晓。二者，为是真底物事，却著些假搀放里，便成诈伪。如这一盏茶，一味是茶，便是真。才有些别底滋味，便是有物夹杂了，便是二。”①

此条是林夔孙“丁巳（1197）以后所闻”。此时的“诚意”注是“一于理而无所杂”，与《集说》“一于善而无所杂”仅差一字。体会答语中的意思，朱子仍将“小人闲居而不善”看作“有物夹杂了”的“无意自欺”，既不同于戊午年之后的“温和的有意自欺论”，又不同于用“小人闲居”重新安顿“有意自欺”的定论，应当发生在李燔问“容”之前。从李燔问“容”时所提到的“自欺”注“外为善，而中实未能免于不善之杂”来看，此时的“诚意”注很可能已是“一于善而无所杂”了。那么，改“一于理”为“一于善”，应当发生在丁巳年以后、戊午年李燔问“容”以前，或许就是《答孙敬甫》中“《章句》、《或问》近皆略有修改”的那次。

定本“一于善而无自欺”，与《集说》“一于善而无所杂”差了两字，这又如何解释？“杂”的意思是纤细之恶混杂在善当中，无论是“无意自欺论”下

---

① 《朱子语类》，第 304 页。

的"一念之发"，还是"温和的有意自欺论"下的"隐微之际"，都能用"不善之杂"来形容。但"不善之杂"并不适用于外诚内伪、阳善阴恶的小人，因为小人之恶不是混在善里面，而是与善内外相隔的。朱子为了安顿"有意自欺"这种情况，放弃了"不善之杂"，转而恢复自己在《经筵讲义》(甲寅，1194)中的旧说：一于善而无自欺。同时，朱子将"诚意"解释为欲其"无自欺"的工夫，将自欺解释为"心之所发有未实"的状态，则将"诚意"和"毋自欺"看作同一种工夫，这正符合传文"所谓诚其意者，毋自欺也"的断语。说到底，这种工夫就是要"实用其力"，"皆务决去"，是时刻不能松懈的。如果由于低下的道德判断力而将自我的心理状态误认为"快足"，继而志得意满，不再做"实用其力"和"皆务决去"的工夫，那将陷入一种极为危险、难以挣脱的自欺境地，这是朱子所不愿看到的。

归根结底，朱子之所以削去《集说》中大量出现的"自慊"一语，是将自慊从一项独立的工夫重新降格为心理状态，并且怀疑它能否忠实地反映意诚境界。自慊若是诚意工夫的效验，意诚之后必定自慊，这固然不错，但反过来，据己心之快足即号称已经达到了意诚境界，却未必可行。朱子曾在书信中批评象山及其弟子自欺，如《答孙敬甫》说"陆氏之学……但其宗旨本自禅学中来……改名换姓，欲以欺人，而人不可欺，徒以自欺，而自陷于不诚之域也"，《答周南仲》说当时学者（暗指象山)"入于佛老，自误而遂以自欺"，《答高应朝》批评象山弟子高应朝"陷于欲速助长、躁率自欺之病"。[①] 如果这一批评不是流于口头的泛论，而是具备严肃的理论价值的话，那么究竟是在什么意义上说象山自欺？象山岂不自慊（朱子以为，其病正是在过于自满）？朱子既然批评象山自欺，那么就不会以自慊这一心理状态作为达到意诚境界的标准。朱子说象山"错认人欲作天理处"，是批评他格物致知的工夫下得不够。因此，朱子晚年多次修改"诚意"章，其实就是在致知工夫统摄诚意（无意自欺）和诚意工夫独立于致知（两种有意自欺）中不断纠结，最终选择保留自欺的全部三种情况，即有致知工夫欠缺所致的"无意自欺"者，亦有诚意工夫欠缺所致的两种"有意自欺"者。

---

① 《诚意关——从朱子晚年到王阳明的哲学史重构》，第56—62页。

Revision to the "Chengyi (诚意)" Chapter of the "Daxue Zhangju (大学章句)" in Zhu Xi ' s deciling years–Centering on the "Daxue Zhangju" as shi in Wei Shi ' s "Liji Jishuo (礼记集说)"

Wang Kan

Abstract: Three days before Zhu Xi ' s death, he was still revising the "Chengyi (诚意)" chapter of the *Daxue Zhangju* (大学章句) , but the content of his revisions has yet to be studied. In this paper, we find that Zhu Xi ' s *Daxue Zhangju* (大学章句) quoted by Wei Shi in his *Liji Jishuo* (礼记集说) has a great difference in the chapter of "Chengyi (诚意)" , when compared with the present version. After comparing the materials about "self–deception (自欺)" in *Zhuzi yulei* (朱子语类) , this paper argues that the *Daxue Zhangju* (大学章句) quoted in Wei Shi's *Liji Jishuo* (礼记集说) should be the version modified after Li Pan (李蟠) asked about "Rong (容)" in the year of 1198, which belongs to the "moderate intentionalism" . Therefore, this version is probably the base text that Zhu Xi revised three days before his death. The reason for the change to the present version is that it was inspired by Yu Guoxiu ' s question about the three kinds of self–deception after 1199, and it was decided to reestablish the "intentionalism" and the "non–intentionalism" , in addition to the "moderate intentionalism" . Judging from the fact that Zhu Xi cut down a lot of the phrase "自慊" in the chapter of "Chengyi (诚意)" , the final version should also follow this thought, as "Yi Yu Shan (一于善)" rather than "Bi Zi Qie (必自慊)" .

Key words: Zhu Xi; *Daxue Zhangju*; *Liji Jishuo*; Chengyi; self–deception

以文解经：朱子四书注解中的骈偶式诠释析论

曹景年 闫春新*

【摘 要】《四书章句集注》作为经学史上划时代的杰作，不但注重义理阐释，也注重文学用语和修辞。骈偶式诠释是《集注》重要的行文特色，它以工整的形式、精巧的对仗向读者展示出经学的文学向度，同时也以哲理化的二元关系对经文进行了巧妙诠释。骈偶在《集注》中的广泛运用，既与朱子本人的二元思维方式密切相关，也受当时科举骈文风气的影响。骈偶式诠释在解说经义中具有多方面的效果，对称式的分析创造性阐发经义，使经文逻辑层次更为清晰，增强了文本的文学性和感染力。但骈偶的过度使用也导致部分文义的扭曲和支离琐碎，反而对经义有所遮蔽。从经学史角度看，《集注》骈偶现象体现了科举制度变革的历史背景下，经学家对经文之文学、文章学内涵的重视和挖掘。

【关键词】朱熹；《四书章句集注》；骈偶；经学诠释

所谓骈偶，主要是指文章中工整的对仗和排比。[①] 骈偶在中国古代诗词歌赋

---

* 【作者简介】曹景年，孔子研究院助理研究员、山东省泰山学者青年专家，研究方向为宋明四书学；闫春新，山东师范大学齐鲁文化研究院教授、博士生导师，研究方向为《论语》学、《春秋》学。

① 骈偶，也称排偶、对偶、对仗，但排偶多指三个以上对象的偶对，而对偶、对仗则主要指两个对象的偶对，故本文采用“骈偶”一词，来泛指各种形式的偶对现象。

等文体中广泛存在，其所带来的节奏和韵律之美，成为中国语言和文学的突出特征。陈寅恪先生为清华大学入学国文考试所出试题，就特意选择了对对子这种形式。陈先生认为中国语言文学与西方的最大不同就是对偶性，他说："中国之文学与其他世界诸国之文学，不同之处甚多，其最特异之点，则为骈词俪语与音韵平仄之配合。"① 所以在中国文法尚未完全建立之时，用对对子考核学生的中文水平也是最恰当的："对对子即是最有关中国文字特点，最足测验文法之方法。"② 不过，骈偶主要用于文学作品，在略显枯燥严肃的经学注疏中很少见到，但朱子的《四书章句集注》（以下简称《集注》）是个例外，其中广泛使用了骈偶这一修辞手法。对于这一点前人关注不多，白如《无独必有对：朱熹《大学》《中庸》阐释的文本结构与经义生成》一文对此有所涉及，该文从经义生成和经学文本结构重构角度，探讨了朱子《学庸章句》中的结构对称现象，认为这是朱子"无独必有对"的理学思想在经学诠释层面的体现。③ 但该文没有对这一现象的源流及利弊进行全面分析，且研究对象也没有包括《论孟集注》。本文以经学与文学的互动为视角，对《集注》中的骈偶现象作一综合研究，重点揭示骈偶的哲理化特征及其学术根源和诠释学效果，以进一步推进朱子四书学的研究。

一、二元关系与骈偶的哲理化

骈偶是《集注》最显著的行文特征之一，其作为一种修辞手法，表现出整齐严密、韵律铿锵的文学之美。《集注》中的骈偶，有一些是作为修辞手法的单纯语句对仗，如《论语·子路》"人而无恒"章解释巫医云："巫，所以交鬼神；医，所以寄死生。"④ 其中"交鬼神"与"寄死生"就是比较工整的对仗。又如

① 陈寅恪：《论再生缘》，《寒柳堂集》，生活·读书·新知三联书店，2001，第72页。

② 陈寅恪：《讲义及杂稿》，生活·读书·新知三联书店，2002，第447页。

③ 白如：《无独必有对：朱熹〈大学〉〈中庸〉阐释的文本结构与经义生成》，《东南学术》2024年第1期。

④ 朱熹：《四书章句集注》，中华书局，1983，第147页。

《孟子·公孙丑下》“孟子去齐”章末注云：“此章见圣贤行道济时，汲汲之本心；爱君泽民，惓惓之余意。”[①] 两句的对仗也非常工整。另外，更多的则是通过二元关系建构而形成的哲理化骈偶，这类二元关系包括体用、知行、心物、理事等，这是《集注》骈偶式诠释的重要特色。这种类型的骈偶主要体现在两个层面。

（一）以二元关系解释经文词句

朱子常将经文的字词语句分解为二元关系，进行骈偶式解读，这是《集注》骈偶现象中最常见的表现形式，其中又可以区分为四种情形。

第一，以二元关系解释经文的重要概念。对于“四书”中的重要概念，朱子常将其分为两个层面来解释，从而在其内部构建起二元关系。如把“仁”解为“心之德，爱之理”，“心之德”与“爱之理”的关系可以从多个角度理解。以总分关系言，如朱子云：“心之德，是兼四端言之。爱之理，只是就仁体段说。”[②] 以本末关系言，“心之德”是从本上讲，心为本；“爱之理”是从情上讲，情是末。另外，两者又不能截然分开，而是密不可分的，“爱之理即是心之德，不是心之德了，又别有个爱之理”[③]。朱子通过二元关系的建构，把仁这个具有丰富内涵的哲学概念讲得清楚明白。除了仁之外，还有礼、义。朱子对“礼”的定义是“天理之节文，人事之仪则”[④]，前者是从本上讲礼的来源，后者则就礼的现实表现来说，它是人类的一种规则和行为规范。“义”则定义为“心之制，事之宜”[⑤]，也是从内外、本末两个角度来分说的。

第二，以二元关系解释对偶语句。对于“四书”中的对偶语句的诠释，朱子也常常采用对偶形式，并为其注入了严整的二元化义理结构。如《中庸》“祖

---

① 《四书章句集注》，第249页。

② 朱熹：《朱子语类》卷二〇，中华书局，2020，第569页。

③ 《朱子语类》卷二〇，第571页。

④ 《四书章句集注》，第51页。

⑤ 《四书章句集注》，第201页。

述尧舜，宪章文武”，朱子解释说：“祖述者，远宗其道；宪章者，近守其法。”[①]朱子将前后两句理解为道和法的关系，尧舜时代较远，形象模糊，只能效仿其精神（道），故称“祖述”；文武时代较近，可以遵从更详细的法则规范（法），故称“宪章”，这一释语不但对仗工整，而且义理关系也非常巧妙，使经文内涵更加丰富立体。又如《论语·颜渊》“浸润之谮，肤受之愬”，旧说认为“谮”“愬”都是指非毁他人，无对比意义，而朱子则将“谮”解释为“毁人之行”，“愬”解释为“愬己之冤”，一个是对他人，一个是对自己，这就形成一个二元对立格局，其后果也是相对的：“毁人者渐渍而不骤，则听者不觉其入，而信之深矣。愬冤者急迫而切身，则听者不及致详，而发之暴矣。”[②]同篇“居之无倦，行之以忠”两句话虽然比较对称，但看不出其内在关联，朱子注云：“居，谓存诸心，无倦则始终如一；行，谓发于事，以忠则表里如一。”[③]将居理解为存诸心，行理解为发于事，一内一外正相对应，无倦以“始终”言，“以忠”则以表里言，非常贴切。《孟子·万章上》“使先知觉后知，使先觉觉后觉也”，朱注：“知，谓识其事之所当然。觉，谓悟其理之所以然。”[④]以事与理、所当然与所以然两层二元关系来解释此句，发前人所未发。

第三，以二元关系解释并列短语。“四书”中有一些并列结构的词语，朱子常将其拆分为一对概念进行骈偶式诠释。如《中庸》“唯天下至诚，为能经纶天下之大经”，朱子释“经纶”云：“经者，理其绪而分之；纶者，比其类而合之。”[⑤]把“经”理解为分解，“纶”理解为聚合，正好是一体两面。又如《论语·泰伯》有“战战兢兢”一词，朱子解云：“战战，恐惧；兢兢，戒谨。”[⑥]将该词一分为二，分别对应《中庸》的戒慎和恐惧。《孟子》中的例证也很多，最明显的是对四端之心的解释，朱子将每个词都拆分为对立或呼应的两方，

---

① 《四书章句集注》，第 37 页。
② 《四书章句集注》，第 134 页。
③ 《四书章句集注》，第 137 页。
④ 《四书章句集注》，第 310 页。
⑤ 《四书章句集注》，第 38 页。
⑥ 《四书章句集注》，第 103 页。

实现了完美的对偶，其解“恻隐”云：“恻，伤之切也；隐，痛之深也。”解“羞恶”云：“羞，耻己之不善也；恶，憎人之不善也。”解“辞让”云：“辞，解使去己也；让，推以与人也。”解“是非”云：“是，知其善而以为是也；非，知其恶而以为非也。”[①] 这一解释清楚明白且恰到好处，把四端之心内在意蕴揭示了出来。

第四，以二元关系解释非对偶语句。对于经文中没有明显对偶关系的语句，朱子也往往主动建构对偶关系。如《中庸》“素隐行怪”，郑玄解为“乡辟害隐身，而行诡谲”[②]，没有对偶的意思，而朱子读“素”为“索”，并以知行关系提出新解：“言深求隐僻之理，而过为诡异之行也。”其下又云：“此知之过而不择乎善，行之过而不用其中。”[③] 这一解释非常巧妙而又圆满自洽，是一种创造性诠释的典范。又如“费而隐”，二者在旧注中属于条件句，郑注“费，犹佹也。道不费则仕”，孔疏云：“道德违费则隐而不仕。”[④] 而朱子则以体用关系作解：“费，用之广也；隐，体之微也。”[⑤] 又如《论语·先进》“以道事君，不可则止”，两句无明显对偶关系，朱子解云：“以道事君者，不从君之欲。不可则止者，必行己之志。”[⑥] 前句从与君的关系上说，后句从个人意志上说，二元关系非常明显。又如《孟子》“我知言，我善养吾浩然之气”，朱子解云：“盖惟知言，则有以明夫道义，而于天下之事无所疑；养气，则有以配夫道义，而于天下之事无所惧，此其所以当大任而不动心也。”[⑦] 朱子把“知言”与“养浩然之气”都与道义联系起来，一为明一为配，而二者的最终功效都是不动心，经过这一解释，原文的意义更为明晰和条理化。

---

① 《四书章句集注》，第 237 页。

② 《礼记正义》卷五二，《十三经注疏》，中华书局，1980，第 1626 页下栏。

③ 《四书章句集注》，第 21 页。

④ 郑注及孔疏见《礼记注疏》卷五二，《十三经注疏》，第 1626 页下栏至 1627 页上栏。

⑤ 《四书章句集注》，第 22 页。

⑥ 《四书章句集注》，第 128 页。

⑦ 《四书章句集注》，第 231 页。

（二）以二元关系分析经文结构

朱子不但以骈偶解释经文词句，也用来分析经文篇章结构，并以此建构经文义理。这方面又可以分为两种情况：一是基于文义前后关系的骈偶结构，二是基于对偶概念的骈偶结构。

第一，将经文划分为两个或多个意义单元，并基于文义的前后关系建立工整的骈偶结构。如《中庸》“庸德之行，庸言之谨；有所不足，不敢不勉，有余不敢尽；言顾行，行顾言，君子胡不慥慥尔”，朱子解云：“德不足而勉，则行益力；言有余而讱，则谨益至。谨之至则言顾行矣；行之力则行顾言矣。”[①] 朱子将这段话分为两个单元，第一单元讲庸德之行，对应下文的“有所不足，不敢不勉”“言顾行”；第二单元讲庸言之谨，对应下文的“有余不敢尽”“行顾言”。《论语·泰伯》“士不可以不弘毅，任重而道远”，朱子以“弘”配“任重”，“毅”配“道远”，云：“弘，宽广也。毅，强忍也。非弘不能胜其重，非毅无以致其远。”[②]《季氏》篇“益者三友，损者三友”章，朱子认为三损与三益是完全对应的，是对三益的否定，故注三损云：“便辟，谓习于威仪而不直。善柔，谓工于媚悦而不谅。便佞，谓习于口语而无闻见之实。三者损益，正相反也。”[③] 其下“益者三乐，损者三乐”亦作此解。《孟子》首章，朱子将“王何必曰利，亦有仁义而已矣”作为两个意思看待，并以下文分别匹配，从“王曰何以利吾国”至“不夺不餍”是解释“王何必曰利”，故注云：“此言求利之害，以明上文何必曰利之意也。”其下“未有仁而遗其亲者也，未有义而后其君者也”一句解释“亦有仁义而已矣”，故注云：“此言仁义未尝不利，以明上文亦有仁义而已之意也。”[④]

还有一个典型但又颇为繁琐的匹配，即《中庸》如下一段话：“知、仁、勇三者，天下之达德也，所以行之者一也。或生而知之，或学而知之，或困而知之，及其知之一也；或安而行之，或利而行之，或勉强而行之，及其成功一也。

---

① 《四书章句集注》，第 24 页。

② 《四书章句集注》，第 104 页。

③ 《四书章句集注》，第 171 页。

④ 《四书章句集注》，第 201 页。

子曰：好学近乎知，力行近乎仁，知耻近乎勇。”朱子以知、仁、勇三者为纲，将这段话分为三个单元，并认为有三种分法。第一种分法是从总体上来分，“通上文三知为知，三行为仁，则此三近者，勇之次也”。即将这段话中标序号的前后三句话，分别对应知、仁、勇。第二种分法是“以其分而言”，即单就前两句话而言，“则所以知者知也，所以行者仁也，所以至于知之成功而一者勇也”，即第一句话的三“或”为知，第二句话的三“或”为行，两句话结尾的“及其”为勇。第三种分法是“以其等而言”，则是“生知安行者知也，学知利行者仁也，困知勉行者勇也”。[①] 朱子的分析匹配非常繁琐复杂，今用表格表示如下：

区分标准	知	仁	勇
总体	或生而知之，或学而知之，或困而知之，及其知之一也	或安而行之，或利而行之，或勉强而行之，及其成功一也	好学近乎知，力行近乎仁，知耻近乎勇
以其分言	或生而知之，或学而知之，或困而知之	或安而行之，或利而行之，或勉强而行之	及其知之一也、及其成功一也
以其等言	或生而知之、或安而行之	或学而知之、或利而行之	或困而知之、或勉强而行之

从此表可以看出，朱子把骈偶式诠释发挥到了极致，但这一解释显得太过繁琐，反而使意义简单的语句有些晦涩了。

第二，将经文划分为两个或多个意义单元，在梳理文义脉络的基础上，主要基于某些对偶概念建立工整的骈偶结构。这方面表现最明显的是《中庸》，如《中庸》首章讲慎独的一段话：“道也者，不可须臾离也，可离非道也，是故君子戒慎乎其所不睹，恐惧乎其所不闻。莫见乎隐，莫显乎微，故君子慎其独也。”这里提到的戒惧与慎独，旧注并不分说，而认为只是一件事，但朱子则将其当成一对概念来理解，认为戒惧是讲“存天理”，慎独是讲“遏人欲”，故其解戒惧云：“是以君子之心常存敬畏，虽不见闻，亦不敢忽，所以存天理之本

① 《四书章句集注》，第 29 页。

然，而不使离于须臾之顷也。”[①] 解慎独云：“是以君子既常戒惧，而于此尤加谨焉，所以遏人欲于将萌，而不使其滋长于隐微之中，以至离道之远也。”[②] 这样，朱子通过天理和人欲这一对概念，重新建构了这段话的义理架构。不仅如此，朱子还将这一匹配贯彻到了下文的中和与位育，云：“自戒惧而约之，以至于至静之中，无少偏倚，而其守不失，则极其中而天地位矣。自谨独而精之，以至于应物之处，无少差谬，而无适不然，则极其和而万物育矣。”[③] 以戒惧对应未发之中、大本、天地位，慎独对应已发之和、达道、万物育，匹配非常工整。另一个典型例子是《中庸》“尊德性而道问学”一段，朱子以存心与致知为纲领将其分为两个单元：“尊德性，所以存心而极乎道体之大也。道问学，所以致知而尽乎道体之细也。二者修德凝道之大端也。不以一毫私意自蔽，不以一毫私欲自累，涵泳乎其所已知，敦笃乎其所已能，此皆存心之属也。析理则不使有毫厘之差，处事则不使有过不及之谬，理义则日知其所未知，节文则日谨其所未谨，此皆致知之属也。”[④] 为方便理解，亦将其列表于下，括号中是对应的朱子注语：

存心	致知
尊德性（所以存心而极乎道体之大也）	道问学（所以致知而尽乎道体之细也）
致广大（不以一毫私意自蔽）	尽精微（析理则不使有毫厘之差）
极高明（不以一毫私欲自累）	道中庸（处事则不使有过不及之谬）
温故（涵泳乎其所已知）	知新（理义则日知其所未知）
敦厚（敦笃乎其所已能）	崇礼（节文则日谨其所未谨）

其他例子，如《论语·为政》“多闻阙疑，慎言其余，则寡尤；多见阙殆，慎行其余，则寡悔”，朱子将其分为学、择、守三个层次：“愚谓多闻见者学之

① 《四书章句集注》，第 17 页。
② 《四书章句集注》，第 18 页。
③ 《四书章句集注》，第 18 页。
④ 《四书章句集注》，第 35—36 页。

博，阙疑殆者择之精，慎言行者守之约”[①]，三者层次清晰。《孟子》“尽心”章共三句话，即尽心知性知天，存心养性事天，夭寿不贰修身以俟。朱子以理与事、智与仁的二元关系为标准进行了二分切割，云：“愚谓尽心知性而知天，所以造其理也；存心养性以事天，所以履其事也。不知其理，固不能履其事；然徒造其理而不履其事，则亦无以有诸己矣。知天而不以夭寿贰其心，智之尽也；事天而能修身以俟死，仁之至也。智有不尽，固不知所以为仁；然智而不仁，则亦将流荡不法，而不足以为智矣。”[②]朱子以尽心知性知天为造其理，属智，而以下文“夭寿不贰”为知天之极致，又以存心养性以事天为履其事，属仁，而以下文修身以俟为其极致，匹配非常工整。

这种颇具哲理化的二元关系，是《集注》中骈偶的灵魂所在。通过上文论述又可以发现，这种二元关系化可以约为两类，一是平行的二元关系，即二者之间没有高下之分，是纯粹的平等对立关系，如知行、内外、人己等，另一类是有高下本末的二元关系，其中一方是本、是源，另一方则是末、是流，是依附于前者的，如本末、体用、心物等。

二、《集注》骈偶式诠释的学术渊源

《集注》中随处可见的骈偶现象在中国古代经学注解中独树一帜。这一现象是如何形成的？其背后的思想、文化动因是什么？笔者认为，可以从以下两个层面来分析。

（一）朱子本人独特的二元思维方式

朱子思想具有明显的二元特征。朱子二元论的核心和基础是理气二分，由理气二分进一步引申出性与情、道心与人心、道与器、太极与阴阳等二元对立的概念。在现代新儒家看来，朱子的二元论与儒学的主流传统是有差别的，故被判为“别子为宗”，也就是说，“宋明儒学继承孟子开出的传统乃是一本之论，

---

① 《四书章句集注》，第 58 页。

② 《四书章句集注》，第 349 页。

朱子却是理气二元”[①]。在理论建构中，朱子总是想既要照顾这一面，又要照顾那一面；既要强调理，又要强调气，还要强调二者的区别与会通，从而做到“内外本末精粗两面俱尽”[②]。这使朱子对诸多二元关系的论述过于繁复，甚至出现一些矛盾。[③]朱子的这种二元思维，其实与其试图会通前贤、综合古今的宏大学术志业有密切关系，刘述先说：“朱子所表现的是一伟大的综合的心灵。”[④]正因为如此，二元论才不但成为其哲学思想的基本特征，也成为其基本的思维方式，体现在日常的思想和言论中。翻开《朱子语类》和朱子文集，随处可见朱子对理气、道器、阴阳、体用、本末、内外、心物、言行、知行、所当然与所以然等二元概念的运用和阐发。

二元思维方式体现在解经注经上，就是对于任何一处经文都想尽办法一分为二，利用二元概念构造二元对立的格局，从而形成骈偶。如其解“仁”，必须将心之德与爱之理结合起来说；解义，必须从心和事两方面解为“心之制，事之宜”；解“居之无倦，行之以忠”，自然将其分为“存诸心”与“发于事”两截。如果只说一面，朱子就会感觉不周到、不全面。以这种思维解经，固然有时会有出其不意的新奇效果，但若生搬硬套到对某些经文的解释上，也往往过于牵强。如《论语·宪问》“君子耻其言而过其行”，这句话按一般理解，就是君子以言过其行为耻，但朱子以二元概念“言行”为基础将其切分为“耻其言”和“过其行”两部分，注云：“耻者，不敢尽之意。过者，欲有余之辞。”[⑤]意为在言方面不敢尽，在行方面欲有余，这种解释虽然与原意相差不远，但显得比较生硬。

在二元思维方式的支配下，朱子认为经书文本天然具有整齐有序、前后相

---

① 刘述先：《朱子哲学思想的发展与完成》，吉林出版集团有限责任公司，2015，第264页。

② 钱穆：《朱子新学案》，《钱宾四先生全集》第11册，联经出版事业股份有限公司，1998，第40页。

③ 关于朱子二元论及其内部矛盾，可参沈顺福：《朱熹哲学的内在矛盾》，《江西社会科学》2019年第3期。

④ 《朱子哲学思想的发展与完成》，第264页。

⑤ 《四书章句集注》，第156页。

关、彼此呼应等骈偶式特征，这也是经书完美性和神圣性的重要体现。他说："圣人言语皆枝枝相对，叶叶相当，不知怎生排得恁地齐整。"①又评价孟子云："孟子说得话极齐整当对。"②《集注》之所以如此注重呼应匹配、对偶与和谐，与朱子对经书的这一认识密切相关。他解《大学》传九章说："凡传文，杂引经传，若无统纪，然文理接续，血脉贯通，深浅始终，至为精密。"③可见，朱子的诠释就是要从无统纪的经文表面现象中，发现其"文理接续，血脉贯通"的地方，即将经文前后左右"枝枝相对、叶叶相关"的真实情形展现出来。可见，这种具有整齐骈偶特征的经书观，也是其二元思维方式的重要体现。

（二）科举骈偶文风的影响

从唐至宋代前期的科举考试都以诗赋为主，而诗赋非常强调声律和对偶，形式要求很严格。王安石变法之后，虽然经义考试逐渐占据科举考试的中心，但诗赋并未完全退场，二者进行了长期的"拉锯战"，且胜负难分，到南宋时形成诗赋与经义并重的科举考试格局。④诗赋在科举考试中长期居于主导地位，对文风学风都有巨大影响，使文人学士形成了非常严重的骈偶思维。新兴的经义文以阐明经书大义为宗旨，本应是散文体，但在实行过程中不可避免地受诗赋的影响，也开始追求格律对偶。清钱大昕说："宋熙宁中以经义取士，虽变五七言之体，而士夫习于排偶，文气虽疏畅，其两两相对犹如故也。"⑤《集注》解"先之，劳之"章引苏氏云："凡民之行，以身先之，则不令而行。凡民之事，以身劳之，则虽勤不怨。"⑥苏轼就将先、劳理解为行、事两个方面，显然是受到科举骈偶思维的影响。徽宗时有臣僚言："场屋之文，专尚偶丽，题虽无两

① 《朱子语类》卷一〇，第211页。卷六二又载其评价《中庸》的类似语句："《中庸》一书，枝枝相对，叶叶相当，不知怎生做得一个文字齐整。"（第1799页）

② 《朱子语类》卷一六，第426页。

③ 《四书章句集注》，第4页。

④ 可参张希清《中国科举制度通史·宋代卷》第八章第一节关于进士科考试内容演变的论述，上海人民出版社，2015，第360—380页。

⑤ 钱大昕：《十驾斋养新录》卷一〇，上海书店，1983，第240页。

⑥ 《四书章句集注》，第141页。

意，必欲厘而为二，以就对偶；其超诣理趣者，反指以为澹泊。请择考官而戒饬之，取其有理致而黜其强为对偶者，庶几稍救文弊。”[①] 到南宋时，经义文的偶对之风愈演愈烈，叶适曾评云：“辟雍太学既并设，答义者日竞于巧，破题多用四句，相为俪偶……乾道中，主司欲革四句对偶之弊……淳熙初，学者厌破题衬贴纤靡，颇复厘改；答者云：‘以己体民，而后尊卑之情通；以国观民，而后安危之理显。’”[②] 由此可见当时骈偶习气对经义文写作及解经的深刻影响。

对于这种过度追求骈偶的风气，朱子在《学校贡举私议》中曾给予批评：“盖今日经学之难，不在于治经，而难于作义。大抵不论问题之小大长短，而必欲分为两段，仍作两句对偶破题，又须借用他语以暗贴题中之字，必极于工巧而后已。”[③] 在诠释“四书”时，朱子也时常警惕科举偶对习气的影响，如《论语·学而》“道千乘之国”章，朱子说：“这五句自是五句事，只当逐句看：是合当有底，无底；合当做底，不当做底。不消如做时文，要著两句来包说。”[④] 可见当时科举文多将这一章分为对偶的两层意思来解释，但朱子认为经文的五句话每一句都是独立的，不能武断地分成对偶的两句。又如有人解《论语》“见善如不及，见不善如探汤”，认为“上一截是进德之事，下一截是成德之事”，朱子批评说：“公只管要妆两句恁地好，做甚么？”[⑤]

虽然朱子反感科举习气对经学的影响，但是不可否认，朱子幼年时代受到过严格的科举训练，使他在不满 20 岁时就考中了进士，这意味着朱子对于科举时文的写作非常娴熟。虽然年长后朱子始终以阐发圣学为志，将科举时文贬为小道、小技，认为时文解经是“虚设议论”[⑥]，但无论是思维方式还是言语行为，都难免受到科举时文的影响。朱子所批评的这种追求俪偶的风气，恰恰在其经学著述中有大量体现。朱子常不自觉地借用时文方式解经，如解《论语·为政》

---

① 《宋史》卷一五五《选举志一》，中华书局，1977，第 3622—3623 页。

② 叶适：《习学记言序目》卷五〇，中华书局，1977，第 748 页。

③ 朱熹：《晦庵先生朱文公文集》卷六九，朱杰人等主编：《朱子全书（修订本）》第 23 册，上海古籍出版社、安徽教育出版社，2010，第 3362 页。

④ 《朱子语类》卷二一，第 604 页。

⑤ 《朱子语类》卷四六，第 1428 页。

⑥ 《朱子语类》卷一一，第 235 页。

“思无邪”句时说：“《集注》说：‘要使人得情性之正。’情性是贴思，正是贴无邪。此如做时文相似，只恁地贴，方分晓。”[①] 就运用了时文“分贴”的方法。《集注》的用语典雅而富有文采，有些文句不像是注解语句，而更像是阐发经义的科举时文，如其解《中庸》首章“天地位万物育”时云：“自戒惧而约之，以至于至静之中，无少偏倚，而其守不失，则极其中而天地位矣。自谨独而精之，以至于应物之处，无少差谬，而无适不然，则极其和而万物育矣。”这两句话对仗工整，文采斐然，与后世的八股文极为神似。《集注》之所以能成为元明清数百年科举考试的标准教材，不能不说与此有密切关系。

总而言之，《集注》中大量存在的骈偶现象，根源于朱子本人独特的二元思维方式，又受到当时追求骈偶格律文风的深刻影响。

三、骈偶的诠释学效果

《集注》是一部经学著作，经学著作的目的是准确清楚地阐明经义，所有的解经工具和手段都要服从于这一目的。骈偶在朱子解经过程中显然发挥了重要作用，充分体现了以文解经的优势。骈偶对解经的正向作用主要体现在以下三个方面。

（一）以骈偶形式对常用字词作出创造性诠释

汉唐经学家对经书的训释主要集中于疑难生僻词，而对于常用词则一般不作解释。而朱子经常通过骈偶的形式，将一些常用词在语境中的独特含义发掘出来，使文义更为清晰、流畅。如《论语·述而》“不愤不启，不悱不发”，愤、悱、启、发四个字在何晏看来是常用字，没有解释的必要，故没有作注，朱子则以骈偶的形式作了非常传神的解释：“愤者，心求通而未得之意；悱者，口欲言而未能之貌。启，谓开其意。发，谓达其辞。”[②] 愤与悱，启与发，在骈偶的架构中意义互映，既生动形象，又简洁明了。又如《雍也》“可欺也不可罔也”，

① 《朱子语类》卷二三，第665—666页。

② 《四书章句集注》，第95页。

前人都未正面解释欺、罔二字的意义，导致句意不够清晰，《集解》引马融云："可欺者，可使往也。不可罔者，不可得诬罔令自投下。"[①] 而朱子则解云："欺，谓诳之以理之所有；罔，谓昧之以理之所无。"[②] 以理之有无解释欺罔，非常准确生动。

（二）经文条理、逻辑关系更为清晰

朱子的骈偶式诠释大多属于分析式的注解，即对经文内容进行二分或多分法，一一剖析其内部意蕴，以及各部分之间的逻辑关系，这对于解释意义模糊或不易把握的地方很有帮助，前文已对此有详细介绍，如所举《论语》"多闻阙疑"章，朱子将原文分为学、择、守三个层次，使原文义理更加清晰明了。今再举一例，《论语·季氏》孔子谈到为何不能伐颛臾时说："先王以为东蒙主，且在邦域之中，是社稷之臣也，何以伐为？"这是一个散句，看不出有什么对偶，其逻辑关系也并不清晰，朱子则将其诠释为不可伐、不必伐、不当伐三个整齐对仗的层次，分别对应"先王以为东蒙主""且在邦域之中""是社稷之臣也"三句话。[③] 朱子通过这样的骈偶式诠释，将这句话的深层意义及其内在逻辑挖掘了出来，其在注解之后评价孔子这句话说："一言尽其曲折如此，非圣人不能。"其实，正是经过朱子的解释，这句话才能有如此丰富曲折的内涵。

（三）极大增强了注解的文学性和感染力

骈偶式诠释对仗工整，形式美观，给人一种节奏铿锵的韵律感，充分体现了汉语的乐感之美，使枯燥的经解带上了一些灵性的文学色彩。朱子对"四书"有很深切而执着的信仰，在注解中贯注了他本人全部的精神、思想和情感，而骈偶这种文学化的表达方式更容易表现其个人情感，朱子通过这种形式向读者传递了他的志向和理念。阅读这些铿锵有力的文字，可以从字里行间感受到朱子本人思想的温度，如上引《孟子·公孙丑下》"孟子去齐"章末注云："此章

---

① 《论语注疏》卷六，《十三经注疏》，第 2479 页下栏。

② 《四书章句集注》，第 91 页。

③ 《四书章句集注》，第 169—170 页。

见圣贤行道济时，汲汲之本心；爱君泽民，惓惓之余意。”[1]这两句工整的对句既展现了孟子急于得君行道的心境，也体现了朱子对孟子此意的充分认可，给人以较强的感染力。

《集注》中的骈偶式诠释固然有很多优点，但也存在某些缺陷，尤其是过度使用骈偶，会导致对经文理解的支离破碎。明代以来，学者对《集注》中过度的骈偶用法有很多批评，如高拱（1513—1578）批评朱子说：“圣人之言，意明而止，曾无比对拘系，晦翁最好比对，故常牵制文义。”[2]称朱子“最好比对”，可谓一针见血。过度的比对会“牵制文义”，如对于朱子将《中庸》戒惧与慎独分为两事并分别匹配下文的中和与位育，吕柟、高拱都有批评。[3]又如上文所举朱子以“战战兢兢”分别匹配恐惧和戒谨，其实战战兢兢就是小心谨慎的意思，没有太多深意，不必如此琐碎地特意出注。

结　语

《集注》作为经学史上划时代的杰作，不仅是一部经学注疏，更是一部精心结撰的专门著述，其中的一字一句都经过了反复推敲，千锤百炼，从内容到形式都别出心裁，这使该书不但注重义理内涵，也注重文学的修辞。骈偶式诠释是《集注》的重要特色，它以工整的形式、精炼的字句展示出经学的文学向度，同时也将经文建构为精致的二元架构。骈偶式诠释在解说经义方面具有多方面的优点和特色，和谐、对称式的分析，发前人所未发，使经义更为清晰明了，开拓了经学的深度和广度。同时，骈偶的过度使用也在一定程度上导致文义的扭曲和支离琐碎，反而对经义有所遮蔽。其实骈偶式诠释不仅广泛存在于《集注》中，在朱子及其弟子的其他经书注解中也广泛存在，可以说是朱子学派经学的重要特征，如朱子弟子蔡沈所撰《书集传》也有明

---

① 《四书章句集注》，第249页。

② 高拱：《问辨录》，《高拱论著四种》，中华书局，1993，第189页。

③ 《问辨录》，《高拱论著四种》，第103—104页。吕柟：《四书因问》，《泾野经学文集》，西北大学出版社，2015，第306、307页。

显的追求对偶的特征。[①]

从经学史发展的角度看，宋代是经学发生重要变革的时期，前人对此已有很多论述，如“四书”的升格、对义理的重视、疑经改经风气的盛行等等，但还有一个为人忽略的重要转变，就是经学开始由注解式经学向文学化经学的转变。汉唐经学的主要工作是经文的训诂考据和文义的疏通，即经文说了什么，而宋代以降的经学家除了关注这些，还关注经文怎么说的，即经文的文学层面，如遣词造句、文法特色、谋篇布局等等，其注解的语言也讲究辞藻和文采。这一转向与科举考试的变革有密切关系，自王安石变法之后，经义文逐渐成为科举考试的主要形式，并深刻影响元明清数百年。为了训练经义文的写作，就需要对经文作文学、文章学的分析研究，这种独特视角就逐渐施用于对经文的解说，从而使经学的文学向度得到长足的发展，而《集注》的骈偶式诠释就是这一转向过程中的重要表现。当然，关于宋代以来经学的文学化，相关的研究还不充分，本文希望能够抛砖引玉，引起学界对这一问题的重视。

---

① 王笃堃:《〈书集传〉不遵〈尚书注疏〉之现象的考察》,《中国典籍与文化》2021年第3期。

Literary Interpreting: An Analysis of Parallel Interpretation in Zhu Xi' s *Annotation of the Four Books*

Cao Jingnian, Yan Chunxin

Abstract: As an epoch-making masterpiece on the study of the confucian scriptures, *The Annotations of the Four Books* by Zhu Xi not only emphasized the exposition of doctrine, but also valued terms and rhetoric. As an important textual feature of the book, the parallel interpretation demonstrated the literary orientation of the scriptures to the readers with exquisite contrasts, and interpreted the scriptures delicately with binary relation. The extensive use of parallel in the book was closely related to Zhu Xi' s dualistic way of thinking, and also led to the influence of the parallel writing style at that time. Parallelism had many advantages in explaining the scriptures. The symmetrical analysis creatively expounds the meaning of the scriptures, made the logical structure of the scriptures clearer, and enhanced the readability of the text, but the excessive use of parallelism also led to the distortion and trivialization of the text, which in turn obscured the meaning of the scriptures. From the view of scripture study history, the phenomenon of parallelism in the book reflects that with the reform of the Imperial Examination system, scripture scholars began to explore the literary meaning of the scripture.

Key words: Zhu Xi; *The Annotations of The Four Books*; Parallelism; Scripture Study

颜元《论语正误》对《论语集注》的扬弃和超越

唐明贵*

【摘　要】身处明清交替之际的颜元，切身体会到了学术误国的危害，于是他自觉地承担起了正学术、正人心的责任，不仅通过对《论语集注》的反思，对朱注予以全方位的批判；而且通过对经文的重新解读，掘发出了新意，从而打破了朱子《集注》的一统地位，昌明了习行之学，在清初经典诠释的活动中展现了独特的风采。

【关键词】颜元；《论语》；扬弃；超越

颜元（1635—1704），初字易直，后更字浑然，号习斋。清直隶博野县北杨村（今河北省保定市博野县北杨村乡北杨村）人。他先是“深喜陆、王”，并手抄陆、王《要语》一册[①]，“以为孔、孟后身也。从之直见本心，知行合一”，“见者称真陆、王”[②]。后“得《性理大全》观之，知周、程、张、朱学旨”[③]，遂“幡然改志，以为较陆王二子尤纯粹切实，又谓是孔、孟后身也”[④]。但随着研习

*【作者简介】唐明贵，聊城大学哲学系教授，研究方向为中国哲学。

【基金项目】山东省社科规划研究重点项目“清代《论语》学研究”（22BZJ01）的阶段性成果之一。

① 颜元著，王星贤等点校：《颜元集》，中华书局，1987，第712—713页。

② 《颜元集》，第496页。

③ 《颜元集》，第713页。

④ 《颜元集》，第496—497页。

的深入和现实的实践，颜元越来越感觉到程朱理学的不当之处，“第自三十四岁遭先恩祖母大故，一一式遵《文公家礼》，颇觉有违于性情，已而读周公《礼》，始知其删修失当也。及哀杀，检《性理》乃知静坐读讲非孔子学宗；气质之性，非性善本旨也”[①]。于是乎，他“聊伸前二千年圣人之故道，而微易后二千年空言无用之新学”[②]，乃有《四存篇》《四书正误》《朱子语类评》等著作问世。尤其是《四书正误》，“皆平日偶辨朱子《集注》之误者”[③]。兹以其中的《论语正误》为例，管窥其诠释特色。

一、批判朱注

在颜元看来，程朱学派对儒家经典的注解过大于功，“其注解经书之功，不敌其废乱圣学之罪”[④]，给儒学精神的传承带来了不良后果，必须加以批评。

颜元对朱注的批判可谓是全方位的，涉及字词解读、注音、经义掘发、改易经文等方面。

首先，朱注中字词释读有误。一方面，解读经文文字有误。如《为政篇》“温故而知新，可以为师矣”下，朱注曰：“温，寻绎也。”[⑤]在颜元看来，朱子之所以如此释读，是因为把为学看作是“思、读、作三者而已”，遂导致“一字千里矣”。实际上，“温有三义：习也，暖也，焞也。重习其所学，如鸟数飞以演翅。又将所以得者暖之，不令冷。又脱洗一层，另焕发一番，如以汤沃毛，脱退之意”。其中蕴含着“古人为学，全从真践履、真涵养做工夫”的意味，朱注没有体现出来。[⑥]又，对经文中字词的解释不准确。如《先进篇》“鲁人为长府”

① 《颜元集》，第 497 页。

② 《颜元集》，第 497 页。

③ 《颜元集》，第 774 页。

④ 《颜元集》，第 186 页。

⑤ 朱熹：《四书章句集注》，中华书局，1983，第 57 页。

⑥ 《颜元集》，第 178 页。

下，朱子认为“长府，藏名。藏货财曰府”[①]，颜元则不同意此种解释，他根据《路史》认为长府乃“鲁国藏甲兵之所”，指出“昭公不能忍季氏之强，为长府将以图之也。闵子看透鲁国积弱之势，忽伐大奸必成祸，故云：‘仍旧贯。’”孔子对闵子骞的做法非常认可，“夫子嘉其识远中机也”[②]。只可惜鲁昭公没有听从良言，最终给自己带来了灾难。另一方面，颜元认为朱注中亦有对字词的注音方面的错误。如《里仁篇》“放于利而行”中的“放”，朱注为“上声”[③]，颜元认为这是不对的，在他看来，此处的放“当读去声”，其原因就在于，“贪利之人，肆然无忌，纵其心以图自便，毫不恤乎人，恣其计以营自利，全不觉其害。夫子箴以‘多怨’二字，以见快乎一己之欲，必伤乎众人之心，虽获一时眼前之利，实伏日后不可测之灾。正就其肆贪之心顶门一针，使他少有顾忌，便不至‘放于利’矣”[④]。联系上下文，对其注音予以了说明。

其次，朱注中文义注释不恰当。一方面，颜元认为朱注有所欠缺。在他看来，朱注中有的对内容有所忽略，如《学而篇》“道千乘之国”章，朱注引杨时注中有“此特论其所存而已，未及为政也”[⑤]句，颜元认为这一解释有欠缺：“‘敬事’非为政之事乎？‘信’非政令不欺乎？所‘节’非国用乎？所‘爱’、所‘使’非国之人若民乎？何谓之‘所存而已’，何谓之‘未及为政’？真梦语！”[⑥]对原本属于为政的事视而不见，致使在解读时出现了误读。有的解释太过于拘泥。如《季氏篇》“友直，友谅，友多闻，益矣。友便辟，友善柔，友便佞，损矣”下，朱注曰：“友直，则闻其过。友谅，则进于诚。友多闻，则进于明。便，习熟也。便辟，谓习于威仪而不直。善柔，谓工于媚悦而不谅。便佞，谓习于口语，而无闻见之实。三者损益，正相反也。”[⑦]颜元指出：“‘友直’对‘善柔’说，‘友谅’对‘便辟’说，‘友多闻’对‘便佞’说。朱《注》只

---

① 《四书章句集注》，第 126 页。

② 《颜元集》，第 207 页。

③ 《四书章句集注》，第 72 页。

④ 《颜元集》，第 184 页。

⑤ 《四书章句集注》，第 49 页。

⑥ 《颜元集》，第 175—176 页。

⑦ 《四书章句集注》，第 171 页。

拘文辞，挨次对讲，与‘不见而’章节同一失也。”[①] 太过拘泥于对照着释读，致使经文的解读受到了限制。有的未能揭示出经文蕴含的微言大义。如《为政篇》“或谓孔子曰子奚不为政”章，朱子自注中有“盖孔子之不仕，有难以语或人者，故托此以告之，要之至理亦不外是”[②] 句，在颜元看来，“朱《注》‘至理亦不外是’，会其微矣，但未直揭出耳”。实际上，“定公初年，孔子不仕。朱《注》：‘孔子之不仕，有难以语或人者。’盖以季氏逐昭立定，而定公但知立己之为德，不思逐其兄之罪，孝友安在？故孔子之答甚浑厚，而本意亦明”[③]。这是孔子有针对性地提醒鲁定公，要注意家庭伦理。另一方面，朱注有过度解释之嫌。在颜元看来，“宋家诸先生学术，既失孔门之旧，流为训诂，训诂又好插入己意，添书中所无，使圣贤书都就自己学术”[④]。这在《论语集注》中也多有体现。有的注释生拉硬扯，如《颜渊篇》“君子以文会友，以友辅仁”章下，朱注曰：“讲学以会友，则道益明；取善以辅仁，则德日进。”[⑤] 颜元指出：“古者不惟无帖括、八大家等文，并无汉宋注疏、章句、语录之文。文《诗》《书》六艺耳。《诗》《书》亦只是三物之谱，其会友时同学共习，礼陶乐淑，许多益人性情、化人邪僻处，皆辅仁事也。‘讲学’、‘明道’之注，夏虫语冬矣。”[⑥] 把原本以“诗、书、六艺”为核心的“文”“讲学”与“明道”搭挂起来，有驴唇不对马嘴之嫌。有的妄加解释，如《公冶长篇》“宁武子邦有道则知”章，朱注有“武子仕卫，当文公、成公之时。文公有道，而武子无事可见，此其知之可及也”[⑦] 句，颜元就此指出：“武子当邦有道之智，自当就立朝、议政、事君、持身上说，夫子必有所见，未可以书籍无明文而妄为测度也。朱子竟以‘无事可见’为‘智之可及’强解，可笑。”[⑧] 有的凭空增添内容，如《颜渊篇》“司马牛问

① 《颜元集》，第 223 页。
② 《四书章句集注》，第 59 页。
③ 《颜元集》，第 178 页。
④ 《颜元集》，第 211 页。
⑤ 《四书章句集注》，第 140 页。
⑥ 《颜元集》，第 213 页。
⑦ 《四书章句集注》，第 81 页。
⑧ 《颜元集》，第 186 页。

仁”章下，朱注中有“盖心常存，故事不苟，事不苟，故其言自有不得而易者，非强闭之而不出也”[1]句，颜元指出，此章没有“存心”之意，只是“在‘为之难’一句讨仁人真精神”：“盖人之尚口者，只因不‘为’耳；人之易言、躁言，只因为之不难耳。耻躬不逮则自言之不出，言顾行，行顾言。君子胡不慥慥？此难字即‘先难’难字，所谓力行近乎仁也，敏而慎也。言讱是为仁工夫，‘为之难’是讱言工夫。”因此，“《注》‘心常存，故事不苟’，是上面又添出一层，将‘终日乾乾行事也’‘反复道也’，许多著手著力、身世实做的工夫，收向虚中一点，非禅而何？”[2]增加的注释平添了许多禅味。

再次，朱注中有抵牾之处。虽然《论语集注》历经朱熹“四十余年理会”，朱子自诩“如称上称来无异，不高些，不低些”，“添一字不得，减一字不得”；[3]但在颜元看来，其中也不乏矛盾之处。如《子罕篇》“固天纵之将圣，又多能也”下，朱注把其中的“将”字释为“殆”[4]，在颜元看来，这是有问题的，“‘固’者，已然之辞。‘殆’者，未然之辞。一句中不应矛盾如此，况‘天纵之’三字已自极推无外，不应又下疑似语”。实际上，将“是将帅之将，谓乃天纵之大圣，总领群圣者也”[5]。又，《颜渊篇》“子贡问政。子曰：‘足食，足兵，民信之矣’”章，朱注中有“言仓廪实而武备修，然后教化行，而民信于我，不离叛也”[6]句，在颜元看来，如果把“民信之矣”解作“民信服于我，不离叛”，那么就会导致与白文中的“民无信不立”相冲突，使朱注“前后相左”，实际上，“‘民信之矣’是说这民要把信实教他，如富之、教之之类。‘矣’字是对上两‘足’字而归重口气，犹言为政之道食要足，兵要足，至于民，则更要信实之矣”[7]。

又者，朱注中不应改易经文。《论语》作为流传已久的儒家经典，乃“县诸

---

① 《四书章句集注》，第133页。

② 《颜元集》，第211页。

③ 黎靖德编，王星贤点校：《朱子语类》，中华书局，1986，第437页。

④ 《四书章句集注》，第110页。

⑤ 《颜元集》，第200页。

⑥ 《四书章句集注》，第134页。

⑦ 《颜元集》，第211—212页。

日月，不刊之书也”[①]，是不能更改的。但朱熹在《论语集注》中却在这方面有所动作。主要体现在：一方面，变动经文次序，如《述而篇》“与其进也，不与其退也，唯何甚！人洁己以进，与其洁也，不保其往也”章，朱注曰：“疑此章有错简。‘人洁’至‘往也’十四字，当在‘与其进也’之前。”[②]颜元不同意此说，指出：“圣人当日说话耳，朱子每以文人眼去看经书，辄敢颠倒涂改，可谓胆大自用矣。试观此节口吻，须眉在目，何劳更动？”[③]《泰伯篇》“恭而无礼则劳，慎而无礼则葸，勇而无礼则乱，直而无礼则绞。君子笃于亲，则民兴于仁；故旧不遗，则民不偷”下，朱注引吴氏曰：“君子以下，当自为一章，乃曾子之言也。”并加按语曰：“此一节与上文不相蒙，而与首篇慎终追远之意相类，吴说近是。”[④]颜元不同意此观点，指出，“圣人说话，门人记之，一时何妨三两段，一事何妨三两次”，故不能“妄合妄分”。[⑤]另一方面，改动文字，如《述而篇》“加我数年，五十以学《易》，可以无大过矣”下，朱熹先是援引他人之说认为“加”和“五十”有误：“刘聘君见元城刘忠定公自言尝读他《论》，‘加’作假，‘五十’作卒。盖加、假声相近而误读，卒与五十字相似而误分也。”接着在按语中对此予以了肯定，指出：“此章之言，《史记》作为‘假我数年，若是我于《易》则彬彬矣’。加正作假，而无五十字。盖是时，孔子年已几七十矣，五十字误无疑也。”最后又分析了原因：“学《易》，则明乎吉凶消长之理，进退存亡之道，故可以无大过。盖圣人深见《易》道之无穷，而言此以教人，使知其不可不学，而又不可以易而学也。”[⑥]然而在颜元看来，“‘五十’作卒”之说太荒诞：“‘五十学《易》’，自当主‘大衍’说，竟擊作‘卒’，妄甚。”在他看来，“学《易》自是谨于神谋，以卦取义，以爻处身，所谓‘君子时中’也。若如后世读讲而冒为学，虽百倍其功”[⑦]，亦不能使人寡过。

---

① 扬雄著，张震泽校注：《扬雄集校注》，上海古籍出版社，2024，第 244 页。

② 《四书章句集注》，第 100 页。

③ 《颜元集》，第 195 页。

④ 《四书章句集注》，第 103 页。

⑤ 《颜元集》，第 196 页。

⑥ 《四书章句集注》，第 97 页。

⑦ 《颜元集》，第 193 页。

最后，朱注中的资料来源有误。在诠释过程中，史料的正确性直接关系到释读的真实性和可信度。在颜元看来，朱注引用的资料来源有误，如《泰伯篇》“泰伯，其可谓至德也已矣！三以天下让，民无得而称焉”章，朱子《集注》中有“泰伯不从，事见《春秋传》”[①]语，颜元指出，“《注》引《春秋传》”是不对的，此乃“《传》必因《诗经》曰‘自太王，实始翦商’二语附会一段事耳”。他具体分析指出：“古公当武丁中兴之后，商道方盛，而为狄人摧残，播迁岐州，伏栖复穴，草次荒创。艰难困苦之时，而妄思翦商，不惟不仁不义，亦几病狂丧心矣。夫‘实始翦商’言太王迁岐，国始渐大，卒成王业，即所谓‘肇基王迹’是也。”因此，当时即使太王有此心，也不过是“家人父子间一空谈耳，固无翦商实事，泰伯不从个甚”。况且泰伯如果仅凭“其父悬空一言”，就真以为“商为可翦，逃之荆蛮以让商”，那泰伯岂不是成了傻子吗？实际上，“堂堂商世，百余年无恙，三四世方属周”，因此，以捕风捉影的事“称以天下让商，归以至德，又不一而已，且曰‘三以让’”。[②]难道这是说孔子神志不清、胡言乱语吗？

在对朱注批判的过程中，颜元都是抱着审慎的态度进行的，于是在注语中时常出现“恐”“似”等字样。如《公冶长篇》“夫子之文章，可得而闻也”下，朱注曰：“文章，德之见乎外者，威仪文辞皆是也。”[③]对此，颜元对指出，《注》“德之见乎外，威仪文辞”，“恐尚未确”，实际上，“文章”当是“诗、书、礼、乐等夫子常以教人者”。[④]《泰伯篇》“侗而不愿，悾悾而不信”下，朱注曰：“侗，无知貌。”“悾悾，无能貌。”[⑤]颜元指出：“侗，从同、人，言其才无过人处，犹言庸众，当训无能。悾悾，从空、心，言其心中空空，一无所见，当训无知。注似误。故梅氏《字汇》于‘侗’依朱批注‘无知’，又人未成器，言无能也。

① 《四书章句集注》，第102页。
② 《颜元集》，第195页。
③ 《四书章句集注》，第79页。
④ 《颜元集》，第185页。
⑤ 《四书章句集注》，第106—107页。

于‘悾悾’则直解‘无知’，亦不依注矣。”[①] 他认为朱注对“侗”和“悾悾”的注释是有问题的。可见，对字词的误解，可以直接导致对经义的理解和把握发生偏差。

由上可见，颜元对朱注作了全方位的批判，其中既有为后人所认可的，如《学而篇》“道千乘之国”章批评朱子引杨时所注“未及为政”和“所存而已”的说法，就得到了后学的肯定，清儒黄式三在《论语后案》中指出：“《杨注》云‘未及为政’，未可据。敬信节爱时使自有实功实效，以发所存之正。朱子《与张敬夫书》曰：‘徒言正心而不足以识事物之要，是腐儒迂阔之论，不足与论当世之务。’然则论治未有专言所存者，朱子盖节取其论所存而录之欤？”[②] 亦有不认可者，如颜元对《泰伯篇》“恭而无礼则劳，慎而无礼则葸，勇而无礼则乱，直而无礼则绞。君子笃于亲，则民兴于仁；故旧不遗，则民不偷”中“君子”以下不应独立成章的结论，则认可度不高，梁章钜的《论语旁证》、简朝亮的《论语集注补正述疏》、程树德的《论语集释》等都认为分成两章更为“惬当”[③]。

二、认同朱注

在对待经典诠释问题上，颜元倡言实事求是的态度，指出：“立论但言是非，不论异同。是，则一二人之见，不可易也；非，则虽千万人所同，不随声也。岂惟千万人，虽千百年同迷之局，我辈亦当以‘先觉觉后觉’，不必附和雷同也。”[④] 这也体现在他对《论语集注》的取舍上。

首先，直接肯定《集注》的解读。如《为政篇》“学而不思则罔，思而不学则殆”下，朱注曰：“不求诸心，故昏而无得。不习其事，故危而不安。”[⑤] 颜元

---

① 《颜元集》，第 198 页。

② 程树德：《论语集释》，中华书局，1990，第 26 页。

③ 《论语集释》，第 515—516 页。

④ 《颜元集》，第 696 页。

⑤ 《四书章句集注》，第 57 页。

认为朱子以“不习其事”解“‘学’字，何其了当！”[①]亦即非常准确到位。又，《颜渊篇》“颜渊问仁”章下，朱熹在注释中引用程子的《四箴》说：“其《视箴》曰：‘心兮本虚，应物无迹。操之有要，视为之则。蔽交于前，其中则迁。制之于外，以安其内。克己复礼，久而诚矣。’其听箴曰：‘人有秉彝，本乎天性。知诱物化，遂亡其正。卓彼先觉，知止有定。闲邪存诚，非礼勿听。’其《言箴》曰：‘人心之动，因言以宣。发禁躁妄，内斯静专。矧是枢机，兴戎出好，吉凶荣辱，惟其所召。伤易则诞，伤烦则支，己肆物忤，出悖来违。非法不道，钦哉训辞！’其《动箴》曰‘哲人知几，诚之于思；志士励行，守之于为。顺理则裕，从欲惟危；造次克念，战兢自持。习与性成，圣贤同归。’”[②]在颜元看来，“程子他处以恶字归气质之偏，《四箴》中却拈出‘蔽’‘诱’‘习’三字，精确无弊，予每爱而日三复之”[③]。对朱熹引用的注释大加赞赏，认为解释非常准确。

其次，通过比较定优劣。一是比较同一个人的注释以定优劣，如《先进篇》“子路、曾皙、冉有、公西华侍坐”章中“唯求则非邦也与”下，朱熹引用了程子的四段注释，在颜元看来，其中只有首段“最好”[④]，其语曰：“古之学者，优柔厌饫，有先后之序。如子路、冉有、公西赤言志如此，夫子许之。亦以此自是实事。后之学者好高，如人游心千里之外，然自身却只在此。”[⑤]二是比较不同人的注释来定优劣，如《雍也篇》“君子博学于文，约之以礼，亦可以弗畔矣夫”下，朱子注曰：“君子学欲其博，故于文无不考；守欲其要，故其动必以礼。”[⑥]《子罕篇》“夫子循循然善诱人，博我以文，约我以礼，欲罢不能”下，朱熹引侯仲良注曰：“博我以文，致知格物也。约我以礼，克己复礼也。”[⑦]颜元通

① 《颜元集》，第 178 页。
② 《四书章句集注》，第 132 页。
③ 《颜元集》，第 210 页。
④ 《颜元集》，第 209 页。
⑤ 《四书章句集注》，第 131 页。
⑥ 《四书章句集注》，第 91 页。
⑦ 《四书章句集注》，第 111 页。

过比较，认为“侯注‘博文’胜前朱注‘文无不考’”[①]。《八佾篇》“季氏旅于泰山”章下，朱子自注有“言神不享非礼，欲季氏知其无益而自止，又进林放以厉冉有也”句；引范祖禹注有“冉有从季氏，夫子岂不知其不可告也，然而圣人不轻绝人。尽己之心，安知冉有之不能救、季氏之不可谏也。既不能正，则美林放以明泰山之不可诬，是亦教诲之道也”[②]句。在颜元看来，前者中的“进林放以厉冉有”“非的解”，范注较之为好。[③]

最后，区别对待，是者是之，非者非之。在颜元看来，一是朱子自注中存在着正确和错误之分，如《八佾篇》“林放问礼之本”章，朱注中有“凡物之理，必先有质而后有文，则质乃礼之本也”和“礼贵得中，奢易则过于文，俭戚则不及而质，二者皆未合礼”[④]两句。颜元认为其中有是非之分，前者三句，“是俭、戚正解”；后者“说殊多事，不干此章意”[⑤]。二是朱子自注和引用他人注释中有得有失，如《先进篇》“子路使子羔为费宰”章下，朱子自注中有“夫子不斥其非，而特恶其佞也”句，引范祖禹注中有“读而知之，然后能行。何可以不读书也”[⑥]句。颜元指出，前句“最得”，而后句则是“正后人之见，失孔子之旨”[⑦]。三是朱注中引证同一个人的注释也有对有错，如《先进篇》“子路、曾皙、冉有、公西华侍坐”章，朱子引程子注曰：“古之学者，优柔厌饫，有先后之序。如子路、冉有、公西赤言志如此，夫子许之。亦以此自是实事。后之学者好高，如人游心千里之外，然自身却只在此。”颜元认为此段注释“最好”。又引程子曰：“三子皆欲得国而治之，故夫子不取。曾点，狂者也，未必能为圣人之事，而能知夫子之志。故曰浴乎沂，风乎舞雩，咏而归，言乐而得其所也。孔子之志，在于老者安之，朋友信之，少者怀之，使万物莫不遂其性。曾点知

---

① 《颜元集》，第 201 页。

② 《四书章句集注》，第 62—63 页。

③ 《颜元集》，第 179 页。

④ 《四书章句集注》，第 62 页。

⑤ 《颜元集》，第 179 页。

⑥ 《四书章句集注》，第 129 页。

⑦ 《颜元集》，第 208 页。

之，故孔子喟然叹曰：‘吾与点也。’”[①]颜元指出，“孔子梦寐中常欲得国而治之，岂有不取三子？且此时师弟团坐，‘如或知尔，何以’一问，原是商确治国。宋儒既失孔子正业，又好牵圣贤书来就己意，且亦不看此章书全从应知一问发也”[②]，认为宋儒没有找准该章解读的切入点，没有发掘出其中蕴含的为政之道。

由上可见，在颜元看来，朱注并非一无是处，有些也是值得肯定的，毕竟他曾“笃信”“受教沐泽”过程朱学派，于理学诸子“稍有得”[③]；也曾“读《四子》书”而“颇知景仰”，“因略见正心术，避名利，辟异端一二大概，将身为之而未逮”[④]。因此，他对朱注采取了一分为二的态度。

三、重新释读

颜元指出，既然“《四书》朱注有支离者”[⑤]，那么就应该深入原著之中，全面系统地细读精读，才能研有所得。他说：“始以熟读，使其言皆若出于吾之口；继以精思，使其意皆若出于吾之心。自表而达里，自流而溯源，索其精微，若别黑白，辨其节目，若数一二云云，而后为有得焉。”[⑥]这就需要“辩其音释，正其章句，玩其辞，求其意，研精覃思以究其所难，平心易气以听其所自得”[⑦]。正是在这一思想指导下，颜元在对《论语》的释读中，多有创获。

首先，重新释音。所谓释音，是为了克服阅读障碍，而对经文字词中的难字进行的标注读音的做法。在《论语正误》中，颜元对《集注》中的注音，一方面予以重新标注，如《乡党篇》“衣前后，襜如也”下，朱注曰：“襜，亦占

---

① 《四书章句集注》，第131页。
② 《颜元集》，第209页。
③ 《颜元集》，第497页。
④ 《颜元集》，第431页。
⑤ 《颜元集》，第723页。
⑥ 《颜元集》，第77页。
⑦ 《颜元集》，第74页。

反。"[①]而颜元则注曰："襜，蚩占切，谄平声。又昌艳切，去声。"[②]不仅注音，而且注声。又，《雍也篇》"季氏使闵子骞为费宰"下，朱注曰："费，音秘。""费，季氏邑。"[③]实际上，这一注音是错的，颜元指出："今山东有费县，音废。朱子南人，不知而音秘，天下从之，误矣。"[④]另一方面对《集注》没有标注的注音予以补充标注，如《学而篇》"曾子曰吾日三省吾身"章，朱注曰："曾子，孔子弟子，名参，字子舆。"[⑤]颜元补注曰，"曾子，字子舆，取参乘、参前之义。参，当读仓含切，音骖。举世读作参昂之参，为疏簪切，音森。误矣。梅诞生《字汇》已正，不可不知"[⑥]，不仅补充了"子舆"的来源，而且纠正了"参"字的正确读音。

其次，重释字词。对《论语集注》中解释不到位的字词，颜元予以了重新解读。如《卫灵公篇》"知及之"章有十一个"之"字，朱子在解释时一则释之以"理"，一则释之以"民"。[⑦]这在颜元看来是不合适的，"焉得解前'之'指理、后'之'指民"？实际上，这是孔子"论服民定国之全功也。'知及之'，谓聪明知略足以得民，如秦皇、新莽顺成是也。'仁守'，如汉高、唐太是也。'莅位'，如汉文帝是也。然不定服色、立制度，终未善也"[⑧]。如此一来，本章的内容就带有了实学的意味。又，《宪问篇》"作者七人矣"下，朱子引李氏曰："作，起也。言起而隐去者，今七人矣。不可知其谁何。必求其人以实之，则凿矣。"[⑨]在颜元看来，"作，起也，而谓之隐，将仕者谓之伏乎？恐'作'字无'隐去'之解"，故"训创起、始立、著撰等意为妥"。意为"创作者已七人矣，

① 《四书章句集注》，第117页。
② 《颜元集》，第202页。
③ 《四书章句集注》，第86页。
④ 《颜元集》，第188页。
⑤ 《四书章句集注》，第48页。
⑥ 《颜元集》，第175页。
⑦ 《四书章句集注》，第167页。
⑧ 《颜元集》，第223页。
⑨ 《四书章句集注》，第158页。

何必更作，只传述古人所有而习行之，足矣”[①]。通过重新解读，把“习行”的思想掺入了其中。

最后，重新释义。这是颜元注释《论语》的最大特色。亲历积贫积弱和亡国之痛的颜元，深切体察到理学与心学积弊之害，故而力倡习行、经济、致用之学，以纠正宋明学术之虚理、浮文和空言，展现出了儒者胸怀天下的社会责任感与担当意识。他曾经向弟子讲述自己习读《论语》的心路历程：“生世六十余矣，读《论语》分三截：前二十年见得句句是文字，中二十年见得句句是习行，末二十年见得句句是经济。”后四十年从中悟出了经世致用之道。在他看来，在现实生活中，如果按照《论语》所说的正确方法去做，就能国泰民安，“汉高只行得‘惠则足以使人’一句，便定四百年统业，看韩淮阴那等大豪杰，所感激的只在‘解衣、推食’”，“假使汉高能行四、五句，便是三王”。倘若有违孔子之言，就会导致身败名裂，“楚霸王只犯了‘出纳之吝’一句，便杀身败业”[②]。其中，“惠则足以使人”出自《阳货篇》，“出纳之吝”出自《尧曰篇》。有鉴于此，颜元非常重视从《论语》中发掘经世致用之学。主要体现在两个方面：一方面，在颜元看来，欲实现儒者经世济民的抱负，需要以“习行”为手段。在他看来，只有“天下人尽习行”，才能“道之明于天下”；倘若“全不习行”，那么就会“道之晦于天下”[③]。这在《论语》诠释中有所体现。如《泰伯篇》“民可使由之，不可使知之”章，颜元将其视为“千圣百王持世成法”，“守之则易简而有功，失之徒繁难而寡效”[④]。即使“周公、孔子，亦只能使人行，不能使人有所见；功候未到，即强使有所见，亦无用也”。时间节点未到，就普通人而言，为学之不必知之，知之不必能之，这也符合《孟子》所言“行之而不著焉，习矣而不察焉，终身由之而不知其道者，众也”的说法。“此固叹知道之少”，但“正于此服周公、孔子流泽之远也”。他们以夏、商、周三礼以教人，“使天下世世守之。后世有贤如孟子者得由行习而著察，即愚不肖者亦相与行习于吾

① 《颜元集》，第 219 页。

② 《颜元集》，第 229 页。

③ 《颜元集》，第 199 页。

④ 《颜元集》，第 39 页。

道之中，正《中庸》所谓‘行而世为天下法’，历八百年而犹在，几百余年而未衰，此周公、孔子之下梢头原如是其低也，而其上梢头亦未尝高”[①]。在他看来，“圣人学、教、治，皆一致也”，“故罕言命，自处也；性道不可得闻，教人也；立法鲁民歌怨，为治也。他如‘予欲无言’‘无行不与’‘莫我知’诸章，何莫非此意哉！当时及门皆望孔子以言，孔子惟率之以下学而上达，非吝也，学、教之成法固如是也”。[②] 这就是说，诸如儒学中的“一贯”之秘、性与天道等只可供少数人秘受而研习，“性命之理不可讲也，虽讲，人亦不能听也，虽听，人亦不能醒也，虽醒，人亦不能行也。所可得而共讲之，共醒之，共行之者，性命之作用，如《诗》、《书》、六艺而已。即《诗》、《书》、六艺，亦非徒列坐讲听，要惟一讲即教习，习至难处来问，方再与讲。讲之功有限，习之功无已”。孔子就是这样做的，他遵循“能理会者渠自理会，不能者虽讲亦无益”的原则，“惟与其弟子今日习礼，明日习射。间有可与言性命者，亦因其自悟已深，方与言。盖性命，非可言传也。不特不讲而已也；虽有问，如子路问鬼神、生死，南宫适问禹、稷、羿、奡者，皆不与答”。[③] 如此一来，不仅把人和学问进行了等级划分，而且强调了“教习”的重要性，要求针对学生自己在习行中遇到的问题予以讲解，但不可多讲，使学生重在习行中自己领悟实学的重要性。另一方面，积极倡言做有用、实用之事。在颜元看来，“孔、孟以前，天地所生以主此气机者，率皆实文、实行、实体、实用，卒为天地造实绩，而民以安，物以阜”[④]，因此，世人也应努力做到“事父事君，无事不达”，“莅政出使，何施不可”[⑤]，以期为国计民生贡献智慧和力量。这在对《论语》的诠释中也有体现。《雍也篇》“夫仁者，己欲立而立人，己欲达而达人”下，朱注曰：“以己及人，仁者之心也。于此观之，可以见天理之周流而无间矣。状仁之体，莫切于此。”[⑥] 朱子只

① 《颜元集》，第 61 页。
② 《颜元集》，第 39 页。
③ 《颜元集》，第 41 页。
④ 《颜元集》，第 47 页。
⑤ 《颜元集》，第 214 页。
⑥ 《四书章句集注》，第 92 页。

是强调了推己及人。但在颜元看来，“己欲立而立人”中的“立”字，与“可与立”“立于礼”“患所以立”中的“立”字意思是一样的，“凡在下而立心、立身、立家、立业，在上而立政、立功、立位、立社稷、立国邑，皆是。我欲成立，谁不想成立？便推欲立之心去立人”。“己欲达而达人”中的“达”字与“在家必达”“在邦必达”“赐也达”等相同，“我欲通达，谁不想通达？便推欲达之心去达人”。于是乎“这一欲字，把千古帝王、百代圣贤、愚夫愚妇心事都通同无隔。这立、达二字，把帝典王道千百事功、千百政务、圣人一贯、成己成物千百作用都统括无遗”。[①] 有立人、达人这一想法，便可建立外王之功。两相比较，颜元的解读无疑增加了实学的色彩。

可见，通过对注音、字词和经义的重新解读，颜元旨在“复周孔正学”[②]，接续“尧、舜以来所传正路”[③]，号召儒生摈弃“静坐、读书，居不习兵、农、礼、乐之业，出不建富民、教民之功”的做法，努力做到“但一坐便商确兵、农、礼、乐，但一行便商确富民、教民，所谓‘行走坐卧，不忘苍生’”。[④]

结　语

颜元身处明清交替之际，切身体会到了学术误国的危害。他试图通过对《论语》等儒家经典的重新解读以进行学术纠偏，这无论是在学术上还是思想上都产生了一定的影响。

一方面，颜元指出，空谈心性，不但造成了圣道“亡于注疏章句立宗传讲学之儒生”[⑤]，而且造成了“上不见一扶危济难之功，下不见一可相可将之才”[⑥]。于是他自觉地承担起了正学术、正人心的责任，不仅通过对《论语集注》的反

---

① 《颜元集》，第 190—191 页。

② 李塨：《恕谷后集》，《颜李学派文库》，河北教育出版社，2009，第 781 页。

③ 《恕谷后集》，《颜李学派文库》，第 842 页。

④ 《颜元集》，第 214 页。

⑤ 《颜元集》，第 495 页。

⑥ 《颜元集》，第 67—68 页。

思，对朱注予以全方位的批判；而且通过对经文的重新解读，既剔除掉《集注》及程朱理学中的“不切实用”的东西，又对《论语》的“经世意涵作出了切用于世的解释”，揭示了其“解释的经世面向和实践维度”[①]，“开二千年不能开之口，下二千年不敢下之笔”[②]，从而打破了朱子《集注》的一统地位，昌明了习行之学，反映了清初历史语境下经典诠释的独特风采。

另一方面，在对《论语》予以解释过程中，颜元又对朱注中他认为合理的东西予以吸收，而并非一味地加以排斥；与此同时，他也没有倒向与之相对的陆王心学，在其看来，“息朱学而独行王学”与“息王学而朱学独行”[③]一样，都是不合适的。于是他回归经典并对《论语》等予以重新解读，既突破了“传统儒学既定的体系框架”，又从中掘发出一个“异质的、新的思想理路”和“价值系统”[④]，由此开创了一个新的学派——颜李学派。这种做法无疑对当代传统经典诠释走出传统，实现在继承中发展、在发展中继承，以及创造性转化和创新性发展提供了镜鉴。

---

① 李伟波：《经世向度下的原典回归——以颜元的四书解释为中心》，《中州学刊》2011年第6期。

② 钱穆：《中国近三百年学术史》，商务印书馆，1997，第198页。

③ 《颜元集》，第494页。

④ 王国良：《明清时期儒学核心价值的转换》，安徽大学出版社，2002，第2页。

The Sublation and Transcendence about the *Collected Annotations on The Analects of Confucius* in Yan Yuan' s *The Correction of The Analects of Confucius*

Tang Minggui

Abstract: Yan Yuan, who lived through Ming Dynasty and Qing Dynasty, realized the harm of Zhu Xi' s Theory which jeopardize the country. Therefore, he consciously shouldered the responsibility of correcting academic atmosphere and rectified people' s mind, not only through reflecting on the *Annotations of The Analects of Confucius*, but also criticized Zhu Xi' s annotations in all aspects; Moreover, through the re-interpretation of the scriptures, the novel ideas were dug out, which broke the monopoly of Zhuzi' s *Annotations on The Analects*, and improved the study of practice, showing a unique style in the interpretation of classics during the early Qing Dynasty.

Key words: Yan Yuan; *The Analects of Confucius*; Sublation; Transcendence

反对与纳甲：朱子语录与淳祐年间的巴地朱子易学

孙逸超 *

【摘　要】巴地朱子易学成熟于朱子亲传弟子去世后的淳祐年间。税与权用朱子提到的“八卦反对说”解释文王卦序结构，用朱子曾经提到而未明示的“卦画”解释先天后天方位图。阳枋则进一步将反对不变之卦拓宽到了对先天方位图结构的解释，并且强调坎离与乾坤的不同，又阐发了朱子晚年的上下经爻数、策数说。阳枋在与宋寿卿的讨论中将朱子《周易参同契考异》中的纳甲资源与《易学启蒙》、朱子的语录联系起来。阳枋等人所讨论的多是蹇渊语录，其所录往往可以得到其他同门的印证，并没有曲解朱子的思想。巴地易学在琢磨辨析朱子著作和语录的基础上，协调了包含卦象、爻策、数术的更为庞大的朱子图书易学体系。

【关键词】阳枋；税与权；巴地；语录；朱子图书易学

在南宋朱子易学传承的诸条脉络中，以合州、恭州、涪州为中心的巴地易学（主要位于今重庆市）是图书易学发展的重镇。他们的渊源于合州度正、涪州䜣渊，二人都曾亲炙朱子，并且以易学见长。到了朱子的再传弟子阳枋、税

---

* 【作者简介】孙逸超，上海师范大学哲学系副教授、哲学博士，研究方向为宋代儒学史。

【基金项目】国家社会科学基金青年项目“南宋朱子语录的编纂与朱子后学的话语建构和思想展开”（23CZX026）。

与权等人时，对《启蒙》的理解产生了更多分歧和争论。目前对于阳枋、税与权等人的图书易学已经有了初步的整理和研究，特别关注《易学启蒙》中的图书易学问题。[①]但以阳枋、税与权为中心的巴地易学如何辨析和整合朱子留下的《语录》以及《易学启蒙》《周易参同契考异》等著作，尚缺乏深入探讨。

本文尝试关注三个问题：一是他们对朱子语录的利用和辨析，二是巴地朱子后学对反对、纳甲这两个朱子图书易学研究中不被重视的议题的辨析与整合，三是《周易参同契考异》在朱子图书易学体系中的位置。由此考察淳祐年间在朱子学定于一尊的背景下，巴地朱子易学传承者们对朱子图书易学著作和《语录》材料的辨析与整合，展现朱子图书易学体系展开的可能性，呈现朱子图书易学发展中的一个独特脉络。

一、理宗朝巴地图书易学与淳祐年间的争论

嘉熙以后蜀中大部分地区都已遭蒙古破坏，南宋道学的发展集中在今天的重庆市周边。巴地朱子易学传承始于度正与㬊渊，特别是度正，在南宋对朱子学和道学的传承和宣扬起到了重要作用。度正出生于合州巴川县，[②]阳枋亦是巴川县人，其父景春与度正有旧，嘉泰二年（1202）度正进士及第后，阳景春命阳枋从学度正。绍定元年（1228），度正赴朝，将阳氏介绍给㬊渊。[③]税与权

---

① 金生杨：《宋代巴蜀易学研究》，四川大学博士论文，2007，第404—407、446—460页。金生杨：《论南宋合州阳氏易学》，《周易研究》2011年第3期，第35—40页。任晋伟：《南宋合州阳枋生平及其思想探究》，重庆师范大学硕士论文，2015。南钰茹：《税与权〈易学启蒙小传〉思想研究》，曲阜师范大学硕士论文，2022。

② 何忠盛：《南宋学者度正生平著述考辨》，《古籍整理研究学刊》2013年第2期，第90页。

③ 阳枋：《字溪集》卷十二，《景印文渊阁四库全书》第1183册，台湾商务印书馆，1986，第430—432页。

是恭州巴县人，而非合州巴川县人。[①] 税与权自称巴郡人，这是用古称，秦汉巴郡就是宋代的恭州，光宗即位后恭州升重庆府，与合州相邻。自嘉定十五年（1222）至绍定年间，税与权一直从学魏了翁。[②] 绍定年间，阳枋结束了问学朱子亲传弟子度正、夏渊的主要阶段。端平更化，魏了翁、真德秀等负有盛名的道学家入朝，税与权、阳枋等人都跟随前往，接触东南的道学家们。此后诸大师相继凋零，朱子学的传承在淳祐年间进入了再传弟子各自形成地域群体、细化朱子学术的阶段。巴地易学也在淳祐年间开启了深入的讲学和争论，对朱子易学遗留的诸多问题进行进一步探讨和辨析。

淳祐元年（1241），蒙古兵再次入蜀，同年余玠镇蜀，阳枋避地泸南。淳祐四年（1244），阳枋受到余玠赏识，分教广安军。淳祐八年（1248），税与权序定《易学启蒙小传》。[③] 淳祐八年至九年，阳枋自湖北返蜀，可能在此时与史绳祖相遇，"某比到此时，获见学斋，惜其登舟临别，不及细叩所得"。[④] 此时阳枋已见税与权《小传》，并认为税、史二人同出魏了翁而所论不同。[⑤] 此书在阳枋等合州易学群体中引起很大反响。淳祐九年（1249），赵汝廪刊《易学启蒙》于涪州，阳枋为其作跋。[⑥] "《启蒙》乃性善先生所刊，亲为之跋，未曾说九为《河图》"[⑦] 正是针对税与权、史绳祖等人的异说，有正本清源之意。淳祐十年（1250），阳

---

① 道光《重庆府志》卷八，《中国地方志集成》，《四川府县志辑》第5册，巴蜀书社，1992，第301页。民国《巴县志》卷十上辨明税与权籍贯甚详，《中国地方志集成》，《四川府县志辑》第6册，第339页。

② 税与权：《鹤山师友雅言序》，杨慎编，刘琳、王晓波点校：《全蜀艺文志》卷三十一，中华书局，2003，第824—825页。

③ 税与权：《易学启蒙小传》，《景印文渊阁四库全书》第19册，第3页。

④ 《字溪集》卷十二，第434页。淳祐六年（1246）又受荐于四川制置使余玠、潼川路转运使判官史绳祖。此后史绳祖改安抚使参议官，又召赴行在，未至，除四川京湖宣抚大使幕职官，召入为吏部郎中。史孝祥：《史绳祖墓志》，《衢州墓志碑刻集录》，浙江人民美术出版社，2006，第49页。毛慧：《南宋眉山史绳祖仕宦履绩考释》，《蜀学》第20辑，2022，第244—245页。

⑤ 《字溪集》卷五，第313页。

⑥ 《字溪集》卷八，第366页。

⑦ 《字溪集》卷五，第313页。

枋又类编《朱文公易问答要语》，并且与其门人宋寿卿、侄阳昂、黄循斋应凤等人讨论易学，则关涉律吕纳甲以及易图，[①]其中的不少问题与《易学启蒙小传》相关。淳祐十一年（1251），李震午邀请阳枋任涪州北岩书院堂长，因其为程颐当年贬谪传易之地，又是其师夑渊的乡邦，于是在此讲学，并且在此祀程颐、尹焞、夑渊等人。当时赵震揆之子赵子寅为涪州幕职官，从阳枋问学。[②]次年阳枋新集《文公易说精要》，题为《文公进学善言》，与两年前的文公易问答相为表里，通过对朱子论易语录的编辑彰显自身的正统性。宝祐元年（1253），阳枋与税与权论《启蒙小传》，[③]体现出二人对于《易学启蒙》理解的分歧。

二、朱子的八卦反对与税与权的卦图、卦序

八卦卦象构成的反对关系源自邵雍，朱子曾对夑渊说起：

> 卦有反，有对，乾坤坎离是反，艮兑震巽是对。乾坤坎离，倒转也只是四卦。艮兑震巽，倒转则为中孚、颐、小过、大过。其余皆是对卦。[④]

八卦中乾坤坎离四卦反对不变，艮兑震巽共享两个卦象，所以八卦只有六个卦象。六十四卦中反对不变的卦有八个，除了四正卦外尚有中孚、颐、小过、大过，他们又是由艮兑震巽叠加而来。朱子还认为这四个反对不变之卦也可以从坎离变来，“中孚是个双夹底离，小过是个双夹底坎。大过是个厚画底坎，颐是个厚画底离”[⑤]。

---

① 《字溪集》卷十二，第435页。

② 《字溪集》卷十二，第451页。

③ 《字溪集》卷十二，第435页。

④ 李道传编，徐时仪、潘牧天整理：《晦庵先生朱文公语录》卷二十八，上海古籍出版社，2016，第739页。

⑤ 黄士毅编，徐时仪、杨艳汇校：《朱子语类汇校》卷六十七，上海古籍出版社，2014，第1727页。

基于这种反对关系，朱子认为上下经的卦序排列也与八卦有关，“大率上经用乾坤坎离为始终，下经便当用艮兑巽震为始终”[①]。此外，朱子在世时其弟子已经由此注意到上下经皆为十八卦象的现象，试图以此解释上下经卦数不同的问题：

> 《易》上经始乾坤而终坎离，下经始艮兑震巽而终坎离。杨至之云：“上经反对凡十八卦，下经反对亦十八卦。”[②]

这段话为李方子所录，见于池录，税与权理应已经看到，他由此得到启发进行系统发挥也未可知。可见朱子在生前就已重视用反对卦象，不过朱子这方面的思想在他的《易学启蒙》中表达较少，更没有融入他的图书体系，所以不太受到重视。但税与权对此大做文章，用以解释后天卦序，并且自诩为对《易学启蒙》的重要补充。

税与权对先天后天的卦象来源和结构有着较为系统的建构，他认为先天方位图和后天方位图是从《河图》《洛书》卦画数量得来，而后天卦序则是通过反对卦象得来。他说：

> 大抵伏羲则《河图》九位而定乾坤奇偶之画，肇经卦而重为六十四。文王则《洛书》之九畴，亦本乾坤奇偶之九画，总重卦而约为三十六。先天卦以对待观图，虽列左右而画皆十有八。后天卦以反复观经，虽分上下而卦皆十有八。[③]

税与权的这段总结非常明确地说明了先天与后天原理的差异，前者以对待看“卦画”，后者以反复看“卦象”。但他这里的先天原理实则也用在后天方位图上，而他所说的后天卦则是特指后天卦序。先天六十四卦圆图中任意直径两

① 《晦庵先生朱文公语录》卷二十八，第738页。

② 黎靖德编，王星贤点校：《朱子语类》卷六十七，中华书局，1986，第1667页。

③ 《易学启蒙小传》，第10页。

端相对两卦的数量都是十八。具体到八卦圆图来说，先天图来自《河图》，后天图来自《洛书》，二者构成体用关系。

税与权认为先天图对角线上两卦卦画之和都是九画，而“九”之数则是来自《河图》。伏羲看到《河图》四象之初，“订乾坤奇偶之九画以作先天之易卦。故经卦分左右而为画者皆自九始，今见于邵子先天初经图，谓乾坤纵而六子横者是也”[①]。税与权以“九”为究竟之数，《河图》《洛书》都是虚五与十，所以伏羲看到《河图》“九”数，就依之画出九画，三画为乾，六画为坤，居于南北纵向定位。对角线上的两卦兑艮共九画，坎离、震巽也都是共得九画。所以税与权说“乾坤两卦上下相对为九，余六子左右相对为九”[②]。也是用卦画来解释“乾坤纵而六子横”。与此相应，文王根据《洛书》的九数画出《后天图》，这个图的特点是“震兑横而六卦纵”，这也是从卦画数量的角度观察的，“震兑两卦左右相对为九，余六卦皆上下对易为九”[③]。震兑两卦画数合而为九，剩下的六卦上下正相对而不是对角线合而为九，艮巽、坎离、乾坤三对卦画数量皆为九。这样伏羲仿《河图》画《先天图》为易之体，文王仿《洛书》画《后天图》为易之用，二者构成了匹配的系统。

税与权以相对卦画的方式理解先天和后天方位图的结构，又以反对卦象的方式理解文王卦序。“乾坤坎离四卦反复视之，一卦各成一卦。震巽两卦反复视之，一卦互成两卦。虽曰八卦，其实止六卦。”八卦中乾坤坎离四卦倒过来还是本卦，震巽两卦倒过来就是艮兑，因此后四卦只有两个卦象。这是邵雍、朱子都注意到的卦象特点。卦序排列上下经分别为三十卦和三十四卦，数量不等。税与权认为上下经都是十八个卦象：“后天卦上下经皆有十有八，文王总重卦六十四为三十六，反复互观之也。”[④]反对之卦分享同一卦象，去掉反对为本身的八个卦，上下经恰好都是十八个卦象。而不变的八个卦中，除了四正卦之外，

---

① 《易学启蒙小传》，第4页。

② 《易学启蒙小传》，第5页。

③ 《易学启蒙小传》，第6页。

④ 《易学启蒙小传》，第8页。

颐大过位于上经，中孚小过位于下经，他们都是由震艮巽兑四偏卦叠加而来。[①]

三、反对与爻策：阳枋对朱子语录的使用

税与权用卦画解释先天和后天方位图，阳枋则更进一步，用八卦反对关系赋予了先天方位图和后天方位图以新的内涵。阳枋曾指导自己的侄子阳昂："不知《启蒙》等书已看得熟未？……更看伏羲一见《河图》如何便着乾坤坎离居四正，兑震艮巽补四隅？"[②]那么伏羲是如何通过《河图》画出《先天图》的呢？在与门人宋寿卿的讨论中，阳枋从反对的角度理解《先天图》的方位。他认为《先天图》四正之所以是乾坤坎离，乃是由于"翻来倒去一卦只是一卦，变易不得，故曰四正"。这四卦是轴对称的，卦象上下颠倒翻转后还是原来的卦象，保持不变，所以居于四正。而剩下的四卦震巽艮兑，"其震倒便是艮，巽倒便是兑。所以大过、中孚、颐、小过便是两卦翻转作的，便与乾坤坎离不同"[③]。震与艮是同一个卦象的颠倒，巽兑也分享一个卦象，颠倒后为另一卦，所以居于四隅。阳枋用卦象反对后的变与不变来区分《先天图》中四正与四隅的位置。

乾坤坎离四个卦象虽然都是反对不变，但乾坤与坎离仍有不同，阳枋作了进一步的区分：

> 中孚是厚画的离，颐是大的离。小过是厚画的坎，大过是大的坎。则四卦又是坎离之变。乾坤变不得，所以为大父母。到这里，坎离便不是乾坤矣。[④]

坎离的每一爻复制成相同的两爻，就是厚画的坎离，也就是中孚、小过。

---

① 《易学启蒙小传》，第 12 页。
② 《字溪集》卷四，第 309 页。
③ 《字溪集》卷四，第 303 页。
④ 《字溪集》卷四，第 303 页。

三画卦中间的阳爻和阴爻分别变成六画卦中间的四个阳爻和阴爻，也就是颐和大过。这四卦还有两个特点，一是和乾坤坎离一样反对不变，构成了六十四卦中反对不变的八个卦。二是可以由震艮巽兑四卦叠加而来。“兑震巽艮凡两卦倒转成一卦，如颐大过中孚小过。”

坎离变出颐大过中孚小过的说法，阳枋也是有依据的，“文公以为皆是坎离之变，颐是大的离，中孚是厚画的离，小过是厚画的坎，大过是大的坎，则坎离未尝不变”[①]。阳枋所说的文公之语来自林学蒙的记录：“六十四卦，自此八卦外，只二十八卦番转为五十六卦。就此八卦中又只是四正卦，乾坤坎离是也。中孚又是大底离，小过又是大底坎。是双夹底坎。大过是厚画底坎，颐是个大画底离。”[②]朱子主要是反对不变的中孚、小过、大过、颐这四个卦可以由同为不变卦的坎离变来。阳枋将这一特点与《先天图》相联系，用以说明四正卦中乾坤与坎离的地位不同，他们的居位也因而有异。

由此，坎离在阳枋的图书体系中有了与乾坤不同的地位，因此，阳枋晚年在区分乾坤、坎离的变与不变之外，又大大提高了坎离两卦的地位，并且与乾坤相比较，解释文王八卦图中坎离居于南北的意义。晚年阳枋对于未济卦有着特别的见解：

> 上经之坎离乃全体之坎离而坎在离上，下经未济之坎离乃分析之坎离而离在坎上。夫坎离交则天地生物之功由是而成，坎离不交则天地闭物之功于此而息。[③]

阳枋认为《周易》卦序的安排中，坎离具有独特的地位，上经的最后两卦是坎离各自的重卦，所以是完整的“全体”，水在火上，水润下而火炎上，因此坎离二卦得以相交，天地万物由此而生长。下经的最后两卦既济、未济分别由坎离两卦交互叠加而成，所以是“分析”的坎离。最后一个未济卦上

① 《字溪集》卷五，第317页。
② 《朱子语类汇校》卷六十七，第1727页。
③ 《字溪集》卷十二，第469页。

为离卦、下为坎卦，火炎上水润下，二者不得相交，万物失去了交通生长的动力。

朱子还将六十四卦排列规律与爻数、策数联系起来。朱子曾对李方子说："林黄中算上下经阴阳爻适相等。某算来诚然。"[①] 这就是说上下经的阴阳爻数相等，这是朱子晚年受到林栗的启发。

庆元年间，朱子又注意到策数的问题，对于《周易参同契》"推得策数一法"，"其与爻数之法，虽皆魏君所不言，然此为粗有理也"。朱子得到这一新见之后"欲与季通讲之，未及写寄，而季通死矣"[②]。其所说的"策数之法"实际上是用老少阴阳的策数推排卦气和月体纳甲，以此作为修炼的日程和工夫依据。[③] 庆元元年（1195）朱子才开始着手《周易参同契考异》的写作，三年（1197）七月《周易参同契考异》修订成，由蔡渊刊刻于建阳。[④] 庆元四年（1198）八月蔡元定病逝，此时朱子刚写定《参同契说》。[⑤]

这些都反映出朱子晚年对《先天图》的理解向卦画、策数等方面发展的倾向和可能。朱子对策数的重视也许是阳枋用策数解叁伍以变的原因之一。阳枋的《周易先天叁伍错综数》虽然有自己的创见，但也是在十二消息卦爻行策数的基础上展开的，同样将十二消息卦和八卦的阴阳诸爻分为老少阴阳之策数。[⑥] 此外，阳枋又从爻数、策数的角度对上下经各有十八卦象的现象加以申发，"却更令看上经当十八卦，下经当十八卦，阴阳爻策数皆等，亦足见易之自然也"[⑦]。这显然是承袭了朱子和林栗的爻数、策数之说。

---

① 《朱子语类》卷六十七，第 1667 页。

② 朱熹：《周易参同契考异》，朱杰人等编：《朱子全书（修订本）》第 13 册，上海古籍出版社、安徽教育出版社，2010，第 566—567 页。

③ 《朱文公文集》卷六十七，《朱子全书（修订本）》第 23 册，第 3286—3287 页。黄瑞节将此附于《周易参同契考异》之后，却删去了十二消息卦爻数策数的排列表。

④ 束景南：《朱熹年谱长编》，华东师范大学出版社，2001，第 1294—1297 页。

⑤ 《朱文公文集》卷六十七，第 3287 页。

⑥ 《字溪集》卷七，第 350—352 页。

⑦ 《字溪集》卷四，第 303 页。

四、纳甲与消息：基于朱子语录的辨析与编辑

朱子在生前就对《火珠林》和纳甲法十分重视。第一，他认为《火珠林》可以印证他的《易》本卜筮之书之说。[①]第二，他认为《火珠林》中的纳甲之法确实可以用来占算，"又如《火珠林》，若占一屯卦则初九是庚子，六二是庚寅，六三是庚辰，六四是戊午，九五是戊申，上六是戊戌"[②]。而且春秋时代可能就有使用，鲁可几问卜筮与《火珠林》之类是否有所不同，朱子回答："以某观之，恐亦自有这法。如《左传》所载，则支干纳音配合之意似亦不废。如云'得屯之比'，既不用屯之辞，亦不用比之辞，却自别推一法，恐亦不废这理也"[③]。《火珠林》则是汉代以后根据这种纳甲之法所编著的，"《火珠林》犹是汉人遗法。"[④]《火珠林》中纳甲配卦爻之法也在《周易参同契》中体现出来。第三，朱子进一步认为《先天图》与月体纳甲的八卦排列相应，也就是与《周易参同契》相合。[⑤]这也是朱子晚年潜心于《周易参同契》的重要原因。

淳祐十年，宋寿卿提出"乾上三画属坤，坤上三画属乾，为隐然之否泰。于此十二月建律吕相生中得之"[⑥]。实际上，宋寿卿所关注的乾上属坤、坤上属乾的问题有着其纳甲的背景。其核心的争论在于坤卦纳支的方式。纳甲法中乾卦六爻依次是甲子、甲寅、甲辰、壬午、壬申、壬戌，按照奇数位地支的顺序依次排列，但坤卦六爻则有分歧。乾坤纳甲壬、乙癸固然是朱子在《周易参同契考异》中反复使用的，如用当时流行的《火珠林》所配，坤卦六爻地支依次是未、己、卯、丑、亥、酉，这也是《周易参同契考异》中朱子的看法。[⑦]不过

---

① 《晦庵先生朱文公语录》卷二十七，第 474 页。

② 《朱子语类》卷六十五，第 1616 页。

③ 《朱子语类》卷六十六，第 1634 页。

④ 《朱子语类》卷六十六，第 1638 页。

⑤ 《朱子语类》卷六十五，第 1618 页。

⑥ 《字溪集》卷四，第 305 页。

⑦ 《周易参同契考异》，第 550 页。

地支之序是逆序，与乾卦不同，阳枋认为这是由于天左旋、地右旋，[①] 这也是传统纳甲的看法。但宋寿卿对此表示怀疑，他认为应该采用律吕相生法，"寿卿云：坤初六当未，六二当酉，六三亥，六四丑，六五卯，上六巳。""他以十二月建律吕相生推之，亦自好。却要不用《火珠林》配纳甲法，以为差误。"[②] 律吕相生之法就是将乾坤两卦并列，依照五度相生律之法，地支隔八相生。乾初爻为子，坤初爻就顺数八个为未；又从未顺数八至寅，为乾二爻地支；从寅数八为酉，为坤二爻纳支；以此类推。如此一来坤卦六爻纳支也都是顺序，得丑卯巳，与《火珠林》所得不同。所以他认为《火珠林》纳甲法有误。

宋寿卿为什么非要采用律吕相生之法呢？这是为了"见丑卯巳属乾，是隐然之否卦"，[③] 这样才能使得坤卦上三爻的地支和乾卦下三爻一样，都位于地支前六位，乾为子、寅、辰，坤为丑、卯、巳，坤卦上三爻就好像是坤中之乾，隐然否卦之象。只有按照律吕相生之法才能得到乾上三画属坤、坤上三画属乾的乾坤互含的卦象。阳枋认为宋氏的说法过于偏狭，律吕相生固然"亦是一议"，但不应由此放弃《火珠林》的纳甲之法，况且后者得到了朱子的认可。

宋寿卿的说法在朱子那里并非没有依据，除了《周易参同契考异》中的纳甲法之外，在燮渊的记录中曾有"乾后之三画是阴，坤后之三画是阳"一条，可以说就是宋说的直接依据。阳枋为此寻求朱子其他论述进行印证，他找到了《易学启蒙》中的一段话：

> 然文公《启蒙》言成数中之七九为阴中阳，似与寿卿言乾卦上为坤合。至生数中二四为阳中阴，却与寿卿所言坤卦上为乾异。[④]

《易学启蒙》的原话是"其数与位皆三同而二异，盖阳不可易而阴可易，

---

① 《字溪集》卷四，第 305 页。

② 《字溪集》卷四，第 303 页。

③ 《字溪集》卷四，第 303—304 页。

④ 《字溪集》卷四，第 305 页。

成数虽阳固亦生之阴也”[①]，《河图》《洛书》生数中一三五这三个数的位置相同，成数中六八的位置相同。《河图》的二七在南，《洛书》的二七在西，《河图》的四九在西，而《洛书》的四九在南，生数中的二四、成数中的七九两个数位置不同。[②]如果把奇数看成乾卦，其中的三个生数看成下卦，两个成数七九看成上卦，生数是阳，成数是阴，可以变易的七九虽是奇数，却是成数，所以是阳中阴。而且相当于乾卦的上三画，与宋寿卿所说的“乾上三画属坤”相合。如果把偶数看成坤卦，二四虽为偶数为阴，但又是生数为阴中阳。但这与宋氏所说略有差别，因为二四相当于坤卦的下卦，这样一来应该表述为“坤下三画属乾”而非“坤上三画属乾”，所以阳枋说与寿卿所言有异。

但宋寿卿所说实有依据，那就是夔渊所录朱子语“乾后三画是阴，坤后三画是阳”[③]，与宋说完全一致，因此也引起了阳枋的疑虑：

> 后来文公与夔先生言：杨宗范说元亨属阳，利贞属阴，说得不是。乾之利贞是阳中阴，坤之元亨是阴中阳。乾后之三画是阴，坤后之三画是阳。此却更当消详也。[④]

这段话的版本有较大问题，夔渊的原始记录完整地保留在嘉定八年李道传所编刻的《朱文公语录》中。其中杨宗范所说直至“坤之元亨是阴中阳”在原本中是独立一段，“乾后之三画”云云又是另一段。[⑤]可是在徽类就已经将两段合为一段，但文字尚与池刻相同。[⑥]黎靖德所编《朱子语类》一仍徽类，不仅如此，还将“坤后之三画是阳”改作“坤前之三画是阳”[⑦]。那么这两个版本哪

① 朱熹：《易学启蒙》卷一，《朱子全书（修订本）》第1册，第214页。

② 胡方平著，谷继明点校：《易学启蒙通释》，中华书局，2019，第57—58页。《朱文公文集》卷五十一，第2374页。

③ 《晦庵先生朱文公语录》卷二十八，第745页。

④ 《字溪集》卷四，第305页。

⑤ 《晦庵先生朱文公语录》卷二十八，第745页。

⑥ 《朱子语类汇校》卷六十八，第1743页。

⑦ 《朱子语类》卷六十八，第1688页。

一个符合戛渊所录的原貌呢？首先从版本源流来看，李道传所编语录完整收录了戛渊《易说》，而后者则是经过传抄和类编，显然前者更为可靠。其次，从阳枋所引用的是“坤后”而非“坤前”来看，显然他和宋寿卿所看到的都是李道传所收录的版本。不过阳枋的引用由于没有标点也引起了下一个问题：他是对两段话都疑虑呢，还是只对后一段表示疑虑？

在前一段话中，朱子认为“利贞”二字是乾卦卦辞的后半段，是阳中之阴，所以与宋所说“乾上三画属坤”相合。而坤之“元亨”二字是坤卦卦辞的前半段，虽然是阴中阳，却应与坤之下卦三画相匹配，与宋所说“坤上三画属乾”不合。因此阳枋至此所引用的是与《启蒙》的论点相呼应，用以反驳宋寿卿之说的。而“乾后之三画是阴，坤后之三画是阳”却与前文相悖，而与宋说正合，实际上也是宋寿卿立论的重要依据。所以引起阳枋疑虑的仅仅是后一段话，他说“此却更当消详也”中的“此”仅指“乾后之三画是阴，坤后之三画是阳”独立的一段。这两段话应该是戛渊前后两次所录，有着不同的思想旨趣和问答语境。将两段话置于一处就暴露出了朱子庞大体系内部细节的不协调。

这一前后两段语录的矛盾也再次证明李道传所收录版本的正确性，即这是前后独立的两段语录，“徽类”和“黎类”将两段合为一段的做法不仅在版本上是错误的，在义理上前后两段也是矛盾的。也许正由于这一内部矛盾，黎靖德将两段语录合并为一段的同时，又对后一段语录文字进行了改动，变成了“坤前三画是阳”，如此一来与“坤之元亨是阴中阳”的矛盾便消除了。殊不知，这一改动不仅使得戛渊所记录的朱子语录面貌和义理发生了改变，也使得阳枋和宋寿卿围绕这一问题的争论和解释变得费解难通，其中所蕴含的对朱子易学思考的精微之处也被抹杀了。

朱子已经将杨宗范的阴阳二元模式提升到了阴中含阳、阳中含阴的辩证高度，宋寿卿将其与纳甲法相配合，加深了乾坤两卦卦象中阴阳互含的象数和数术维度。在阳枋的思考中，将《易学启蒙》中的《河图》《洛书》之象与乾坤卦画、卦辞以及纳甲数术联系起来，细致区分出了乾坤内部上下前后的不同，试图勾连朱子不同部分之间的联系，完善朱子的图书易学体系。可见，合州易学在象数、数术方面的讨论并非脱离朱子的发展，而是与朱子晚年所作的《周易参同契考异》以及所留下的语录有着密切的关系。朱子认为《周易参同契》与邵雍的《先天图》有着密切的联系，当时流行的《火珠林》也与之相通，朱子晚年对此特别关注。因此对其中涉及的纳甲之法也在《周易参同契》中得到朱子的说明。[①]

五、戛渊所录与巴地图书易学的发展方向

阳枋等巴地朱子易学后学非常重视朱子留下的文献，除了《易学启蒙》《周易参同契考异》这些著作，朱子的《语录》也是他们琢磨研究的重要对象。他们对朱子易学问题的许多讨论和分歧都源于《语录》的仔细研读。不过在淳祐年间，现在通行的黎靖德所编的《朱子语类》尚未出现，阳枋等人所看到的语录文本是什么呢？这关系到他们阅读的版本和内容，也关系到朱子语录的早期形态。

阳枋及其学友所看到和讨论的朱子语录主要出自嘉定八年所刻池录。乾坤元亨利贞与乾上三画两条的版本异同更可以让我们确信，阳枋讨论所依据的是池录的版本，徽州语类已经开始改变文本面貌，黎靖德所编《语类》因仍其误，甚至制造了进一步的错误。但也有池录之外的内容，比如阳枋与赵子寅讨论《先天图》阴阳爻疏密的问题时，说到图上的"春分卯中""秋分寅中"与卦不相应。[②] 这里讨论的是周谟所录朱子语，[③] 周谟所录始见于嘉熙二年（1238）李性传刻饶录。[④] 再如上文提到阳枋引用文公坎离变中孚、小过、大过、颐之说实际上来自林学蒙的记录。林学蒙所录正作："中孚又是大底离，小过又是大底坎。是双夹底坎。大过是厚画底坎，颐是个大画底离。"[⑤] 然而黎靖德所编《语类》所收录的另一个版本作"又曰：中孚是个双夹底离，小过是个双夹底

---

① 《周易参同契考异》，第 530 页。

② 《字溪集》卷五，第 317 页。

③ 《朱子语类》卷六十五，第 1619 页。

④ 《朱子语类》卷一，第 15 页。

⑤ 《朱子语类汇校》卷六十七，第 1727 页。

坎。大过是个厚画底坎，颐是个厚画底离。”[①] 黎靖德的这个版本来自哪里呢？我们发现《朱文公易说》中所摘录的一条语录版本与此相同，“又曰：是个双夹底坎。大过是个厚画底坎，颐是个大画底离”。“又曰”下面当有脱文，同样都有“双夹底坎”，朱鉴注明这条语录来自“蔡聚诸说”，[②] 应当是指蔡杭所收集刊刻的“饶后录”。阳枋说“大底”“厚画底”而不说“双夹底”，可见其看到的是林学蒙所录，而非饶后录。林学蒙所录收在饶录中，饶录刊刻于嘉熙二年，饶后录刊刻于淳祐九年。[③] 阳枋等合州易学学者的讨论也恰在淳祐九年前后，他们已经看到了饶录，并进行深入研读，但没能看到饶后录。

在朱子门人留下的众多语录中，阳枋等人对夒渊所录颇为重视，这当然首先是由于夒渊与阳枋之间的师生关系，但另一方面，夒渊所录朱子《易说》当时也颇为流行。嘉定八年（1215）李道传所编《语录》是朱子语录材料的首次系统结集，其中就收录了夒渊语录，全都是记录朱子关于易学论说的内容，在诸家语录中独树一帜。除此之外，当时建阳汇编朱熹关于解经的文献，夒渊所录居于其首。[④] 这固然首先由于《易》居于群经之首的地位，但也由此可见夒渊在众多流传的朱子易类经说中最受时人推崇。除了这些合编汇刻的版本之外，阳枋之侄阳昂还刊刻夒渊《易说》的单行本。[⑤]

首先，阳枋看上去是对《易学启蒙》的发挥，但实际上，他的这些做法往往有着其师夒渊所记录的朱子语录的基础，并且选择夒渊的记录进行研讨和辨析。比如朱子的“八卦反对说”就是出于夒渊所录。[⑥] 宋寿卿与阳枋讨论乾坤两卦纳甲与律吕的起点“乾上三画属坤”也出自夒渊所录。阳枋还对夒渊所录的前后相连的两条材料之间的矛盾表示困惑。可见他们对于夒渊所记录的《易说》是十分认真研读了的。

---

① 《朱子语类》卷六十七，第 1668 页。

② 朱鉴：《朱文公易说》卷二十，《景印文渊阁四库全书》第 18 册，第 827 页。

③ 李性传：《饶州刊朱子语续录后序》；蔡杭：《饶州刊朱子语后录后序》，《朱子语类》卷首，第 4—5 页。

④ 度正：《性善堂稿》卷五，《景印文渊阁四库全书》第 1170 册，第 186 页。

⑤ 《字溪集》卷四，第 307 页。

⑥ 《晦庵先生朱文公语录》卷二十八，第 739 页。

其次，一般认为夓渊所录易学语录多与《本义》不合，[①] 实际上就图书易学的问题来看，夓渊的这些语录并非孤立的，往往可以得到其他门人记录的印证。比如对文王八卦方位的质疑除了夓渊所录外，还见于林学蒙的记载。[②] 八卦反对除了夓渊的记录外，万人杰也有类似记载，“康节只说六卦：乾坤坎离，四卦。震巽含艮兑。又说八卦：乾、坤、坎、离、大过、颐、中孚、小过。其余反对者二十八卦”[③]。上下经文各十八卦象的看法则是在与李方子、杨至的讨论中得来。朱子对《火珠林》以及其中纳甲之法的重视，出自李方子、黄义刚等人的记录。[④]《左传》中用纳甲干支占卦的看法出于杨道夫的记录。[⑤] 所以，朱子对于《火珠林》、纳甲的重视由来已久，与易本卜筮之说、图书易学的关系也并非仅见，《周易参同契考异》的写作由来有自。

最后，不少朱子语录在朱子图书体系中并不占据核心位置，税与权、阳枋、宋寿卿等人将这些思想资源进行系统的整合和辨析，拓宽了朱子图书易学体系的可能性和思想维度。如朱子对八卦反对说尽管多次提及，并且注意到了上下十八经卦象以及中孚、小过、大过、颐的特殊卦象，但这一学说并没有进入《易学启蒙》的核心位置。税与权将反对卦象解释卦序是他对《易学启蒙》的重要补充，阳枋更是用其解释《先天图》的结构。二人还对八卦反对和六十四卦反对作了更为细致的诠释和发挥，深化了对于文王卦序的理解和坎离两卦的意义。

《火珠林》、纳甲在朱子生前就已经受到重视，并且晚年用力于《周易参同契考异》。朱子认为《参同契》与《先天图》相通，其中又有纳甲筮法的元素。朱子在不同语境下又表达了乾后三画为阴和坤后三卦为阳的意见，阳中阴、阴中阳的看法根植于朱子所诠释的《太极图说》，然而当他们与纳甲等数术相统合的时候就发生了冲突。阳枋等人的做法，实际上是要将图书、象数、数术三个

---

① 《饶州刊朱子语续录后序》，《朱子语类》，第 3 页。

② 《朱子语类》卷七十七，第 1972 页。

③ 《朱子语类》卷六十七，第 1648 页。

④ 《朱子语类》卷六十五，第 1616、1624 页。

⑤ 《朱子语类》卷六十六，第 1634 页。

维度重新进行统合，辨析和协调其中的矛盾之处。

可见以合州、恭州为中心的巴地易学是在反复辨析、思考朱子遗留下的语录和著作的基础上，协调了朱子庞大体系中的矛盾之处，勾连朱子没有完成的数术、象数、图书之间的联系，在一定程度上补充了朱子晚年未能展开的兼综卦画、爻策、纳甲的图书易学体系。

Fan Dui and Na Jia: The Quotations of Zhuzi and the Zhuzi's Yi Study of Ba Di in the Chunyou Period

Sun Yichao

Abstract: Zhuzi's Yi Study of Ba Di matured during the Chunyou period after the death of Zhuzi's own disciple. Shui Yuquan used Zhuzi's "Eight Trigrams Oppose Theory" to explain the structure of the hexagram sequence, and used Zhuzi's previously mentioned but not explicitly stated "hexagram line" to explain the *Chart of Former and of After Heaven Sequence*. Yang Fang further expanded the opposite unchanging hexagram to the interpretation of the structure of the Chart of Former Heaven Sequence, emphasizing the difference between Kan Li and Qian Kun, and elaborating on Zhuzi's theory of the line numbers in his later years. In his discussion with Song Shouqing, Yang Fang linked the resources of Na Jia in Zhu Xi's *Zhou Yi Can Tong Qi Kao Yi* with *Yi Xue Qi Meng* and Zhu Xi's quotes. Yang Fang and others mostly discussed the quotes from Nuan Yuan, and their records often received confirmation from other peers. He didn't distort Zhuzi's thoughts. Based on the analysis of Zhu Xi's works and quotations, Yi Scholars in Ba Di coordinated a larger Zhuzi's Yi study system of Charts and Books that included hexagrams, explanatory text on symbols and numbers.

Key words: Yang Fang; Shui Yuquan; Ba Di; Zhuzi's Yi study of Charts and Books

宋明理学史研究

明代“丘、陈之争”的思想史考察

江鎏渤*

【摘　要】成化、弘治时期是明代学术发生重要变革的分水岭，在这个时代，“丘、陈之争”成为被学者关注的话题。“丘、陈之争”公案之所以广泛传播，是由于它具备文献基础，这可从史实本身、观念层累两方面展开分析，具体可分为四种类型。在理学向心学转型的学术趋势下，具有不同倾向的中晚明学者对“丘、陈之争”进行了迥异解读。他们对其价值的评判，映照出各自的思想理念。深入阅读丘濬与陈献章的著作，“丘、陈之争”的公案所在，可以从治学工夫、知识理念进行考察。以他们的孔学建构为例，通过回应如何“执礼”的命题，丘、陈确立起不同的学问旨趣。为打破《大全》影响下的家礼学困境，二人分别提出简约、博学的礼学知识理念。“丘、陈之争”的公案揭示了朱子学分化、心学崛起的历史细节，为我们认识明代思想史提供了一定启示。

【关键词】明代；丘濬；陈献章；工夫；知识理念

明中叶的学术变革中，岭南理学具有举足轻重的地位，其代表人物是琼山丘濬（1421—1495）与新会陈献章（1428—1500）。他们的学术路径存在显著不

---

*【作者简介】江鎏渤，厦门大学哲学系博士研究生，研究方向为明清朱子学。

【基金项目】中央高校基本科研业务费专项资金资助项目“朱子哲学范畴系统研究”（编号：20720231018）。

同：丘濬利用官学修订朱子学体系，并对它进行经世化改造；而陈献章则通过开展私人讲学传播其思想，以开创白沙学派闻名于世。两者的学术差异，代表了明中叶学术的不同走向。基于对二人学术差异的解读，他们的不和传闻成为被明清学术文献不断诠释的独特历史事件。笔者立足分析“丘、陈之争”公案的史实及中晚明的学风演变，以关涉明中叶秩序建构的礼学研究为视角，比较二人礼学思想的差异，剖析明中叶朱子学、心学两大阵营的代表学者在治学工夫、知识理念上的分歧，企图揭示“丘、陈之争”背后丰富的思想史意义。

一、成化、弘治年间“丘、陈之争”的历史公案

“丘、陈之争”的公案产生于成化、弘治年间。[①] 自土木之变（1449）后，作为官学的《大全》体系对学术的控制力减弱，思想面临着由理学向心学的转型，这构成了成化、弘治时期儒学发展的基本背景。后世学者从时代特征、学术新变等方面证明成化、弘治年间的学术较明前期更为活跃。黄佐言：“成化以前，道术尚一，而天下无异习。”[②] 张卤谓：“若理学名臣……其陈献章、方正学、吴与弼、罗伦、丘濬、蔡清、庄昶、陈真晟、胡居仁、张元祯、黄仲昭、邹智，此尚不免乎异议。”[③] 他们认为，在成化、弘治时代，明前期学术“家无异说，士无异习”[④] 的状况被极大地改变。在此背景下，不同思想观念产生了较为激烈的冲突。学界盛传着丘濬与陈献章龃龉不合的说法，甚至有学者认为丘濬借官方舆论工具抹黑陈献章，由此衍生出“丘、陈之争”的不同版本。

在讨论“丘、陈之争”及其思想史价值前，有必要回顾“丘、陈之争”的

① 参见［美］富路特：《明代名人传（壹）》，北京时代华文书局，2015，第 347 页。

② 黄佐：《眉轩存稿序》，黄宗羲编：《明文海》，《景印文渊阁四库全书》集部总第 1455 册，台湾商务印书馆，1982，第 463 页。

③ 张卤：《浒东先生文集》卷八，《四库全书存目丛书》集部第 132 册，齐鲁书社，1997，第 401 页。

④ 王在晋：《越镌》卷十七，《四库禁毁书丛刊》集部第 104 册，北京出版社，1997，第 443 页。

来龙去脉。丘濬、陈献章作为有变革官学思想体系志业的同乡，二人却并没有很深的交谊，关系“确属微妙”[①]。我们不禁要问,“丘、陈之争”这一话题源自何时何处？明清学者为何执着于不断丰富“丘、陈之争”的叙事？这可从史实本身、观念层累两点进行分析。

从史实来看，丘濬、陈献章虽未直接开展理论对战，但是二人的学术特质却明显不同。其著作中具有不同倾向的文字记载是“丘、陈之争”持续被形塑的文献基础。具体来说，一方面，丘氏著作中不乏贬讥陆学之语，容易被视为是在引陆九渊以讽喻陈献章。如,《大学衍义补》中三次批评“陆九渊”倡导“异学”，指责他违背“博文约礼”之教、专以“尊德性”为学、偏务于“存本心”。[②]又如,《朱子学的》引朱子的“私意”“无根柢”说批评陆学，言其“蹈前人为高”。[③]再如，他在策题中令学子追溯吴澄“和会朱陆”说的源流，借此反省为陆学翻案的倾向。[④]由此可见，丘濬对明中叶以门户相标榜的学术氛围不以为然。他申明此为时学之弊，唯有“据正理以折之，稽古道以正之”[⑤]，方能遏制流毒。对有心的读者而言，丘氏将论战矛头指向了陈献章。另一方面，陈氏著作中也有一些易引人联想的文字。如，陈献章曾与丘濬有短暂交流，其间丘氏还将《琼台吟稿》赠予陈氏。但在奠文中，陈献章既说丘氏因著述而大显，又自愧未通盘了解其思想，声称“足不至先生之门，目不睹先生之书”[⑥]。这与刘健、谢铎、王琼等贬斥丘濬学说相呼应[⑦]，映照出陈氏不认可丘濬之学。

---

① 参见朱鸿林:《明人著作与生平发微》，广西师范大学出版社，2005，第281页；朱鸿林:《儒者思想与出处》，生活·读书·新知三联书店，2015，第252页。

② 丘濬:《大学衍义补》,《丘濬集》第三册，海南出版社,2006，第1113、1124、1126页。

③ 丘濬:《朱子学的》,《丘濬集》第七册，第3413页。

④ 丘濬:《琼台诗文会稿》卷八,《丘濬集》第八册，第4017页。在《世史正纲·宋世史》中，丘濬更指出“九渊所学，沦于禅而不自知”。丘濬:《世史正纲》卷二十九,《丘濬集》第七册，第3204页。

⑤ 《琼台诗文会稿》卷七,《丘濬集》第八册，第3973页。

⑥ 陈献章:《奠丘阁老文》，黎业明编校:《陈献章全集》，上海古籍出版社，2019，第159页。

⑦ 陈建:《明从信录》卷二十四,《四库禁毁书丛刊》史部第1册，第419页。

又如，陈献章自述他本欲出仕，不过与其师吴与弼一样遭遇了做官动机被污名化的挫折，由此决定不再参与政治。[①] 陈氏虽未明说是谁妨碍其仕途，但由于丘濬在明中叶具有极高声望，他成为可疑的作梗者之一。再如，陈氏的一些吟咏文字也容易被借题发挥：

《荼蘼将开值两》："山雨不来昏昼景，东君容有妒春心。较量花品终何益，茫昧天机亦自深。"（成化十七年）

《西南驿晚望》："南尽海旁诸郡浅，西来天上一江长。"（成化十八年）

《南归途中先寄诸乡友》："荔子不将梨斗美，沙螺休与蟹争衡。"（成化十九年）[②]

上述诗文或表现旷达心境、或抒发怨怼情绪，旨在记录生活、阐发见解。若非要认为它们具有现实寓意，依据三诗的创作时间，可知除《南归途中先寄诸乡友》或许是暗讽丘濬外，《荼蘼将开值两》《西南驿晚望》作于陈献章第四次求仕前（1483），与丘濬并无直接关联。[③] 不过，经过读者发挥，上述诗文被赋予了写实功能。鉴于丘濬的家乡位于靠近南海的琼州郡，且其性格急躁，品行又有争议，诗中的"争衡""南海诸郡""较量""妒春"等文字被明清学者系统整合成是在影射丘濬由于嫉贤恶能而对他展开打击报复。[④]

从观念层累这一角度着眼，"丘、陈之争"的叙事有一个不断丰富和完善的过程。最初，丘濬与陈献章不和仅是在私底下流传。如丘濬的友人黄瑜听说

---

① 陈献章：《答张汝弼》，《陈献章全集》，第 366 页。

② 陈献章：《陈献章诗编年笺校》，陈永正笺校，广东人民出版社，2018，第 184、219、296 页。

③ 张诩认为，陈献章于成化十九年（1483）寓京时与丘濬起矛盾。据黄瑜记载，当时的传闻也持此论，下文会涉及此说。

④ 对此，檀萃有所辩正。檀萃：《楚庭稗珠录》，杨伟群校点，广东人民出版社，1982，第 115—117 页。

过一个传言：“成化癸卯，陈白沙至京，与谈不合，人谓公沮之，不得留用。”[①]此时“丘、陈之争”尚处于萌芽阶段，并没有上升到人品与学术的攻击，故黄氏仅简短辩驳了传言。以《宪宗实录》的编纂为导火索，[②]丘、陈之争”被公开化。《宪宗实录》对陈献章进行了极其负面的评价，称：

献章为人貌谨愿，为诗文有可取者，然于理学未究也。自领乡荐入太学，务自矜持以沽名。因会试不偶，家居海南，不复仕进。一时好事者妄加推尊……以其所居地名白沙，称为白沙先生。虽其乡里前辈素以德行文章自负者亦疑之，谓：“献章不过如是之人耳，何其标榜者之多也！”……及授官称病不辞朝，而沿途拥驺从列叉槊，扬扬得志。[③]

《宪宗实录》主要从发迹历程与学术水平两方面剖析陈献章：一是认为陈氏靠自我标榜发迹，评判他是欺世盗名之徒；二是申明他于诗文上有造诣，但在理学上则未有积累，并对推崇白沙提出异议。最后，《宪宗实录》以戏谑口吻举证，描摹了“乡里前辈”对陈献章的厌恶以及陈氏获封翰林检讨后骄恣的丑态。为维护师门形象，张诩在为陈氏作《行状》时指出：

某，先生同省人也，素忌先生重名。及至京师，使人邀先生主其家……后因纂修《实录》，阴令所比诬先生。学士某见之，不平，为削去。[④]

所谓“学士某见之，不平，为削去”，我们依据后世记载，可知削去内容

① 黄瑜：《双槐岁钞》，魏连科点校，中华书局，1999，第221页。何良俊、黄佐、焦竑采用了黄瑜的说法。

② 《明宪宗实录》的编纂“花了三年零八个月的时间”。谢贵安：《明实录研究》，上海古籍出版社，2013，第113页。

③ “中研院”历史语言研究所校印：《宪宗实录》，“中研院”历史语言研究所，1962，第4129页。

④ 张诩：《张诩集》，黄娇凤等编校，上海古籍出版社，2015，第286页。

当是陈献章为取媚于宦官梁芳作的十首诗。[①]其中,《行状》并未涉及《宪宗实录》批评陈献章的内容及删削媚诗的始末。张诩显然没有见过《宪宗实录》，亦未听其师论及此事，仅是据传闻对“丘、陈之争”进行了再加工。尤为重要的是,《宪宗实录》原文并不能引申出是丘濬主导了对陈氏的恶评，但张氏“同省人”的表述将怀疑对象指向了丘濬。[②]由于张诩是陈献章的亲传弟子，其解读为后人提供了遐想空间，经过不断诠释，成为“丘、陈之争”公案的文献源头。

此后，学者们就现实境遇、历史想象与个人立场对此公案作出不同解释。其叙述延续了张诩的思路，集中在丘濬是否在修纂《宪宗实录》时根据个人喜好贬低陈献章的学行，并引发了对两者的人品争议。如尹直、徐纮、黄佐、何良俊、王世贞、唐伯元、焦竑、黄宗羲、夏燮、熊赐履等学者都表达了对“丘、陈之争”的看法。他们的见解主要分为四种类型：

其一，关于《实录》对陈献章的负面评定，尹直、徐纮等学者指出这是丘濬的个人见解。尹直言:“梁方以其所颂十绝刻梓示人，丘仲深遂采以载诸宪庙实录中，亦可谓遗秽青史矣！”[③]他认为丘濬不满于陈献章，并在《实录》中采入贬损陈氏品行的史料。徐纮在《皇明名臣琬琰续录》中记载了陈献章与“某”交恶的过程，照录张氏之言而不作发挥，暗示“某”为丘濬。[④]

其二，有的学者同情丘濬，认为他并未动用权力抹黑陈献章。王世贞依据《实录》文句推测“以德行文章自负”的“乡里前辈”是丘濬。[⑤]他依照此逻辑，认为丘濬不可能既秉笔书史又以自身作为例子，以此说明贬斥陈献章是张元祯的主意。[⑥]《宪章录》同王世贞的论断一致，也大致认为张元祯为幕后推手，而与丘濬无关。薛应旂言:“张元祯采以载诸宪庙实录，且备述其矜持沽名

---

① 顾宪成:《顾宪成全集》，王学伟编校，上海古籍出版社，2022，第 93 页。

② 《宪宗实录》的总裁为刘吉、刘健、徐溥，副总裁是丘濬、汪谐、杨守陈。仅丘濬是陈献章的“同省人”。

③ 尹直:《謇斋琐缀录》卷七,《四库全书存目丛书》子部第 239 册，第 405 页。

④ 徐纮:《皇明名臣琬琰续录》卷二十二,《景印文渊阁四库全书》史部第 453 册，第 495 页。

⑤ 王世贞:《弇山堂别集》，魏连科点校，中华书局，1985，第 453 页。

⑥ 《弇山堂别集》，第 453 页。

之状……亦献章或有以自取云。”[①]

其三，有的学者认为最终被删去的媚诗真为陈献章所作，由此便触发了对其人品的议论。一方面，骆文盛力挺陈献章，言：“就使诸公真有所短，要之亦白璧微瑕，何足伤其至宝？”[②] 他认为陈氏的名节值得称道，其献与梁芳的诗并不构成对其整体的否定，反而认为推波助澜者的动机值得怀疑。另一方面，《明大政记》引用尹直之说，指出陈献章被授检讨是其谄媚于内官的结果。[③] 同时，陆容借张弼“君恩天地宽”之语，对陈氏出处提出异议；蒋一葵认为张弼《感兴》一诗的主旨是“犹未释然于白沙”。[④] 他们结合明代“攻宦”思想，间接地反对针对陈献章的学术造神活动。

其四，观念具有层积性，时代间隔愈远，丘濬受到的怀疑越深。[⑤] 与王世贞、薛应旂不同，唐伯元直接说明张元祯无贬低白沙之事，同时对丘濬是否为主使持模棱两可的态度。[⑥] 黄宗羲则从丘濬晚年陷入人品争议的史实着眼，直述他挟私忿修史。[⑦] 这一说法被夏燮采用，并扩大打击面，认为丘濬是排挤陈献章的主谋，张元祯、尹直是同谋，由此评价他们颠倒黑白：“借代言之体，以逞其撼树之诬。”[⑧] 在清初，随着朱子学复兴，部分学者重新评判陈献章。如熊赐履点评陈氏：“假吾儒之名号，弄释子之机锋。”[⑨] 在行文中，熊氏虽引述了罗钦顺对“丘、陈之争”的评价，但并未倚重这一公案说明心学之非，[⑩] 这反映出

---

① 薛应旂：《宪章录校注》，展龙，耿勇校注，凤凰出版社，2014，第 502 页。

② 骆文盛：《骆两溪集》卷十三，《四库全书存目丛书》集部第 100 册，第 692 页。

③ 雷礼等：《皇明大政记》卷十六，《四库全书存目丛书》史部第 8 册，第 359 页。

④ 陆容：《菽园杂记》，佚之点校，中华书局，1985，第 96 页。蒋一葵：《尧山堂外纪：外一种》，吕景琳点校，中华书局，2019，第 1341 页。

⑤ 这也与明中后期的学风转变有关。详参陈胤：《论白沙心学从异端到正统——从龟山从祀和弘治科场案说起》，《海南大学学报（人文社会科学版）》2017 年第 6 期。

⑥ 唐伯元：《唐伯元集》，黎业明点校，上海古籍出版社，2023，第 618 页。

⑦ 黄宗羲：《明儒学案》，沈芝盈点校，中华书局，2008，第 81 页。

⑧ 夏燮：《明通鉴》，沈仲九标点，中华书局，2009，第 1310 页。

⑨ 熊赐履：《学统》，徐公喜、郭翠丽点校，凤凰出版社，2011，第 505 页。

⑩ 《学统》，第 502 页。

他受前人影响对丘濬的品行优劣抱审慎态度，回避运用不利史料来建构朱子学的历史论述。

二、中晚明学者对“丘、陈之争”的形塑

从明代思想史的演变看，“丘、陈之争”的公案在学者眼中变成了表达立场与态度的议题。他们对“丘、陈之争”的多元化诠释具有别样的意义。丘濬被贴上嫉贤妒能的标签这一现象，不仅映照了明初朱子学的权威地位开始动摇，而且预示了明中叶以后心学地位的提升。要言之，“丘、陈之争”交织着历史真实与价值真实，变为窥测明代学术思想流变的典型个案。

中晚明的学者大都认为丘、陈不同的学术观念导致二人私交不好。但从现存史料看，二者并无过多交集。丘濬并无片语言及陈献章，唯有陈献章于丘濬去世后撰文以示哀悼。在《奠丘阁老文》中，陈氏声称未与丘濬有深交，故没仔细研读过他的著作。[①] 以此条史料为依据，陈沅、李焯然、赵玉田、朱彤皆认为丘、陈间没那么大恩怨。[②] 这种以实证方法探究“丘、陈之争”的思路其实可溯源至清中叶。翁方纲云：

> 假若琼山有所异于先生，则必昌言于先生而使知之。其未昌言之，则其心无异于先生必矣。明代士大夫习气，喜为党同伐异之论，稍有可假之端，则科道诸曹哗然交章，辨难蜂起，横议滋而门户立，朋党众而权奸炽。自古为学为文之害及世道人心者，莫甚于此。以白沙先生之道力常伸

① 陈献章：《奠丘阁老文》，《陈献章全集》，第 159 页。

② 详参李焯然：《丘濬评传》，南京大学出版社，2005，第 121 页。赵玉田：《丘濬及其身后的“丘濬”》，《文史杂志》2010 年第 6 期。朱彤、张献忠：《成化、弘治年间科举指导思想的衍变——以丘濬的举业思想为中心》，《海南大学学报（人文社会科学版）》2022 年第 2 期。同时，丘濬与陈献章交恶的说法也很流行。详参杨业进：《丘濬史事考辨》，《广东社会科学》1985 年第 3 期。曹姣姣：《静中养出端倪——陈献章的思想与遭遇》，湖南大学硕士学位论文，2022，第 61 页。

> 于天地之间、超然独立于万物之表者，而何为亦必援之使入此而后快哉！予读先生之集，不足以毫发阐明先生之所得，顾见序先生文者斤斤于朱陆异同、江门会稽之辨，予则何敢焉？[①]

翁方纲担任过《四库全书》纂修官，对明代学术有一定了解。他反感明代的“门户之争”，并致力于反思学术流弊。他认为中晚明学者对“丘、陈之争”的形塑，浸润着党同伐异的思维。他依据丘、陈的著作，一方面指出丘濬没有与陈献章进行学术商榷的文字记录，因而认为他并不反对陈氏；另一方面申明陈献章以超然独立而名世，故没有刻意与丘濬争胜的动机。在翁方纲看来，中晚明学者将“丘、陈之争”与“朱陆异同”“朱王之争”相联系，是受尚奇好异、宗旨林立思想环境影响而产生的误解。因此，他明示不能用非此即彼的二元对立思想来解读“丘、陈之争”，而要跳出晚明习气，以客观态度看待它。翁方纲通过强调论从史出，批判了中晚明学者的观点，完成了对“丘、陈之争”的解构，并为我们审视“丘、陈之争”提供了更为整全的视野——“丘、陈之争”或许是学者主观建构起来的。这便引出了两个问题：“丘、陈之争”在中晚明时期是如何被建构的？中晚明学者的众说纷纭透露出什么样的观念变迁？

回到中晚明的历史情境，持有不同理念的学者对“丘、陈之争”进行了迥异解读。首先，受心学影响的学者对“丘、陈之争”的诠释偏向于陈献章。在他们看来，丘濬性格褊急，其早年便与叶盛、刘健不合，[②]而其晚年更陷入人品争议；[③]种种原因导致其去世后即遭到学者讽刺：有好事者以他的名义出版了低

---

① 翁方纲：《复初斋文集》，《儒藏·精华编》第276册，北京大学出版社，2010，第54—55页。

② 张廷玉等撰：《明史》，中华书局编辑部点校，中华书局，1974，第4723、4809页。

③ 社会上流传着大量针对丘濬的负面消息：如他指使刘文泰告发王恕、利用职务便利胁迫庄昶出仕、以“阁老饼”进上取宠，等等。参见李贽：《续藏书》，中华书局，1974，第1044页。姜宸英：《姜宸英全集·拟明史传稿》，雍琦整理，浙江古籍出版社，2016，第952页。陈洪谟：《治世余闻》，盛冬铃点校，中华书局，1985，第40页。

俗小说《钟情丽集》[1]。因此，受心学话语影响的学者结合丘濬生平的争议，认为陈献章是丘濬“嫉贤”的受害者之一，希望借此证明陈献章没有经世功业是天意所致而非个人不作为，进而表彰陈氏的出处与名节。张诩言：“其有功于世，岂下于抑洪水、驱猛兽哉？若此者，天也，非人力也。”[2]沈德符说：“陈在成化被召时为丘文庄肆谤。”[3]他们精妙地裁剪史料，以凸显丘濬对陈献章的迫害。如《明定山庄先生墓志铭》《定山庄先生祠堂记》二文仅是记录庄昶受到了丘濬“引天下士夫背朝廷”[4]的诋毁，但受晚明学风影响，张夏则将“庄昶”的表述附益成“庄昶与陈献章”[5]。其次，扎根于解读“丘、陈之争”，倾向于程朱理学的学者则认为陈献章治学有瑕疵。罗钦顺言：

> 丘文庄公雅不喜陈白沙。《大学衍义》中有一处讥议异学，似乎为白沙发也。然公之文学固足以名世，而未有以深服白沙之心。其卒也，白沙祭之以文，意殊不满，此殆程子所谓“克己最难”者也。[6]

《大学衍义补·崇教化》中举引蔡渊批驳“存本心”的观点，并附按语：“窃考其所谓异学者，盖指当时陆九渊也，至今学者犹有假之以惑世废学，切宜痛绝。”[7]罗钦顺极为重视这段材料，他认为丘濬以“惑世废学”一语概括陈献章是准确的。罗氏随后联想到《奠丘阁老文》，认为其中有回应、贬斥丘氏的动

---

① 吕正惠：《政治恩怨毁谤下的邱濬——邱濬如何成为〈五伦记〉〈钟情丽集〉的作者》，《淡江中文学报》2005 年总第 12 期。

② 张诩：《张诩集》，第 186 页。

③ 沈德符：《万历野获编》，中华书局，1989，第 364 页。

④ 湛若水：《湛甘泉先生文集》卷三十一，《四库全书存目丛书》集部第 56 册，第 225 页。湛若水：《定山庄先生祠堂记》，庄昶：《定山集·附录》，《景印文渊阁四库全书》集部总第 1254 册，第 355 页。

⑤ 张夏：《洛闽源流录》卷十四，《四库全书存目丛书》史部第 123 册，第 222 页。

⑥ 罗钦顺：《困知记》，阎韬点校，中华书局，1990，第 39 页。注：《大学衍义》应为《大学衍义补》。

⑦ 《大学衍义补》卷七十二，《丘濬集》第三册，第 1126 页。

机。他从两个方面分析了“丘、陈之争”。一方面，“公之文学固足以名世”“未有深服白沙之心”等表述值得注意。罗氏以“文学”而非“理学”或“道学”称呼丘濬之学，显是认为它因不够细密而难以使白沙心服，从而为“心学似禅”说张本。[①]另一方面，他指明陈献章不合时宜地借祭奠丘濬表达不满，显露出其狭隘胸襟，这与陈氏平日的学行不符。另外，陈建删节黄瑜为丘濬辩白的文字，试图淡化前人评价“丘、陈之争”的主观看法，转而从学术本身说明丘、陈孰优孰劣。[②]他坚持程朱理学的立场，反对心学群体的思想建构，并以学术化的进路解读“丘、陈之争”，一方面指出丘氏之学“明体适用”[③]，另一方面批评陈氏之学“只一味禅会”[④]。

学者们通过“丘、陈之争”投射价值取向，而其事实似乎已经不再重要。尤其是随着心学兴起，学界对陈献章的看法产生极大改观。[⑤]受心学话语的渗透，“丘、陈之争”公案中的丘濬形象被进一步丑化。丘氏打压陈献章的说法成为一种普遍观念，逐渐被具象化为对丘氏人品的批评，并传播到李氏朝鲜。《李朝实录》载：“丘濬虽博识多材，而心术不正。陈献章以贤士至朝，濬为大学士，娼疾而逐之。”[⑥]田愚接受了黄宗羲的看法，认为丘氏所为是“因己躁进而恶人恬退”，并为陈氏所辩白：“余谓白沙为学偏于虚静，后贤多以禅目之。然污不至作诗媚灶以要官爵。”[⑦]可见，在“丘、陈之争”的评述中，中晚明以降，掌握历史书写话语权的学者整体上建构了偏向陈献章的叙事，这让丘濬嫉贤形象得到定型：即使李朝的程朱理学占据主导地位，訾议丘濬人品的声音仍具有市

① 吕花萍：《论罗钦顺的“心学似禅”》，《江海学刊》2023年第6期。

② 陈建：《皇明通纪》，钱茂伟点校，中华书局，2008，第989页。

③ 《皇明通纪》，第989页。

④ 《皇明通纪》，第773页。

⑤ 刘小龙：《从“另类”到正统：〈明实录〉对陈献章的历史书写》，《五邑大学学报（社会科学版）》2024年第2期。

⑥ 学习院东洋文化研究所编辑部：《宣祖实录》第一册，学习院东洋文化研究所，1953，第70页。

⑦ 田愚：《艮斋先生文集》前编卷十二，《韩国文集丛刊》第335册，民族文化推进会，2004，第21页。

场。而且，后世学者将“丘、陈之争”的发生时间定位在丘濬入阁后，这使他面临更多批评，即便此说法存在致命时间错误。[①]入阁后的丘濬拥有很大权力，正如汪循所言："丘公职迁台鼎，当路行道，位尊势严，非攀援叫号所及。"[②]若顺着这个思路，确信“丘、陈之争”发生于此时间段，便突显了丘濬的“假公谋私”，亦使陈献章的遭遇具有了悲情色彩。在丘濬身后，学界普遍认为他倾轧贤人，同时质疑丘氏“皇朝大儒”[③]“理学大儒”[④]身份的说法也传播开来。在有志于修一代儒学之史的学者眼中，丘濬的形象亦由“理学名臣”转变为“经济能臣”。杨廉等编《皇明理学名臣言行录》称举19个明代学者，于明中叶学者收录陈真晟、陈献章、张元祯、庄昶、章懋、蔡清等而不取丘氏；黄宗羲在《明儒学案》中也树立了扬陈贬丘的理念，不为丘氏作传。

中晚明学者对“丘、陈之争”的多元化建构具有丰富的思想意义，是明中叶学术范式从理学向心学转换的表征。在明初的文化生态下，丘、陈二人的学术思想是没有生存空间的，“丘、陈之争”也没有产生的土壤，朱季友、傅宽等人被罚已有前例在先。[⑤]但是，随着明中叶的学风迎来转变。为了应对朱子学发展困局，儒家有识之士开始跳出固囿的学风，兴起了修订和完善《大全》的思潮。杨守陈、陈真晟、周洪谟、王恕等学者皆勇敢地订正官学，以此探究学术转型之路。[⑥]并且，此时期出现了如程敏政《道一编》、程曈《闲辟录》等试图

---

① 陈献章一生曾四次北上求仕，分别为正统十三年（1448）、成化二年（1466）、成化四年（1468）、成化十八年（1482），他四次在京城待的时间均不超过一年。丘濬在弘治四年（1491）入阁，直至他去世（1495）。结合史实，可知后世学者对“丘、陈之争”有想象加工的嫌疑。参见黎业明：《陈献章年谱》，第11、22、26、147页。周伟民、唐玲玲：《丘濬年谱》，《丘濬集》第十册，第5136—5148页。

② 汪循：《汪仁峰先生文集》卷二，《四库全书存目丛书》集部第47册，第213页。

③ 《中宗实录》第二册，第357页。

④ 《万历野获编》，第641页。

⑤ 《万历野获编》，第633页。

⑥ 详参钱茂伟：《元以来浙东学术文化新探》，武汉大学出版社，2019，第72—93页；周天庆：《明代闽南四书学研究》，东方出版社，2010，第21—54页；朱冶：《元明朱子学的递嬗——〈四书五经性理大全〉研究》，人民出版社，2019，第220—288页。

重审朱陆异同的著作。在此思想文化背景下，丘、陈分别从不同方向继续探索，逐渐画出更为清晰的知识图谱，反映出当时主流知识界问题意识的变化。从学术角度审察“丘、陈之争”：丘濬致力于维护朱子学正统，陈献章极力批判官学。由于两人在学林的地位相当、其学术体系存在差异以及彼此间的疏远关系，“丘、陈之争”成了学界关注的重点内容。吕柟《泾野子内篇》的记载十分清晰地体现了丘、陈的差别：

> 陈绍儒言：“陈白沙至京师。丘文庄曰：‘当今之时，惟礼乐未备，此来请修之。’白沙不答。如何？”先生曰：“白沙奚不对曰未遑。”①

此条引文是广东学者陈绍儒与吕柟的对话，是结合《大学衍义补》中《明礼乐》《备规制》等文献对丘、陈不合传闻的进一步细化，② 反映出吕柟以学术分歧解释“丘、陈之争”的企图。在引文中，陈绍儒介绍了丘濬与陈献章交往的逸事：丘濬以“修礼”为学术首务，请益于陈献章，而陈献章不答一辞。陈绍儒不明其中之意，便向吕氏请教。而吕氏随后作出解答，他认为丘、陈二人对国家礼乐制度建设的看法没有兼容性，并指出丘濬“修礼乐”、陈献章“未遑”代表了治内与修外两种不同进路。因此，后世对两者是非的评论，绝非人品点评那么简单，而是蕴藏了学术门户的观念。具体而言，丘氏仍然强调朱子学根基，其学术偏向由博采而经世，主“道问学”一路。他论述新政与新学术有重要关系，并希望通过孝宗支持以改造明中叶的政治、学术与文化，③ 甚至不惜批评《大明集礼》“无所折衷”④，为其《家礼仪节》造势。在这一论域中，同为大儒的陈献章则上溯及陆氏之学，找到“尊德性”的理论途径。他并不热忱于礼

① 吕柟：《泾野子内篇》，赵瑞民点校整理，西北大学出版社，2014，第180页。

② 黄瑜：《双槐岁钞》，第221页。丘濬在《明礼乐》《备规制》中数次提到“文帝谦让未遑”的故事，表达自己不认同礼乐后行的观点。《大学衍义补》，《丘濬集》第二册，第630、724、1457页。

③ 《大学衍义补》卷三十七，《丘濬集》第二册，第634页。

④ 《大学衍义补》卷三十七，《丘濬集》第二册，第633页。

制重建，而是“从朱学中转手而出”[①]，依靠心学而非礼学落实儒家价值理念，也因此受到近禅之讥。他追寻自得洒落的精神境界，因此自信地宣称：“礼文虽不可不讲，然非所急。”[②]职是之故，丘濬由“明道”向“行道”转变的经世实学与陈献章以“仁道”为落脚的心学形成了竞争关系，[③]影响了明中叶礼学乃至儒学的走向。这两种学问范式在明中叶的学术转型中突显出各自的观念，形成明代儒学史的独特景象。

上文考察了“丘、陈之争”之由来以及后世学者对它的态度。然而，若仅局限于前人评价去认识“丘、陈之争”，则难以揭示其本身的意蕴。故而，笔者将结合礼学与秩序建构的课题，立足于分析丘濬与陈献章的礼学思想，从工夫分歧、礼学知识理念分歧两方面去阐明“丘、陈之争”的“公案”所在。

三、丘、陈治学的工夫分歧

丘濬与陈献章两人学术上的不同倾向导致了他们在为学工夫上的分歧。这种分歧聚焦于对“执礼”“践礼”等相关问题的理解，代表了明中叶礼学的两大前进方向。此即，“下学上达”的道问学与追寻“自得”的尊德性之分歧。

丘、陈通过考察“践礼”“执礼”是否可作为首要工夫，确立起不同的礼学旨趣。在执礼方面，陈氏虽不否认礼具有规范个人和社会的价值，却不认同“执礼”是首要工夫，认为此非成圣的第一要务。陈氏礼学延伸了其心学观，注重“人”在礼仪中的感悟与体验，强调礼需经过心的接纳才能发挥作用。他指出：“若四礼则行之有时，故其说可讲而知之，学者进德修业以造于圣人紧要却不在此。”[④]可以这样理解，陈氏礼学中，格人心之“仁”是治礼之首务。就此来说，执礼者通过心体会到从容不迫的境界对礼的理解和运用有决定性作用：

---

① 吕妙芬：《胡居仁与陈献章》，花木兰文化出版社，2009，第54页。

② 陈献章：《复赵提学佥宪》，《陈献章全集》，第195页。

③ 周兴：《明代广东儒学史研究》，西南大学博士学位论文，2019，第67、108页。

④ 陈献章：《复赵提学佥宪》，《陈献章全集》，第195页。

“君子因是心制是礼……非熟乎礼也，心之巧同也。”[1] 所以陈氏强调普遍情感在礼仪实践中的作用。如《四礼条件·丧礼》“居丧以哀戚襄事为主”[2]，《四礼条件·通谕》“乡俗为酒会，须晓古人所谓会数而礼勤、物薄而情厚之意”[3]。两条引文均将“哀戚”“情意”等情感置放在礼学教化的关键位置。陈献章尝试规避繁难的礼文释读，申明人心自觉体认礼仪及其价值的独特意义，进而表达了与朱子《家礼》在诠释方式、制度安排等方面不一样的理念，其中隐含了礼学思想的变革。而不同于陈氏对礼学的心学化定义，丘氏礼学承袭宋明理学“格物致知”的方法论，继续关注礼仪的生活化问题。丘氏以“格礼”发扬“格物”的工夫进路，并以此作为礼仪生活的基础。如解释“具馔”二字，他在《家礼》文本基础上加以补充，将此二字分为“合备之物”“合用之器”“合用之人”[4] 三个条目，并在各条目下详细布置保证仪式正常举行的准备工作。在丘濬看来，仪文、器物是礼的载体，构造了儒家的生活方式，不可因繁难而被废弃。同时，他认为人通过践行礼仪可以使生活得以秩序化，由此得以“辟邪说，正人心”[5]。如果认为“礼文深奥，而其事未易以行”[6]，不对礼学进行系统的学习与实践，那么最终结果便是儒家失去制定礼仪规范的话语权，使佛道两家阻碍儒家教化而顺利推布于民间，“吾家之礼，为彼所窃去”[7]。因此，丘濬主张降低治礼、学礼的门槛，并详细解读《家礼》文本。其礼学实践旨在增强社会各阶层对礼

---

① 陈献章：《仁术论》，《陈献章全集》，第 74 页。

② 贾雒英主修：《(康熙)新会县志》，《日本藏中国罕见地方志丛刊》第廿三册，书目文献出版社，1991，第 206 页。本文接受小岛毅、杨艳秋、梁勇等学者的看法，认为《礼式》可以体现《四礼条件》的思想，为陈献章协助丁积制定。参见，[日]小岛毅：《明代礼学的特点》，张文朝译，林庆彰、蒋秋华主编：《明代经学国际研讨会论文集》，“中研院”文哲所，1996，第 406—407 页。吴丽娱主编：《礼与中国古代社会（明清卷）》，中国社会科学出版社，2016，第 132—138 页。

③ 贾雒英主修：《(康熙)新会县志》，第 207 页。

④ 《家礼仪节》卷七，《四库全书存目丛书》经部第 114 册，齐鲁书社，1997，第 583 页。

⑤ 《家礼仪节》卷首，第 431 页。

⑥ 《家礼仪节》卷首，第 432 页。

⑦ 《家礼仪节》卷首，第 431 页。

的接受度，通过对礼进行世俗化的改造，使它符合“穷乡浅学之士”[①]的基本需要。

丘濬与陈献章在礼学工夫论上保持了同源异轨的取向。他们均想要简化明中叶的官学礼说，使其更具实践性，进而建立起新的规范和秩序。但是，二人不同的礼学主张却让他们走向“格物”与“格心”的不同道路，从而对礼学作出不同诠释。陈氏以心解礼的工夫，在明中叶以后被阳明及其后学所接纳，产生过很大影响。而丘濬的“格礼”工夫以增强礼的可行性为目标，通过对繁琐礼仪程序通俗化的解读，亦为推动明代“执礼风潮”[②]提供了可行方向。在两种礼学工夫论影响下，明后期礼学呈现出一种“纠缠”特征，在阳明后学的礼法学转向过程中继续发挥各自的作用，构成明中后期心学群体从性理研讨向“礼法”实践转向的思想资源。[③]

四、丘、陈的礼学知识理念分歧

在明中叶的学术体系中，《四书五经性理大全》占据主导地位。《大全》文化体系为思想文化的大一统创造了有利条件，但是相应地也使学子的知识视野狭隘，阻碍了新思想的传播：“士各专一经……主于濂洛关闽之说。”[④]“习熟先儒之成说，未尝反身理会。”[⑤]在礼学方面，官学弊端尤为突出，这体现为《家礼》难以适应明代的新情况。为了打破学界沉闷的思想局面，以丘濬、陈献章为代表的明中叶学者从不同方面展开了礼学探索，就明初以来的《家礼》学发展困境给出了迥异的解决方案。

在明代学术由理学向心学转型的历史进程中，陈氏的礼学思想与实践具有

---

① 《家礼仪节》卷首，第 432 页。

② ［日］小岛毅：《明代礼学的特点》，第 406 页。

③ 详参陈畅：《格物与礼法：论阳明学的礼法转向》，《中山大学学报（社会科学版）》2022 年第 4 期。

④ 《大学衍义补》卷九，《丘濬集》第一册，第 177 页。

⑤ 黄宗羲：《明儒学案》，第 178 页。

里程碑式意义。[①]陈献章致力于在基层治理中提供心学的教化主张，通过《条件》落实“教其民”“导民于礼”[②]的经世理念。其礼学知识理念主要体现在三个方面。首先，《条件》站在社会治理者的角度理解礼学教化。其学说重点在为庶民立法，故其语言多禁止命令句。陈献章设定了《条件》适用范围。他指出：“诸礼有官爵者，宜遵《洪武礼制》，不在此例。”[③]陈氏认为《条件》《洪武礼制》针对不同人群：《条件》为地方官治理社会提供参考，而官僚群体的日常礼仪实践当遵守《洪武礼制》。《条件》末尾以地方官的口吻书写的《通谕》七条最引人注目。《通谕》七条具备开放性、普遍性，其功能类似于“教民榜文”“法律条文”。其次，陈献章在冠、昏、丧、祭的礼学框架中充实了“乡约”的内容，使《条件》更具灵活性，能够结合地方情况进行相应调整，开拓了明代社会治理的思想路径。早在明初，广东学者唐豫撰《乡约十条》，强调《文公家礼》在地方治理中有重要作用。[④]关中学者王承裕也重视礼仪教化，他认为“齐家”“治乡”两者不可或缺，[⑤]并在为其父王恕服丧时着手刊行《蓝田吕氏乡约》。[⑥]相比而言，陈献章的礼学理论更为成熟。有了心学作为理论依据，陈氏推进了“乡约”与《家礼》的深度融合，且符合广东地方治理的实际。[⑦]而后，陈献章结合“乡约”与《家礼》的礼学知识理念被黄佐《泰泉乡礼》、叶春及《惠安政书》、王阳明《南赣乡约》所继承，并带入地方治理中，进而推动了明中后期礼学的

① 吴丽娱主编：《礼与中国古代社会（明清卷）》，第132页。

② 贾雒英主修：《（康熙）新会县志》，第204页。

③ 贾雒英主修：《（康熙）新会县志》，第206页。

④ 郭棐：《粤大记》，黄国声、邓贵忠点校，广东人民出版社，2014，第701—702页。

⑤ 冯从吾：《冯从吾集》，刘学智等点校整理，西北大学出版社，2014，第446页。

⑥ 王承裕：《少保王康僖公文集》卷三，《明别集丛刊》第一辑第81册，黄山书社，2013，第523页。

⑦ 贾雒英主修：《（康熙）新会县志》，第204—207页。

庶民化。[①] 其三，陈献章对经典注释表现出冷漠态度，反对在繁复故纸中考订礼学源流，贯彻了他“对‘道’之不可言传性的见解”[②]。他提出的“六经糟粕”论契近于陆九渊“六经皆我注脚”[③] 之说，代表了明代儒学的转向。[④] 他反对陷入“汗牛充栋”的“著述”，指出读六经不能“诵其言而忘其味”而要“求诸吾心”，破天荒地说道：“六经一糟粕耳。”[⑤]“六经糟粕”论作为陈氏思想的结穴也影响了其礼学知识理念。具体而言，陈氏在礼学层面重情感体悟、不向外求，采用极其简约的方式撰写礼学文本。这在明前期《家礼》学研究中是鲜见的。

与陈献章相比较，丘濬的礼学知识理念更为保守。在他看来，《大全》由于被定为成说，《性理大全·家礼》便具备了封闭性、缺乏理论活力。其根本原因在学子尚未认真体悟其中的精神：“多不本之义理、发以文采，徒缀缉敷演。”[⑥] 他企图在不推翻现有文化政策的基础上，结合前人礼说、明代时制与民间礼俗对《家礼》进行仪节化改造。其礼学知识理念主要体现在以下三个方面。其一，丘濬站在庶民的立场编纂《家礼仪节》。丘氏学说的重要特色就是通俗易懂。以其著作为分析对象，《世史正纲》的撰作目的在“以示夫当世之学生小子”[⑦]；《大学衍义补》致力于使“众人易晓”[⑧]；《朱子学的》融入了“下学上达”“由浅以及深也”[⑨] 的理念。在礼学方面，他同样以“均诸穷乡浅学之士”[⑩] 为指导原则。同

---

① 黄佐：《泰泉乡礼》卷三，楼含松主编：《中国历代家训集成》第四册，浙江古籍出版社，2017，第 2053、2060 页。叶春及：《惠安政书》九《乡约篇》，泉州历史研究会等整理，福建人民出版社，1987，第 341—342 页。王守仁：《南赣乡约》，吴光、钱明、董平、姚延福编校：《王阳明全集》卷十七，上海古籍出版社，2011，第 667 页。

② 吕妙芬：《胡居仁与陈献章》，第 61 页。

③ 陆九渊：《陆九渊集》，钟哲点校，中华书局，1980，第 395 页。

④ 朱人求：《“六经糟粕”论与明代儒学的转向——以陈白沙为中心》，《哲学研究》2009 年第 6 期。

⑤ 陈献章：《道学传序》，《陈献章全集》，第 23 页。

⑥ 《大学衍义补》卷九，《丘濬集》第一册，第 175 页。

⑦ 丘濬：《世史正纲》卷首，《丘濬集》第六册，第 2521 页。

⑧ 《大学衍义补》卷首，《丘濬集》第一册，第 6 页。

⑨ 《朱子学的》，《丘濬集》第七册，第 3433 页。

⑩ 《家礼仪节》卷首，第 432 页。

时，为了使《家礼》更为简单易行，丘濬还细化《家礼》在重要场合中的仪式安排，对它进行了仪节化改造。从《家礼仪节》在东亚的流行状况看，丘濬的礼学实践取得了巨大成功。[①] 其次，丘氏的礼学设计集中于《家礼》一书，认为可推扩“齐家”至“平天下”。丘氏云：“世变愈下，而佛道二教，大为斯民之蠹惑……幸而有朱氏《家礼》一书。”[②] 他肯定《家礼》抵御佛老的价值，指出只要推广《家礼》，“则礼教兴行，而异端不待禁革，自然废息”[③]。所以在为母守丧期满后，丘氏率先在广东刊行《家礼仪节》来落实用世之志、传达礼学经世的理念。其三，丘濬在《仪节》中融入各家说法，以此弥补明中叶士子过度注重官学而视野狭隘的弊端。受周复《家礼附录》的启发，丘氏将《家礼》注文以“余注”形式附在卷尾，并以“考证”形式收录与《家礼》正文相关的说法，使《仪节》文本极具条理，显示出其学术“博极群书”[④] 的特征。一方面，“考证”取材于40种书目，在知识结构上显露出对官学的突破，既兼采汉宋经说，又广泛引用宋元明三代制书、文集、笔记，呈现出开阔视野。另一方面，就礼学特色而言，丘濬汲取各礼书的优长，并企图通过“考证”调和《家礼》与《礼记》《仪礼》间的矛盾，将三礼之学纳入《家礼》体系。如在“丧服考证”中丘濬以“总论服制”“衰裳”“冠”“绖带”“屦”“杖”“妇人服制”“总论丧服”等话题搜集《礼记》《仪礼》的资料并贯通诠释。[⑤] 总之，丘濬以实用眼光撰述礼书，只要某些知识能为表达学术观点提供思路，他均会将其融入礼书。丘濬秉持的博学理念，较《明代考据学研究》列出的考据学先锋杨慎的思想更早产生。[⑥] 万历年间就有书贾重刻《家礼仪节》并署其名为杨慎，这并非偶然。

---

① 陈媛、刘畅：《儒学在东亚的传承与传播：中韩〈家礼仪节〉传播研究》，《韩国学研究》2022年第1期。

② 《大学衍义补》卷八十二，《丘濬集》第三册，第1279页。

③ 《大学衍义补》卷八十二，《丘濬集》第三册，第1286页。

④ 何乔新：《椒邱文集》卷三十，《景印文渊阁四库全书》子部第1249册，第458页。

⑤ 《家礼仪节》卷四，第528—532页。

⑥ 林庆彰：《明代考据学研究》，华东师范大学出版社，2015，第39—130页。

结　语

朱鸿林认为"明朝的研究是一个哑铃状态，两头大，中间小"，"15世纪是哑铃最瘦的那部分"。[①] 他深入研究十五世纪思想史，发现此时期存在心学一派崛起、经世之学受到重视两大趋势。[②] 佐野公治也申明："十五世纪时，程朱学一方面以性理学、心学的形式展开，另一方面，作为所谓的自救运动，经世致用的意识也不断高扬。……客观条件的改变使得重新讨论程朱学的真理性成为必要。"[③] 结合前人研究成果，对"丘、陈之争"进行具体而微的思想史考察，是对现今明代学术史研究过度关注前后两阶段的反拨，无疑会丰富我们对十五世纪思想史的认识，并为我们展现出理学话语对学术评价体系的渗透，揭示朱子学分化、心学崛起的历史细节。

同时，"丘、陈之争"的历史公案启发我们去思考"丘、陈"二者在明中叶思想转向中的价值。其中，丘濬作为十五世纪朱子学的代表人物，他的学术思想构成了对心学的批判，变成明清儒学的经世资源。在心学家对丘濬的生平与学术进行负面评价时，不乏学者肯定丘氏学说的价值。活跃于嘉靖、正德时代的骆问礼在《陈检讨论》中认为理学巨擘之名应属丘濬，并以"不立门户""博雅有据"等特征为引子，专门探讨丘濬治学优于陈献章，从而找到了批判阳明心学的历史依据。[④] 明末兴起的经世运动亦大力倡导丘濬的思想以抵消心学过于空悬高谈的负面影响。陈子龙等选辑的《皇明经世文编》就极为推崇丘濬，并以六卷的篇幅隆重介绍了丘濬的经世思想。其他如王樵《尚书日记》大量引用丘濬观点建构经学体系，借助经典诠释表达对现实的关注，亦展现了丘濬学说的理论张力。这说明丘濬对朱子学的经世化改造获得了部分学者的认同，即使

① 朱鸿林：《儒者思想与出处》，生活·读书·新知三联书店，2015，第35页。

② 《儒者思想与出处》，第54—55页。

③ ［日］佐野公治：《明代前期的思想动向》，刘黛译，方旭东主编：《日本学者论中国哲学史》，华东师范大学出版社，2010，第62页。

④ 骆问礼：《万一楼集》卷四十一，《四库禁毁书丛刊》集部第174册，第513页。

心学流行之际，它仍然发挥着作用，成为明清学术演变的关键一环。

陈献章虽师从吴与弼，却最终从朱子学中转手而出，开辟了明中叶学术发展的另一向度，为阳明学的兴起埋下伏笔。之所以陈献章在十六世纪的儒学转向中起到重要作用，是因为学者普遍认为陈献章为儒学发展提供了一种新视角："盖自是天下学道者，浸知厌支离而反求诸心。"[①] 阳明及其后学沿着陈献章提出的问题继续改造儒学，使明代学术走向精微之境，形塑了中晚明的儒学格局。在明清儒学的发展进程中，学者对陈献章的评价某种程度上已与阳明心学的兴衰递嬗联系在一起。成化、弘治时期，由于旧的学术范式还具有影响力，学界对陈氏的学术尚有争议，所谓："当时推尊之者固多，而致訾议者亦不少。"[②] 在隆庆、万历时期，陈氏的地位迅速提升，还与胡居仁、王阳明一起获得了从祀资格。在这个时代，吕坤指出陈献章的治学方式"尤为得力"，认为陈氏可与薛瑄并立为明代"道统正脉"。[③] 清初朱子学复兴，学者反思心学弊端重新定位陈氏。熊赐履以禅宗的传灯故事譬喻陆九渊、陈献章、王阳明的传承关系，提出"江门一唱，固已续象山之灯，启姚江之钥矣"[④] 的说法，其中浸润了基于朱子学立场的判教思维。

① 陈献章:《陈献章集》附录四，孙通海点校，中华书局，1987，第928页。

② 《皇明通纪》，第902页。

③ 吕坤:《吕坤全集》，王国轩、王秀梅整理，中华书局，2008，第153页。

④ 《学统》，第505页。

A Historical Investigation of "Qiu–Chen Debate" in the Ming dynasty

Jiang Liubo

Abstract: The Chenghua and Hongzhi periods marked a watershed in the transformation of academic thought during the Ming Dynasty. During this era, the "Qiu–Chen Debate" became a focal point of scholarly attention. The widespread dissemination of the "Qiu–Chen Debate" can be attributed to its strong textual foundation, which can be analyzed from two perspectives: the historical facts and the accumulation of conceptual interpretations. Specifically, it can be categorized into four types. Amid the academic trend of Neo–Confucianism transitioning towards the School of Mind, scholars of the mid–to–late Ming Dynasty, with differing orientations, offered divergent interpretations of the "Qiu–Chen Debate." Their evaluations of its significance reflected their respective ideological standpoints. A closer examination of the writings of Qiu Jun and Chen Xianzhang reveals that the essence of the "Qiu–Chen Debate" lies in their approaches to scholarly practice and knowledge concepts. By addressing how to "uphold ritual," Qiu and Chen established distinct academic objectives. To break through the impasse in the study of family rituals under the influence of *Daquan*, they respectively proposed simplified and extensive approaches to ritual studies and knowledge concepts. The "Qiu–Chen Debate" illuminates the fragmentation of Zhuzi philosophy and the rise of the School of Mind, offering valuable insights into the intellectual history of the Ming Dynasty.

Key words: Ming Dynasty; Qiu Jun; Chen Xianzhang; Gong–Fu; knowledge concepts

王阳明巡抚南赣时期特殊的教化思想研究

欧阳祯人 耿 欣*

【摘 要】从本质上来讲，在儒家文化畅行的中国古代，以乡约为社会基础的管理形式是深深地植根于它的宗法体系之中的。王阳明的《南赣乡约》与《十家牌法》互为表里，相互激发，是一个由官府顶级设计而成的，成龙配套的组合拳，与北宋时期的《吕氏乡约乡仪》具有根本的区别。《南赣乡约》的产生具有浓厚的战争背景，是王阳明剿匪战争过程中治标更要治本的有力措施。因此，王阳明把巡抚南赣期间的教化活动搞成了一个与剿匪战争环环相扣的政治运动。这种官府的乡约只能运用于战争的非常时期。

【关键词】王阳明；《吕氏乡约乡仪》；《十家牌法》；《南赣乡约》；教化思想

王阳明的《十家牌法》和《南赣乡约》是其巡抚南赣时期根据当时整个剿匪的特殊形势，从治标更要治本的原则出发制定出来的战争方略。这两个重大的举措，虽然是当时明代社会基层管理的深化，但是，从兵法的角度来讲，是王阳明从《孙子兵法》"知、先、全、善"的角度，高瞻远瞩，从根本上解除匪

---

* 【作者简介】欧阳祯人，武汉大学中国传统文化研究中心、国学院教授，博士生导师，研究方向为儒家哲学、陆王心学。耿欣，武汉大学哲学学院博士研究生，研究方向为儒家哲学、宋明理学。

【基金项目】2022 年度国家社科基金冷门绝学专项学术团队项目"钱绪山学派、龙溪学派与近溪学派文献整理及思想研究"（22VJXT001）的阶段性成果。

患的重要举措。不过，虽然这是整体战争的一个组成部分，但是从古代乡村的建设来说，根据目前能够查阅到的相关文献，我们可以确凿地知道，这两个重大方略同时也是深谋远虑，全面实施全民教化的政治运动。通过这种教化运动的运筹帷幄，我们可以看到，王阳明不仅是一位卓越的思想家、教育家和军事家，而且也是一位伟大的政治家。其教化思想的悲悯情怀、乡村治理的深谋远虑以及具体执行过程的立竿见影、令行禁止，都值得我们认真研究。

一、以乡约为本质的教化形式自古有之

由于植根于小农经济基础之上的宗法制在中国根深蒂固，由来已久，所以，乡约的民间教化形式自古有之："曰若稽古。帝尧曰放勋，钦明文思安安，允恭克让，光被四表，格于上下，克明俊德，以亲九族；九族既睦，平章百姓；百姓昭明，协和万邦。黎民于变时雍。"（《尚书·尧典》）帝尧个人的进德修业十分精进，不仅感动他的九族，而且他明辨是非，公正无私，对待百姓一视同仁，使百姓昭明，形成了全社会和睦相处、与时偕行、协和万邦的吉祥环境。《周礼·地官》所记载的教化活动是十分细致的祭祀之礼、交接之礼、礼乐之礼、风俗之礼、刑法之礼乃至体恤、节度、处事职守之礼等等，无所不包。为了达到这样的教化效果，《周礼》的作者设计了各种成龙配套的组织机构、教化内容和教化制度，以保证各种教化目的的达成（见《地官司徒第二》)。《周礼》中的这种理想的儒家治理模式，在汉代基本上都落到了实处。[①] 由《尚书》到《周礼》《仪礼》《礼记》，我们看到了儒家先哲的理论设计，这对于维护基层社会稳定具有一定实践意义。

当然，随着时代的发展，乡村基础管理也会发生一些变化。《后汉书》载：汉代的乡村管理，"里有里魁，民有什伍，善恶以告"。本注曰："里魁掌一里

---

① 见严耕望:《中国地方行政制度史·秦汉地方行政制度》，上海古籍出版社，2007，第57—67、237—250页。王毓铨:《汉代"亭"与"乡""里"不同性质不同行政系统说》，见《王毓铨史论集》，中华书局，2005，第292—302页。

百家。什主十家，伍主五家，以相检察。民有善事恶事，以告监官。”[①]汉朝的乡村管理是表面上更加柔韧而实质上更加严密。相对于唐、宋时期偏重于民间化、自由化而言，明朝的基层社会管理一开始就带有《大明律》的强制性背景，以国家法令的形式颁布《太祖圣谕》《教民榜文》《大诰三编》等相关文诰，作为社会管理的基本内容。例如，《教民榜文》载曰：“命户部令天下民，每乡里各置木铎一，内选年老或瞽者，每月六次持铎徇于道路，曰：‘孝顺父母，尊敬长上，和睦乡里，教训子孙，各安生理，毋作非为。’”[②]朱元璋通过宰制基层老百姓的思想来加强统治基础的意味十分明显。如果把这段文字与《大明律》联系在一起，我们就能明显感受到明代初年的高层统治者里应外合，软硬兼施的整体设计方略。朱元璋于洪武十八年（1385）颁布手订的《大诰》，次年又颁行《大诰续编》《大诰三编》。《大诰》七十四条，《续编》八十七条，《三编》四十三条。《大诰》三编汇集了大量惩罚官吏、豪绅贪赃受贿、转嫁赋役、侵吞税粮和人民抗租误役、流亡隐匿等案例，其中有关凌迟、枭首、族诛案数千件，弃市以下案一万余件。汇编成一本诰令手册，家家户户，每户一本，令其时时刻刻认真学习，引以为戒。《大诰》严刑峻法，多出于律外，系法外用刑，是朱元璋奉行“用重典治乱世”政策的具体体现。

先秦儒家先哲维护基层社会稳定的理论设计，以及秦汉唐宋时期特别是明代国家社会治理的具体时代特征，影响了王阳明基层社会治理的理论与实践。可以说，这是王阳明乡村治理的大背景与时代环境。王阳明在南赣平定民乱中所制定的《十家牌法》《南赣乡约》就吸收了儒家传统文化，在这种特殊时期，充分发挥历朝各种乡村管理制度中的优点，进行创造性改造，颁发《案行各分巡道督编十家牌》[③]。

王阳明的《十家牌法》乡村管理思想，首先明显是与《尧典》《周礼》一脉

① 范晔：《后汉书·百官志（五）》（志第二十八），中华书局，1965，第3625页。

② 胡广辑：《明太祖实录》卷二百五十五，“中央研究院”历史语言研究所，1962，第3677页。

③ 王守仁：《案行各分巡道督编十家牌》，《王阳明全集》，浙江古籍出版社，2010，第1983页。

相承的。在此基础上，他充分吸收法家的思想与措施，在《十家牌法》中，采用了类似商鞅强制性的连坐手段，这种阳儒阴法的治理措施也是中国社会长期以来的基本做法。而且王阳明《十家牌法》的实施在明代中期平定民乱的过程中显得尤为特殊。相比于《太祖圣谕》《教民榜文》《大诰三编》而言，其更加严厉，更加细密，同时也更具有战时的色彩。

第一，王阳明的《十家牌法》是战时的乡约教化。《十家牌法告谕各府父老子弟》就提出："本院奉命巡抚是方，惟欲剪除盗贼，安养小民。所限才力短浅，智虑不及；虽挟爱民之心，未有爱民之政；父老子弟，凡可以匡我之不逮，苟有益于民者，皆有以告我，我当商度其可，以次举行。今为此牌，似亦烦劳。尔众中间固多诗书礼义之家，吾亦岂忍以狡诈待尔良民。便欲防奸革弊，以保安尔良善，则又不得不然，父老子弟，其体此意。"[①] 安民，是其根本的底色。在安民与平乱之间，王阳明始终在努力提倡儒家的教化思想。所以，《十家牌法》虽然是法家的主体，但是确实同时具有浓厚的儒家特色。

第二，具有特殊的具体目的，实现"三个杜绝"。其具体目的是杜绝"寄住来历不明之人，同为狡伪欺窃之事"。战争时期，属于特殊时期，杜绝人口流动，这是很正常的；杜绝"私通畲贼，而与之传递消息"，就是为了打信息战，对叛民实施信息封锁；杜绝"窝藏奸宄，而为之盘据夤缘"，彻底划清良民与叛民之间的界限，清除鱼龙混杂的状态。

第三，实行特殊户籍制度，采取严格的人口报备措施，如告密连坐制度。《十家牌法》规定，"人丁多寡之数，有无寄住暂宿之人，揭于各家门首，以凭官府查考"，每家一牌，挂在门口，随时备查。任何时候出现多寡异常而不事先报备，十家连坐。"行令所属府县，在城居民，每家各置一牌；备写门户籍贯，及人丁多寡之数，有无寄住暂宿之人，揭于各家门首，以凭官府查考。仍编十家为一牌，开列各户姓名，背写本院告谕，日轮一家，沿门按牌审察动静；但有面目生疏之人，踪迹可疑之事，即行报官究理。""日轮一家"的真正用心，是要避免权力被个别人控制，而且责任均摊，互相牵制，监督检举揭发，形成了人人参与的局面。"即行各属府县，着落各掌印官，照依颁去牌式，沿街逐巷，

① 王守仁：《十家牌法告谕各府父老子弟》，《王阳明全集》，第560页。

挨次编排，务在一月之内了事。该道亦要严加督察，期于着实施行，毋使虚应故事。仍令各将编置过人户姓名造册缴院，以凭查考；非但因事以别勤惰，且将旌罚以示劝惩。”[①] 一个月之内，各州府县乡，各负其责，“沿街逐巷，挨次编排”，严加督察，着实施行。在当时交通、信息极其不便的情况下，在江西、福建、广东等辽阔的土地上，挨家挨户，照章执行，没有强大的推进力和杀伐手段，是很难落实的。为确保“庶居民不敢纵恶，而奸伪无所潜形”，《十家牌法》明确规定“或有隐匿，十家连罪”，因为是战争的非常时期特殊情况下的运用，无可厚非。阳明之后，很多地方效仿《十家牌法》，在推行保甲制度过程中采取了类似措施。

二、天下无不可化之人

王阳明的教化思想是植根于由孔曾思孟而来的“致良知”之中的。孟子曰：“乃若其情，则可以为善矣，乃所谓善也。若夫为不善，非才之罪也。恻隐之心，人皆有之；羞恶之心，人皆有之；恭敬之心，人皆有之；是非之心，人皆有之。恻隐之心，仁也；羞恶之心，义也；恭敬之心，礼也；是非之心，智也。仁义礼智，非由外铄我也，我固有之也，弗思耳矣。故曰：求则得之，舍则失之。”（《孟子·告子上》）其意为，人之所以为人之本质均为善根，天生具有恻隐之心、羞恶之心、恭敬之心和是非之心之端芽。如果一个人弃善而从恶，则为后天之诸因素造成。此种善之端芽“求则得之，舍则失之”，一念之间，或可志在圣贤，或可幸福充实；下流者则沦落为禽兽，卑贱而凄凉。

孟子曰：“牛山之木尝美矣，以其郊于大国也，斧斤伐之，可以为美乎？是其日夜之所息，雨露之所润，非无萌蘖之生焉，牛羊又从而牧之，是以若彼濯濯也。人见其濯濯也，以为未尝有材焉，此岂山之性也哉？”（《孟子·告子上》）牛山本来是林木葱茏、枝繁叶茂的，但是交于齐国与鲁国之间，两国之人都滥砍滥伐，再加上两国的牛羊踩踏啃噬，久之，终为一片荒芜之地。目前，人们

---

① 《案行各分巡道督编十家牌》，《王阳明全集》，第 1983 页。

都误以为牛山从来都是如此，殊不知，此非牛山的本来面目。孟子的喻意为虽人具有天生的善端，但是如无后天的教化、教养，没有良好的生长环境，人就会像乱砍滥伐之后的牛山一样，一片荒芜。

孟子又曰："仁，人心也；义，人路也。舍其路而弗由，放其心而不知求，哀哉！人有鸡犬放，则知求之；有放心，而不知求。学问之道无他，求其放心而已矣。"（《孟子·告子上》）其内在理路为，人为"天地之德，阴阳之交，鬼神之会，五行之秀气者也"（《礼记·礼运》），乃天地絪缊，阴阳摩荡，周流六虚，品物流形的结果，所以，我们只有怀抱信仰，始终走在通向圣贤人格的大道上，才能够"下学而上达"（《论语·宪问》），善、信、美、大、圣、神（《孟子·尽心下》），鸢飞鱼跃，金声玉振，践形天道，成就圣贤、圣洁的人格。但是，老天在创造人的生命的时候，同时也赋予了人喜怒哀乐、七情六欲的感性欲念，稍不留神，人就随时随地都有可能堕入难以自拔的深渊。所以，孟子曰"先立乎其大，则其小者不能夺也"（《告子上》）的理念，自警自强，自珍自爱。时时刻刻，随时随地，对自己的各种欲念克治省察，时时捡拾，收回放辟邪侈、流连荒亡的各种"放心"。于此，孟氏提出了他的教化思想："五亩之宅，树之以桑，五十者可以衣帛矣。鸡豚狗彘之畜，无失其时，七十者可以食肉矣。百亩之田，勿夺其时，数口之家可以无饥矣。"（《孟子·梁惠王上》）孟子的这段有关经济和教化的文字在中国历史上响彻云霄，影响了中国两千多年。不过，仔细体会，这与秦汉以后的教化思想有本质的区别，第一，对老百姓至少在理论上，在人身来去自由的问题上没有强制性；不过，孟子也说过："夫仁政，必自经界始。"（《孟子·滕文公上》）孟子的原意只是希望通过井田制来保障黎民百姓的基本生活权利，它体现了小农经济时代的特色，但是秦汉以后，这种思想往往又演化成了对人身自由的禁锢。中国古代的专制制度主要就是通过这种人身的依附来实现其统治的，当然，这与孟子是没有关系的。第二，视"谨庠序之教，申之以孝悌之义，颁白者不负戴于道路"二者之间不仅有内在的必然联系，而且是人之所以为人的当然。以此为出发点，才产生了原始儒家的政治哲学体系。第三，孟子的"仁政"思想始终是以人为本的，"老者衣帛食肉，黎民不饥不寒"这是所有政府的基本底线。"衣帛食肉""不饥不寒"，其实是一个很高的要求，因为古代中国的饥荒，乃至于人相食的可怕事件，屡屡发生。在精神哲学方面，“仁政”的理想就更加高远，在两千多年的历史上，始终只是有志之士“永恒的乡愁”[①]。孟子的教化思想本身是非常纯正的，因为他依据的是《礼记·大学》“大学之道，在明明德，在亲民，在止于至善”的三大纲领。三大纲领的本质是孔子一以贯之的“忠恕之道”。所以，通过教化思想，施行仁政，就是儒学拯救黎民于“倒悬”之苦的重要使命。

中国历朝历代经济教化政策，至少在口头上，都是以孟子提出的理想为奋斗目标的。既然人性本身具有善的端芽，那么通过全面的教化活动，全社会以诚相待、讲信修睦的境界就有可能达到。正是在这样的基础之上，孟子引孔子曰“德之流行，速于直邮而传命”（《孟子·公孙丑上》）的境界就有了可能。孟子说：“若夫为不善，非才之罪”，恶的产生，并非人的本性。对这个问题，如果从整个儒家的思想体系来理解，思想就非常深远。它体现了先秦儒学深度的性情思想、民本思想和政治哲学的理想，其中饱含着深度的、对每一个生命个体的悲悯情怀。正是要从这一基本出发点来理解孟子“言人之不善，当如后患何”[②]（《孟子·离娄下》）的重要表述。限于本文主题，笔者不在此展开论述。

从人性论的角度上来讲，王阳明的观点与孟子是一致的：

> 先生一日出游禹穴，顾田间禾曰：“能几何时，又如此长了。”范兆期在傍曰：“此只是有根。学问能自植根，亦不患无长。”先生曰：“人孰无根？良知即是天植灵根，自生生不息；但著了私累，把此根戕贼蔽塞，不

---

① 黄俊杰：《儒学与现代台湾》，中国社会科学出版社，2001，第 271 页。

② 杨伯峻先生的现代汉语译文是：“宣扬别人的不好，后患来了，该怎么办呢？”（杨伯峻译注：《孟子译注》，中华书局，1960，第 173 页）笔者认为，这个翻译没有深入孟子的思想体系中来理解这句话。孟子本来的意思应该是，如果把人的“性”界定为恶的话，人就不具备顶天立地的“天爵”之尊，人之所以为人的进德修业、克治省察、自觉自悟就不再可能，打破先天性的不同出身导致的不同阶级壁垒就不再可能，于是社会的诚信和谐、讲信修睦就不可能建立起来。至为重要的是，长期沉迷于放辟邪侈、流连荒亡的人就无法挽救，他们将生活在无耻、无知、无畏，巧取豪夺的状态下，因此，儒家的教化思想就不再可能，孔子、孟子德政、仁政的理想也就没有实现的可能了。

得发生耳。”[①]

人具有天植的灵根，本来可以生生不息，但是，由于各种原因，很多人被偏见、成见、私心所遮蔽，所以他放辟邪侈，流连荒亡，无所不为。但是，由于他的精神世界中有天植的灵根，所以，通过教化、学习，他就可以逐步地、慢慢地“先立乎其大”。这正是王阳明教化思想的理论基础。

王阳明的致良知之学的根本目标，在于针对整个世风日下的明代中叶推行教化的运动。这是其代表性论著《拔本塞源论》的主旨和理论目标：“天下之人心，其始亦非有异于圣人也，特其间于有我之私，隔于物欲之蔽，大者以小，通者以塞，人各有心，至有视其父子兄弟如仇雠者。圣人有忧之，是以推其天地万物一体之仁以教天下，使之皆有以克其私，去其蔽，以复其心体之同然。其教之大端，则尧、舜、禹之相授受，所谓‘道心惟微，惟精惟一，允执厥中’。而其节目则舜之命契，所谓‘父子有亲，君臣有义，夫妇有别，长幼有序，朋友有信’五者而已。唐、虞、三代之世，教者惟以此为教，而学者惟以此为学。当是之时，人无异见，家无异习，安此者谓之圣，勉此者谓之贤，而背此者虽其启明如朱，亦谓之不肖。下至闾井、田野、农、工、商、贾之贱，莫不皆有是学，而惟以成其德行为务。”[②]第一，我们所有人的“心”，“其始亦非有异于圣人也”，只是各种物欲之蔽导致了社会的四分五裂，“大者以小，通者以塞，人各有心，至有视其父子兄弟如仇雠者”，连父子兄弟都成了仇人。第二，王阳明教化思想的理论工具就是《尚书·大禹谟》“心学之源”的十六字令（“人心惟危，道心惟微。惟精惟一，允执阙中”）以及儒家的五伦思想。他言之凿凿地声称：“唐、虞、三代之世，教者惟以此为教，而学者惟以此为学。”上古三代都是以此为教，所以，“人无异见，家无异习，安此者谓之圣，勉此者谓之贤”。第三，王阳明教化思想的目标就是天地万物一体之仁。其言曰：“圣人有忧之，是以推其天地万物一体之仁以教天下，使之皆有以克其私，去其蔽，以复其心体之同然。”“克其私，去其蔽”就是克治省察的工夫，“复其心体之同

---

① 王守仁：《传习录》，《王阳明全集》，第111页。

② 王守仁：《答顾东桥书》，《王阳明全集》，第59页。

然”就是致其良知。

正是由于“其始亦非有异于圣人也”，所以，只要努力，人人都可以志在圣贤，抵达圣域。具体怎么做？我们可以通过《教条示龙场诸生》之“立志、勤学、改过、责善”看到王阳明教学、教化的正常理路。同样是在龙场时期，王阳明在所著《象祠记》中指出：“孟子曰：‘天子使吏治其国，象不得以有为也。’斯盖舜爱象之深而虑之详，所以扶持辅导之者之周也。不然，周公之圣，而管、蔡不免焉。斯可以见象之既化于舜，故能任贤使能而安于其位，泽加于其民，既死而人怀之也。诸侯之卿，命于天子，盖周官之制。其殆仿于舜之封象欤？吾于是益有以信人性之善，天下无不可化之人也。”[①] 根据《象祠记》的上下文，我们注意到，这里“吾于是益有以信人性之善，天下无不可化之人也”的话告诉我们，孟子的教化思想与王阳明的教化思想一样都是建立在悲悯情怀、诚信爱民、亲民基础之上的。同时，我们还注意到，如果没有性善论，仁政的政治体制就建立不起来，“天下无不可化之人”的命题，也就不能成立。王阳明的教化思想，就是要使整天沉沦于红尘滚滚之中的功利之人“孝其亲，弟其长，信其朋友，以复其心体之同然，则人亦孰不能之乎？学校之中，惟以成德为事；有长于礼乐，长于政教，长于水土播植者，则就其成德而因使益精其能。迨夫举德而任，则用之者惟知同心一德，以共安天下之民，视才之称否，而不以崇卑为轻重；效用者亦惟知同心一德，以共安天下之民，苟当其能，则终身安于卑琐而不以为贱”，各行各业，由此而安。这种“天下无不可化之人”的思想，即使是在剿匪期间，王阳明在对待狡诈的不法分子的时候也没有发生变化：

大抵风土习尚虽或有异，而天理民彝则无不同，若使为县官者果能殚其心力，悉其聪明，致其恻怛爱民之诚，尽其抚辑教养之道，虽在蛮貊，无不可化，况此中土郡县之区，向附新民，本多善类，我能爱之如子，后亦焉有不爱我如父者乎？[②]

① 王守仁：《象祠记》，《王阳明全集》，第936页。

② 王守仁：《牌行崇义县查行十家牌法》，《王阳明全集》，第652页。

对于投诚的土匪，王阳明说，他们“本多善类”，不论是蛮荒之地的蛮貊之民，还是出没无常、打家劫舍的土匪，均“无不可化”。这是以悲悯为怀的伟大思想。但是，王阳明有两个前提，那就是国家的官员必须“果能殚其心力，悉其聪明，致其恻怛爱民之诚，尽其抚辑教养之道”。其实，这是中国历朝历代存在的共同问题。

三、《南赣乡约》的具体内容述评

学界认为，王阳明的《南赣乡约》受到了北宋时期的《吕氏乡约乡仪》[①]的启发，从文本本身来看，不是没有道理。《吕氏乡约乡仪》具有典型的民间乡约性质，该乡约是吕氏家族公约，而不是官府命令，见之于家族契约，是大家共同协商的结果。议事民主，“若约有不便之事，共议更易”，凡事大家商议才能做出重大决定。采取自愿加入原则，“其来者亦不拒，去者亦不追”，不具有强制力。约正等相关负责人，俱由民主选举产生。“约正一人或二人，众推正直不阿者为之。专主平决赏罚当否”。不合格者，民主评议罢免。以聚会的形式，使乡人相亲，风俗淳厚，“每月一聚，具食；每季一会，具酒食”。“具酒食”的规格没有限制，而且，主要目的是加强邻里之间的亲善关系，“遇聚会，则书其善恶，行其赏罚”。用记录在案的方式督促众人，用开除的方式惩罚不可救药者。

王阳明《南赣乡约》受到了《吕氏乡约乡仪》的启发，但是，两者有重大的差异。正德十五年（1520）王阳明是以政府官员名义颁布《南赣乡约》的，该乡约属于政府的教化体系，它与《十家牌法》互为表里，彼此支持，相得益彰，带有明确的强制性，它是一种地方政府的制度或者法令。《南赣乡约》是平乱非常时期的产物，具有强制性法律效力。乡约中的所有职责是法定职责，相互监督、牵制。而《吕氏乡约乡仪》则为民众以宗族为基础自发的民间乡约，用于和平时期，不具有强制性法律效力。而且《南赣乡约》还有自我特殊性：

第一，王阳明《南赣乡约》具有明显儒家的政治理想追求，试图通过政治

---

① 吕大钧著，陈俊民集校：《蓝田吕氏遗著辑校》，中华书局，1993，第563—568页。

的教化运动达到既治标又治本的目标。王阳明提出："故今特为乡约，以协和尔民，自今凡尔同约之民，皆宜孝尔父母，敬尔兄长，教训尔子孙，和顺尔乡里，死丧相助，患难相恤，善相劝勉，恶相告戒，息讼罢争，讲信修睦，务为良善之民，共成仁厚之俗。"[①] 完全是儒家管理社会以诚相待、讲信修睦的思想。又说："'蓬生蔴中，不扶而直；白沙在泥，不染而黑。'民俗之善恶，岂不由于积习使然哉！往者新民盖常弃其宗族，畔其乡里，四出而为暴，岂独其性之异，其人之罪哉？亦由我有司治之无道，教之无方。尔父老子弟所以训诲戒饬于家庭者不早，薰陶渐染于里闬者无素。"[②] 王阳明能站在底层百姓的角度考虑问题，这是孟子以来的儒家理路，更是对民众改过自新的悲悯和激励。在"抚"的这一面，王阳明确实是异常真诚的。而且，王阳明还从人性的善恶变化角度出发，告诫民众人人都不可掉以轻心："今有善而为人所彰，固可喜；苟遂以为善而自恃，将日入于恶矣！有恶而为人所纠，固可愧；苟能悔其恶而自改，将日进于善矣！然则今日之善者，未可自恃以为善；而今日之恶者，亦岂遂终于恶哉？凡我同约之人，盍共勉之！"王阳明以对人性的深刻洞察，从正反两个方面展现了他的教化思想，自始至终拓展推进致良知的克治省察工夫，并将其运用到了教化运动之中。

第二，王阳明《南赣乡约》运用了儒家伦理教化、抚剿结合的重要手段。王阳明有在庐陵担任县令的经历。对江西的地方政府管理、社会状况以及"狡伪相残"的民风比较了解。王阳明清晰地认识到，底层暴乱猖獗一个重要原因就是官府管理低能和土豪劣绅巧取豪夺，以致"愤怨相激，狡伪相残，故遂使之靡然日流于恶，则我有司与尔父老子弟皆宜分受其责。呜呼！往者不可及，来者犹可追"[③]。因而，王阳明对官员和乡绅特别敲响警钟，要求他们改过自新。提出"吏书、义民、总甲、里老、百长、弓兵、机快人等若揽差下乡，索求赍发者，约长率同呈官追究"[④]。他这样做的目的，不仅是要从根源上铲除腐败，

① 王守仁：《南赣乡约》，《王阳明全集》，第635页。
② 《南赣乡约》，《王阳明全集》，第635页。
③ 《南赣乡约》，《王阳明全集》，第635页。
④ 《南赣乡约》，《王阳明全集》，第635页。

而且更重要的是从根源上消除匪患，缓解民众对官员欺行霸市、强拿卡要的不满情绪。这也是目前值得我们借鉴的手法。

王阳明基于社会民风改善重在父老子弟，提出要全体动员，试图最大限度地使更多的人参与其中，各司其职："同约中推年高有德为众所敬服者一人为约长，二人为约副，又推公直果断者四人为约正，通达明察者四人为约史，精健廉干者四人为知约，礼仪习熟者二人为约赞。置文簿三扇：其一扇备写同约姓名，及日逐出入所为，知约司之；其二扇一书彰善，一书纠过，约长司之。"① 王阳明要求乡民互相监督、共同互承担责任，逐步地肃清混在群众中的土不法分子。同时要求守法的"良民"以及投诚改过自新的"新民"修身向善。"人虽至愚，责人则明；虽有聪明，责己则昏。尔等父老子弟毋念新民之旧恶而不与其善，彼一念而善，即善人矣；毋自恃为良民而不修其身，尔一念而恶，即恶人矣。人之善恶，由于一念之间，尔等慎思吾言，毋忽！"② 王阳明把独特的心学理论运用到了南赣的教化运动之中。

王阳明在《乡约》中制定了强制性的会约制度，提出资金自筹，"同约之人每一会，人出银三分……会期以月之望，若有疾病事故不及赴者，许先期遣人告知约；无故不赴者，以过恶书，仍罚银一两公用"③。对于无故缺席者的不仅有详细的备案记载，而且还要"罚银一两"，以高额罚金警诫乡民必须遵循《乡约》。《乡约》对会约期间的开支用度，对婚丧嫁娶，特别是会期的具体礼仪，都有非常具体的指示，厉行节约。

第三，王阳明推行了一系列彰善纠过措施，对于投诚返乡的"新民"给予特殊政策。王阳明认为"彰善者，其辞显而决，纠过者，其辞隐而婉；亦忠厚之道也"④。王阳明主张，对特殊的对象要轻重缓急、拿捏准确，本着治病救人，不搞扩大化。他训诫新民："投招新民，因尔一念之善，贷尔之罪；当痛自克责，改过自新，勤耕勤织，平买平卖，思同良民，无以前日名目，甘心下流，

---

① 《南赣乡约》，《王阳明全集》，第 636 页。

② 《南赣乡约》，《王阳明全集》，第 635—636 页。

③ 《南赣乡约》，《王阳明全集》，第 636 页。

④ 《南赣乡约》，《王阳明全集》，第 636 页。

自取灭绝。约长等各宜时时提撕晓谕，如踵前非者，呈官惩治。”[①] 但是，“若有难改之恶，且勿纠，使无所容，或激而遂肆其恶矣。约长副等，须先期阴与之言，使当自首，众共诱掖奖劝之，以兴其善念，姑使书之，使其可改。若不能改，然后纠而书之。又不能改，然后白之官。又不能改，同约之人执送之官，明正其罪。势不能执，戮力协谋官府请兵灭之”[②]。对于顽固不化，不思悔改的，给予严厉处罚，严惩不贷。而对于投诚返乡的新民，王阳明提出了特殊的照顾政策：“各寨居民，昔被新民之害，诚不忍言；但今既许其自新，所占田产，已令退还，毋得再怀前仇，致扰地方，约长等常宜晓谕，令各守本分，有不听者，呈官治罪。”[③] 王阳明通过各种措施“许其自新”，“良民”“新民”各守本分，充分保障基层社会的稳定。

结　语

王阳明在《十家牌法告谕各府父老子弟》中写道：“自今各家务要父慈子孝，兄爱弟敬，夫和妇随，长惠幼顺，小心以奉官法，勤谨以办国课，恭俭以守家业，谦和以处乡里，心要平恕，毋得轻意忿争，事要含忍，毋得辄兴词讼，见善互相劝勉，有恶互相惩戒，务兴礼让之风，以成敦厚之俗。”[④] 告谕民众家族和睦、恭俭礼让、敦厚成俗。王阳明特殊时期的教化思想始终是以人为本、教民安民为主体的。

---

① 《南赣乡约》，《王阳明全集》，第 637—638 页。

② 《南赣乡约》，《王阳明全集》，第 636 页。

③ 《南赣乡约》，《王阳明全集》，第 637 页。

④ 《十家牌法告谕各府父老子弟》，见《王阳明全集》，第 560 页。

Wang Yangming's Special Indoctrination Thought during His Appointment as Grand Coordinator of Southern Jiangxi

Ouyang Zhenren　Geng Xin

Abstract: In essence, in ancient China, where Confucianism prevailed, the community covenant constituted a form of management at the grassroots level of society that was deeply rooted in its patriarchal system. Wang Yangming's *Community Covenant of Southern Jiangxi* and the *Ten-household Responsibility System* were mutually reinforcing and stimulating, forming a well-coordinated combination designed at the top level of the government, which was fundamentally different from the *Community Covenant of Family Lyu* of the Northern Song dynasty. The creation of *Community Covenant of Southern Jiangxi* was deeply influenced by the war, serving as a powerful measure to address the challenges faced by Wang Yangming during his suppression against bandits. Consequently, during his tenure as Grand Coordinator of southern Jiangxi, Wang Yangming transformed local education into a political movement intertwined with the war against bandits. Such agovernment-imposed community covenant could only be feasible during extraordinary periods of war.

Key words: Wang Yangming,*Community Covenant of Family Lyu*, *Ten-household Responsibility System*,*Community Covenant of Family Lyu*, indoctrination thought

高攀龙对朱子朋党论的接受与运用

——以《朱子节要》的编纂历史为中心

黄友灏*

【摘　要】如何面对与解释朋党，是中国古代政治文化的重要议题，也是很多士人必须回应的切身问题。从宋代开始，士人不讳言党，朱子在朋党问题上更有激进论说。到了晚明，朱子朋党论成为东林领袖高攀龙的重要思想资源。高攀龙在身蒙党斥、被贬边远的处境下编纂《朱子节要》一书。该书在众多朱子文字选本中具有推重党论的突出特色，不仅抄录多篇讨论朋党与君子小人、是非邪正的文字，而且将朱子直言君子有党等论说抬至治国平天下纲领的层次，使之具有普适意义。高攀龙以此驳斥当时视“党”为不祥的普遍看法，并批判君主与阁臣主张的不要分党立派、是非不必太明等理念。《朱子节要》的编纂历史，生动展现了晚明士人是如何接受与运用朱子朋党论以因应时局的，有助于加深我们对朱子政治思想与晚明政治文化生态关系的认识。

【关键词】朱子；高攀龙；《朱子节要》；朋党论；晚明政治文化

*【作者简介】黄友灏，中山大学博雅学院特聘副研究员，中国历史研究院“朱鸿林工作室”协理研究员，研究方向为明代政治文化史。

【项目信息】国家社会科学基金后期资助一般项目（22FZSB036），国家社会科学基金中国历史研究院重大历史问题研究专项（2023VLS009）。

《尚书》“无偏无党，王道荡荡”、《论语》“君子不党”等经典阐述，奠定了朋党在中国传统政治文化中的负面基调。宋代士人开始为朋党正名，[①]如朱子就有不少肯定朋党的论说，其中以作于宋绍熙二年（1191）四月的《与留丞相书》最为激进。在这封书信中，朱子不仅肯定朋党的重要性，甚至还宣称宰相有领导“君子之党”，乃至“引其君以为党而不惮”的重任。[②]朱子这些论说与其政治作为相表里，在朝廷上掀起波澜，最终致使其遭受“庆元党禁”。

或因如此，朱子去世后，其朋党论说遭到后世的淡化处理。虽然文集与《朱子语类》等著作保留了相关文字，但门人所撰《行状》与官修《宋史·道学传》等传记对朱子党论只字不提；朱子文字选本也大多聚焦于天道性理论说，较少收录其朋党论。在此情形下，晚明东林士人领袖高攀龙（1562—1626）于神宗万历二十二年（1594）编纂的《朱子节要》，因重视朱子党论而显得尤为特别。

本文首先探讨高攀龙《朱子节要》的编纂背景，继而细致考察该书如何抄录与编排朱子的党论文字，进而分析其背后的用意。通过还原《朱子节要》的编纂历史，本文尝试解释高攀龙何以重视朱子的朋党论，并论述其如何借助朱子党论以因应时局，希望有助于推进学界对晚明政治文化生态及其与朱子政治思想之间关系的研究。

一、因党被斥：《朱子节要》的编纂背景

《朱子节要》编纂于万历二十二年（1594）九月，[③]其时高攀龙刚由行人司

---

① 罗家祥：《北宋“君子有党论”述评》，《华中师范大学学报（哲学社会科学版）》1989年第5期；漆侠：《范仲淹集团与庆历新政——读欧阳修〈朋党论〉书后》，《历史研究》1992年第3期。

② 朱熹：《晦庵先生朱文公文集》卷二十八《与留丞相书（四月二十四日）》，朱杰人等主编：《朱子全书（修订本）》第21册，上海古籍出版社、安徽教育出版社，2010，第1241—1245页。

③ 高世宁、高世泰编：《高忠宪公年谱》卷上，万历二十二年九月，注引高攀龙日记，《北京图书馆藏珍本年谱丛刊》第54册，书目文献出版社，1999，第516页，并参张夏：《雒闽源流录》卷十二《高攀龙》，《四库全书存目丛书》史部第123册，齐鲁书社，1996，第188页。

行人被贬为广东揭阳县典史。这次贬斥缘于前一年十一月他上疏弹劾内阁首辅王锡爵，被明神宗斥责为挟私党护。他的支持者也被神宗冠以结党的罪名，遭到严厉处分。

高攀龙上疏弹劾王锡爵，与吏部左侍郎赵用贤的离职有密切关系。高攀龙在疏中指斥王锡爵“声音笑貌之间，虽示开诚布公之意，而精神心术之隐，实不胜作好作恶之私”，并声称当前“系君子、小人胜负之会，世道升降之机”，请求明神宗谕令王锡爵“深自省察”。[①]高攀龙声称上疏的动因是离京办事一年，回见“朝廷之上善类摈斥，几至一空”[②]，但事实上，其最在意的“善类”应是该年九月离职的赵用贤。[③]

赵用贤与高攀龙有师生之谊。他是当时以气节著称，且颇以此自矜的官员，曾于万历初年上疏弹劾首辅张居正“夺情”，旋即遭受廷杖酷刑并被革职。万历十年（1582）张居正去世后，复出的赵用贤与一批际遇相似的官员，汲汲于清算张居正余党，并因此与阁臣申时行、王锡爵等政见不合。[④]或缘此，赵用贤于十五年（1587）二月被调为南京国子监祭酒。[⑤]高攀龙则因连续两次会试落第，在下一次会试到来前的十六年（1588）二月，入南京国子监学习。赵用贤与之“略师生之分，结忘年交”。[⑥]万历十七年（1589）二月，高攀龙成功进士及第，[⑦]而赵用贤也开始官运亨通，至二十一年（1593）七月已做到吏部左侍

① 高攀龙：《高子未刻稿》“御部”卷《为感事深忧，恳乞君相同心，惜才远佞，以臻圣治事》，美国国会图书馆摄原北平图书馆藏清抄本缩微胶卷，第7—9页。

② 高攀龙：《高子未刻稿》“御部”卷《为感事深忧，恳乞君相同心，惜才远佞，以臻圣治事》，第5页。

③《明神宗实录》卷二百六十四，万历二十一年九月壬戌，上海古籍书店，1983，第4906—4907页。

④ 赵用贤及其同志者试图推行不定期考察清算张居正余党之始末，详见拙文《张居正“夺情”纷争与明代京察举行定期化》，待刊稿；初稿宣读于“中国社会科学论坛（2023·史学）”，2023年11月。

⑤《明神宗实录》卷一百八十三，万历十五年二月乙亥，第3419—3420页。

⑥ 高世宁、高世泰编：《高忠宪公年谱》卷上，万历十六年二月，第496页。

⑦ 高世宁、高世泰编：《高忠宪公年谱》卷上，万历十七年二月，第496—497页。

郎兼翰林院侍读学士的高位。[①] 当时官居此位，往往是即将入阁的先兆。[②] 然而，朝堂上随即出现攻讦赵用贤的风波，致使其在任两个月即托病辞职。高攀龙认定此事缘于王锡爵的排挤，反映了其虚伪的本性，因此上疏加以弹劾。

高攀龙上疏后，户部郎中杨应宿起而疏称高攀龙结党营私，并称其上疏之举实受同乡姻亲顾宪成指使。[③] 忌讳臣下结党的明神宗因此震怒，[④] 令部院大臣传唤杨应宿对高攀龙进行问话。[⑤] 部院大臣将问话结果呈奏后，王锡爵票拟轻处高攀龙，但其意见被神宗"一笔涂尽"。[⑥] 随后，神宗将高攀龙由正八品的行人贬为没有品级、"未入流"的典史，将杨应宿由正五品的户部郎中贬为正七品的湖广按察使司经历。[⑦] 值得留意的是，虽然两人都是连降四级，但高攀龙变成了"未入流"的杂职，所受的实际影响更大，可见神宗颇为认同杨应宿对高攀龙结党营私的指控。

之后高攀龙支持者的接连声援，加深了明神宗对高攀龙结党的认定。神宗对声援者都予以重处。高攀龙受处分后，御史吴弘济上疏加以申救，旋即被神

---

① 《明神宗实录》卷二百一十四，万历十七年八月壬午，第4011页；卷二百三十，万历十八年十二月丁亥，第4268—4269页；卷二百四十九，万历二十年六月癸丑，第4642—4643页；卷二百六十二，万历二十一年七月壬戌，第4855页。

② 两年前的赵志皋便是如此，见《明神宗实录》卷二百四十，万历十九年九月丁丑，第4464页。

③ 《明神宗实录》卷二百六十七，万历二十一年闰十一月癸巳，第4971—4972页，并参高攀龙《高子未刻稿》"射部"卷《癸巳记事》，第71页。

④ 在此前后，明神宗因为疑忌吏部"专权结党"，接二连三地成批罢黜吏部官员，详见拙文《明万历朝阁臣廷推的定制化及其影响》，《中国史研究》2022年第3期。

⑤ 见高攀龙《为感事深忧，恳乞君相同心，惜才远佞，以臻圣治事》文末附注，第9页。

⑥ 明神宗否定王锡爵票拟轻处高攀龙之事，见王锡爵《王文肃公文集》卷四十六《因言乞罢疏》，《四库禁毁书丛刊》集部第8册，北京出版社，2000，第246页。

⑦ 谈迁：《国榷》卷七十六，万历二十一年闰十一月丙申，张宗祥点校，中华书局，1958，第4716页。

宗斥责为“党救”，降级调用，而且很快又改成革职为民的严惩。[1]随即，南京刑部郎中谭一召、南京刑部主事孙继有分别上疏弹劾王锡爵、声援高攀龙。[2]二人疏上之后，神宗震怒，绕过内阁直接下旨训斥孙继有：

> 高攀龙等显然挟私党护，排陷忠良，紊乱朝政！朕深烛其奸，又因元辅解救，姑从轻薄处。孙继有这畜，媚势附奸，猖狂渎奏，好生欺诞！本当重治，着降极边杂职用。[3]

在这道圣旨中，明神宗表示自己早已洞察高攀龙等人结党营私，诬陷首辅王锡爵，本来准备施以严惩，但因为王锡爵的解救，所以才改为“从轻薄处”。借此，明神宗强调高攀龙、吴弘济所受的惩罚出自己意。随后，神宗又将谭一召革职，斥其“与孙继有朋奸党恶，共排善类”[4]。王锡爵得知后，连上两疏申救，其中还因圣旨提到高攀龙而为之说解，“明旨之责二臣，首以攀龙挟私党护，而二臣附之为言”，“攀龙朴直人也，新从外入京，耳昧昧前闻，口戆戆言事，度其终未必不心悔也”。[5]为此，明神宗下诏嘉奖王锡爵“公忠正直”，无所偏党，有“休容雅量”的宰相之量。[6]尽管如此，南京吏部主事安希范继续上疏声援高攀龙。[7]安希范与高攀龙同为无锡人，当时交谊颇深，[8]或因如此，其奏

---

① 《明神宗实录》卷二百六十七，万历二十一年闰十一月癸巳、己亥、庚子，第4971—4972、4976页。

② 钱一本：《万历邸钞》，广陵古籍刻印社，1991，第805—809页。

③ 《万历邸钞》，第809页。

④ 《万历邸钞》，第807页。

⑤ 王锡爵：《王文肃公文集》卷四十六《因言乞罢疏》、四十七《谢宣谕并求去疏》，第246—251页。

⑥ 《王文肃公文集》卷四十六《因言乞罢疏》、卷四十七《谢宣谕并求去疏》，第249页。

⑦ 安希范：《天全堂集》卷一《纠辅臣明邪正疏》，《明别集丛刊》第4辑第82册，黄山书社，2016，第441—443页。

⑧ 高攀龙在弹劾王锡爵前后与安希范的往来，见安璿《高子日记约抄》，《无锡文库》第4辑，凤凰出版社，2011，第524、527、528页。两人后来更结为亲家，见高世儒：《先父行述》，《无锡文库》第4辑，第513页。

疏措辞最为凌厉，而神宗也最为震怒，一度令锦衣卫将之“扭解来京究问”。[①]

综上可见，高攀龙及其支持者弹劾王锡爵弄权徇私，反而被明神宗视为“挟私党护”“朋奸党恶”，并遭到严惩。三十余年后，身居高位的高攀龙追述这场风波，坦言他们当时确为赵用贤的支持者，愤慨于赵用贤被排挤去位而弹劾王锡爵：“群小噏訿，谓我辈人欲翼公（赵用贤）夺娄江相（王锡爵）政。相惑之，遂计去公。”“我辈人昌言排之，皆落职。”[②]

二、尤重党论：《朱子节要》的编纂特色

高攀龙落职后先回家乡无锡，再于万历二十二年（1594）七月赴任揭阳。[③]《朱子节要》正是在高攀龙仕途受挫，“我辈人”被斥为朋党，遭到一网打尽的情境下，在同年九月编纂于揭阳官舍的。正因如此，该书相较于其他朱子文字选本，特别重视朱子的朋党论说。

《朱子节要》尤重党论的编纂特色，主要体现在以下三个方面。

一是在党论抄录数量上，该书抄录了朱子二十五则探讨朋党与君子小人、是非邪正问题的文字，其中包括前文所提最能体现朱子激进朋党思想的《与留丞相书》。[④]这在现存朱子文字选本中是非常突出的。以《与留丞相书》为例，此信既不见于明初官方编订的“四书”、“五经”、《性理大全》等朱学范本，也不见于清初康熙皇帝主持编纂的《御纂朱子全书》。现存数量较大的宋元明清学者所私纂的朱子文字选本，其中绝大多数也不收录朋党论说，即便有所收录，

---

① 《万历邸钞》，第 812—813 页。

② 高攀龙：《高子未刻稿》“射部”卷《读〈赵文毅公集〉书事》，第 65 页。

③ 高攀龙：《高子遗书》卷十《三时记》，《无锡文库》第 4 辑，凤凰出版社，2011，第 291 页。

④ 关于《与留丞相书》的研究，可参看韦政通：《“庆元学禁”中的朱熹》，《朱子学刊》1998 年第 1 辑；束景南：《朱子年谱长编》，华东师范大学出版社，2001，第 1029—1030 页；余英时：《朱熹的历史世界》，生活 · 读书 · 新知三联书店，2004，第 375—376 页。

在数量上也不足与《朱子节要》相提并论。[①]

二是在党论编排方式上,《朱子节要》将朱子党论中最为激进的论说置于“治体”的高度。高攀龙将最明确体现朱子认为君子有党、朝廷必须进用君子之党态度的文字，全部抄录于卷八《治体》之中，而卷八《治体》是与卷一《论道体》唯二在全书十四卷中以“体”命名的，由此可见其地位之高。并且，值得注意的是，高攀龙自称《朱子节要》是“仿《近思录》例，分为十有四卷”[②]，可见其在编书体例上与《近思录》完全一致。《近思录》原书虽无卷名，但卷次编排寄寓了朱子与吕祖谦的深意。吕祖谦称《近思录》卷一讲明义理本原，后十三卷乃按次排序,“自卑升高，自近及远”[③]。朱子更对每卷的编排作了逐一说明，认为卷八旨在阐述“治国平天下之道”[④]。现存最早的《近思录》注解本、南宋杨伯嵒的《泳斋近思录衍注》给卷八命名为“君道”。[⑤]稍后出现的、出自朱子再传弟子叶采之手的《近思录集解》，将卷八命名为“治体”，并阐释了此卷要旨：

> 盖明乎出处之义（按，卷七《出处》），则于治道之纲领不可不素讲明之。一旦得时行道，则举而措之耳。[⑥]

不论是“君道”之名，还是“治体”之名，都说明卷八的内容与“治国平天下之道”密切相关，这一卷不仅论述“治道之纲领”，而且其所论的目的是给

---

① 根据《中国古籍总目》子部卷、集部卷（中华书局，2010、2012）及近年面世的各种古籍查阅网站统计，宋元明清学者所编纂的朱子文字选本至少有五十种。

② 高攀龙:《朱子节要》卷首《〈朱子节要〉序》，无锡市图书馆藏明万历年间刻本，第2页。

③ 吕祖谦:《近思录序》，载朱熹、吕祖谦《近思录》卷首，严佐之、刘永翔点校，《吕祖谦全集》第1册，浙江古籍出版社，2017，第2页。

④ 黎靖德编:《朱子语类》卷一百〇五,《朱子全书（修订本）》第17册，第3450页。

⑤ 杨伯嵒:《泳斋近思录衍注》卷八，程水龙点校，华东师范大学出版社，2014，第109页。

⑥ 叶采:《近思录集解》卷八，程水龙点校，中华书局，2017，第212页。

有条件“得时行道”的主政者提供施政方针参考。

可以这样认为，《朱子节要》卷八《治体》所抄录的正是治国平天下的纲领原则，而且本卷的预设读者是有可能“得时行道”的君主、宰相。高攀龙把朱子强调君子有党、朝廷必须进用君子之党等最激烈的党论安置在本卷，可见其不仅将之视为正确对待朋党的方法，更将之抬高到治道的纲领性地位。这在宋元明清朱子选本中是绝无仅有的。在同类文本中，虽然稍早于高攀龙《朱子节要》的唐顺之《唐荆川选辑朱文公全集》与王宗沐《朱子大全私抄》也收录了《与留丞相书》，但前者将之置于卷八《人事类》，后者将之置于卷六《时事出处》。[①]要言之，都将之安放在“事”的层面，《朱子节要》则不然。如上所述，“治体”即“治国平天下之道”，而在传统儒学的认知中，“体”与“道”比“事”更高一层。

三是在党论抄录考量上，与上述第二点相应，《朱子节要》非常明显地呈现出将朱子应时之论普适化的倾向。限于篇幅，本文仅以卷八《治体》中三则最激进的党论为例展开讨论。朱子这三则党论，第一则出自《朱子语类》，[②]原是门人李闳祖记录的朱子与门人对当时朝事的议论。[③]两位朝臣因争论朝廷祭祀而同时被贬出京，[④]门人认为二人俱出，可谓无党，朱子不以为然。高攀龙在抄录时，删去了具体史事，直接节录朱子的评论，并在开头加上“朝廷”二字，使朱子针对具体事件的就事之论变成了普遍性的纲领：

> 朝廷要无党，须是分别得君子、小人分明。若其不分黑白、不辨是

---

① 唐顺之：《唐荆川选辑朱文公全集》卷八《人事类》，国家图书馆藏明刻本，第41—45页；王宗沐：《朱子大全私抄》卷六《时事出处》，日本内阁文库藏明嘉靖三十二年刻本，第23—25页。

② 《朱子语类》卷一百三十二，《朱子全书（修订本）》第18册，第4141页。

③ 断定记录人为李闳祖，据徐公喜：《朱子门人学案》，江西人民出版社，2018，第148页。

④ 丁功谊、郑子运：《杨万里与洪迈的配享之争》，《江西社会科学》2010年第11期，第17—22页。

非，而猥云无党，是大乱之道也。[①]

第二与第三则的抄录，同样体现了普适化的取向。第二则的出处，正是本文开头提到的《与留丞相书》。[②] 如前所述，朱子此信在中国古代士人朋党观念史上具有非常重要的意义，已为前辈学者所留意。[③] 高攀龙删去了信中的具体人事叙述，但对于其中阐述朋党观点的部分，则不吝篇幅地详细抄录，长达近五百字。经过高攀龙节选的本则文字，首先对上一则党论作了补充性解释。上一则提到，“若其不分黑白、不辨是非，而猥云无党，是大乱之道也”，本则便解释了为何是“大乱之道”：“不察其贤否忠邪，而惟党之务去，则彼小人之巧于自谋者，必将有以自盖其迹；而君子恃其公心直道，无所回互，往往反为所挤而目以为党。”在此基础上，本则强调辨别君子党与小人党，进而引用君子党、黜退小人党，是宰相无可旁贷的职责。最后也是本则文字中思想最为激进的，不仅宣称宰相必须领导“君子之党”且“惟恐其党之不众”，更是强调宰相有责任将君主引入“君子之党”，唯有做到这些，朋党之局才能被消弭。[④]

第三则在卷八《治体》中的位序紧接着上述第二则。其原文在《晦庵集》中也紧接着上一封《与留丞相书》。[⑤] 因此，该则文字被高攀龙题为“又与留丞相书”。与第二则相同，高攀龙详细抄录了朱子此信中论述朋党的部分，其篇幅亦接近三百字，在《朱子节要》中属于较长的一则。但细究其内容，主要是补充第一则与第二则的观点，再一次强调何以君子、小人不可以兼容并蓄。[⑥]

结合党论的抄录数量、编排方式与抄录考量等方面可见，《朱子节要》具有推重朱子党论的突出特色。经过编排去取，全书接受了朱子以下关于朋党的激

---

① 《朱子节要》卷八《治体》，第 8—9 页。

② 朱熹:《晦庵先生朱文公文集》卷二十八《与留丞相书（四月二十四日）》，《朱子全书（修订本）》第 21 册，第 1241—1245 页。

③ 见前引束景南《朱子年谱长编》与余英时《朱熹的历史世界》。

④ 《朱子节要》卷八《治体》，第 9—10 页。

⑤ 朱熹:《晦庵先生朱文公文集》卷二十八《与留丞相书（七月十日）》，《朱子全书（修订本）》第 21 册，第 1245—1248 页。

⑥ 《朱子节要》卷八《治体》，第 10—11 页。

进观点：一，“朋党”并非负面词汇，朋党有君子之党，有小人之党，朋党亡国的真正原因，在于朝廷没有分辨朋党的邪正而一味地否定朋党。二，有鉴于此，分清楚君子、小人，进而引用君子党、黜退小人党，是治理国家的关键问题，在此问题上，宰相肩负着不可推卸的重任。三，宰相不仅不应该忌讳君子成党，而且应该领导君子之党，甚至有责任接引君主加入君子之党。

三、为党正名：《朱子节要》尤重党论的用意

高攀龙在编纂《朱子节要》时推重朱子朋党论说，是为了在当时普遍视“党”为负面存在的形势下，借朱子之口为朋党正名。

当时朝局忌讳朋党的一个突出体现，是不仅明神宗与阁臣王锡爵等都否定“党”，连众多高攀龙的同志，在他们蒙受明神宗“结党”斥责的情况下，也以批评“党”的方式自证清白。万历二十一年（1593）三月，由吏部尚书孙鑨等推行的京官考察告竣。其时正多方疑忌臣下结党的明神宗，[①]下诏斥责吏部“专权结党”。虽然吏部上疏申辩，但神宗认为吏部“不认罪”，对其予以严惩。[②]对此，顾宪成之弟顾允成、门人史孟麟等纷纷上疏为吏部辩解，并质疑内阁首辅王锡爵徇私弄权，打压吏部。虽然这些官员后来多数被视为“东林党人”，但值得注意的是，他们此时都认为“党”是会导致王朝覆灭的负面存在：

> “党”之一字，自古小人以罗织君子，而其究至空人之国。清明之世，安得有此言也？[③]

在此基调下，他们声称吏部“正欲去人之党，而反蒙结党之名”，更何况

---

① 见本文第一节，以及前引拙文《明万历朝阁臣廷推的定制化及其影响》的论述。

② 《明神宗实录》卷二百五十八，万历二十一年三月己未，第 4790 页。

③ 陈泰来：《京察大公，中外悚服，乞洞察以扶世道、以正人心疏》，载吴亮、高攀龙等纂：《万历疏钞》卷六《国是类》，《续修四库全书》第 468 册，上海古籍出版社，1995，第 357 页。

吏部“果专权结党”，必定不会像当下这般秉公执法，得罪宦官与王锡爵等阁臣。[①] 至于由顾宪成撰写的孙鑨辞职奏疏，同样强调“党”是汉、唐、宋等王朝灭亡的“倾覆之原”。[②] 众口一词的申辩，加深了明神宗对臣下朋党已成的看法。[③] 神宗随即下诏斥责这些官员“朋谋结党”，并予以严厉处分。[④]

与此相应，被高攀龙同志者质疑徇私弄权，但得到明神宗回护的首辅王锡爵则以无党自居，并主张不要分党立派，得到神宗嘉奖。京察风波过后，王锡爵进呈长篇奏疏《恭陈泰交要务疏》，宣称“愿与大小臣工剖心涤虑”，“共成荡平正直之治”。疏中提及党争时表示，“此以彼为邪，彼以此为邪”，“即使一彼一此，一胜一负，朝廷亦止得一半人才之用”，而如果“终于两败，不但人才尽坏，亦且国体大伤”，表示自己不愿分辨所谓的“正邪”，主张兼收并蓄，不要分党立派。此外，疏中还表达了“是非”无需太过探求的态度：“是中有非，非中有是。不讲自明，愈讲愈不明。不争自定，愈争愈不定。”[⑤] 不久，王锡爵又以高攀龙等“以喜同恶异疑臣”为由，重申前说。[⑥]

《泰交疏》修复甚至提升了王锡爵因京察风波而损伤的声望。明神宗嘉许此疏“大有关于时务政体”，对王锡爵大加赞扬，称其“为国忠耿”“持论公平”，并谕令部院落实疏中建议，“以成荡平之治”。[⑦] 内阁次辅张位也推崇该疏，认为

---

① 张纳陛：《邪官巧迎当路，阴中受事铨臣疏》，贾岩：《铨臣秉公计吏，大臣挟私中伤，乞赐分别去留以快舆论疏》，《万历疏钞》卷六《国是类》，第364、360页。

② 顾宪成：《泾皋藏稿》卷一《感恩惶悚，循职披忠，恳祈圣明特赐照察，并乞休致以安愚分事疏（代孙鑨作）》，《无锡文库》第4辑，凤凰出版社，2011，第19页。

③ 在一个月前，明神宗便打算借事处分一二臣下以“预戒党众”，见《辑校万历起居注》，南炳文等辑校，天津古籍出版社，2010，第1081页。

④ 钱一本：《万历邸钞》，第737页。

⑤ 王锡爵：《王文肃公文集》卷四十一《为恭陈泰交要务，以定国论、以一政体事》，第167、170页。

⑥ 王锡爵：《王文肃公文集》卷四十五《为摅愚忠以仰裨宸断事》，第232—235页。

⑦ 见王锡爵《泰交疏》后所附明神宗圣旨，《王文肃公文集》卷四十一，第171页。

“中外之疑公而望公者，已稍稍如睹暾日，如挹春风”[①]。南京国子监祭酒陆可教更是致信王锡爵，盛誉“天下释然服老师之平”[②]。甚至王锡爵也不无自矜地表示，该疏起到了“小酬群心”[③]的作用。

然而，“群心”之中并不包括高攀龙，前述赵用贤离职事件让高攀龙认定王锡爵《泰交疏》只是政治作秀。当时王锡爵表示赵用贤与攻讦之臣“俱有不是”，建议明神宗准许赵用贤辞职、不要降处攻讦者，并表示如此堪称“至公”。[④]虽然神宗采纳了这一建议，但作为赵用贤支持者的高攀龙并不认同其“公”，因此在奏疏中宣称虽然王锡爵“《泰交》一疏，天下莫不嘉其意”，但观其所作所为，“实不胜作好作恶之私”。[⑤]而在自己与同志因“党”被斥后，高攀龙又认定这是拜王锡爵以臣下结党“挑动圣意”，“激主上之怒”所赐。[⑥]

在这种普遍视“党”为负面存在的时局下，高攀龙通过《朱子节要》的编纂，为“党”正名。一方面，高攀龙宣称朋党本身并非亡国之因，并解释前代何以因“党”亡国。如前所述，高攀龙众多同志在京察风波中，一再提及“党”是汉、唐、宋等朝代覆灭的原因。对此，高攀龙通过抄录朱子以汉、唐、北宋覆辙未远劝谏留丞相的论说加以纠正：

> 盖不察其贤否忠邪，而惟党之务去，则彼小人之巧于自谋者，必将有以自盖其迹，而君子恃其公心直道，无所回互，往往反为所挤而目以为

---

① 张位：《闲云馆集》卷十三《寿元辅荆石王公六十序》，日本内阁文库藏明刻本，第3页。

② 陆可教：《陆学士遗稿》卷十六《奉王阁下》，《四库禁毁书丛刊》集部第160册，第489页。

③ 王锡爵：《王文肃公文集》卷十《琢庵冯公墓志铭》，《四库禁毁书丛刊》集部第7册，第258页。

④ 《辑校万历起居注》，万历二十一年九月十三日甲子，第1142—1143页。

⑤ 《高子未刻稿》“御部”卷《为感事深忧，恳乞君相同心，惜才远佞，以臻圣治事》，第7—8页。

⑥ 《高子未刻稿》“射部”卷《娄江相记事》《癸巳记事》，第68、71页。

党。汉、唐、绍圣之已事，今未远也。[1]

由此可见，高攀龙借着朱子之口，强调“党”之所以亡国，在于朝廷一味地想要驱逐朋党，没有分辨何为君子党，何为小人党。高攀龙还借此宣称，如此一来，“党”容易成为小人打压君子的工具：小人遮掩自己结党营私的形迹，以“无党”示人，同时以君子“结党”挑动上意，将君子排挤出朝。解决之道，在于宰相要肩负起领导君子之党的重任，甚至敢于将君主引入君子之党。[2]结合以上对时局的论述，可以认为高攀龙抄录这段朱子论说，还有批判王锡爵以“无党”邀结明神宗，使“我辈”君子遭到排挤的用意。

或因如此，《朱子节要》为“党”正名的另一重要体现，是对得到明神宗嘉许的王锡爵《泰交疏》进行针对性地批判。如前所述，《泰交疏》主张对各派系士人兼收并蓄，不要分党立派，否则会导致“一彼一此，一胜一负”，朝廷“止得一半人才之用”，甚至如果“终于两败，不但人才尽坏，亦且国体大伤”。《朱子节要》卷八《治体》便通过抄录朱子驳斥“嘉祐、元丰兼收并用异趣之人”等论说，[3]以及希望留丞相“以分别贤否忠邪为己任”的呼吁，[4]表达了对王锡爵观点的反对。此外，卷三《致知》也有“在朝须着进君子，退小人，这是第一义”，“更无小人可用之理，更无包含小人之理”等持相反意见的论说。[5]

《泰交疏》的另一重要主张，是宣称“是中有非，非中有是，不讲自明，愈讲愈不明”，是非不必太明。对此，高攀龙借朱子之口，针锋相对地表示：“事理只有一个是非。”[6]“天下只有一是一非，是者须还他是，非者须还他非，方是自然之平。若不分邪正，不别是非，而但欲其平，决无可平之理。”[7]甚至，如果朝廷“不辨是非”，一味追求“无党”，“兼收并用异趣之人”，将会面临覆

① 《朱子节要》卷八《治体》，第9页。

② 《朱子节要》卷八《治体》，第10页。

③ 《朱子节要》卷八《治体》，第10页。

④ 《朱子节要》卷八《治体》，第10页。

⑤ 《朱子节要》卷三《致知》，第2页。

⑥ 《朱子节要》卷十《居官处事》，第4页。

⑦ 《朱子节要》卷十《居官处事》，第4—5页。

灭的命运。[①] 还可指出的是，《朱子节要》卷十《居官处事》中还有一段文字也选自《与留丞相书》，其中“于天下之议有从违，则开以诚心，而勿误以阳开阴合之计，则庶乎德业盛大，表里光明，中外远迩，心悦诚服矣”等论说，[②] 也可以视为高攀龙对其所认知的王锡爵“虽示开诚布公之意”，“实不胜作好作恶之私”虚伪作风的批评。

总而言之，高攀龙《朱子节要》推重党论，旨在运用朱子朋党论说，因应当时朝局普遍否定“党”的风气，一方面纠正同志者视“党”为亡国原因的观点，另一方面驳斥政敌以无党自居的标榜，以及不要分党立派、是非不必太明等主张，从而为朋党正名。

结　语

清代四库馆臣对于种类繁多的朱子文字选本，有一段颇为不屑的评价：“自宋以来，如《近思续录》《文公要语》《朱子学的》《朱子节要》《朱子近思录》之类，指不胜屈，几于人著一编。核其所载，实无大同异也。”[③] 本文研究表明，高攀龙《朱子节要》在众多选本中，有着推崇朱子朋党论的突出特色。这一特色既表现为抄录多篇讨论朋党与君子小人、是非邪正的文字，更体现在将朱子致信留丞相，以及评议朝臣因争俱贬等论说加以删节，保存其中直言君子有党、朝廷须进用君子党等观点，并将之抬到治国平天下之道的高度，纳为君主、宰相施政纲领，使之具有普适性的意义。

可以这样认为，《朱子节要》是高攀龙在上疏质疑王锡爵“无党”失败、身蒙“党”斥后采取的另一波抨击，运用朱子党论，对得到明神宗嘉许的不要分党立派、是非不必太明等王锡爵的政治主张进行明确的批判，并矫正此前同志视“党”为亡国原因的论调，从而为朋党正名。由此可见，作为东林士人领袖的高攀龙，不仅在心性义理论辩上着重借鉴朱子之说，在现实政治主张表达中，

① 《朱子节要》卷八《治体》，第8—10页。

② 《朱子节要》卷十《居官处事》，第1—2页。

③ 永瑢等撰：《四库全书总目》卷九十七，中华书局，2008，第827—828页。

朱子也是其重要思想资源。在此后的万历四十三年（1615），高攀龙还在朱子观点的基础上撰写《朋党说》，回应朝臣对其的弹劾。[①]

在高攀龙《朱子节要》之后，其他东林士人亦有运用朱子党论以应时局者。作为顾宪成门人与高攀龙密友的丁元荐，便在万历三十九年（1611）以朱子自况、以留丞相视当时的首辅叶向高，劝其“收拾海内正人而联其气脉”，而在遭到万历四十五年（1617）京察的革职处分时，又刻《程朱道命录》以明志。[②]然而，在经历天启朝党争挫败之后，东林士人不仅标榜“一味勤修学业”，[③]不敢言君子有党，甚至宣称有党之人不是“习气难化”，便是穷理功夫有所不逮。[④]在此情形下，朱子《与留丞相书》被东林士人批评“未为至当”，高攀龙《朋党说》也被视为“有激而发”。[⑤]朱子党论隐显与晚明政治文化生态变迁的关系，于此得到非常充分的展现。

---

① 《高子未刻稿》“御部”卷《朋党说》，第78—80页。

② 丁元荐：《尊拙堂文集》卷九《上叶相公启》，《四库全书存目丛书》集部第171册，第130—131页；卷三《重刻〈道命录〉序》，《四库全书存目丛书》集部第170册，第704—705页。

③ 吴桂森：《申订东林会约》，严瑴等辑：《东林书院志》卷二，《中国历代书院志》第7册，江苏教育出版社，1995，第32页。

④ 陈龙正：《几亭外书》卷一《理穷党化》，《续修四库全书》第1133册，第223页。

⑤ 陈龙正：《几亭全书》卷四十一《复钱御泠宗伯》，《四库禁毁书丛刊》集部第12册，第406页；《几亭外书》卷一《梁溪朋党说》，第236页。

Gao Panlong' s Acceptance and Utilization of Zhu Xi' s Factionalism Discourse
——On the Compilation History of Zhu Xi' s Essentials

Huang Youhao

Abstract: Addressing and explaining factionalism was a significant issue in the political culture of Imperial China, and it was a pressing concern that many scholars had to confront. During the Song Dynasty, scholars began to speak openly about factions, and Zhu Xi, in particular, advanced a more radical discourse on the issue of factionalism. By the late Ming Dynasty, Zhu Xi' s discourse on factionalism became an important intellectual resource for Gao Panlong, the leader of the Donglin faction. While facing accusations of factionalism and being exiled to a remote area, Panlong compiled the book *Zhuzi' s Essentials*. Among the many compilations of Zhu Xi' s writings, this book is particularly distinguished by its prominent emphasis on the advocacy of factionalism. It not only includes numerous passages where Zhu Xi discusses factionalism, the distinction between virtuous men and petty men, and the notions of right and wrong, but it also elevates Zhu Xi' s direct assertion that "virtuous men do have factions" to the level of a fundamental principle of state governance, giving it a universal significance. Panlong used Zhu Xi' s words to refute the prevailing perception of "faction" as an ominous concept and criticized the monarch and his ministers' stance that factional divisions should be avoided and that distinctions between right and wrong were unnecessary. The compilation history of *Zhuzi' s Essentials* vividly illustrates how late Ming scholars embraced and applied Zhu Xi' s theories on factionalism to respond to the political climate of their time. It offers a deeper understanding of the relationship between Zhu Xi' s political thought and the political and cultural landscape of the late Ming period.

Key words: Zhu Xi; Gao Panlong; *Zhuzi' s Essentials*; Factionalism; Late Ming Political Culture

“专释诚意之故”与“如何是诚意”

——论吕晚村的诚意诠释

李 鑫*

【摘 要】吕晚村的诚意论以“专释诚意之故”为问题的出发点，解释了《大学》何以将诚意从致知与正心的前后关联中分开独释。与此同时，他十分重视对诚意工夫实质内涵的阐发，强调诚意只是实用其力的工夫。他对诚意之“意”的理解不是泛然的心之所发，而是专指善的意，表现为好善恶恶。诚意的实质内涵即是实用其好善恶恶之力。此外，他着力辨分致知、诚意与慎独三者之间的差异，区分善恶与虚实，认为致知辨善恶，诚意、慎独只辨虚实不辨善恶。这一辨分虽然忽视了在至善的标准下，虚实也是一种善恶，但有利于划清工夫之间的界限，回应阳明学将工夫打并为一、笼统无分的问题。最后，在朱子诚意注解的“一于善”与“必自慊”之争上，吕晚村主张“必自慊”并给出了相应的义理支持。

【关键词】吕晚村；诚意；致知；慎独

吕留良（字用晦，号晚村）是明末清初著名遗民学者，其在学术上持尊朱辟王的卫道立场，对朱子学在清初的复兴颇有贡献。吕氏发明朱子的主要著作

*【作者简介】李鑫，北京师范大学哲学学院博士研究生，研究方向为宋明理学。

【基金项目】国家社会科学基金项目“朱子学综合研究”（22VRC173）。

是《四书讲义》，此书虽是对《四书章句集注》的解说，但并非以字析句解的形式，而是裒辑时文评选，故形式上较为灵活，其间多有引申发挥、自出己意者。就其对《大学》的诠释而言，吕氏尤其注重诚意，一反学者通常认为朱子学注重格物致知以至于轻忽诚意的印象。吕晚村的诚意诠释以“专释诚意之故与如何是诚意”[①]为基本问题意识。在此基础上以回应阳明学将工夫打并为一为关切，着力辨分致知、诚意与慎独三者之间的区别。最后，依照其对诚意工夫实质内涵的理解，对“一于善”与“必自慊”之争给出自己的判断。[②]

一、“专释诚意之故”

《大学》八条目本是环环相扣的有机整体，故传文（按朱子对《大学》经传的划分）总是将相邻两条目关联作解。唯独对诚意的解释，传文将其从致知与正心的前后关联中剥离出来单独解释。吕晚村十分重视《大学》文本这一独特之处，认为其中一定有作者的用意所在，这也是其诚意诠释的基本问题意识。他说：“专释诚意。人但知分出致知，不解分出正心，依各传例，当云所谓正心在诚其意者，而此章不然，盖有义也。”[③]并提示要就此章“专释诚意之故与如何是诚意”细加体会。按他的说法，将诚意从致知中分出是较易明白的，关键是为何将诚意从正心中分出。但实际上，他更加注重对诚意与致知的辨分，这在后文的讨论中将会看得更加清楚。

---

① 吕留良：《吕子评语》，《吕留良全集》第7册，中华书局，2015，第128页。

② 在学界既有研究中，王凯立对吕留良的诚意诠释有比较细致的讨论，重在揭示其述朱价值。（《朱子“诚意”话语在清初理学中的展开——论吕留良对朱子诚意思想的诠释》，《哲学门》2020年第2期。）牛磊主要就吕留良对《大学》及《中庸》所论慎独加以阐发，亦涉及相关问题。（《论吕留良对慎独工夫的疏解与阐发》，《中共宁波市委党校学报》，2023年第3期。）不过，其中也尚有进一步讨论的余地。如关于吕晚村特别强调的“专释诚意之故”的问题，以及朱子临终改诚意注究竟是“一于善”还是“必自慊”的问题，目前尚未涉及。此外，在具体诠释中，吕晚村亦与朱子存在一些不同，尚未得到充分揭示。在对吕晚村诚意诠释的具体理解中，亦有可以商讨的余地。

③ 吕留良：《四书讲义》，中华书局，2017，第38页。

朱子曾从知行的角度来为致知与诚意划界，云“致知，知之始；诚意，行之始”[①]。在朱子学中，知、行乃两事相须并进的关系。吕晚村继承这一基本看法，认为“格物致知，知也；诚意以往，行也”[②]，将八条目总体划分为知、行两节。如此，诚意与致知的相分应是基于知、行为两事的划分。《吕子评语》收录吕晚村所评点的时文，其中一条曰：

> 意之为非为是，晰之必明者，功已深于未有意之先；而意之为实为虚，行之必力者，修更急于方有意之际。故离知而专言意也。[③]

吕晚村对这条选文十分赞赏，认为“疏发所以专释诚意之故，从来无此明了”[④]。“离知而专言意”是离致知而专言诚意的简略说法。“功已深于未有意之先”意在表明诚意之前要先做格物致知工夫。只有知得义理分明，才能清楚辨分意的是非善恶。但此句表述并不恰当，致知在诚意之先，却不可说致知在意之先。格物致知并非没有意的参与，如起一个欲致知的心便已是意了。宽泛地说“未有意之先”便容易让人以为致知时没有意。后一句是在致知的基础上讲意的虚实，此时的意已是致知“晰之必明”之后的意了，意之是者是之，非者非之，故此时之意其实专指善的意。对此善的意之落实，则要在“方有意之际”，即“独”中着实用力，以落实为善去恶之意。致知知善知恶，诚意为善去恶，前者是知的工夫，后者是在知的引领下行的工夫。诚意与致知的相分仍是基于知、行的分别。

如果说诚意与致知相分是基于知、行的划分，但诚意以下皆属力行工夫，又为何要将诚意与正心相分呢？吕晚村认为：“‘诚’字中有事为在，即至‘平天下’之‘民之所好好之，民之所恶恶之’，亦只是诚意直贯到底，故‘诚意’

① 黎靖德编：《朱子语类》卷十五，中华书局，1986，第305页。

② 《四书讲义》，第9页。

③ 《吕子评语》，《吕留良全集》第7册，第128页。

④ 《吕子评语》，《吕留良全集》第7册，第128页。

一传变文独释，正为此也。”[①] 诚意不光是心性修为的概念，也包括事为举措，具有实做的指向。诚意及以下条目虽皆属于道德实践的工夫，但诚意作为“行之始”是贯穿于以下各项践行工夫中的。在此意义上，诚意是所有力行工夫中最关键的一环，有必要单独解释。陆稼书对此说得很透彻：“诚意不但与正心相连，即推而至平天下，亦皆以此为要，故下不连正心。”[②]《吕子评语》曰：

意之发而无不诚，其养存乎本体，乾惕之念固操于己所不睹不闻之中；而意之动而有诚有不诚，其介著于初几，省察之功尤厉乎人所不识不知之地。故分正而专言诚也。[③]

此条解释为何离正心而专言诚意，亦为吕晚村所赞赏。解释的思路是将正心与诚意类比于《中庸》的戒惧与慎独，以说明二者的差异。就心与意的关系而言，意乃心之所发，心是统体，是意的根源，意是心之发用，有具体的主向。若能保持心体的澄明，则所发之意自然无不诚。此条中，“乾惕之念固操于己所不睹不闻之中”本是指戒惧工夫，但借以说正心；“省察之功尤厉乎人所不识不知之地”本是指慎独工夫，但借以说诚意。[④] 之所以可以这样借用，是因为戒惧是贯穿于心之未发已发的统体性工夫，而正心工夫的对象也是作为统体性的心，二者具有相似性。慎独是在意念发动之初的省察工夫，诚意则是在心的发动处做工夫，二者都属于统体中的细部工夫，也具有相似性。不过严格来说，这种类比并不准确。《大学》正心工夫是就七情不能有所滞留讲，重在已发，《中庸》戒惧则是就己所不睹不闻处说，重在未发，两者并不相同。诚意之要虽在慎独，但慎独是诚意内部工夫，二者亦不等同。做此类比只是表明统体性的工夫与细

① 《四书讲义》，第 41 页。

② 陆陇其：《松阳讲义》，《陆陇其全集》第 3 册，中华书局，2021，第 32 页。

③ 《吕子评语》，《吕留良全集》第 7 册，第 128 页。

④ 实际上，朱子本人也表达过这种类比关系。“心，言其统体；意，是就其中发处。正心，如戒惧不睹不闻；诚意，如慎独。”（《朱子语类》第 304 页。）

部性的工夫有所不同。[1]正心与诚意便是如此。正心工夫较浅，作用范围更大；诚意工夫较深微，作用范围更收束。诚意与正心相分正是从统体中提出紧要处，突出诚意工夫的细紧与深微。

总之，诚意与致知相分是从知、行毕竟为两事的角度讲，诚意与正心相分则是因诚意相对于正心的聚焦性以及对以下工夫的贯穿性有必要突出强调。这正是吕晚村认为《大学》传文“专释诚意”的主要原因。

二、“如何是诚意”

在解释“专释诚意之故”后，需要对诚意的正面意涵进行阐发，即“如何是诚意”。朱子训“诚”为“实”，“意”为“心之所发”，诚意就是“实其心之所发”。吕晚村对“诚”的理解与朱子相同，对“意”的理解则与朱子有些差异。首先，他对《大学》与《中庸》论“诚”进行了辨分：

> 《大学》“诚”字与《中庸》“诚”字不同：《中庸》“诚”字可以单举，乃实理、实心、实德之美名也，兼《大学》“诚”“正”“修”等义。《大学》“诚”字贴定“意”字，不可单举，但作“实”字解，盖意之善不善，是致知条下事，此但说实用其力耳。[2]

这一辨分在于，指出《中庸》论“诚”兼本体义与工夫义，既可作为实理、实心、实德的另一称谓，又可含摄《大学》八条目之工夫。《大学》论“诚”只能作为动词“实”来理解，必须紧跟着“实”的对象“意”，只具有工夫义，其本身只负责实践，不负责甄别善恶。吕晚村对诚意的理解尤其突出其作为“实用其力”的工夫面向。“实用其力”一语在朱子诚意章注解中反复出现三次，吕晚村正是抓住此四字作为理解朱子诚意章注的钥匙。他说：

---

① 关于戒惧与慎独的不同，参见田智忠《不可将戒慎与慎独滚为一事——论朱子〈中庸首章〉诠释引发的争议》，《清华国学》2023年第2期。

② 《四书讲义》，第38页。

> “诚意”只是实用其力。[①]
>
> 依经文本义说“诚”字，但当体会“实用其力”四字讲。[②]

不过，以“实用其力”作为“诚意”的实质内涵还不够清楚。刘蕺山就曾质疑：“《章句》‘实用其力’，不知如何叫做实用其力？”[③]因此，还必须指出用力的方向与内容。这就涉及对诚意之“意”的理解。在这一点上，吕晚村与朱子有些差异。按照朱子的理解，作为心之所发的意有善有恶，而诚字又只是实。如此，“实其心之所发”并不能保证诚意善的价值指向，故朱子又补一句“欲其一于善而无自欺也”。[④]吕晚村虽承认“意即心之所发”[⑤]，但他对诚意之“意”的理解又非宽泛意义上的心之所发。其谓：

> 好恶，意也；实其好恶，诚意也。[⑥]
>
> 经文所谓“诚意”者，每发一意，如好恶即是意，则必实用其好恶之力，务决去、求必得，乃谓之诚。[⑦]

吕晚村特别注重从好恶来理解“意”，这与朱子稍有不同。首先，朱子对情与意有细致的辨分，认为好恶属情而非属意，如谓：“如好恶是情，‘好好色，恶恶臭’，便是意。”[⑧]情与意的区别在于情乃性之所发，意乃心之所发。性之所发自然直接，心之所发则有主向营为。朱子说：“情是发出恁地，意是主张要恁地。”[⑨]意具有主张安排的特质，情则散漫无主。宽泛地讲好恶，没有体现出主

---

① 《四书讲义》，第39页。

② 《四书讲义》，第41页。

③ 吴光主编：《刘宗周全集·学言下》第3册，浙江古籍出版社，2012，第402页。

④ 朱熹：《四书章句集注》，中华书局，2016，第4页。

⑤ 《四书讲义》，第10页。

⑥ 《四书讲义》，第40页。

⑦ 《四书讲义》，第41页。

⑧ 《朱子语类》卷五，第96页。

⑨ 《朱子语类》卷五，第95页。

向性，因而属于情。但吕晚村则将好恶理解为用力语，这就使好恶具有明显的主向性，不再是泛然而发的情。因此，他屡屡强调“好恶便是意”[1]。并且，他所谓“用力只在好恶”[2]，指的显然是好善恶恶，而不是一般意义上善恶指向不定的好恶。可以说，吕晚村对诚意之“意”作了特殊化的理解，专指好善恶恶之意，而不是宽泛的“心之所发”。由此可以推论，吕晚村对意的理解蕴含两个层次：一是一般意义上有善有恶的“心之所发”；二是专指“好善恶恶”的诚意之“意”。诚意之“意”的这一特性即已保证了诚意工夫善的价值指向，诚意的实质内涵便是实用其好善恶恶之力。

自欺与自慊是衡量诚意的标尺。对这两个范畴的理解可以加深对诚意的理解。吕晚村谓：“自欺只是不能实好实恶耳。”[3]他对自欺的这种不能实好实恶又做了两个层次的辨分：意念发得不实与行为做得不实。其谓：“‘自欺’只是发得不足、做得不尽处便是，不必说到后来掩覆也。”[4]掩覆已是自欺的显著情态。同朱子一样，吕晚村更注重追究自欺的隐微情态。所谓“发得不足”，指心所发出的为善去恶之意不够充满，属内在心理层面的不实；“做得不尽”指为善去恶的行为落实得不够彻底，属外在行为层面的不实。

自慊作为道德心灵的自我快足感，是一个着重标示诚意工夫之效验的概念，可以作为检验诚意的标准。不自慊即表明存在自欺，不自欺则必能自慊。此即朱子所谓“自欺、自慊两事正相抵背”[5]。吕晚村继承这一理解，认为“意发而实则自慊，不实则自欺”，这即是将自欺、自慊作为正相反对的关系。不过，他又认为：“‘自欺’乃不实用力之由，‘自慊’乃实用其力处，似反正一例而实两层也。”[6]这一“两层”的说法似乎与朱子“两事正相抵背”的说法相矛

---

① 《四书讲义》，第 40 页。

② 《四书讲义》，第 162 页。

③ 《吕子评语》，第 131 页。

④ 《四书讲义》，第 39 页。

⑤ 《晦庵先生朱文公文集》卷六十三，《新订朱子全书》第 24 册，上海古籍出版社，2022，第 3066 页。

⑥ 《四书讲义》，第 39 页。

盾，因此引来朱轼的批评。[①] 王凯立为晚村辩护道："一个是不着实下工夫的原因，一个是着实下工夫的结果，这是从概念的规定上来说'自欺'与'自慊'的'实两层'之意。"[②] 但以自欺为不着实下工夫的原因似乎也并不准确。吕晚村是以不能实用其力来解释自欺的含义，其中并不存在因果关系。这里的"两层"或许可以从工夫与效验来理解。"自欺乃不实用其力之由"是要人从禁止自欺处做工夫，自慊则是实用其力后自然而有的效验，"两层"是工夫与效验、过程与结果的两层关系。

三、致知、诚意与慎独

吕晚村的诚意诠释尤其注重辨分致知、诚意与慎独三者之间的区别。这一方面是出于朱子学对工夫条分缕析的学术性格，另一方面更与他强烈的辨明心学之非的学术立场密不可分。以阳明、蕺山为代表的心学家对《大学》致知、诚意、慎独等的重新诠释，整体上都有强烈的将工夫收拢为一的意图，从而导致《大学》工夫条目之间界限模糊甚至消弭。这是作为朱学学者的吕晚村所不能接受的，他强调的是"修正诚致，各有工夫，各有功效"[③]，惟其分得愈明，才能合得愈真。因此，他极力辨明致知、诚意与慎独之间的区别。

（一）致知与诚意

上节论及，吕晚村对诚意之"意"的理解专指善的意，而非泛然的心之所发。谁来保证诚意之"意"为善呢？当然只有致知。吕晚村认为：

> 致知是平日间事，平日讲究得义理善恶分明，到发念时自然当理；若不曾致知，则好所不当好，恶所不当恶，初念便不是，虽诚亦错，故不可

① 朱轼：《驳吕留良四书讲义》，《朱轼全集》第7册，复旦大学出版社，2021，第38页。

② 王凯立：《朱子"诚意"话语在清初理学中的展开——论吕留良对朱子诚意思想的诠释》，《哲学门》2020年第2期。

③ 《四书讲义》，第10页。

不先致也。[1]

吕晚村坚持致知在诚意之先这一朱子学的基本观点，认为在致知讲明义理、知善知恶之后，所发意念自然为善，好恶的方向自然正确。在此基础上，才能进一步做诚意工夫。但这只是理论上如此，现实中，人心随时都有意念的发出，在义理善恶未能明白得尽，即未能知至时，也有意的发出。不能说此时尚未知至，难以确保意为善，便不去做诚意工夫。吕晚村也认为："不是说待'致知''知至'了，方去做'诚意'工夫……但就人所知善恶，如当下之当好当恶，是非未尝不明，就此明处发为好恶之意，便当尽其好恶之力，所谓'诚意'也。"[2] 人心不是一块白板，即便未能知至时，也并非全无所知，此时应当根据人当下所知善恶发出的好恶之意，便去实用好善恶恶之力。

致知在诚意之先，诚意工夫不可等待，此皆朱子学共识。吕晚村观点的独特之处在于更加突显了致知与诚意各自的工夫要领与界限。前面曾指出，他从知、行相分的角度来解释离致知而专言诚意。在此基础上，他还有进一步的辨分：致知辨善恶，诚意辨虚实、不辨善恶。吕晚村多次强调："知善知恶，自是致知传中事，此传不及耳。"[3]"盖意之善不善，是致知条下事，此但说实用其力耳。"[4] 致知负责把定意的善恶方向，保证好所当好、恶所当恶，不至于使意的好恶方向发错了。诚意不需要对意的好恶方向再做分辨，而只需要依照知善知恶所引出的好善恶恶去实用其力。吕晚村还进一步引入意之善恶的分数之说，认为意有丝毫不善都由致知负责。《四书讲义》一条曰：

有谓"诚"字中不可兼言善恶，只或有半善而非全善，或九分皆善而一分未尽善，亦是皆要致知，"致"字极重。先生曰："诚有半善非全善，九分善而一分未尽善，此亦是致知甲里话，非诚字中话也。"或曰：十分

---

① 《四书讲义》，第 12 页。

② 《四书讲义》，第 39 页。

③ 《四书讲义》，第 39 页。

④ 《四书讲义》，第 38 页。

九分之说本朱子。曰："朱子是讲自欺，谓为善之意有不足，非指意之善恶也。"[①]

在吕晚村看来，诚意只是将善的意落实，故只能专指善的意，不能兼指善恶。意有半善非全善或九分善一分未尽善，都要由致知负责，致知的责任极为重大。这一理解遭到一些学者的批评。朱轼即批评他："若以意之未尽善俱责之致知，则诚意之功又将何用耶？"[②]王凯立也认为："吕留良将'意'之善在量上也完全归属于格物致知，这是存在理论问题的。因为诚意作为实用其力的工夫，这意味着'知至'之后意本身还是会存在不实而自欺的情况。"[③]之所以有此批评，或许是因为对吕晚村对善恶与虚实的辨分有误解。吕晚村有意区分意的善与意的实，所以他指出，朱子关于意的分数之说是指意的虚实，而非指意的善恶。意的善只是表明意发出的方向是正确的，并不包括对善意的落实。因此，致知之后，意虽善，但仍有可能不实。诚意在致知之后仍有其必要。但朱轼接着又提出了一个尖锐的问题："为善之意未足，是即不善也。"[④]善意的不实仍然是一种不善，这样，吕晚村对意之善与意之实的区分就又被拉回到意之善恶的问题。窃以为，这一质疑才道出两人分歧的关键所在。按朱轼的理解，意的善是含摄意的实的，只要还存在为善之意的不实，即表明其本身还不足够善。这是以至善为判断标准的，至善必定囊括知善与行善两方面。而吕晚村所说的意之善只是好恶方向上无误。如他屡屡说："只是日常间道理明白得尽，到发念时，自然该好者好，该恶者恶，发来不错耳。"[⑤]好恶方向无误不代表就尽了好恶。对吕晚村来说，意的善其实是知善，并不包括行善，行善恰恰是诚意要负责的问题。所以"将意之善在量上也完全归属于格物致知"并无问题，也不会取消诚意的必要性。恰恰相反，由于意的善不等于意的实，这一划分更加突显

① 《四书讲义》，第11页。
② 《驳吕留良四书讲义》，第22页。
③ 《朱子"诚意"话语在清初理学中的展开——论吕留良对朱子诚意思想的诠释》。
④ 《驳吕留良四书讲义》，第22页。
⑤ 《四书讲义》，第12页。

了诚意的必要性。在此意义上，确如学者所说：“吕留良将辨善恶从‘质’上与‘量’上都归属于格物致知，而认为诚意工夫只讲实与不实，这在‘致知’与‘诚意’之间划出一条明确的界限，从而回应了朱子晚年对“诚意”章改注时所面临的诚意工夫在‘致知’之后无法安顿的问题。”[1]不过对吕晚村来说，他严格辨分致知与诚意之界限的用意，更多还是针对阳明学将工夫打并为一。以至于他在强调二者之分界时，对意之善恶与意之虚实的关系少有论及。

在坚持致知先于诚意的同时，吕晚村特别反对以知察意。他认为，一方面，以知察意会导致知在意后用力；另一方面，对意的省察属于慎独的工夫，与致知无涉，以知察意很容易导致致知与慎独不分。后者已涉及致知与慎独的辨分，容后再论。他说：

诚意先致知，不是要“知”来监察那“意”之善恶，只是日常间道理明白得尽，到发念时，自然该好者好，该恶者恶，发来不错耳。[2]

若谓知能觉照意，使不为恶，能辨决意之疑信，则知在意后用力矣。致知是意未发时工夫。[3]

致知愈明，意念发得自然愈加正确。但我们不可能控制致知明晰后方有意的发出。如前所论，无论是否致知，总有意的发出，包括致知本身也需要意的参与。故致知虽是诚意之前的工夫，但不能说“致知是意未发时工夫”。“知在意后用力”也不妨碍致知在诚意之前用力。在这一点上，朱轼批评道：“‘致知’‘致’字固在诚意之先，若夫‘知’，则贯彻始终，虽至平天下，如何离得。”[4]这是有道理的。此外，致知能判别意的是非善恶，所谓“晰之必明”，这本身即是以知察意。故以知察意并非不能成立，只是此所察的意是善恶未判的心之所发，而非诚意之“意”。吕晚村反对以知察意，却没有自觉对意的两个层

① 《朱子“诚意”话语在清初理学中的展开——论吕留良对朱子诚意思想的诠释》。
② 《四书讲义》，第12页。
③ 《四书讲义》，第13页。
④ 《驳吕留良四书讲义》，第23页。

次作出区分，这是其诠释的疏漏之处。

（二）诚意与慎独

慎独不仅是《大学·诚意章》的一个重要范畴，在《中庸》首章亦有出现。朱子在两处的注解也高度一致，将“独”理解为“人所不知而己所独知之地”。朱子又引入“几”的概念，认为慎独即是审其几的工夫：“然其实与不实，盖有他人所不及知而己独知之者，故必谨之于此以审其几焉。”[①] 所谓“几”，在朱子哲学中是指念虑初萌的隐微状态。若仔细辨别，“独”和“几”还是有所不同的。“几”强调的是念虑初萌的时段，“独”则可包括念虑已完全萌发但尚未有形迹表露出来的状态。朱子曾说：“如与众人对坐，自心中发一念，或正或不正，此亦是独处。”[②] 这里的理解，“独”就较“几”为宽泛。若对“独”持宽泛的理解，其实就比较近于意。

吕晚村对慎独的理解虽是承朱子而来，但他更强调将“独”理解为“几”，牢牢限定在念之初发的状态。因此，他着力辨分独非意，慎独非即诚意，而只是包含于诚意中的关口性工夫。他说：

> 慎独则又传者于诚意中提出紧要关头，谓意之所以不诚，皆在初发端时有所未尽，人未见处不实用力，此属于独，即易之所谓几，乃意之起头，非意之全体；意之全体，直彻事为之终始，独只是自静而动之交接关头……独非意也，慎非诚也。后儒不明经传之旨，于诚意外添出慎独工夫固不是，误认慎独即诚意，亦不是。[③]

吕晚村将独直接等同于几，明确指出其是意之初发端、意之起头，而非意之全体。这样，独只是从属于意的一部分。慎是省察的工夫，审察意初发状态的实与不实，不实便流于恶，仍旧是在心理层面。经此意之初发时的审察，恶

---

① 《四书章句集注》，第 7 页。

② 《朱子语类》卷六十二，第 1504 页。

③ 《四书讲义》，第 41—42 页。

根便被扼杀于萌芽之中，诚便是进一步实行其善，这已说到实做的地步。因此，慎与诚也不能直接等同。由此，吕晚村认为慎独在诚意工夫之中，不能直接等同于诚意。但慎独对诚意有着决定性作用，是决定自欺还是自慊不同走向的紧要关口。他屡屡强调："实便自慊，不实便自欺，欺慊之分，独中自知，故功在慎独。"[①] 吕晚村在朱子注解的基础上更加清楚地辨分了慎独与诚意的关系，尤其是强调慎独不等于诚意，这一辨分也明显具有针对阳明学将二者混同的用意。

（三）致知与慎独

朱子以“人所不知而己所独知之地”来解释“独”，这一诠释使“独”不再是汉唐儒士理解的仅仅为闲居独处的物理空间概念，而是成为深入人心念虑之微的心理空间概念。[②] 这的确可说是“扩前圣所未发”（刘蕺山语）。不过，朱子在独字下补一知字，在阳明这里，则将独知与良知牵合起来，使独知成为良知的等义词。刘蕺山肯定阳明这一观点，明确提出独体的概念，认为“独”即是未发之中、天命之性。对独的本体化诠释使得慎独工夫成为一元的本体工夫。

针对阳明、蕺山等对“独”作本体化的诠释，吕晚村力图对“独”做去本体化处理，恢复“独”在朱子学的本来面目。他特别提醒学者注意朱子注中“独知之地”的“地”字：

> 《大学》注云“人所不知而己所独知之地”，“地”字最当玩。人每忽却“地”字，误认“知”字，遂将“独”字硬派入心体上说，将两节工夫混而为一，而于工夫次第亦先后倒乱。[③]

吕晚村特别注重对经典包括朱子注解中用字的品评。他认为，对“独”的本体化诠释是“忽却‘地’字，误认‘知’字”所造成。“地”字是一个状态

① 《四书讲义》，第 38 页。

② 陈立胜：《作为修身学范畴内的“独知”概念之形成——朱子慎独工夫新论》，《复旦学报（社会科学版）》2016 年第 4 期。

③ 《四书讲义》，第 642 页。

词，即所谓“时境”，表明“独”是时空中的一种状态，具体来说，是处于“意念初动，事为未著”的状态。“误认‘知’字”明显也是针对阳明学将独知诠释为良知。朱子所说的“独知”更近于是自我意识，是“如人饮水，冷暖自知”的“知”，与“致知”的“知”是有不同的。陈来也指出：“在朱学中，‘独知’主要是作为认知原则而不是判断原则，独知主要表示我们对某种东西有所知；在阳明哲学中，独知则主要作为判断和评价的内在原则，表示独立于意念活动的道德意识，这是二者的不同之处。”[①]通过对用字的细致辨分，吕晚村希望将“独”拉回朱子的理解，不至于使慎独与致知无别。但客观而言，如王阳明、刘蕺山等心学学者并非不知朱子对“独”的理解，在这个意义上，他们的“忽却”“误认”是有意为之，其目的是阐发心学的工夫论思想。吕晚村的辨明只是对朱子之意的再次申说，是基于朱学立场的表达，并未对阳明学构成实质的批评。不过，吕晚村认为：“若心意间别有独体，则诚意之上，又增出一条目矣。”[②]对“独”的本体化处理大大拓展了慎独的工夫地位，这样，从理论上讲，应当将慎独也作为一个单独条目加以阐发。而实际上，慎独是在传文中解释诚意时才提出的概念，仅作为诚意之关键，八条目中并没有慎独的独立位置，所谓“慎独乃传义，非圣经所有”[③]。这个批评是有道理的。

就致知与慎独的分界，吕晚村同样是从辨善恶与辨虚实来划分的。他说：

> 末句紧承“自欺”“自慊”说来，意发而实则自慊，不实则自欺，实与不实，惟自心发念时知之，此所谓独也。故此独字中只辨实不实，不辨善恶，辨善恶乃致知甲里事。[④]

在吕晚村看来，独知之“知”知的是意发得实与不实，所以说“独字中只

① 陈来：《有无之境：王阳明哲学的精神》，生活·读书·新知三联书店，2009，第193页。

② 《四书讲义》，第40页。

③ 《四书讲义》，第41页。

④ 《四书讲义》，第41页。

辨实不实"。这意味着慎独审其几的"几"是虚实之几而非善恶之几。《大学章句》解释慎独是从"然其实与不实"句说下，则慎独确乎是辨实与不实的。但这同样面临朱轼前面的质疑，实即是善，不实即是恶，在此意义上，慎独也可说是辨善恶的。吕晚村自己也说："善恶之夹杂从几中生，即其有所未尽，不实用力，便是恶之萌蘖，此际更加省察，则恶端无从而入，此之谓慎。慎有严善恶意。"① 可见，他也意识到不实用力便可能走向恶，也认为慎独是要严分善恶的，何以这里又说"独字中只辨实不实，不辨善恶"？合理的解释或许仍然是，致知辨善恶辨的是知上的善恶，是意之方向上的善恶，慎独辨虚实是在意的方向正确的前提下，意发得是否充分的问题，这本身亦可用善恶来说，但吕晚村为了区分知上的善恶，突显慎独与致知的不同，便用虚实来表达。这应当也是出于回应阳明学将致知与慎独混而不分的问题意识，因此格外强调二者的分别，只是在强调二者分别时，忽略工夫的虚实问题本身也可用善恶来表达。

前面提到，吕晚村反对以知察意。在他看来，阳明学将致知与慎独打混，正与以知察意有关。其谓：

> 若发意时加省察，此又是"慎独"，不是"致知"条下事。今人皆为认差此义，故讲"慎独"又混入"致知"，只坐将"致知"工夫，误作发动时觉察观耳。②

在阳明学中，良知对意起着道德监察的作用，能知意之是非，致知就是要发挥良知的监察作用，是要以知察意的。而在慎独中，独知也对意有觉察作用。于是，慎独便容易混为致知。吕晚村为了辨明二者界限，反对以知察意。在他看来，致知只是保证发意方向正确，并不是等意发动时再用知来觉察意的善恶。对意的省察属于慎独工夫，并且慎独省察的也只是意的实不实，而非意的善恶。但如前所述，以知察意有其合理性，诚意之前，意的是非善恶还是需要知来提供判断。以知察意也并不必然导致致知与慎独的混淆。按吕晚村的理解，慎独

① 《四书讲义》，第 42 页。

② 《四书讲义》，第 12 页。

本身也有对意的觉察，只是这种觉察不是良知的道德判断，而是独知的自我意识。吕晚村为防范致知与慎独混淆而反对以知察意，这里的关键仍然是区分两个阶段的意：诚意之前心之所发善恶不定的意，致知之后好善恶恶的意。对于前者，以知察意仍是有其必要的。吕晚村对以知察意的批评主要是就后者而言。

总之，吕晚村特别突显了致知、诚意与慎独三者之间的分界，这一方面是出于朱子学本身的学术性格，但更多的还是与他回应阳明学消弥工夫之间的界限，使工夫条目笼统不分的学术关切有关，以至于他似乎过分注重相分，而忽视了其间的关联。尤其是致知辨善恶，诚意、慎独只辨虚实不辨善恶的观点，忽略了在至善的标准下，虚实亦可用善恶来表达。他为了防范致知与慎独的混淆而反对以知察意，但忽视了对意作两个阶段的划分，没有意识到以知察意的合理性。

四、"一于善"与"必自慊"

据黄勉斋《朱子行状》、蔡九峰《梦奠记》、王白田《朱子年谱》等的记载，朱子临终前三日仍在改《大学》"诚意"章。由此带来一个备受争议的问题：朱子对经章诚意的最终注解究竟是"欲其一于善而无自欺"还是"欲其必自慊而无自欺"。此即"一于善"与"必自慊"之争。[①]这是一个朱子学内部的争论。关于这一争论，大体可从文献与义理两方面分析，而这两方面的争论，目前来说，都并未达成共识。其中义理性的争论尤其值得关注，因为其反应了朱子学内部不同的思考路向与问题关切。

吕晚村也从义理的角度论及这一争论。《四书讲义》一条曰：

> 有谓意归于一则诚，先生曰："诚字不是归一，故朱子于临卒前三日，

---

① 关于这一争论，参见许家星《论朱子的"诚意"之学——以"诚意"章诠释修改为中心》(《哲学与时代：朱子学国际学术研讨会论文集》,2011 年)；陈林《朱熹〈大学章句〉"诚意"注解定本辨析》(《孔子研究》2015 年第 2 期)；郑泽绵《诚意关：从朱子晚年到王阳明的哲学史重构》第一章（人民出版社，2022 年）等研究。

改注中‘一于善’三字，正恐后来误认也。”[①]

《四书讲义》中正面论及这一争论的仅此一条。就此条来看，吕晚村认为，朱子临终前三日修改了注中“一于善”三字，则他主张定本当为“必自慊”。这里给出的理由是：“诚”字没有归一的意思，所以定本不当为“一于善”。吕晚村对“诚”字的理解紧扣朱子以实解诚的观点。在他看来，《大学》“诚意”之“诚”只能作动词“实”来理解，是不包含价值分辨的落实。但问题是，诚作“实”解和诚作“归一”解是否一定冲突？许家星质疑道：“吕氏又辨诚无归一之意，其实朱子特别重视诚的纯一不杂意。”[②] 的确，《朱子语类》中有很多申发“诚”字纯一不杂的意思，如云：“一则诚，杂则伪。只是一个心，便是诚；才有两个心，便是自欺。”[③] 可见，朱子确实认为诚字有纯一无杂的意思。它虽不是对“诚”的正面训释，但可以作为“诚”的引申义，未必与“实”的训释相冲突，故以“归一”解诚并无问题。这样，吕晚村反对“一于善”的理由就难以成立。不过，说明“诚”字可以有归一之意，是否就能据此判断定本当为“一于善”了呢？其实仍然不能。“一于善”固然有归一的意思，“必自慊”也有归一的意思，故朱子也说“自慊则一，自欺则二”[④]。所以，关键的问题不在于诚有没有归一的意思，而是归一于什么。“一于善”归一的是善，“必自慊”归一的则是自我情感体验上的自快自足，显然，自快自足未必是合乎善的。主张“一于善”者正是据此批评“必自慊”没有突出意的道德属性，甚至可能导致小人诚于为恶也可说是诚意。不过，主张“必自慊”者未必没有同样的关切。双方其实共享同一个目标：一切工夫最终的目的是“止于至善”，这是《大学》开篇纲领即已标示清楚的。主张“必自慊”者并不是放弃了“一于善”的追求，而是有不同的安顿。

---

① 《四书讲义》，第 11 页。

② 许家星：《〈四书集注〉定本之辨与朱子晚年定见》，《中共宁波市委党校学报》2020 年第 6 期。

③ 《朱子语类》卷十六，第 338 页。

④ 《朱子语类》卷十六，第 331 页。

在《四书语录》中，吕晚村引杨廷枢之语曰：

> 若言“一于善”，则诚意竟无不是，何必致知？唯言“必自慊”，慊是快足，快足于己尽有不尽是者。故改三字最活，的系绝笔所更定无疑。①

吕晚村称赞此说“极醇”。就此可见，他们虽主张“必自慊”，但并非没有意识到“必自慊”只是指情感上的快足，未必皆无不是。他们的关切是，如果诚意是要“一于善”，则诚意已到至善，与致知没有很好地分别开。这一质疑是认为“一于善”超出了诚意的本位工夫，侵入了致知分内事。“必自慊”的主张其实是在为诚意划界，从而为致知留下应有的空间。

其实，从上节吕晚村辨分致知与诚意来看，也能得出他在义理上必将主张“必自慊”为定本。因为诚意工夫只辨实不实，不辨善恶，而自慊正是实的表现，自欺则是不实的表现，因而对诚意的解释就应当是“欲其必自慊而无自欺”。至于“一于善”的意味，在吕晚村这里，是交付于致知来承当的。唯致知求知至善之所在，而后诚意依此所知之至善去着实用力，这样致知与诚意便各有自己的本位工作，而不至于互相侵凌。朱子在注解诚意之后，紧接着注解致知、格物云：“推极吾之知识，欲其所知无不尽也……穷至事物之理，欲其极处无不到也。”② 其中，“所知无不尽”“穷至事物之理”的表述正是揭示至善之所在。诚意的道德指向完全可以由格物致知抵定，其本身则只负责落实。

钱穆亦主“必自慊”说，他的理由与吕晚村有接近之处：

> 盖必知至而后能一于善，而后意诚也，否则见理不实，欠了分数，终不能达于诚之实境。然亦不可谓我知未至，且不做诚意工夫。于此而求诚意，惟有求其表里如一，必自慊而无自欺，是亦可谓之诚意……盖“一于善”之诚，乃实理之诚。“必自慊”之诚，乃诚悫之诚。人之自修，当本吾诚悫之诚以达于实理之诚。人之为学，则必求知于实理之诚以完吾诚

① 《天盖楼四书语录》，《四库禁毁书丛刊》经部第1册，北京出版社，2000，第18页。
② 《四书章句集注》，第4页。

悫之诚。[①]

钱穆区分了两种诚，实理之诚与诚悫之诚。实理之诚是合乎至善之诚，其前提是知至，即知至善之所在。诚悫之诚只要求表里如一，自慊自足，未必合乎至善，未知至时可以当下所知善恶以诚悫为标准做诚意工夫。对于诚意之自修工夫而言，应当从表里如一、自慊自足出发以追求达到至善，这是以行促知；对于致知之为学工夫而言，应当求知至善之所在，以此指导诚意工夫，使其在至善的标准下获得自慊，这是以知统行。总之，诚意工夫的本旨只追求自慊自足，随着知的无不尽，自慊自足也在不断向着至善靠近，最终也能达至至善。

可见，以"必自慊"作为朱子对诚意的定本解释并不必然失落诚意之善的价值指向，反而更能明晰致知与诚意之间的界限，使二者各司其职又相互促进。当然，如学者所说："争议双反皆为朱子学的推崇者，所争乃自家内部矛盾，其所争朱注并无绝对对错之分，而是相对完善之别。"[②]"一于善"与"必自慊"之争正是这样的情况。争论双方其实享有一个共识：一切工夫最终都应以至善为极则！

结　语

吕晚村的诚意论以"专释诚意之故"为问题的出发点，首先考察了《大学》传文何以要将诚意从致知与正心的前后关联中分开独释。他从知行相分的角度以及诚意作为行的工夫对于其他行的工夫的紧切性与贯穿性对此问题作出了解释。他抓住朱子注解中"实用其力"一语对诚意工夫的实质内涵作出进一步解释。与朱子不同的是，他对诚意之"意"的理解不是一般意义上善恶不定的心之所发，而是专指善的意。与朱子将好恶理解为情不同，他将好恶理解为意，因其所谓好恶是指好善恶恶，有明确的主向性。这样，诚意的实质内涵就是实用其好善恶恶之力。在明晰诚意工夫的实质内涵后，他对致知、诚意与慎

---

① 钱穆:《朱子新学案》第2册，九州出版社，2011，第533页。

② 《〈四书集注〉定本之辨与朱子晚年定见》。

独三者之间的关系作出清晰的界分。致知与诚意、致知与慎独之间的界限都在于致知辨善恶，诚意、慎独辨虚实而不辨善恶。致知所辨善恶是发意方向上的善恶，而非至善意义上囊括好善恶恶所发是否充分、为善去恶是否着实的虚实意义上的善恶。慎独作为审几的工夫所辨是虚实之几而非善恶之几，诚意也是在发意方向已善的情况下辨其能否落实善意。吕晚村将慎独的“独”紧紧收在意念初发的“几”的状态，与朱子训释中“独”可以包含念虑显萌而人未觉知的含义亦有所不同。这一辨分将慎独区别于诚意，是从属于诚意的紧要关口。吕晚村虽忽略了在至善的标准下，虚实也是一种善恶，没有揭示善恶与虚实之间的关联，但这一辨分有其强烈地回应阳明学将工夫打并为一、混而不分的问题关切，有利于明晰三者工夫之间的界限，引导学者逐步笃实做工夫，避免务为笼统直截的躐等之弊。最后，对于朱子临终诚意改注究竟是“一于善”还是“必自慊”的问题，吕晚村以“必自慊”为定本，这与他强调诚意只辨虚实不辨善恶是一以贯之的。但“必自慊”并没有放弃诚意工夫最终须以至善为归宿，而是将这一任务交由致知。致知知至善之所在，诚意在至善的指示下追求自慊，便也自然达到至善。总之，吕晚村的诚意论是对朱子诚意思想的继承与推阐，又融入了朱王之争这一新的时代议题，对于理解《大学》诚意思想与清初朱王之争皆有重要意义。

“The Reason of Explaining Sincerity Specifically” and “What Is Sincerity”

——On Lyu Wancun’s Interpretation of Sincerity

Li Xin

Abstract: Lyu Wancun’s theory of sincerity takes “the reason of explaining sincerity specifically” as the starting point, and explains why the Great Learning separates and interprets sincerity alone from the context of extending knowledge and rectifying the mind. At the same time, he attaches great importance to the explication of the essential connotation of sincerity, emphasizing that sincerity is only the effort of practical application of strength. His understanding of the “will” of sincerity is not the general occurrence of the mind, but specifically refers to the good intention, manifested as loving the good and hating the evil. Furthermore, he strives to distinguishing the differences among extending knowledge, sincerity and vigilance in solitude, distinguishes good and evil from the real and the false. He believes that extending knowledge distinguishes good and evil, while sincerity and vigilance in solitude only distinguish real and false but not good and evil. Although this distinction ignores that under the standard of the supreme good, the real and the false are also a kind of good and evil, it is conducive to drawing a clear line between the self-cultivation efforts and responding to the problem of the Yangming School, combining the efforts into one and being general and indistinguishable. Finally, in the dispute between Zhuzi’s annotation of sincerity as “converge to the good” and “necessarily being self-contented”, Lyu Wancun advocates “necessarily being self-contented” and gives theoretical support.

Key words: Lyu Wancun; sincerity; extending knowledge; vigilance in solitude

从偏爱阳明到表彰朱子：钱穆宋明理学研究历程发覆

陈 勇 陈 陈*

【摘 要】钱穆是中国现代著名历史学家，以治中国学术思想史，尤其是宋明理学而名播学界。钱穆治宋明理学有一个由偏爱阳明到表彰朱子的转变过程。他早年推尊王学，用“理学之有姚江，如百川之赴海”来推赞阳明，认为在阳明手里，“理学才达顶点”。全面抗战爆发后，钱穆避地湖南衡山，于王学流弊认识加深，以后又多次通读朱子《文集》《语类》，“于朱学深有体悟”，认为朱子之学可以救王学之弊，由早年推崇王学转向表彰朱子，晚年结撰煌煌五大册的研朱巨著《朱子新学案》，最终完成了这一转变过程。本文从学术史的角度梳理钱穆研究宋明理学的心路历程，分析他对阳明学与朱子学的认识变化过程，有助于深化对钱穆宋明理学研究的认识。

【关键词】钱穆；宋明理学；阳明学；朱子学；研究历程

钱穆是中国现代著名历史学家，其治学以学术思想史为重点，涉及子学、

---

*【作者简介】陈勇，上海师范大学人文学院教授、陕西理工大学汉江学者特聘教授，研究方向为中国近现代学术思想史；陈陈，上海师范大学人文学院博士研究生，研究方向为中国近现代史学史。

【基金项目】四川省哲学社会科学重点研究基地四川思想家研究中心重点项目“钱穆与近代学人”（ZXJZX2021-001）；国家社科基金重大项目“二战后全球马克思主义史学理论文献的整理与研究”（22&ZD250）。

经学、佛学、理学、清学等众多领域，尤以治宋明理学而名著当世。目前学界对钱穆有关宋明理学的研究，或从初期宋学、北宋五子、朱子研究、阳明研究的顺序切入，作宏观层面的整体研究，① 或就他研究宋明理学某一方面的成就作专门分析，② 对他早年“偏嗜阳明”、推尊王学，到后来反思王学流弊，再到晚年表彰朱子的学术发展历程缺乏具体的研究，对钱穆民国时期朱子学研究的成就和贡献也缺乏关注，这就不容易看出他前后期研究朱子学的异同和发展变化过程。职是之故，本文从学术史的角度对钱穆宋明理学研究的历程加以梳理，对他晚年结撰《朱子新学案》之前的研朱成果，尤其是1940年代的朱子学研究亦有呈现，希望对钱氏治宋明理学的演变历程能有一个更为深入的认识和理解。

一、初论阳明学

钱穆自幼即奉宋明理学为潜修之准绳，自谓：“数十年孤陋穷饿，于古今学术略有所窥，其得力最深者莫如宋明儒……自问薄有一得，莫匪宋明儒之所赐。”③ 可见，在钱穆的学术研究中，宋明理学为一要项。不过，钱穆的宋明理学研究有一个由偏爱阳明到表彰朱子的发展演变过程，关于此点，他晚年在编辑《中国学术思想史论丛》第七册所作之序中讲得最为明白。他说：

> 余治宋明理学，首读《近思录》及《传习录》，于后书尤爱好。及读黄、全两《学案》，亦更好黄氏。因此于理学各家中，乃偏嗜阳明。民国十九年春，特为商务印书馆《万有文库》编撰《王守仁》一册，此为余于

① 如汪学群《钱穆学术思想评传》第五章“宋明理学研究”，北京图书馆出版社，1998，第129—167页。

② 关于这方面的成果有：陈代湘《钱穆的朱子心学论评析》，《中国文化研究》2001年秋之卷；徐公喜《〈朱子学提纲〉之朱子学精神》，《合肥学院学报（社会科学版）》2006年第2期；石力波《从“高明”到“粗疏”——钱穆的阳明学研究述评》，《大庆师范学院学报》2014年第1期；宋红宝《钱穆的游艺观及其对朱子游艺思想的理解》，《朱子学研究》第34辑，2020年6月，等等。

③ 钱穆：《宋明理学概述·序》，九州出版社，2010，第2页。

> 理学妄有撰述之第一书……民二十六年在南岳，多读宋明各家专集，于王龙溪、罗念庵两集深有感。余于程朱，亦素不敢存菲薄意。及民国三十三年在成都华西坝，病中通读《朱子语类》百四十余卷，又接读《指月录》全部，因于朱学深有体悟。一九五一年、一九五二年，写《中国思想史》及《宋明理学概述》两书，于旧见颇有更变。及一九六〇年赴美讲学耶鲁，始创为《论语新解》，前后三年，逐章逐句，不惮反复，乃知朱子之深允。[①]

据钱氏回忆，他早年在无锡荡口果育小学读书时就听过老师华紫翔讲王阳明《拨本塞源之论》，这是他接触王学之始。民国五、六年间，他在鸿模小学（即果育小学）任教，暑假护送学生到苏州考中学，“随身独携阳明《传习录》，于考场外客室中研玩不辍”[②]，足见他早年于理学诸家中“偏嗜阳明”所言不虚。钱氏自言早年因读黄宗羲、全祖望的《明儒学案》《宋元学案》，于两《学案》中“更好黄氏”。黄宗羲于明儒最尊阳明，其论阳明曰：

> 先生承绝学于词章训诂之后，一反求诸心，而得其所性之觉，曰“良知”。因示人以求端用力之要，曰“致良知”。良知为知，见知不囿于闻见；致良知为行，见行不滞于方隅。即知即行，即心即物，即动即静，即体即用，即工夫即本体，即下即上，无之不一，以救学者支离眩骛，务华而绝根之病，可谓震霆启寐，烈耀破迷，自孔、孟以来，未有若此之深切著明者也。[③]

黄氏推尊阳明对钱穆早年治王学多有影响。1923年秋，钱穆在无锡第三师范为学生讲《论语》，一年讲毕，成《论语要略》一书，他在书中以好恶之心来

---

① 钱穆：《中国学术思想史论丛》（七）“序”，台北东大图书公司，1979，第1页。

② 《中国学术思想史论丛》（七）“序”，第2页。

③ 黄宗羲著，沈芝盈点校：《明儒学案·师说》，中华书局，2008，第6—7页。

解释“仁”字，即取自阳明之说。[①] 钱穆早年对阳明之学的欣赏和偏爱，在他1928年完成的《国学概论》中有淋漓尽致的体现。他在书中说：

及阳明出，单提“致良知”一语，从行事着眼，而后“吾心”之与“外物”，“居敬”之与“穷理”，皆可以沟贯而无阂。盖明道、象山偏于内，其失也涵养持守而无进学，不免于空疏。伊川、晦庵偏于外，其失也记诵博览而无凑泊，不免于支离。惟阳明即本吾心之真诚发露，而一见之于行事，即知即行，相寻而长，乃可以超乎居敬穷理之上，而收心物兼济、内外交尽之功也。故言宋明理学者，濂溪、横渠究极于宇宙万物本原一派，终不免为断港绝潢。虽朱子《格物补传》之说，汪洋恣肆，汇为大观，亦复非朝宗所极。而明道“识仁”之意，至姚江出而言“致良知”，乃然后心物兼赅，体用一源，为可以无遗憾也。故理学之有姚江，如百川之赴海，所谓不达而不止者也。[②]

1929年秋，方壮猷从上海来苏州拜访钱穆，邀请他为商务印书馆“万有文库”丛书编《墨子》《王守仁》二书，钱氏应诺。第二年春，撰成《王守仁》一书，于当年10月由商务印书馆出版。《王守仁》是钱氏早年研究王阳明思想的代表作，在书中他毫不掩饰自己对阳明说的喜爱，其赞扬的程度较《国学概论》更进一层。他说：

宋明六百年理学，大体说来，宋代是创始，而明代则是结束。王守仁尤是明代学者里的重镇。到他手里，理学才达顶点，以后便渐渐地衰落了。[③]

据普通一般的见解，阳明自是偏向象山，归入惟心的一面了；其实阳

① 参见钱穆：《心与性情与好恶》，《中国学术思想史论丛》（二），台北东大图书公司，1977，第324—325、332页。

② 钱穆：《国学概论》，商务印书馆，1997，第238页。

③ 钱穆：《王守仁》，商务印书馆，1930，第1页。

明虽讲心理合一，教人从心上下工夫，他的议论，到底还是折衷心物两派，别开生路，并不和象山走着同一的路子……他在心物之间指点出一个“感应”来，这是王学的超过朱、陆处。[①]

阳明的所谓“知行合一”，岂不是北宋传下的一个“敬”字？阳明的所谓“致良知”，岂不是北宋传下的一个“义”字？但北宋以来的所谓“敬义夹持”，本来两橛的；到阳明手里，便浑化为一了。[②]

阳明把“致知”来代替了北宋相传的“集义”和“穷理”，及把“知行合一”和“诚意”来代替北宋相传的一个“敬”字。阳明只为北宋以来理学上相传难决的问题给了一个圆满的解答，他并不曾树着革命的叛旗来打倒北宋以来的前辈。而后来讲程朱的人，便要痛斥阳明，讲阳明的也要轻视程朱，却为何来？[③]

如上我们不厌其烦地引用钱穆对王学的夸赞之语，无非是想表达这样一个事实：在钱穆早年的王学研究中，他对阳明的思想和学问是无限推崇的。他甚至认为王学不属于陆九渊心学一脉，而是折衷心、物两派，别开生路，解决了宋儒遗留下来的万物一体与变化气质问题，用他的话说，“已为北宋以来理学上相传难决的问题给了一个圆满的解答”。在钱穆看来，王阳明在明代理学中的地位，就如同朱子在宋代理学中的地位一样，整个明代学术只有到了他的手中才光彩夺目，“理学才达顶点”。换言之，王阳明才是宋明理学的集大成者，他用“理学之有姚江，如百川之赴海，所谓不达而不止者也”来赞美阳明之学，对王学的偏爱、回护达到了心之所爱无以复加的地步，这与他后来对王学的批评恰成鲜明的对照。

① 《王守仁》，第 65 页。

② 《王守仁》，第 60 页。

③ 《王守仁》，第 62 页。

二、辨识朱子学与阳明学

全面抗战爆发后，钱穆随北京大学南迁，开始了长达8年流转西南的学术生涯。他先在长沙临时大学文学院任教，当时临时大学在长沙的校舍紧张，文学院暂驻南岳衡山，在山中从事讲学、著述。他为文学院师生讲过阳明哲学大义，认为王学不把“心”与“物”对立，不把内外分成两截，直透大义，反向自心，故王学的精髓处，便是“圆浑天成”直诉“自心”。这当然是对早年《王守仁》一书中观点的承继和阐发。不过，“避难衡山”的钱穆对阳明心学的流弊也在作种种思考。据钱氏晚年回忆，他每逢周六早晨，必下山至南岳市图书馆借书。当时该图书馆购有商务印书馆新出版的《四库珍本初集》，他专借宋明诸家文集，携回山中阅读，皆作笔记。其中有关王安石新政诸条，他后来在云南宜良山中写《国史大纲》时，择要录入著中。又读《王龙溪先生集》，识其讲学大要，撰成《王龙溪略历及语要》一文。读罗念庵文集，成《罗念庵年谱》一文，“于王学得失特有启悟”，是其“此下治理学一意归向程朱之最先开始”。[①] 关于这一转变，钱穆在1955年所写的《心与性情与好恶》一文中有一段话对此作了极好的注释。他说：

> 阳明的良知之学，在阳明身后，即其及门弟子间，也已引起了许多的歧见与争论。我向来读《明儒学案》，因先接受梨洲意见，比较总尊向江右，尤其是罗念庵。但在民国二十六年，避难居南岳，始获读《念庵全集》，拿来与《龙溪集》细心对读，我才感到念庵存心在挽救阳明学后起之流弊，而到底非阳明学之真骨髓，真嫡血。龙溪说法，尽可生流弊，但阳明学之真精神，似乎龙溪是经过耳提面命，日常亲炙的，我们还该得细参。[②]

---

① 钱穆：《八十忆双亲·师友杂忆》，生活·读书·新知三联书店，1998，第209页。

② 《心与性情与好恶》，第336页。

在南岳山中，钱穆与哲学家冯友兰讨论过程朱理学问题。当时冯氏完成《新理学》的写作后，向友人同道征求意见，其中就有钱穆。据钱穆回忆，一天傍晚，冯友兰来到他的居处，把《新理学》手稿送给他披览，盼其批评。钱穆读完全稿后，告诉冯氏："理学家论理气必兼论心性，两者相辅相成。今君书，独论理气，不及心性，一取一舍，恐有未当。又中国虽无自创之宗教，其对鬼神亦有独特观点，朱子论鬼神亦多新创之言，君书宜加入此一节。今君书共分十章，鄙意可将第一章改作序论，于第二章论理气下附论心性，又加第三章论鬼神，庶可使新理学与旧理学一贯相承。"① 后来冯友兰在修改书稿时，采纳了钱穆的部分意见。不过冯氏认为朱子论心性，无甚新意，所以冯著论朱子思想时，仍不谈心性。

如上所言，钱穆"避地衡山"时对阳明之学的流弊有了初步思考，对程朱理学的精义有了稍深的认识。到1940年代前期居成都华西坝时，他对程朱理学有了进一步认识。认识的加深主要缘自他当年首次通读《朱子语类》一书。钱穆曾自言他"真懂得朱子，则已在五十岁那年，病中细读《朱子语类》，而得见晦翁之大与精"。②"五十岁那年"即1944年，当时在成都华西大学任教的钱穆，因患胃病达数月之久，遂于病中细读《语类》，"不敢遗勿一字"。钱穆晚年在《师友杂忆》中这样回忆道：

> 及稍痊，已春尽夏来，尚不能下楼，遂于楼廊置一沙发，日间卧其上，聊事阅读。向楼下索取《朱子语类》最后有关讨论宋代政治者各卷，逐条翻阅。……《朱子语类》全书一百三十卷，获在楼廊上全部读完，是为余通览《语类》全部之第一次。……暑假移居灌县灵岩山寺。又向寺中方丈某僧借读《指月录》全部。此数月内，由于一气连读了《朱子语类》及《指月录》两书，对唐代禅宗终于转归宋明理学一演变，获有稍深之认识。③

---

① 钱穆：《八十忆双亲·师友杂忆》，第209—210页。

② 《心与性情与好恶》，第325页。

③ 《八十忆双亲·师友杂忆》，第251页。

钱穆通读《朱子语类》后对朱子学问以及宋明理学的了解更加深刻，此后他多次言及通读后的感言是，“于朱学深有体悟”，“自觉于宋明理学，又薄有长进”；“因之于宋明儒所论，续有窥悟”。[①]1944年9月，钱穆在《思想与时代》第三十六期发表《辨性》一文，把儒家论性分为孔孟、《易》《庸》、程朱、陆王四派四个时期分别论说，文中对人有良知，草木瓦石之类是否亦有良知进行过讨论。阳明说：“人的良知，就是草木瓦石的良知。若草木瓦石无人的良知，不可以为草木瓦石矣。”[②]钱穆对此分析道：

此等说法似近象山之宇宙唯心论，然实皆朱子所已言，惟在朱子言之较无病，在阳明言之，则甚觉其牵强。朱子就物论性，近《易》《庸》，阳明就心论性，近《论》《孟》。若就物论性，尽可说性外无物，枯槁木石死物皆有性。若就心论性，却不能说心外无物，不能说枯槁木石物皆有心。性为人物所兼有，心则人类所独灵。就性言，则人物平等，各自有一性，会合言之，是一理，亦可说物我一体。若就心论之，或有心，或无心，或心灵，或心蠢，人物已不平等。再说物我一体，如阳明以上诸条之所说，则循此推演，上天下地。惟我独尊，有不为狂禅之归者几希？若就孟子原来议论，只就人心善端推扩出去，则亲亲而仁民，仁民而爱物，果从此观点而说天地万物一体，亦尚无不可。惟要说成天地万物本属一体，则势必从宇宙外面说来，即宋儒所谓从气的方面说之方得也。濂溪《太极图说》，即属此路，故为象山所不喜，至横渠《西铭》，二陆兄弟与朱子亦曾驰书相辩。大抵陆氏主从心上推扩而见其如此，朱子则主从物上穷格而见其如此。此两条路截然分明。今阳明唱说良知，自是偏属孟子、象山一路，而其议论，时不免夹杂了程朱见解。如此等处，正是王学自身之病痛。阳明见为象山粗，其实阳明则几成为妄矣。故从人生实践言，孟子之说本极平实，就哲理玄学言，象山之说似尚较允。而阳明之发挥象山，则未尽其功

① 《宋明理学概述·序》，第2页。

② 王阳明：《传习录》下，《王阳明全集》卷一《语录》，线装书局，2012，第187页。

能也。[①]

又说：

> 大抵《孟子》重在即心见性，一切从人心人事上推扩。《中庸》则重在因物见性，一切从天行物理上来和会。《孟子》切实简易，《中庸》阔大恢宏。《孟子》由内以及外，《中庸》举物而包人。这是显相殊异的两条路。晦翁偏近《中庸》，阳明偏近《孟子》。惟此两人似乎都承认《孟子》《中庸》自有障隔，因此晦翁常要牵拉《孟子》到《中庸》一边去，阳明又常要牵拉《中庸》到《孟子》这边来。因此两家的思路便不免各生几许罅隙与漏洞。大抵晦翁讲宇宙方面，思路较完密，但其所谓理，则规范的意味重，推动的力量薄，平铺没气力，落在人生方面，使人感觉到一种拘检与散漫疲弱无从奋力之感。故朱子定要在心上做工夫。亦可谓宇宙之主宰在理，而人生之主宰则在心。要之在太极之外还须自立一人极。即横渠所谓为宇宙立心，为生民立命也。故朱子阐发孔孟，多尊二程，而仍必兼尊濂溪、横渠，其意在此……阳明在人生方面言之，若亲切易简，当下可使人用力向前，此乃其长处。但要把心来包罗宇宙万物，又嫌唐大不实，在理论方面太单薄，牢笼不住。此则王学之所短。但此处亦并非谓《孟子》《中庸》两条路，竟不能会通和合，只是说朱子在此方面工夫较深，阳明则工夫较浅。若更求圆融浑成，更求简易明白，更求少流弊误解，则实宜从朱子方面进而求之耳。[②]

应当说，钱穆上述两段对朱子、阳明论性的评论还算公允、客观，他并没有采取非此即彼的二元对立方法肯定一方，否定一方，而是认为两者均有长处和短处。不过钱穆此时也有倾向性意见，即朱子在会通和合方面的工夫较阳明

---

① 钱穆:《辨性》,《中国学术思想史论丛》(五)，台北东大图书公司，1978，第254—255页。

② 《辨性》，第255—256页。

深，今后若要更求圆融浑成、简易明白，更求少流弊误解，则应该从朱子所论工夫方面进而求之。钱氏这一看法与他早年推尊阳明在方向上已有了较大修正。

钱穆在早年著作《王守仁》中提出王阳明不属于陆九渊心学一系的新见，认为阳明的主张是“折衷心物两派，别开生路，并不和象山走着同一的路子”。但1940年代他由王转朱，其评论大变，把阳明重新划归象山一脉。他在大约撰于1942年的《象山龙川水心》一文指出：“阳明良知学，最先立脚在人生实践上，很近象山。后来要迈进宇宙论范围，也就窒碍丛生了。”[①]在1948年写成的《朱子心学略》一文中说：“朱子未尝外心言理，亦未尝外心言性，其《文集》《语类》，言心者极多，并极精邃……只有朱子，把人心分析得最细，认识得最真。一切心学的精彩处，朱子都有。一切心学流弊，朱子都免。识心之深，殆无超朱子之右者。”[②]在晚年结撰研朱巨著《朱子新学案》中说陆学中合理的，朱学亦有；不合理的，朱学则免；陆学没有的，朱学亦有，甚至言“朱子学可包象山，象山说却不易推到朱子”[③]。这说明他前后期对程朱、陆王地位的评价有了根本性的变化。

再以钱穆评论阳明晚年思想《拔本塞源论》为例。《拔本塞源论》是阳明《答顾东桥书》之后幅，入《传习录》中卷。钱穆在1930年出版的《王守仁》一书中对此文有极高的评价，称这是王学里一番重要的贡献，“篇中所论，虽未必尽当于史实；但可以说是良知学者的一种乌托邦。较之古代的《礼运篇》，及北宋张横渠的《西铭》，其议论之宏大而精密，尤为远过。文中骨干，正面是天地万物一体之仁，反面是功利之私，仍不出北宋以来理学家相传天理人欲之辨。而内圣外王，有体有用，举凡政治、教育、道德、才能，莫不一以贯之，实足悬为将来人类社会所永远追求的理想”[④]。1954年，钱穆对《王守仁》一书进行修订，易名为《阳明学述要》，于次年由台湾正中书局再版。他在修订中把“较之古代的《礼运篇》，及北宋张横渠的《西铭》，其议论之宏大而精密，尤为远

① 钱穆：《象山龙川水心》，《中国学术思想史论丛》（五），第264页。

② 钱穆：《朱子心学略》，《中国学术思想史论丛》（五），第131、157页。

③ 钱穆：《朱子新学案》（上册），巴蜀书社，1986，第397页。

④ 《王守仁》，第78页。

过”这种肯定性的评价删去，在其尾增入“阳明此论，似乎朱子的《大学章句序》已先发其端”一句。[①]随后抄录《大学章句序》原文以作比较。钱氏在这里一删一增，删去的是早年推崇的评价，增加“朱子《大学章句序》已先发其端”一句，其意重在强调阳明此说实受朱子的影响，这已表明由王转朱后的钱穆对朱子的推崇了。

钱穆晚年归宗朱子后，他对朱子的评价远过陆、王，在1983年出版的《宋代理学三书随札》中，他称：“陆象山论学最主心，明代王阳明继之。陆王之学，亦称心学，均偏重存养。朱子则存养与格物穷理并重，始为内外交尽，心物并重，得儒家孔孟之正传。《中庸》所谓尊德性道问学，惟朱子为得其全。”[②]这与他早年“及阳明出，单提‘致良知’一语，从行事着眼，而后‘吾心’之与‘外物’，‘居敬’之与‘穷理’，皆可以沟贯而无阂”“惟阳明即本吾心之真诚发露……而收心物兼济、内外交尽之功”的评价截然异趣，相悬天隔。有学者用从“高明”到“粗疏”来评价钱穆治阳明学的心路历程，分析他治王学前后期的异同，这是很有道理的。[③]

三、结撰《朱子新学案》

钱穆早年治宋明理学，虽然偏爱王学，但并不菲薄程朱。在1928年完成的《国学概论》第八章《宋明理学》中，他对朱子之学的精义就多有阐述：

> 南渡以下，挺生朱子，而宋学乃臻极盛。朱子学于延平李侗，号为得洛学正传。论其学风，则于伊川尤近。大要亦主“涵养须用敬，进学则在致知”二语，而侧重致知一边。此其所由与伊川尤似者也。然朱子辨析益精，推衍益详，自致知之说，进而为格物，转而为穷理，虽一本小程之

---

① 钱穆：《阳明学述要》（大字本），九州出版社，2016，第82页。

② 钱穆：《宋代理学三书随劄》，生活·读书·新知三联书店，2002，第143页。

③ 参见石力波：《从“高明”到“粗疏”——钱穆的阳明学研究述评》，《大庆师范学院学报》2014年第1期。

意，而开展精辟，面目又变……盖朱子信心甚强，于《四子书》尤毕心尽力，遂以信古者为自信，熔铸众说，汇为一炉。言其气魄之远大，议论之高广，组织之圆密，不徒上掩北宋，盖自孔子以来，好古博学，殆无其比。而又能以平实浅近之途辙，开示来学，使人日孳孳若为可几及。于是天下响风，而宋学遂达登峰造极之点。①

抗战全面爆发后，钱穆避地南岳，读王龙溪、罗念庵二家文集，“于王学得失特有启悟”，深信朱子可以救王学之弊，其学术研究的重心开始由王学转向朱子，在南岳衡山与冯友兰讨论朱子论心性、论鬼神问题，对朱子思想的精义有了进一步认识。1940年代，钱穆发表了《朱子学术述评》《朱子心学略》《周程朱子学脉论》等文，1950年代在香港，又写有《朱熹学述》《朱子读书法》《朱子与校勘学》等文，对朱子的思想、学术有更加细致、精到的阐述。

1964年钱穆从香港新亚书院辞职，潜心于朱子学的研究。当年9月29日他在致杨联陞的信中道出了他晚年撰写《朱子新学案》的原因：

此两月来，从头细读《朱子文集》及《语类》，拟写《朱子新学案》一书，此乃穆自写《中国近三百年学术史》时已有此计划。自朱子以来逾七百年，而学者困于门户之见，非争朱陆，即争汉宋，于朱子学术思想之“真”与“全”则绝少有人加以探讨。黄、全《学案》，疏略已甚，而朱子一案则更甚。王白田穷一生之力，为朱子作《年谱》，钩稽考索虽勤，而识力不足以副。其着眼处，几乎只在是朱非陆，而不知朱子遇象山时，其学术思想大体固已树立，今专着意在反陆一面，则何从得朱子之真与全……穆有意以三年精力为朱子作一《新学案》，不仅专为朱子，亦为中国理学史与经学史在其大关键处有所阐述。②

---

① 《国学概论》下册，第219—222页。

② 钱穆：《致杨联陞书》，《钱宾四先生全集》第53册《素书楼余渖》，台北联经出版事业公司，1998，第219页。

从钱穆给杨氏的信中不难看出，他对王懋竑的《朱子年谱》和《朱元学案》中的《晦翁学案》均是不满意的。王氏《年谱》钩稽考索虽勤，但“识力不足以副”，于朱子思想演变转进之深微处，皆不能有所见；又囿于“是朱非陆”的立场，门户之见甚深，难得朱子之真。对于《晦翁学案》他更不满意，对《学案》疏漏的批评屡有道及。他说：“黄梨洲为《明儒学案》，其书阐扬王学，颇见精采。晚年有意为《宋元学案》，既非夙所究心，殊难胜任愉快。其子百家主一承其家学，以王学余绪衡量两宋，宜于不得要领。全祖望谢山本于理学寝馈不深，又濡染于李穆堂之偏见，其修补黄氏父子之《宋元学案》，所费工力甚为深博，然于平章学术，考镜得失，则多有偏阿。于陆学则每致回护，涉及朱学，则必加纠弹。其语散见，不易察觉。治理学者每先窥此书，凭之入门，而不知其已引导入于歧途。非惟不足升堂奥，亦将无以窥门墙。”[①]可见，对《学案》《年谱》皆不甚满意，是钱穆晚年撰写《朱子新学案》(以下简称“《新学案》”)的一个重要诱因。

在钱穆看来，研究朱子学的基本方法就是“一本朱子原书称述朱子”[②]。所以，他研究的第一步就是从头到尾研读朱子的著作。朱子书可分为两大类，一为自著书，如《四书集注》《周易本义》等，一为《文集》《语类》。钱穆特别重视读《文集》《语类》，据他自道，他一生系统读《文集》《语类》约有三次，第一次通读《朱子语类》是在抗战时期的四川成都，时间是1944年春夏。第二次通读则是20年后的1964年，这年7月，钱穆又将朱子《文集》《语类》通读一遍。此次通读用心在《文集》上，读《语类》费时仅2月。1965年7月，钱穆去吉隆坡马来亚大学讲学，课暇之时，专读《语类》，这是他系统通读全书的第三次，阅读的重心在朱子义理精微及其全部思想之体系与组织上。钱穆把《文集》《语类》常置案头，时备研寻。他边读书边摘录书中要旨，并加以分类，共得三千余条。这三千余条涉及范围极广，几乎包括朱子学术的各个方面。1966年2月，钱穆因不适应南洋湿热气候而提前返回香港，正式开始了《朱子新学案》的撰写。1967年10月，钱穆回台北定居，在素书楼新居中继续埋首写作。

---

① 《朱子新学案》(上册)，第159页。

② 《朱子新学案·例言》(上册)，第3页。

至1969年11月，《新学案》全稿完成。在全稿杀青的第二年，他又撰《朱子学提纲》一长文冠于书首，为全书之总纲。1971年9月，钱穆这部晚年撰写的五大册的研朱巨著由台北三民书局印行出版。

在宋明理学家中，钱穆对朱子推崇备至，认为朱子不仅集北宋以来理学之大成，而且集孔子以下学术思想之大成，在中国学术思想史和文化史上，只有孔子能与之相提并论。《新学案》开篇即言："在中国历史上，前古有孔子，近古有朱子，此两人，皆在中国学术思想史及中国文化史上发出莫大声光，留下莫大影响。旷观全史，恐无第三人堪与伦比。孔子集前古学术思想之大成，开创儒学，成为中国文化传统中一主要骨干。北宋理学兴起，乃儒学之重光。朱子崛起南宋，不仅能集北宋以来理学之大成，并亦可谓其乃集孔子以下学术思想之大成。此两人，先后矗立，皆能汇纳群流，归之一趋。自有朱子，而后孔子以下之儒学，乃重获新生机，发挥新精神，直迄于今。"[1] 所以钱穆认为，仅仅把朱子作为一个哲学家、思想家来研究是远远不够的，还应从经、史、文学、杂学各个角度去梳理朱子，才能展现朱子之学的全貌。[2] 在《新学案》中，钱穆对朱子治经学评价甚高，认为朱子以理学大师而岿然为经学巨匠，其经学业绩，在宋、元、明、清四朝中，无人能够超越。于史学也颇多注意，认为朱子训释之精、考据之密，不让乾嘉诸儒。又以《诗集传》《楚辞集注》《韩文考异》三书为例对朱子治文学的贡献大加表彰，还从格物、游艺之学的角度对朱子的"杂学"作了细致梳理。[3] 在钱穆看来，朱子对各家学说能加以融会贯通，其治学有吞吐百家、汇纳众流的恢宏气魄，所以朱子学说的伟大之处，并不在朱子自己个人的创见，而是在治学中体现出现出来的融会贯通、海纳百川的气魄。他以朱子治儒家思想为例说，朱子思想的最大贡献，"不在其自己创辟，而在能

① 《朱子新学案》(上册)，第1页。

② 关于钱穆研究朱子学的具体贡献，可参阅陈勇《钱穆的朱子学研究》,《宜宾学院学报》2015年第5期。

③ 钱穆把朱子之学超出经史文学之外的统称为"杂学"。在他看来，朱子的"杂学"主要包括游艺之学、格物之学两项，所以他在《新学案》最后一部分以"朱子格物游艺之学"为题专门讨论了朱子"杂学"的内容。

把他理想中的儒学传统，上自五经四书，下及宋代周、张、二程，完全融成一气，互相发明……他在中国思想史里独尊儒家，在儒家中又为制成一系统，把他系统下的各时代各家派，一切异说，融会贯通，调和一致。此非朱子气魄大，胸襟宽，条理细密，而又局度开张，不能有此成就。”[①] 钱穆对朱子学术、思想进行了全方位、多角度、多层面的系统研究，克服了研究者由于专业所限在治朱子学术、思想时所出现的片面性和狭隘性。他从经、史、子、集各个角度去阐发统摄朱子学术，为人们展现出了一幅百科全书式的人物肖像。钱穆晚年潜心朱子学研究，以述朱、阐朱、尊朱为己任，他曾在马来亚大学讲学时写下了“晚学得新知，汇百川而归海；忘年为述古，综六艺以尊朱”的对联，表达了他晚年以“尊朱”为其一生学术归趋的志业宏愿，随着精心结撰的《朱子新学案》的完成，他最终完成了由早年推尊王学到晚年归宗朱子的转变。钱穆晚年之所以大力表彰朱子，“综六艺以尊朱”，正是因为朱子学术有吞吐百家，汇纳众流的气魄，这与他向来追求的“尚通不尚专”的治学风格有相近之处。所以钱穆晚年表彰朱子，以述朱、阐朱、尊朱为其学术的最后归趋，其用意就在这里。[②]

四、结语

钱穆治宋明理学，有一个由推崇阳明到表彰朱子的发展变化过程。他早年喜读阳明《传习录》，又深受黄宗羲《明儒学案》阐扬王学的影响，故于宋明理学各家中“偏嗜阳明”。钱穆对王学得失和流弊的反思始于全面抗战之后，当时他在南岳衡山读王龙溪、罗念庵二家文集，“于王学得失特有启悟”，以后多次通读朱子《文集》《语类》，“于朱学深有体悟”，最后推尊朱子，于王学多有批评。钱穆晚年居港台时对朱子学的精义多有阐发，撰成五大册的皇皇巨著《朱子新学案》，最终完成了“综六艺以尊朱”的学术宏愿。钱穆晚年虽然以述朱、阐朱、尊朱为职志，但对陆王之学也不失尊重，对阳明之学尤为欣赏，他把陆王之学视为理学中的“别出之儒”，把阳明视为别出儒中“尤别出者”，对陆王

① 钱穆：《朱子学术述评》，《中国学术思想史论丛》（五），第162页。

② 参见郭齐勇、汪学群：《钱穆评传》，百花洲文艺出版社，1995，第195页。

之学在儒学中的地位给予了充分的肯定，并没落入“尊朱黜陆”“是朱非王”的窠臼中而不能自拔。不过，钱穆始终认为“别出之儒”虽然特呈精彩，却无法代替儒学的整体，他要继承的则是北宋以来综汇经、史、文学的儒学传统。[①]在他看来，朱子对中国学术、文化的贡献不仅仅表现在思想上，他在经学、史学、文学等方面均有突出贡献。更重要的是，朱子对各家学说能以海纳百川的胸怀加以融会贯通，表现出了吞吐百家、汇纳众流的恢宏气魄和伟岸的精神气象。用钱穆的话说，朱子之学“可谓是欲以综汇之功而完成其别出之大业者”[②]。他对朱子会通融合的“综汇之功”极为推崇，再三致意，称“中国学术史上，中晚时期，只有朱子一人，综合了经、史、子、集四部之学。一面加以分析，一面加以综合。分之则极其圆，无一处不到。合之则极其通，无一处不达。批评各家短处，而无不兼采其长。酌取各家长处，而无不避免其短。真所谓即物而格，而无不到其极处，而又能豁然贯通了。后人尊之以为孔子之后之唯一集大成者，朱子诚可当之而无愧”[③]。这就是钱穆在宋明理学家中极力推崇朱子的原因，与牟宗三把朱子判为“别子为宗”、“歧出”之旁枝截然相异。[④]

---

① 参见余英时：《钱穆与新儒家》,《犹记风吹水上鳞——钱穆与现代中国学术》，台北三民书局，1991，第 68 页。

② 钱穆：《中国学术通义》，台湾学生书局，1976，第 84 页。

③ 《中国学术通义》，第 132 页。

④ 关于钱穆、牟宗三治朱子学之异，可参阅陈勇、陈艺瑞：《钱穆与牟宗三的交往及治朱子学之异》,《四川师范大学学报（社会科学版）》2021 年第 4 期。

From favoring Yangming to Honouring Zhuzi Doctrine: A Review of Qian Mu' s Research process on Song-Ming Neo-Confucianism

Chen Yong Chen Chen

Abstract: Qian Mu is a renowned historian in modern China, famous for his work on the History of Chinese Scholarly Thought, especially in the field of Song-Ming Neo-Confucianism. Qian Mu' s study of Song-Ming Neo-Confucianism went through a development process from favoring Yangming to praising Zhuzi. In his early years, he respected Wang' s Doctrine, and praised Yangming with the saying that "Yao Jiang' s Doctrine is to Neo-Confucianism, like hundreds of rivers flowing into the sea" . He believed that in the hands of Yangming, "Neo-Confucianism reached its pinnacle." After the outbreak of the full-scale war of resistance against Japan, Qian Mu avoided Hengshan, Hunan Province, and deepened his understanding of the shortcomings of Wang' s Doctrine. Later, he read The *Complete Works of Master Zhu Xi* and *Categorized Conversations of Master Zhu Xi* many times, and "was deeply aware of Zhuzi Doctrine" . He believed that Zhu Xi' s learning could save the drawbacks of Wang' s Doctrine . He shifted from the early promotion of Wang' s Doctrine to honouring Zhuzi Doctrine. In his later years, he compiled elaborately a brilliant five-volume work on 'Respecting Zhu' entitled *New Case Studies of Zhuzi*, which finally completed this transformation. This article sorts out Qian Mu' s mental journey in studying Song-Ming Neo-Confucianism from the perspective of academic history and analyzes the changes in his understanding of Yangming and Zhuzi Doctrine. It helps to deepen the study of Qian Mu' s study of Song- Ming Neo -Confucianism.

Key words:Qian Mu; Song-Ming Neo-Confucianism; Yangming Doctrine; Zhuzi Doctrine; Research process

海外朱子学研究

丁愚潭对李栗谷人心道心相为始终说的批判

谢晓东 *

【摘　要】从李退溪的基本立场出发，丁愚潭批评了李栗谷的人心道心相为始终说。他认为该说对人心、道心的概念规定存在三个致命错误：第一，通过气之掩与不掩来规定人心道心的做法；第二，人心人欲说；第三，道心是本然之气说。以此为基础，作为人心道心思想关系的一种处理模式的相为始终说就存在难以克服的困境，因而是不合朱子立言之本义的。应该说，愚潭的这些批评是非常有力的。愚潭在反驳栗谷的同时，还维护了退溪的基本观点，即理发气发的二重区分。退溪和栗谷人心道心说的基本差异的根源在于对理气强弱之看法不同。

【关键词】丁愚潭；李栗谷；人心道心相为始终说；朱子

17 世纪晚期以来，韩国儒学中岭南学派和畿湖学派之间出现了激烈的相互批评。本文所要研究的是岭南学派的愚潭丁时翰（1625—1707）对畿湖学派领袖李栗谷（珥，1536—1584）的人心道心相为始终说的批判。这种批判是站在岭南学派主帅李退溪（滉，1501—1571）理气互发说的基本立场上，对其理

* 【作者简介】谢晓东，厦门大学哲学系教授、哲学博士，主要研究方向为东亚儒学、儒家伦理学和政治哲学。

【基金项目】国家社科基金重大项目“明清朱子学通史”（21&ZD051）。

论对手的反击。在丁愚潭看来，栗谷的辩论对手成牛溪（浑，字浩原，1535—1598）的理论功底比较弱，因而没能很好地替退溪辩护。相反，他还随着栗谷的脚跟打转。就此而言，他是代牛溪立言。[①]关于愚潭对栗谷相关思想的批判，韩国内外的学者进行了比较细致的研究，其中李明辉和金洛真的颇具代表性。[②]遗憾的是，他们并没有聚焦于愚潭对栗谷之人心道心相为始终说的批评。而这，正是本文所要处理的。

《古文尚书·大禹谟》中的“人心惟危，道心惟微，惟精惟一，允执厥中”被称为“十六字传心诀”，它形成了东亚儒学道统论以及人心道心问题的文献根据。可以说，在东亚儒学对人心道心问题的长达七八百年历史的探讨中，开花在中国的宋明理学中，而结果却在韩国儒学（朝鲜李朝性理学）那里。在韩国儒学中，出现了一批专论人心道心问题的论文，也出现了关于人心道心问题的一系列辩论。而这些现象，在宋明理学中都是不曾出现的。众所周知，四端七情问题是韩国儒学的枢纽性问题。人心道心问题最初是成牛溪为了证明李退溪理气互发说的真理性而引入到和李栗谷的四端七情论辩中的。不料，其后该问题却转变为栗谷和牛溪论辩理气关系时的主要论题。就此而言，成、李的论辩重心由四七之辨转变为人心道心之辨。其后的三四百年间，分别以李退溪和李栗谷为精神领袖的两大学派继续就人心道心问题展开论战。其中，李退溪关于道心人心范畴和四端七情范畴是平行同构的论断，[③]对韩国儒学中的人心道心问

① “惟其学问才辨，无以究极先生之本意，而折难乎栗谷所言之得失。反以先生之论，援附栗谷之说，殊不知其如水火冰炭之不可以相入。此所以辨论虽多，而终莫能自脱于栗谷范围之中者也……故窃不自揆妄，欲有意于论辨。”［韩］丁时翰：《愚潭集》，［韩］民族文化推进会编：《韩国文集丛刊》第126辑，景仁文化社，1996，第314页。

② 李明辉：《朱子性理学与韩儒丁时翰的四端七情论》，黄俊杰等编：《东亚朱子学的同调与异趣》，台湾大学出版中心，2006，第209—278页；［韩］金洛真：《愚潭丁时翰的四端七情论》，载民族与思想研究会编《四端七情论》，姜日天等译，林月惠、李明辉中文编校，台湾“中央研究院”中国文哲研究所，2019，第163—196页。

③ “人心，七情是也；道心，四端是也。非有两个道理也”。［韩］李滉：《答李宏仲问目》，《退溪先生文集》卷三十六，［韩］民族文化推进会编《韩国文集丛刊》第30辑，景仁文化社，1998，第310页。

题起到了“定调”的作用。[①]“论断”的术语表明其只是一种宣称，而未能提供理由予以证明。相对而言，李栗谷对人心道心问题有明确的论证和鲜明的观点。就此而言，其人心道心说在韩国儒学的人心道心思想中居于中心地位。基于此，笔者首先就对李栗谷的人心道心思想进行了系统的考察和反思，[②]其后还研究了栗谷的支持者韩南塘（元震，1682—1751）的人心道心思想。[③]因而，本文分析栗谷的反对者愚潭[④]对其人心道心相为始终说的批评，或可视为笔者研究韩国儒学中人心道心问题的必要组成部分。

一、李栗谷人心道心相为始终说的基本内容

人心道心相为始终说是李栗谷的极有影响力的学说，该说是他在1572年和成牛溪的辩论过程中形成的。

（一）提出背景

1559—1566年，李退溪和奇高峰（大升，1527—1572）展开了韩国儒学史上的首次四端七情大辩论。退溪的基本观点是理气互发说，而高峰则反对理发说。两人的基本观点是通过四端七情这对范畴来阐发的：第一，四端与七情是异

---

① 林月惠：《异曲同调：朱子学与朝鲜性理学》，台湾大学出版中心，2010，第294页。

② 谢晓东：《人心道心相为始终说是李栗谷的最终定论吗？》，《中国哲学史》2015年第2期，第112—119页；《李栗谷对人心、道心的诠释》，《学术月刊》2015年第11期，第26—34页；《李栗谷〈人心道心图说〉中的“图”纠错》，《中国哲学史》2017年第1期，第114—120页。

③ 谢晓东：《韩南塘论道心人心之关系》，《厦门大学学报（哲学社会科学版）》2016年第6期，第31—40页；《正本清源：韩南塘对人心道心问题的系谱学考察——以对李退溪道心人心理气互发说的批评为中心》、《东岳论丛》2017年第9期，第18—27页；《韩南塘的人心道心思想研究》，《栗谷学研究》2016年第32辑，第141—180页。

④ 金洛真也指出：“愚潭的四七论，可谓退溪去世后出现的第一个有份量的‘栗谷批判论’。”［韩］金洛真：《愚潭丁时翰的四端七情论》，民族与思想研究会编：《四端七情论》，第194页。

质的还是同质的两种情感？第二，七情是否蕴含着四端？第三，理是否是可以活动的存在？[①] 对这些问题，退溪的回答是：理具有某种活动性，四端和七情是异质的两种情感，故而七情并不蕴涵四端。而高峰的答案则和退溪的针锋相对，他严守朱子的理不活动的立场，故而理发是不可能的；四端和七情都是气发，故而是同质的情感；四端是善情，而七情是情感的总名，故而四端包含在七情中。退溪和高峰去世之后的1572年夏天，牛溪和栗谷重新启动了四端七情问题，从而掀起了韩国儒学中关于该问题的第二波高潮。在此次论辩中，牛溪为退溪辩护，而栗谷则引高峰为同调。

在牛溪看来，退溪和高峰所辩论的论题是理气问题，他把退溪的观点概括为"理气互发"，而高峰则不赞成理发的说法。或许牛溪认为，退、高透过四端七情范畴去证明各自的理气观，作为一个核心论据的四端七情范畴，已经被两人发掘殆尽。可能受到退溪晚年在四端七情和道心人心之间画等号的判断的启发，也可能是牛溪自己发现朱子在《中庸章句序》中所阐发的道心人心话语，是证明退溪的理气互发说的新论据[②]，总之，牛溪决定开辟新战场——道心人心——作为新论据去证明退溪的理气表述，"理发而气随之……气发而理乘之"[③]。于是，人心道心问题就和四端七情问题结合起来了。

（二）基本内容

基于成牛溪的挑战，栗谷开始了对人心道心问题的思考，从而提出了"人心道心相为始终说"。其基本内容如下：

---

① 李明辉：《四端与七情：关于道德情感的比较哲学探讨》，华东师范大学出版社，2008，第277—278页。

② "浑于退溪之说，常怀未莹。每读高峰之辨，以为明白无疑也。顷日读朱子人心道心之说，有或生或原之论，似与退溪之意合，故慨然以为，在虞舜无许多议论时，已有此理气互发之说。则退翁之见，不易论也。"［韩］成浑：《与栗谷论理气第二书》，《牛溪集》卷四，［韩］民族文化推进会编：《韩国文集丛刊》第43辑，景仁文化社，1996年再版，第90页。

③ ［韩］李滉：《答李宏仲问目》，《退溪先生文集》卷三十六，第310页。

心一也，而谓之道谓之人者，性命形气之别也。情一也，而或曰四或曰七者，专言理兼言气之不同也。是故，人心道心不能相兼，而相为终始焉。四端不能兼七情，而七情则兼四端……人心道心相为终始者，何谓也？今人之心，直出于性命之正，而或不能顺而遂之，间之以私意，则是始以道心，而终以人心也。或出于形气，而不咈乎正理，则固不违于道心矣。或咈乎正理，而知非制伏，不从其欲，则是始以人心，而终以道心也。盖人心道心，兼情意而言也，不但指情也。七情则统言人心之动，有此七者。四端，则就七情中择其善一边而言也，固不如人心道心之相对说下矣。且情是发出恁地，不及计较，则又不如人心道心之相为终始矣。乌可强就而相准耶？今欲两边说下，则当遵人心道心之说。欲说善一边，则当遵四端之说。欲兼善恶说，则当遵七情之说。①

毋庸讳言，李栗谷的人心道心论述直接针对的是李退溪“人心，七情是也；道心，四端是也”的观点，这可以从他的“乌可强就而相准耶”的反问中清楚呈现出来。退溪认为道心人心与四端七情之间具有平行对应性，成牛溪也视人心道心与七情四端为平行而同构的两个问题，而栗谷则试图否定这种平行对应关系。笔者判断，这应该就是栗谷人心道心说的问题意识所在。不管是在其前说人心道心相为始终说还是后说道心为主人心听命说中都是如此。

从东亚儒学的角度来看，栗谷此处所表述的人心道心之间具有一种相为始终的关系的思想，是颇有特色的。其要点有二：第一，人心、道心是对立不可并存的；第二，人心、道心可以相为始终。就第一点来看，栗谷声称：“人心道心，相对立名。既曰道心，则非人心。既曰人心，则非道心。”② 从逻辑上看似乎可以得出一个结论：人心道心之间不存在交集。或许，有人会质疑我的这个结论过于匆忙了，故而请再看以下两则材料。“人心道心皆发于性，而为气所掩

① ［韩］李珥：《答成浩原·壬申》，《栗谷全书》卷九，［韩］民族文化推进会编：《韩国文集丛刊》第 44 辑，景仁文化社，1989，第 194 页。

② 《答成浩原·壬申》，《栗谷全书》卷十，第 201 页。

者为人心，不为气所掩者为道心。”[①]“为”和“不为”的说法至少表明了人心与道心的针锋相对，而接下来的陈述则可以说是水落石出了。“情虽万般，夫孰非发于理乎？惟其气或掩而用事，或不掩而听命于理，故有善恶之异。”[②]在栗谷那里，道心人心与四端七情都是情。上述两则材料虽然有主动语态和被动语态的差别，但是合在一起意思是非常清楚的，即道心人心在道德价值上是对立的，也就是善和恶。当然，指出道心人心之间是对立的，不存在逻辑上的交集，这并不是栗谷的核心目标。或者毋宁说，道心人心对立说只不过是他的一个工具。与此同时，栗谷并没有忘记要否定李退溪所开启的道心人心 / 四端七情平行同构说。在他看来，“四端只是善情之别名，言七情则四端在其中矣，非若人心道心之相对立名也”[③]。可见，从逻辑上看，七情包含四端。而这和人心道心之间不可并存的、非此即彼的关系，其差别是一目了然的。不难发现，栗谷在此处把人心理解为人欲了，从而道心人心之关系等值于天理人欲之关系。人心人欲说和二程的学说是一致的，[④]但是却和朱熹的晚年定论[⑤]判若云泥。至于第二点人心、道心可以相为始终，简单地说就是，由于意的作用，人心与道心可以相互转化。“意”是儒家哲学中的一个重要概念，其文本出处是《大学》中的“诚意”。朱熹把“意”解读为“心之所发”[⑥]，从而某种程度上就区别于性发为情。元儒胡云峰根据他所理解的朱子思想概括出“性发为情”“心发为意”这么两个命题，[⑦]从而再次凸显了“意”的地位。栗谷反对退溪认为道心人心与四端七情

---

① 《答成浩原·壬申》，《栗谷全书》卷九，第 195 页。

② 《答成浩原·壬申》，《栗谷全书》卷九，第 195 页。

③ 《答成浩原·壬申》，《栗谷全书》卷十，第 201 页。

④ 二程说道：“人心人欲，道心天理”。[宋]程颢、程颐：《二程外书》卷二，《二程集》，中华书局，2004，第 364 页。明道也说道：“‘人心惟危’，人欲也。‘道心惟微’，天理也。”《河南程氏遗书》卷第十一，《二程集》，中华书局，2004，第 126 页。

⑤ “‘人心，人欲也’，此语有病。虽上智不能无此，岂可谓全不是。”[宋]黎靖德编：《朱子语类》卷七十八，中华书局，1986，第 2010 页。

⑥ 朱熹：《四书章句集注》，中华书局，1983，第 3 页。

⑦ “性发为情，其初无有不善；心发为意，便有善有不善。”胡云峰：《四书大全·中庸章句大全》页 8 下，《文渊阁四库全书》，第 205 册，第 12 页。

是平行同构的两个问题的观点，其主要支撑之一就是引入了意的因素，[①] 从而区别于对手仅仅从情的角度考察道心人心的立场，所以他就得出了“盖人心道心，兼情意而言也，不但指情也”的观点。在朱学系统中，四端七情都属于情，故而属于性发。而道心人心是从心上切入的，故而也可以理解为心发。根据“心发为意”的前提，推出人心道心蕴涵着意，或许也是说得通的。故而栗谷以为，“情是感物初发底，意是缘情计较底，非情则意无所缘”[②]。由于意的卷入，人心道心之间似乎就安装了一道自动门，可以自由转换了。

（三）问题意识

在高峰和退溪的辩论中，其实前者就曾经说过：“论人心道心，则或可如此说；若四端七情，则恐不得如此说。”[③] 后来，栗谷也说过类似的话：“人心道心，可作主理主气之说。四端七情，则不可如此说。以四端在七情中，而七情兼理气故也。”[④] 现代的研究者也曾注意到，李退溪的理气互发说可以从朱熹的人心道心说中找到很有力的支持。[⑤] 看来，栗谷应该是意识到了：强调“或原或生”的人心道心说，确实更容易为退溪学派提供用来证明四端七情理气互发的有力武器。[⑥] 于是他就试图证明人心道心和四端七情之间存在明显差异，故而不是

---

① 或许，栗谷也受到了权近的影响，因为后者曾经说道：“道心属情，难见，故微；人心属意，欲坠，故危。”（[韩]权近：《入学图说·天人心性分释之图·心》，[韩]裴宗镐编：《韩国儒学资料集成》上册，延世大学校出版部，1996，第6页）当然了，他们的差别也是非常明显的。

② [韩]李珥：《圣学辑要》，《栗谷全书》卷二十，第457页。

③ [韩]奇大升：《高峰上退溪四端七情说》，《高峰集》（三册）第3辑，景仁文化社，1988—1989，第102页。

④ 《答成浩原·壬申》，《栗谷全书》卷十，第202页。

⑤ 陈来：《东亚儒学九论》，生活·读书·新知三联书店，2008，第31、40页。

⑥ “今看《十图·心性情图》退翁立论，则中间一段曰：‘四端之情，理发而气随之，自纯善无恶；必理发未遂而掩于气，然后流为不善。七者之情，气发而理乘之，亦无有不善。若气发不中而灭其理，则放而为恶云。究此议论，以理气之发，当初皆无不善。而气之不中，乃流于恶云矣。人心道心之说，既如彼其分理气之发，而从古圣贤皆宗之，则退翁之论，自不为过耶。”[韩]成浑：《与栗谷论理气第一书·壬申》，《牛溪集》卷四，第89页。

平行对应的两组问题。李栗谷仓促之间提出的这个学说，存在明显的理论漏洞。而这些漏洞大多被愚潭所发现，因而遭到了严厉的批评。

二、丁愚潭对栗谷人心、道心概念的三项批评

1696年，丁时翰撰写了《四七辨证》一文。[①] 该文一共分成四十一项批评以及一个总论，其对栗谷之批判主要集中在以下三点。“首言人心道心相为终始，中言发之者气所以发者理，终言理通气局。”[②] 可见，本文集中考察愚潭对李栗谷人心道心相互始终说的批评，也是具有明显的文本依据的。在愚潭看来，人心道心相为始终说是栗谷的代表性学说，故而以此作为批评的靶子。愚潭的第一段文字是批判总纲，表达了这么几层意思：第一，退溪和朱子、舜是正方，代表理气分言；而罗整庵和栗谷是反方，批评从理气分言道心人心。换言之，栗谷和整庵有学术上的渊源。第二，以两个“其曰”引用栗谷的话，而以“不可”和“非”表达了自己对“人心”一词的理解，从而批驳了栗谷把人心理解为人欲的错误。第三，人心道心相为始终说是对人心道心之关系的错误理解。为了论证的便利，我把第一点作为论文的第五部分，而把第二点作为第二部分的论述中心，最后一点作为第四部分处理的对象。

（一）反驳栗谷通过气之掩与不掩来规定人心道心的做法

栗谷非常重视气这个概念。前文引用过他的一种看法：“人心道心皆发于性，而为气所掩者为人心，不为气所掩者为道心。”应该说，类似的话语多次出现，比如，“圣人有忧焉，乃以情之直遂其性命之本然者，目之以道心，使人存养而充广之。情之掩乎形气而不能直遂其本然者，目之以人心，使人审其过不

① 李明辉：《朱子性理学与韩儒丁时翰的四端七情论》，黄俊杰等编：《东亚朱子学的同调与异趣》，台湾大学出版中心，2006，第212页。

② ［韩］丁时翰：《愚潭集》卷八，第351页。

及而节制之"[①]。虽然这两处关于人心的特性，即是被气所掩还是"掩乎形气"，用词略有区别，但意思是完全一致的。在他看来，人心道心的性质都是情，因而是性的产物。而形气和气的表述虽有异，但似均属于主动作为的一种力量。应该说，这和栗谷的理气论中对气的规定是一致的，即气是有作为的积极主动的一方。气本身的作为决定了发于性的情表现为道心还是人心。

对此，愚潭予以了坚决批评。"每以人心道心滚合为一说，以为同出于本然之性，而以掩乎形气者谓之人心，以不掩乎形气者谓之道心。此非虞舜命名、朱子注释之本意也。"[②]可以说，这段话直接表达了对栗谷的上述陈述的不认可。在愚潭看来，既然朱子明确规定了人心道心的普遍性，所以，"夫上智不能无人心，则上智之人心，初不掩于形气，而以其从形气而生，故名之以人心。下愚不能无道心，则下愚之道心，虽发于气禀所拘之中，而以其本体之明有未尝息者，故名之以道心。初非以形气之掩与不掩，分言人心道心也"[③]。从朱子的角度来看，愚潭对人心、道心的理解更为合理。而更致命的是，以气之掩来从本体论上规定人心会导致更加严重的后果。正如构成引用的栗谷的材料所表达出来的：人心就具有了"过不及"的特点。而我们知道，"过不及"在儒学话语中意味着恶，栗谷这就把人心和恶直接联系了起来。应该说，愚潭的这个批评是非常犀利的。在他之后，韩南塘也曾在《人心道心说》中批评栗谷的这个观点："遂以人心为掩于形气，道心为气不用事。人心可善可恶，则不可直谓之掩于形气。凡情之发，莫非气发，则道心不可谓气不用事耳。"[④]无独有偶，南塘的理论对手李巍岩（柬，1677—1727）也对此有过类似的质疑："食色，天性也，循理而发者，是人心之善者。而此易掩于形气，故谓之危也。若已直掩于形气，则全是人欲也。先生于此，无所辨别，而一切以掩于形气者为人心，此一疑

① 《答成浩原·壬申》，《栗谷全书》卷十，第 204 页。文中的黑体字"过不及"乃笔者所加。

② 《愚潭集》卷七，第 331 页。

③ 《愚潭集》卷七，第 331 页。

④ ［韩］韩元震：《人心道心说》，《南塘集》卷三十，［韩］民族文化推进会编：《韩国文集丛刊》第 202 辑，景仁文化社，2000，第 145 页。

也。”[1] 和成牛溪辩论之时，栗谷确实是把人心污名化了，故而更多地把人心看作是恶，于是人心就和道心相互对立，这和其人心道心相为始终说是内在一致的。这是因为，人心道心相为始终说必须预设人心道心相互矛盾的前提。[2]

（二）反驳人心是人欲说

在东亚儒学里，认为人心是人欲的观点并不罕见。栗谷的人心道心相为始终说，就是这样认定的。对此，愚潭予以了坚决反击。他明确指出，“不可以人心为人欲”[3]。至于不可以的理由，他是这样认为的，即人心和人欲是两个完全不同的概念。至于其不同之处，他的看法是，“盖人心虽有危机而本无不善，不可谓之私欲故也”[4]。说人心从根本上本无不善是退溪的基本观点，作为退溪后学的愚潭自然继承了此点。从现实表现来看，人心并非是不善的。“且夫人心之为名，初非不善。只以从形气而生，有惟危之几。故精察而用功，使不至于过不及而已。非谓初出于变理之气，有过不及然后谓之人心也。”[5] 也就是说，人心不具有“过不及”的性质。而人欲的本来含义是私欲，是天理的对立面，故而是恶的。基于此，他批评了李栗谷在相为始终说的描述中涉及人心的部分。“其曰出乎形气，拂乎正理，而知非制伏，不从其欲云者，乃是人欲汩乱以后大段着力之事，非若精察用工于惟危之几者也。”[6] 也就是说，栗谷所描述的人心其实是人欲。至于人欲，只需要克服即可，根本不需要做“精察”之类的工夫，这就是新儒学中的基本命题“存天理、去人欲”所要求的。此外，愚潭认

---

① ［韩］李柬：《与玄彦明·丙申》，《巍岩遗稿》卷七，［韩］民族文化推进会编：《韩国文集丛刊》第 190 辑，景仁文化社，1997，第 370 页。

② 就此，李明辉和林月惠等人，都有具体而微的分析。参见林月惠：《异曲同调：朱子学与朝鲜性理学》，台湾大学出版中心，2010，第 319—320 页；李明辉：《李玄逸的四端七情论与‘道心、人心’问题》，吴震主编：《宋代新儒学的精神世界——以朱子学为中心》，华东师范大学出版社，2009，第 246 页。

③ 《愚潭集》卷七，第 319 页。

④ 《愚潭集》卷七，第 317 页。

⑤ 《愚潭集》卷八，第 342—343 页。

⑥ 《愚潭集》卷七，第 317 页。

为另一个向度“终以人心”的说法也是似是而非的:“其曰今人之心，直出于性命之正，而或不能顺以遂之，间之以私意云者，乃是理发不遂而掩于气，道心灭息之致，不可云终以人心。”[1] 在他看来，分明是终以人欲而不是人心。应该说，在此点上愚潭的头脑是清醒的。他最后总结道:“虞舜所言人心，只以惟危言之。后来朱子之训，亦以为人心不可谓之人欲。而栗谷论辨之际，必以情胜欲炽者为人心，殊未可晓也。”[2] 愚潭特地从舜和朱子那里去寻找依据，从而批评栗谷的意见。应该说，这些批评，都是非常在理的。和笔者对李栗谷的人心道心相为始终说的批评，也是比较接近的。

(三)反驳道心是本然之气的观点

李栗谷在人心道心相为始终说中还提出了道心是本然之气的观点他给牛溪的第六封书信里有如下内容:“以道心为本然之气者，亦似新语。虽是圣贤之意，而未见于文字。”[3]“气之本然者，浩然之气。浩然之气，充塞天地，则本善之理无少掩蔽。此孟子养气之论所以有功于圣门也。”[4] 应该说，栗谷对道心是本然之气的提法是比较自信的。在他看来，本然之气就是孟子所说的浩然之气。当浩然之气流行之际，纯善的理就完全呈现出来。对于心来说，这就是道心。对此，愚潭是不认可的。其批评的要点如下:

第一，本然之气和浩然之气是同构的，都是人的工夫的产物，不是自然存在的。但是，栗谷却似乎认为本然之气和人的工夫无关。基于此，愚潭认为栗谷的观点是站不住脚的。“本然之气，谁使复之乎?至于孟子所云浩然之气，乃是集义所生。而集义之功，能使气质之偏浊者，变化消融。配义与道，浩然充塞于天地之间。然后本善之理，无少掩蔽。今只言浩然之气，不言集义所生配义与道，而据云本善之理无少掩蔽者，亦没巴鼻矣。”[5] 应该说，李栗谷的道心

---

① 《愚潭集》卷七，第 317 页。

② 《愚潭集》卷七，第 335 页。

③ 《答成浩原》,《栗谷全书》卷十，第 210 页。

④ 《答成浩原》,《栗谷全书》卷十，第 211 页。

⑤ 《愚潭集》卷八，第 342 页。

属于本然之气的观点，确实有考虑欠周之处。这就意味着表现性理于心中的道心成了一个纯粹的气概念，这既不符合朱子的思路，也和栗谷本人的气发理乘一途说相互冲突。此点后文会继续分析。

第二，道心是本然之气的观点的实质是“认气为理”。“认气为理”这个标签不是什么新事物，李退溪也曾经把它戴在奇高峰头上：“以气顺理而发为理之发，则是未免认气为理之病。”[①] 现在，愚潭又把这顶帽子原封不动地转送给替高峰辩护的李栗谷。“统言心则心固合理气，而以人心道心对举分言，则主理而不杂乎气者即是道心。是以《朱子答蔡季通书》论清明纯粹之气，亦谓但能不隔乎理而助其发挥，不可便认以为道心而欲据之以为精一之地。由此观之，则今以道心为本然之气者，分明是认气为理，自创新语，而未见其合于圣贤之意也。”[②] 需要指出的是，愚潭此处所引的朱子和蔡季通的书信的权威性有限，笔者曾经证明过该信的问题所在。[③] 如果按照栗谷的立论逻辑，道心是本然之气，而道心又是性命的体现，于是道心和性理的联系在某种意义上就被切断了。愚潭认为道心和四端类似，都是理发的产物，因而本身都是主理的。但是，栗谷却对此说釜底抽薪，认为道心是气发理乘。正如有识者所云，气发理乘一途说在解释人心道心之异上，或许有困难。[④] 可能出于这个原因，栗谷又提出了道心是本然之气而人心是所变之气的观点。可见，他纯粹使用气的概念就实现了对道心和人心的新规定。而这，在坚决主张理的纯粹性（理“在气而不杂于气”[⑤]）的愚潭看来，就是认气为理了。而且，“认气为理”还有一个不可欲的后果出现——新儒学的复性的思路就遭到了根本的颠覆，即由复性转变为复气。

最后，愚潭再次运用了诉诸权威的方法，他认为道心是本然之气的观点也

---

① ［韩］李滉：《答奇明彦·论四端七情第三书》，《退溪先生文集》卷十七，第 432 页。

② 《愚潭集》卷八，第 338 页。

③ 谢晓东：《朱子〈文集〉与〈语类〉中几则重要材料年代新考》，《中国哲学史》2014 年第 1 期；《正本清源：韩南塘对人心道心问题的系谱学考察——以对李退溪道心人心理气互发说的批评为中心》，《东岳论丛》2017 年第 9 期，第 18—27 页。

④ 杨祖汉：《从当代儒学观点看韩国儒学的重要论争》，台湾大学出版中心，2005，第 238 页。

⑤ 《愚潭集》卷七，第 320 页。

是不合圣贤的立言宗旨的。相对于前两点来说，这其实算是一个结论性的看法。“盖其所谓理气不相离者，非真有见于理气之不相离也，只是认气为理。至以道心为本然之气，故终始迷昧于理【气？】字上。其言本原之体者，鹘囵笼罩，都没紧要。其言发见之用者，专主气字，更不言理。一向逞气骋辩，恣诋前贤。有若莠之乱苗，紫之乱朱。使从古圣贤相传之心法，既明复晦。”[①] 从义理上看，如果存在本然之气的概念，那么理的价值和意义确实就变得可疑了。“而此又于理气上，力言本然二字。专以本然理气之顺变，为分言人心道心之宗旨。夫虞舜所谓人心道心，即此理堕在气质以后事。理堕在气质以后，则仲尼元气之外，虽颜子之春生，孟子之秋杀，亦不可以本然之理乘本然之气为言……若果如此则只说一气字足矣，从古圣人何必惓惓勉人以求仁穷理之学也耶？”[②] 从思维经济的角度来看，本然之理的概念是多余的。根据朱子在天为理在人和物为性的说法，理本纯善，其就是本然的东西。就此而言，本然之理的“本然”二字可以视为赘语。

应该说，愚潭对李栗谷的人心、道心概念所作的批评，大体上是比较恰当的，也和笔者以往的相关研究结论一致。

三、愚潭对人心道心相为始终说的批评

如果说第二部分是对人心、道心两个范畴的概念探讨，那么接下来要探讨的就是人心、道心之间的关系了。在李栗谷之前，流行三种人心、道心关系的模式，即以二程为代表的道心人心对立说，以朱子为代表的道心为主人心听命说以及罗整庵的道心人心体用说。而栗谷所阐发的人心道心相为始终说是道心、人心对立模式里的一个类型。对于该说，愚潭是很不以为然的。

（一）否定相为始终说是兼情意而言的说法

栗谷反对退溪认为道心人心与四端七情是平行同构的两个问题的观点，其

① 《愚潭集》卷八，第355页。愚以为，上述引文【 】的理字应该是气字之误。

② 《愚潭集》卷八，第343页。

主要支撑之一就是引入了“意”的因素，从而区别于对手仅仅从情的角度考察道心人心的立场。笔者此前试图对栗谷引入“意”观念予以同情地理解，指出其既有学理层面的考虑，也有现实辩论立场需要的非学理层面的考虑。但是，李栗谷引入“意”的做法遭到了愚潭的断然否定。“至于人心道心所以得名者，各指其从形气原性命而直出者为言。初安有计较底意思，而与情之发出恁地者有异也耶？”①也就是说，愚潭从人心、道心立名的根据处否定了引入“意”的必要性。他认为，道心、人心是理气分别直接发出来的，都是情，根本就没有计较的意思。应该说，愚潭的这个批评是有分量的。栗谷后来放弃人心道心相为始终说，也和其不当引入“意”的反省有内在关系。遗憾的是，愚潭对此仅仅提出了一个论断，而未能提供进一步的证明。对此，我们也不必苛求愚潭。其实，说道心人心是否兼意，都是基本预设。愚潭直接挑战了栗谷相为始终说的一个基本前提，从论辩的角度来说，还是比较有力的。

（二）相为始终说的困境

在愚潭看来，相为始终说存在难以克服的困境。“且所谓人心亦道心者或可矣，而道心亦为人心之说则误矣。圣人之心，虽从形气而生，而其发也，莫不中节，则人心听命于道心，可以言人心与道心为一矣。至于不肖者情胜欲炽之后，则道心灭息，已流于恶矣，何可谓之道心亦为人心乎？”②换言之，天理、人欲或许可以相为始终，因为二者之间是直接对立的非此即彼的关系。而道心、人心之间的关系不是天理人欲之间的关系，因为人心不是人欲（虽然自人心也可以堕落为人欲），所以可以说道心转化为人欲，但是不能说转化为人心。③人

---

① 《愚潭集》卷七，第318页。

② 《愚潭集》卷七，第335页。

③ 沙溪金长生（1548—1631）或许是第一个对李栗谷的人心道心相为始终说予以怀疑的人，愚潭反对道心可以转化为人心的思路也同于前者。沙溪明确指出：“‘有发于人心而为道心者，有发于道心而为人心者’云云。‘发于人心而为道心’则可，‘发于道心而为人心’则似未稳。若以道心而转为人心，则即为人欲也……未知如何？”（［韩］金长生《上龟峰宋先生》，《沙溪先生文集》卷二，［韩］民族文化推进会编：《韩国历代文集丛书》第224册，景仁文化社，1999，第131页。）感谢翰林大学的李海任教授提醒我注意此点。

心是可善可恶的，即人心是合善恶的，则其作为始终说的“终”就是没有意义的。因为作为“终”的必须是善恶确定的，要么道心（天理），要么人欲，而不能是什么合善恶的两可之物。就此而言，栗谷所提出的人心、道心相为始终说，始以道心而终以人心的“终”是虚说，而始以人心而终以道心的“终”才是实说。虚说是没有意义的，实说才有意义。当然，栗谷在该说中确实是把人心视为人欲，就此是可以谈道心人心（人欲）相为始终说的。但正如以上研究所指出的那样，此说既是对朱子人心、道心概念的误解，也是他要和退溪存心立异从而反驳退溪 / 牛溪在四端七情 / 道心人心之间确立的同一性的理论意图相关。

（三）相为始终说不是人心道心之立名的本义，也和朱子的本意矛盾

在韩国儒学中，朱子具有极大的权威性。比如，宋时烈（尤庵，1607—1689）就曾经被问过这样的一个问题：“退溪之说，与栗谷迥然不同，取舍最难矣，公意则谁从？”他的回答是：“不问退溪与栗谷，而同于朱子者从之，不同于朱子者不从而已。”[①] 因而从论证的角度来看，说某种观点和朱子的不一致，是证明该观点不正确的捷径。对此，愚潭运用得可谓非常娴熟，这里仅举一例。“且此书中首言人心道心相为终始者，似违朱子相对说下之本意，而此又以四七之情固不如人心道心之相对说下为言。盖其排比立论之际，意在引彼喻此，以明四端七情之不可相对说下，而不自觉前后之言自相迳庭。”[②] 此处愚潭就搬出了朱子的权威，指出人心道心相为始终说不合其本意。可以发现，愚潭对此处的批评也不大肯定，故而使用了“似违朱子相对说下之本意”中的“似”字。在我看来，愚潭此处的批评非常牵强。栗谷分明是说人心道心是相对立言的因而善恶分明的，且四端七情也不是非此即彼的，而是四端包含在七情中。因而，栗谷强调道心人心和四端七情不是同一结构。所以他是前后一致的，并没有愚潭所指责的“前后之言自相迳庭”。这个例子说明，愚潭的批评也有不相应之

---

① ［韩］宋时烈：《遗事》，《宋子大全》卷二百一十二，［韩］民族文化推进会编：《韩国文集丛刊》第 115 辑，景仁文化社，1993，第 132 页。

② 《愚潭集》卷七，第 318 页。

处，甚至有为批评而批评之处。

四、理气强弱：道心人心思想分歧之根源

行文至此，还有一个问题需要解决：愚潭对李栗谷的人心道心相为始终说的批评的根源是什么呢？或者说，退溪 / 愚潭和李栗谷的人心道心学说不同的根源何在？

（一）理气互发说 VS. 气发理乘一途说

“四端是理之发，七情是气之发”[①]是李退溪的理气互发说的文本依据。对于退溪的理气互发说，李栗谷是不以为然的：“退溪之病，专在于互发二字。”[②]故而，对于退溪的气发理乘和理发气随这么两个命题，他反对后者而赞同前者。而且栗谷还前进了一步，认为只存在一个统一的气发理乘命题，[③]这就是著名的气发理乘一途说。从哲学的角度来讲，理气互发说和气发理乘一途说都是形而上学命题。从东亚儒学的角度来讲，对于上述命题，可以分别从性、情和心的视角去证明。在李退溪和奇高峰的辩论中，退溪就从义理之性和气质之性、四端和七情这两个战场来证明自己的观点的合理性；在成牛溪和李栗谷的辩论中，战场扩大到了道心人心问题。从论证的角度来讲，形而上学命题是论点，而性、情和心这三大心性论论域则属于论据。对此，李栗谷说得非常清楚：“盖气发理乘一途之说，推本之论也。或原或生，人信马足马从人意之言，沿流之论也。”[④]“或原或生”讲的是人心道心问题，既可以视其为本体论层面的气发理乘一途说的推论，也可以视其为该观点的一个支撑。三个论据各自支撑着论点，而论据之间也构成了相互依赖的关系。理解了这一点，我们就会明白，李栗谷

---

① 《朱子语类》卷五十三，第 1297 页。

② 《答成浩原》，《栗谷全书》卷十，第 204 页。

③ “天地之化，吾心之发，无非气发而理乘之也。”（《答成浩原》，《栗谷全书》卷十，第 211 页。）

④ 《答成浩原》，《栗谷全书》卷十，第 211 页。

为何会断然拒绝退溪学派认为道心人心和四端七情是平行同构的两个问题，而牛溪和愚潭则坚持两大论题之间的平行同构性。

（二）"气强理弱"命题的出场及其早期演化

在朱子本人的著作中，没有关于"气强理弱"的明确命题。而在其门人所记的语录中，则出现了两条。这里引用的是比较长的语录：

> 谦之问："天地之气，当其昏明驳杂之时，则其理亦随而昏明驳杂否？"曰："理却只恁地，只是气自如此。"又问："若气如此，理不如此，则是理与气相离矣！"曰："气虽是理之所生，然既生出，则理管他不得。如这理寓于气了，日用间运用都由这个气，只是气强理弱。譬如大礼赦文，一时将税都放了相似，有那村知县硬自捉缚须要他纳，缘被他近了，更自叫上面不应，便见得那气麤而理微。又如父子，若子不肖，父亦管他不得。圣人所以立教，正是要救这些子。"[①]

朱熹虽然使用了几个比喻来说明气强理弱，但是这些比喻均不是很恰当，甚至可能会造成一些误解。[②] 到了明代中期，朱子的修正者罗整庵（钦顺，1465—1547）对气强理弱说提出了异议："尝考朱子之言有云，'气强理弱'，'理管摄他不得'。若然，则所谓太极者，又安能为造化之枢纽，品物之根柢耶？"[③] 在奇高峰和李退溪的四端七情大辩论中，高峰至少有三次主动提到了该命题，但是其顺序却发生了意味深长的变化。"夫理，气之主宰；气，理之材料也，二者固有分矣。而其在事物也，则固浑沦而不可分开。但理弱气强，理无朕而气有迹，故其发见流行之际，不能无过不及之差。"[④]"四端亦有不中节者……盖理在气中，乘气

---

① 《朱子语类》卷四，第71页。

② 董金裕：《朱熹的气强理弱说及其地位》，钟彩钧编：《国际朱子学会议论文集》（上），"中央研究院"中国文哲研究所，1993，第387—401页。

③ 罗钦顺：《困知记》，阎涛点校，中华书局，2013，第38页。

④ ［韩］奇大升：《高峰上退溪四端七情书》，《高峰集》，第102页。

以发见，理弱气强，管摄制他不得。以其流行之际，固宜有如此者。”[①]“七情虽兼理气，而理弱气强，管摄他不得，而易流于恶，故谓之‘气之发’也。”[②]不难发现，高峰三次都把“理弱”放在了“气强”的前面，明显是更为强调气的作用。虽然退溪两次被动地跟随高峰的引用而提及理弱气强的话语，但是他从来没有主动提到过这个命题。这应该不是偶然的！

（三）理气强弱：道心人心思想分歧之根源

笔者以为，退溪学派和栗谷学派在四端七情、道心人心这两大问题上的差异，可以从另一个角度予以总结，这就是“理气强弱”[③]问题。换言之，理气互发说和气发理乘一途说的基本差异，其实可以视为对理气强弱这一根本问题的不同回应。我们知道，朱子对于理气强弱的基本表述是“气强理弱”。理气之强弱不仅仅是对理气的事实描述，其同时具有价值论的意义。对于理气强弱，只有两种表述形式，一是气强理弱，再则是理强气弱。韩国儒学大体上是朱子学，故而朱子说过的“气强理弱”这一命题就更具有市场。从哲学上看，奇高峰和李栗谷更加忠实于朱子哲学，而李退溪和成牛溪则和朱学有一定距离。相对而言，栗谷学派更喜欢讲气强理弱，而退溪学派则不然。他们似乎想赋予理以某种活动性，从而扭转理弱这一倾向。从价值论的角度来看，这在某种程度上就形成了理弱与理不弱两种立场。而这，正是笔者对两大学派在人心道心问题、四端七情问题上对立的一种新解答。

五、愚潭的反击：理并不弱

奇高峰—李栗谷学派坚持气强理弱的朱学基本观点，而退溪后学则试图通过证明理的主宰作用而暗示理是不弱的。这是一种巧妙的反击，本文继续以丁

---

① 《高峰上退溪四端七情书》，《高峰集》，第112页。

② ［韩］奇大升：《四端七情总论》，《退溪先生文集》卷十七附录，第444页。

③ 关于朱子哲学中理气强弱问题的专门研究，可以参阅赵金刚：《朱子思想中的理气强弱》，《中山大学学报（社会科学版）》2017年第6期，第127—134页。

愚潭为例来说明之。

（一）凸显理的主宰地位

愚潭不遗余力地强调理相对与气的主宰性和优越性，他指出："明此理之命气而不命于气，在气而不杂乎气者……气易用事，理难直遂，必须观理约气，然后理始显而气听命，此朱子所以有四端理发、七情气发之言。"[①] 此外，他也从反方向反驳了气的主宰性。"夫乘气流行，参差不齐之后，则固不可谓本然之妙无乎不在。而若其主宰于其间者，在理不在气。"[②] 这种证明肯定反面否定的做法，很大程度上是基于工夫论而考虑的。"四端之直出于仁义礼智之性者？较诸七情，大煞分明，易以用功。"[③] 也就是说，由于四端是理发的产物，故而其纯善。相对来说，七情则是气发的产物，故而有善有恶。从工夫论的角度而言，从纯善的四端入手当然要比两可的七情更合适。就此而言，必须强调理发和气发的区分，并把工夫的基础牢牢地建立在扩充纯善之四端上。

（二）批评栗谷思想中的气强理弱倾向

如果说凸显理的主宰作用是愚潭的正面主张，那么批评栗谷的气强理弱倾向就是其基本主张的一个逻辑应用了。在愚潭看来，栗谷的根本错误在于，"原其所见，则只于有迹之气作用发现之处见得重，其于无朕之理动静流行之妙看未透，主张气字太过"[④]。于是就出现了以下几个不良后果：第一，忽视了理的主宰地位。"今其为言，全没理之主宰命物变化各正之本源。只以理之随气之局，无乎不在者，谓之通而已。若然则其所谓理无不在各为其性云者，不过听命于气，未见其为通。"[⑤] 第二，所谓的"理乘"没有实际意义。"仁苟不发而徒为之

---

① 《愚潭集》卷七，第 320 页。

② 《愚潭集》卷八，第 339 页。

③ 《愚潭集》卷八，第 353 页。

④ 《愚潭集》卷七，第 320—321 页。

⑤ 《愚潭集》卷八，第 339 页。

本，则其所谓理乘者，又于何处见其乘之之意乎？”[1] 这是对第一点的进一步说明。综合以上两点，愚潭总结道：“盖其所论，虽极意推尊理字，而其言理之本然无所不在者，未见其能为万化之根，命物而不命于物之意。虽反复主张气字，而其言湛一清虚本然之气者，亦无着落归宿之处。理之通者，不能管摄乎是气，而理归于空寂。气之局者，不能承载乎是理，而气归于粗浅。”[2] 扼要地说，栗谷是虚尊理而实重气。不仅如此，愚潭还进一步指责栗谷的“理”是无用之物。“窃想栗谷所谓‘理’者，自是无用之物。其主于用者，只是一个气而已。要其归而观之，彼存此发，彼静此动，其首尾本末，分明是一般物事。然则即其所谓‘理’者，不过为气之不动底根底而已矣。”[3] 其实，这种批评，在一定程度上也是对朱子的批评。

（三）批评栗谷人心道心相为始终说中的气强理弱倾向

栗谷曾经以本然之理气来说明道心人心概念：“气顺乎本然之理者，固是气发而气听命于理，故所重在理而以主理言。气变乎本然之理者，固原于理而已非气之本然，则不可谓听命于理也，故所重在气而以主气言。气之听命与否，皆气之所为，理则无为也。不可谓互有发用也。”[4] 于是，气是否听命于理，不是由无为的理来决定的，而是由有为的气自我决定。由此，气在一定程度上就扮演了主体的角色。而这，遭到了愚潭的坚决反击。“且夫人心之为名，初非不善，只以从形气而生，有惟危之几。故精察而用功，使不至于过不及而已。非谓初出于变理之气，有过不及然后谓之人心也。况气既变理有过不及，则理不能管摄乎是气，而理归于灭息，又何得言理乘所变之气乎？……虽以文势观之，气常为主，理常囿气。其云听命于理者，既无所命之主宰，其云所重在理者，亦无所重之归趣，只一任其气之所为，而理则无所关于有无矣。若果如此则只

---

① 《愚潭集》卷七，第 325 页。

② 《愚潭集》卷八，第 340 页。

③ 《愚潭集》卷四，第 264 页。

④ 《答成浩原》，《栗谷全书》卷十，第 212 页。

说一气字足矣，从古圣人何必惓惓勉人以求仁穷理之学也耶？”[①]确实，愚潭的反驳是有明确的问题意识的，那就是着眼于工夫论。“若如栗谷之说气之所以发之理，具于寂然之中，而发之之时，气徒发而理不发。则日用应事之间，只有气之作用，更无道之流行，将无以为明善诚身之工夫……是以圣贤教人，又必就人生禀赋以后，指出此理之不杂乎气而自然发见有不容已者，名之以道心，名之以四端。明示亲切求仁之方，俾循坦然共由之路。”[②]在他看来，以“明善诚身”为代表的道德修养工夫的基础在于截断众流，直接从理发之纯善的道心或四端着手。或许，这就是阳明学所说的本体工夫。有学者在研究奇正镇（字大中，号芦沙，1798—1879）的思想时指出：“面对栗谷之重气，气似有更强的决定性，而理似是委顺于气，于是芦沙强调理之主宰性……他以主仆的关系譬喻理气，认为理之不活动不是不能活动，而是气是理之卒徒，理之决定由气执行即可，理不必活动。”[③]就此而言，芦沙的前辈愚潭也有类似倾向。其实，愚潭对退溪的辩护和对栗谷的批评，都可以归结在此点上。

六、结语

总的来说，愚潭对李栗谷的代表性观点人心道心相为始终说予以了深刻而系统的批判。不难发现，丁时翰的辩护/批评重心在道心人心而不是四端与七情，即便其论文的题目为“四七辨证”。在笔者看来，愚潭这么做的理由主要有两点：第一，人心、道心范畴在尧、舜、禹时代就已经出现了，从时间上看肯定要比东周时期才出现的四端七情范畴更早；第二，李栗谷和成牛溪辩论时就是主要侧重于人心道心问题的，故而以栗谷的辩论期的书信为批评对象的丁时

① 《愚潭集》卷八，第343页。

② 《愚潭集》卷八，第355页。

③ 奇氏可谓丁时翰思路的继承者，其基本立场是主理、反省栗谷的重气说。（杨祖汉：《从当代儒学观点看韩国儒学的重要论争续编》，台湾大学人文社会高等研究院东亚儒学研究中心，2017，第225页。）需要指出的是，奇氏的将卒比喻其实也不一定恰当，因为将本身也是动的。

翰，也就采纳了类似的思路。那么，愚潭对栗谷人心道心思想的批评就很完美了吗？其实不是这样的。在笔者看来，愚潭的视野还不够开阔，视觉还不够敏锐，他根本就没有意识到栗谷的人心道心思想其实有两个阶段，或者说有前后两说。其集中火力所批评的人心道心相为始终说，却并不是李栗谷的最终定论，而是栗谷本人有意放弃了的一种失败的学说。此外，愚潭在批评栗谷的人心道心相为始终说时得心应手，但是在人心道心问题上并没有自己的明确的正面建构。换言之，其仅仅停留在一种消极的批判上。这就进一步佐证了笔者的观点，即韩南塘的人心道心思想标志着韩国性理学视野下的人心道心论述走向了终结。[①] 而如果要看到新的人心道心论述，则要等到丁若镛（茶山，1762—1836）突破性理学的藩篱而回归先秦儒学的时候。

① 谢晓东：《韩南塘论道心人心之关系》，《厦门大学学报（哲学社会科学版）》2016年第6期，第31—40页。

On Woodam’ s Criticism for Yulgok Lee: Centering on the Theory of Mutual Beginning–End between Human Mind and Moral Mind

Xie Xiaodong

Abstract: From Toegye’ s basic standpoint, Woodam criticized Yulgok’ s view that theory of mutual beginning–end between Human Mind and Moral Mind (ren–xin–dao–xin–xiang–wei–shi–zhong–shuo) . He believes that there are three fatal errors in the definitions of human mind and moral mind: firstly, stipulating human mind and moral mind through the concealment and concealment of Qi (气) ; secondly, the theory of human mind is selfish desire; and thirdly, the idea of moral mind is original Qi. On this basis, as a mode of dealing with the relationship between human mind and moral mind, there will always be an insurmountable dilemma, which is not in line with the original meaning of Master Zhu’ s statement. It should be said that these criticisms of Woodam are very powerful. While refuting Yulgok, Woodam maintains the basic view of Toegye, that is, the double distinction between principal presents and qi presents. The basic difference between Toegye and Yulgok’ s theories of human mind and moral mind lies in their different views on the strength and weakness between principle (理) and qi.

Key words: Woodam ; Yulgok Lee; Theory of Mutual Beginning–Ending between Human Mind and Moral Mind (ren–xin–dao–xin–xiang–wei–shi–zhong–shuo) ; Master Zhu

松野敏之《关于朱熹的孝与谏》之探究

史少博*

【摘　要】松野敏之是日本当代著名的朱子学者，著有多部著作，其中的《关于朱熹的孝与谏》之作，其一，阐释了朱熹论“孝”与汉唐儒学论“孝”地位不同；其二，具体分析了朱熹强调“下气怡色柔声以谏”即“孝”，非“凌犯”；其三，探究了朱熹论“孝”不能脱离其论“谏”；其四，论述了朱熹强调“几谏”不仅要态度柔和，而且要选择劝谏“时机”。朱熹认为态度温和、掌握“时机”地对父母“劝谏”就是“孝”。如果不能“择机”劝谏而惹父母发怒即不孝；态度粗暴劝谏父母是不孝；害怕父母发怒，放弃劝谏使父母陷于不义也是不孝。松野敏之的《关于朱熹的孝与谏》，从实践层面对朱熹论“孝”与“谏”进行了比较深入的研究，通过哲学的现实视角，推动了日本当代朱子学的发展。然而，松野敏之《关于朱熹的孝与谏》也存在一定的局限性。

【关键词】松野敏之；《关于朱熹的孝与谏》；“孝”与“谏”

松野敏之，1976年生，早稻田大学硕士、博士，专攻中国哲学、东洋哲学，师从日本著名的儒学家土田健次郎教授；曾于2005至2007年在北京大学

*【作者简介】史少博，西安电子科技大学马克思主义学院教授、博士生导师。研究方向为日本儒学。

【基金项目】2023年国家社科基金西部项目：日本研究《孝经》文献集成及探究，项目编号：23XZX004。

哲学系留学，现为日本国士馆大学文学部文学科教授，兼任早稻田大学文学学术院研究员、国际日本文化研究中心研究员、日本中国学会选举管理委员会副委员长等。他是当代日本儒学的后起之秀，尤其对朱子学有精湛的研究。著有《王夫之思想研究——以〈读本四书大全说〉中的“作圣之功”讨论为中心》、《朱熹〈小学〉研究》、《朱子绝句全译注》（第五册）、《朱子语类》译注（卷一百十三～一百十六）、《朱子语类》译注（卷一百十七～一百十八）、《朱子绝句》全译注（第四册）等。松野敏之还著有《关于朱熹的孝与谏》《唐宋〈孝感〉故事》《关于朱熹“孝”的实例》《孝的故事》《朱熹〈小学〉与孝子谭》等。松野敏之作为一位日本的朱子学者，对朱熹的“孝”与“谏”有着独特的视角，并进行了较为深入的探究。下面具体探究《关于朱熹的孝与谏》的主要观点及其主要学术价值和局限性。

一、朱熹论“孝”与汉唐儒学论“孝”地位之不同

在我国，哲学界多从形而上与形而下的两个维度界定“孝”的地位。例如田丰在《哲学研究》发表的论文《论仁孝二本》中指出：“汉学以孝悌为仁之本根，宋学以仁体生孝用。”[①]这是从“体”与“用”的角度，阐释汉学与宋学中“孝”的地位的差异。然而，日本松野敏之《关于朱熹的孝与谏》，不仅从现实角度阐释儒者对“孝”重视的差异，从而说明朱熹论“孝”与汉唐儒学论“孝”地位的不同，而且从形而上与形而下的维度对“孝”的地位进行了审视。

松野敏之在《关于朱熹的孝与谏》中，首先论述了宋代之前的汉唐儒学中关于的“孝”的论述，认为中国宋代之前儒学家们对“孝”尤其重视，“孝”的地位非常高；而宋代之后的儒学家们对“孝”重视的程度有所降低。他指出：“对养育自己的父母满怀感激之情的尽‘孝’，是儒教的重要特征之一。汉代以后，《孝经》作为孝道的思想书吸引了很多人对‘孝’进行了热烈的讨论。重视对父母的爱是古今东西共通的，但在儒学中，‘孝’受到了特别重视，并且‘孝’

① 田丰：《论仁孝二本》，《哲学研究》2020年第11期，第66页。

与祖先祭祀紧密结合，孝心笃者感动天地神明，也能招来自己的幸福……天子尽孝，甚至被视为天下安宁。但是宋代以后，儒学家们不再对'孝'有过分的重视。"①

其次，具体阐释了朱熹论"孝"与汉唐论"孝"之不同，他指出："朱熹（1130 ~ 1200）论'孝'对后世影响最大，朱熹强调仁、理、性，不像唐代以前那样把'孝'作为所有道德的根本，（只是）把'孝'定位为理、仁的作用。'孝'是人伦的重要事项，这一点在朱熹那里没有改变，但并不是像唐代以前那样强调'孝'的至上性，而是将'孝'定位为五伦的实践道德之一。"② 在朱熹的理论体系中，"理"具有至上性、主宰性、形而上性，是宇宙万物的本体。那么在朱熹的视野里"孝"是形而下的，是"理"之用，属于实践道德之范畴，即朱熹把"孝"看作实践道德的概念，明显地把"孝"的地位降低了，"孝"丧失了其至上地位。

宋代之前的儒学，特别是《孝经》中把"孝"看作"德"之本，即"夫孝，德之本也"③。并且《孝经》认为"夫孝，天之经也，地之义也"④。可见，《孝经》把"孝"视为天地之间的自然法则。《孝经》还曰："昔者，明王事父孝，故事天明；事母孝，故事地察；长幼顺，故上下治……孝悌之至，通于神明，光于四海，无所不通。"⑤ 也就是说，从前的贤明王者侍奉父亲以尽"孝"，故而能够效法"上天"光明（行事）；侍母亲而尽"孝"，故而能效法"大地"进行明察，于是"天下"便长幼有序，从而实现天下大治。如果"孝悌"达到了极致，就会与"神明"相通，使五湖四海都光明。由此明显可见，《孝经》把"孝"确定为至上的地位，甚至使"孝"具有了形而上的意蕴。然而，从宋代开始的儒学家、道学家、理学家们对"孝"的重视程度不如宋代以前了，且"孝"的

① ［日］松野敏之：《关于朱熹的孝与谏》，《国士馆人文学》第 10 号，国士馆大学文学部人文学会，2020，第 88 页。

② ［日］松野敏之：《关于朱熹的孝与谏》，《国士馆人文学》，2020，第 88 页。

③ 张景、张松辉译注：《孝经》，中华书局，2022，第 28 页。

④ 《孝经》，第 62 页。

⑤ 《孝经》，第 107 页。

地位也下降了，尤其以朱熹对“孝”的论述为代表，《孝经》中“孝”的形而上的意蕴消失了。由此，松野敏之在《关于朱熹的孝与谏》中，关于朱熹论“孝”与汉唐儒学论“孝”地位之不同的视角是独特的。

二、探究朱熹论“孝”不能脱离其论“谏”

朱熹以“理”强调“孝”道的合理性、正当性。“朱熹论学强调究其‘根源’，孝的‘根源来处’是理（性）。”① 在孝道的践行方面，主张以“理”孝亲，所以在朱熹的理论中，即使父母有不符合“理”的行为，作为子女也要对父母进行规劝，努力使父母行为符合“理”。故而，朱熹论“孝”与“谏”是不可分割的。

松野敏之在《关于朱熹的孝与谏》中，着重阐释了朱熹的“孝”与“谏”之关联。松野敏之认为朱熹论述“孝”与“谏”有自己的特长，值得关注和研究。他指出：“如果探究朱熹对‘孝’见解，‘谏’这个问题是需要关注的。父母有过错的时候，作为孩子是否应该劝谏？劝谏父母是好的吗？如果劝谏的结果是父母不听该怎么办？经书上写着‘为人臣之礼，不显谏，三谏而不听，则逃之。子之事亲也，三谏而不听，则号泣而随之。’（《礼记·曲礼》）。又‘父有争子，则身不陷于不义。故当不义则争之。’（《孝经·谏争章》），为了父亲即使争也必须谏言。另外，根据《孟子·告子章句下》，认为在父母错误小的情况下不进谏，在父母错误大的场合下进谏。可见，经书和古典中也有不一样的教导，后世的人们根据哪个经书的教诲确定主张？故而探讨朱熹所思之‘孝’……关于孝与谏的结合，《礼记》《孝经》等书中都能看到，但是朱熹认为先儒对‘孝’的解释都有欠缺的，（论述都不充分），然而朱熹论述孝与谏有自己的特长。”② 朱熹对于“孝”与“谏”的论述，较之先儒论“孝”与“谏”更加具体与深入。故而，松野敏之认为研究朱熹论“孝”，不能脱离其对“谏”的研究，故而写作了《关于朱熹的孝与谏》。

“孝”和“谏”是相互关联、相辅相成的关系。“孝”是对父母和长辈的尊

---

① 冯兵：《朱子论“孝”》，《哲学研究》2021 年第 1 期，第 82 页。

② 《关于朱熹的孝与谏》，第 87—88 页。

重与关爱，而“谏”则是在尊重与关爱的基础上，对他们的不当行为或决策提出建设性的意见。“谏”的目的是帮助长辈更好地做出决策，避免错误，这本身也是一种“孝”的表现。例如父母可能做出对他们自身或家庭不利的决定时，晚辈可以通过“谏”来提醒他们可能面临的风险，这是出于对他们关心和爱护。同时，“谏”也需要以“敬”“爱”为前提，尊重父母的感受，采用适当的方式和语气与父母进行沟通。“孝”不能脱离“谏”，也体现了一种成熟和负责任的态度。真正的“孝”不是盲目地对长辈绝对顺从，而是在关心和尊重长辈的基础上，为家庭的幸福和长辈的长远利益着想。父母不可能任何时候都是正确的，当发现父母有错误意念或者错误行动时，出于对父母的炽爱以及关心，必须对父母进行劝谏，真正的尽“孝”，是不能脱离“谏”的。

松野敏之认为探究朱熹对“孝”的论述，不能忽视他对“谏”的阐释。朱熹论述“孝”不仅包括对父母的敬养、对去世父母的祭祀、自身的自立自强，还包括对父母有错误时候的“谏”。松野敏之指出：“正如贯穿朱熹《小学》的是‘孝’和‘敬’，在用‘明伦’表示的五伦（父子、君臣、夫妇、长幼、朋友）中，关于父子（孝）的引用最多，另外，即使是君臣、夫妇、长幼，与孝相关的故事也随处可见……对父母的劝谏明确地作为孝的事定位着。”[①] 也就是说，在朱熹的理论中，认为“敬”与“明伦”的前提下实施的劝“谏”就是“孝”。松野敏之在《关于朱熹的孝与谏》中阐释了朱熹论“孝”是与论“谏”紧密结合的，不可分割的。

三、朱熹强调“下气怡色柔声以谏”即“孝”，非“凌犯”

朱熹沿着宋学“仁体生孝用”的思维路径，以“仁”为“体”，以“仁”为根本，仁即爱，子女发自内心对父母的爱护、尊重。故而，行“孝用”之时，要发自对父母的挚爱之心，避免引发父母不愉快，不触怒父母，注重“谏”的态度。松野敏之以微观的视野，细致地考察了朱熹“下气怡色柔声以谏”的

① 《关于朱熹的孝与谏》，第 93 页。

阐述。

松野敏之特别关注了朱熹论“谏”的态度，认为朱熹强调“下气怡色柔声以谏”即“孝”。他在《关于朱熹的孝与谏》中说：“朱熹认为劝谏也是孝之一，劝谏时的态度如果‘下气，怡色，声柔以谏’，那就不是‘犯上’。”[①]也就是说，朱熹认为对待有过错的父母，“下气怡色柔声以谏”为“孝”，非“凌犯”。这里朱熹着重说明了劝诫父母时的“下气”“怡色”“声柔”，以表明敬爱父母之态度。其实，朱熹强调“下气怡色柔声”态度温和地对父母“谏”即“孝”，而非“凌犯”的观点被记录在了《朱子语类》中，例如《朱子语类》曰：“问：‘人子之谏父母，或贻父母之怒，此不为干犯否？’曰：‘此是孝里面事，安得为犯？然谏又自“下气怡色柔声以谏”，亦非凌犯也。’”[②]这里明确地阐明了“下气怡色柔声以谏”是“孝里面事”，即与“凌犯”是不同的。

有人认为“谏”就是“凌犯”，不是“孝”；也有儒者认为“谏”是“孝”，但是没有详细地论述如何进行“谏”才是“孝”，也没有说明是否所有的“谏”都是“孝”。朱熹通过对“矶”“几谏”等概念的诠释，表明“下气怡色柔声以谏”是“孝”，非“凌犯”。松野敏之指出：“人孝敬父母有很多方面。敬爱父母自不必说，如何取悦父母，孝敬父母，或者对亡父母和祖先谨守祭祀也是孝，自知自己从父母以及祖先那里继承了生命，立身自己也是孝。更进一步的问题是，如果父母有过错该怎么办？为了不让父母受到社会的谴责，（在敬、爱的前提下）对父母进行劝谏也是孝。谏是儒学中重视的东西。（古代）推崇对君主彻底进谏，舍弃自己的生命进行进谏的人们作为美谈被流传下来。但是，对父母的劝谏又不一样。在劝谏未被采纳的情况下，是应该按照父母的意向？还是应该对父母继续进行彻底劝谏，而不使父母受到社会的谴责？……朱熹的这种见解，在《小学》这样的训蒙书中有阐释……朱熹强调（在敬、爱的前提下）劝谏父母也是孝。”[③]虽然朱熹强调“劝谏”也是“孝”，但是在其理论中，不是所有对父母的劝谏都是孝，例如粗暴地对父母进行劝谏就不是孝，即怒气冲天地、

---

① 《关于朱熹的孝与谏》，第87页。

② 黎靖德编：《朱子语类》，中华书局，1986，第459页。

③ 《关于朱熹的孝与谏》，第96页。

趾高气扬地、高声吼叫地教训父母就不是“孝”。

《关于朱熹的孝与谏》还关注了朱熹对《孟子》中“孝”与“矶”的概念的阐释。松野敏之指出：“朱熹重视四书的《孟子》也有与谏言相关的解释话题。《孟子·告子章句下》中孟子的弟子公孙丑提出了《诗经》中的‘小辩’和‘凯风’话题，孟子以父母过错的大小进行了解说。朱熹《孟子集注》中曰：‘小弁之怨，亲亲也。亲亲，仁也。’……曰：‘凯风，亲之过小者也；小弁，亲之过大者也。亲之过大而不怨，是愈疏也；亲之过小而怨，是不可矶也。愈疏，不孝也；不可矶，亦不孝也。矶，音机。矶，水激石也。不可矶，言微激之而遽怒也。孔子曰：‘舜其至孝矣，五十而慕。’言舜犹怨慕，小弁之怨，不为不孝也。赵氏曰：‘生之膝下，一体而分。喘息呼吸，气通于亲。当亲而疏，怨慕号天。是以小弁之怨，未足为愆也。’”[①]“凯风”吟咏不怨父母，“小弁”吟咏怨父母。在“凯风”的情况下，因为父母的过失小而不怨是孝；在“小弁”的情况下，因为父母的过失大而怨也是孝。如果过失大而不怨父母，那只能说明与父母的关系疏远、对父母漠不关心，故而父母过失大也不怨即为不孝；如果父母过失小而怨，就叫做“不可矶”，亦为不孝。“所谓‘矶’，是指在河流中碰到的石头。只要稍微碰一下就会突然发怒。也就是说，朱熹认为对于父母的细小错误，如果突然发怒的话，就不能说是孝子……《孟子》的关注在于‘怨亲’，而朱熹关注并解释了作为子女的态度。”[②]关于“矶”的解释，松野敏之在《关于朱熹的孝与谏》中分析：“除了后汉赵岐认为“矶”很激烈之外，历代《孟子》的注释家们都没有对其明确地阐释。《十三经注疏》中采用了北宋孙爽的解释：云矶者，盖矶，激也，若微切以感激之，以几谏者也，譬如石之激水，顺其流而激之耳。今乃谓亲之不可几谏，安得谓孝子乎？”[③]子女对父母柔和地“几谏”，使之感激，从而纠正父母的错误。朱熹主张不应该对父母的细小错误突然发怒，认为如果对父母的细小错误突然发怒的话，就不能说是孝子。关于朱熹对“不可矶”的诠释，松野敏之指出：“作为朱熹的解释，参考了被《四书

① 《关于朱熹的孝与谏》，第 90 页。

② 《关于朱熹的孝与谏》，第 91 页。

③ 《关于朱熹的孝与谏》，第 90—91 页。

大全》所吸引的朱熹之语：‘亲之过小，则特以一时之私心，而少有亏于父子之天性，若此而猝怨焉，则是水中不可容一激石。一有激石，则叫号而猝怒矣。此之所谓不可矶。’”[①] 由此看出，朱熹强调父母有小过错就猝然怨气大发、猝然发怒即为“不可矶”，就是不孝。即朱熹强调的是“谏”的态度问题。

由上分析，松野敏之作为一名外国学者，对朱熹关于“谏”的阐释如此细致地研究，实属不易。其实，朱熹在其不同的著作中，反复强调“下气怡色柔声”态度温和地对父母“劝谏”是“孝”。《朱子语类》也记载：“问：‘几谏’。曰：‘几，微也，只是渐渐细密谏，不恁峻暴，硬要阑截。《内则》“下气、怡色、柔声以谏”，便是解此意。’〔淳〕。问：‘“几，微也”。微，还是见微而谏，还是“下气、怡色、柔声”以谏？’曰：‘几微，只得做“下气、怡色、柔声以谏”’……问：‘《集注》举《内则》“与其得罪于乡党州闾，宁熟谏”，将来说“劳而不怨”。《礼记》说“劳”字，似作劳力说，如何？’曰：‘谏了又谏，被挞至于流血，可谓劳矣。所谓“父母爱之，喜而不忘；父母恶之，劳而不怨”。劳，只是一般劳。’”[②] 也就是说父母有不当，孝子应该低声、和颜悦色地进行劝谏。朱熹认为“几微”，就是劝谏父母的不当时，不要那么粗暴地强硬阻挡父母，要细致精密地用心说服父母，并且认为《礼记·内则篇》中的“下气、怡色、柔声以谏”就是此意。其实，“愉色”“婉容”等词汇在《礼记》中常出现，朱熹对此异常重视，尤其关注了对父母进谏的态度。朱熹认为温和地劝谏父母，那是孝子对父母的深爱。认为，对待父母的不当采取强硬粗暴的态度劝谏，那就不是孝；而采用“柔声”“愉色”“婉容”和蔼的态度劝谏父母才是孝。“与其使父母因过错而得罪乡里街坊，不如再进行深刻透彻的规劝。父母被惹的恼怒了，将自己鞭打得流血，自己也不敢心生怨恨，对父母更要恭敬孝顺。”[③] 父母对自己的疼爱，高兴的时候不会忘怀；父母厌恶自己，即使愁苦也不会怨恨，出于对父母的深爱，要耐心地温柔地规劝有过错的父母，而不至于使父母做出得罪

---

① 《关于朱熹的孝与谏》，第 98 页。

② 《朱子语类》，第 704 页。

③ 朱熹著，刘清之编，唐纪宇译注：《朱熹〈小学〉古注今译》，中国社会科学出版社，2022，第 68 页。

乡里街坊之事。松野敏之尤其关注了朱熹论“谏”的态度与“孝”之间的关系，这也是对日本朱子学的一大贡献。

四、朱熹强调“几谏”不仅要态度柔和，而且还要选择劝谏“时机”

朱熹强调子女面对于父母的不符合“理”错误行为，不仅要态度温和地微谏不倦，而且要选择劝谏“时机”，力图达到行孝的最佳效果。

松野敏之《关于朱熹的孝与谏》不仅关注了朱熹论“谏”的态度与“孝”之间的关系，而且还关注了朱熹论“谏”的“时机”与“孝”之间的关系。书中分析：“朱熹在《论语集注》中对‘几谏’进行了如下解释；子曰：‘事父母几谏。见志不从，又敬不违，劳而不怨。’此章与内则之言相表里。朱熹认为此处《论语》的阐释与《礼记·内则篇》中有关对父母劝谏的观点是相表里的。”[①]这里是说《论语》的“又敬不违”与《礼记·内则篇》中“若谏不入，起敬起孝”说的是同样的道理。为此，朱熹在《朱子语类》中进一步作了阐释：“问：‘“几，微也”。微谏者，下气、怡色、柔声以谏也。见得孝子深爱其亲，虽当谏过之时，亦不敢伸己之直，而辞色皆婉顺也。“见志不从，又敬不违”，才见父母心中不从所谏，便又起敬起孝，使父母欢悦；不待父母有难从之辞色，而后起敬起孝也。若或父母坚不从所谏，甚至怒而挞之流血，可谓劳苦，亦不敢疾怨，愈当起敬起孝。此圣人教天下之为人子者，不惟平时有愉色、婉容，虽遇谏过之时，亦当如此；甚至劳而不怨，乃是深爱其亲也。’曰：‘推得也好。’”[②]也就是说，当父母有过错的时候，子女对父母应该“几谏”，如果父母不服从的话，就要保持尊敬，等待时机，不强硬违抗，即使自己忧愁劳心也不怨恨。由此可见，朱熹不仅关注了对父母劝谏的态度问题，还关注了对父母劝谏的时机问题。

朱熹认为对父母不仅要“下气怡色柔声以谏”，还要抓住劝谏的时机以达

---

① 《关于朱熹的孝与谏》，第 89 页。

② 《朱子语类》，第 704—705 页。

到劝谏的目的，这样才是真正的孝，不择时机地对父母劝谏而惹父母愤怒不是孝。朱熹论“孝”与“谏”主要是在先秦以及秦汉文献的基础上进行阐释的。《孝经》中有“诤谏”，《论语》《礼记》中也多次提到“几谏”，问题是如何理解“几谏”？按照一般的解释，“几谏”是对父母及长辈和气而委婉地劝说，这里的“几”有“委婉”“轻微”“柔和”之意。其实，“几”还有“时期”“日期”“机会”等意，“几”也有“事情的苗头或预兆”之意，例如《易·系辞下》：“几者，动之微，吉之先见者也。”故而，松野敏之在《关于朱熹的孝与谏》中指出：“如何解释这个‘几谏’成为问题。郑玄（127—200）采用包咸解释附注如下：‘几者，微也。当微纳善言于父母。’在《礼记·曲礼篇》中，可以看到公开劝说他人的词汇‘显谏’，也可以看到《礼记·坊记篇》委婉地劝说他人的‘微谏’。包咸、郑玄也从这个对比关系把‘几谏’看作‘微谏’，解释为委婉地劝谏。对劝谏对象的父母委婉地或悄悄地劝说。《论语注疏》中说：‘正义曰……皆明孝事父母。几谏者，几，微也。父母有过，当微纳善言以谏于父母也。’……但是，在宋代以后的道学中，郑玄等人的解释似乎并不普遍使用。”[①] 也就是说，“几谏”等同于“微谏”的阐释在宋代就不普遍使用了。其实由“微谏”至“强谏”不是从宋代开始的，而是唐朝就已经存在了，正像松野敏之在《关于朱熹的孝与谏》中指出：“如果认为父母有过错，应该如何劝谏。在先行研究中，也有人指出，随着君主权的伸张、扩大，儒家从‘微谏’变成了‘强谏’。儒家对君主也有很多强烈的劝谏，但是在唐代的时候，对父母从劝谏从‘微谏’变成了强烈劝谏即‘强谏’。”[②] 对于“几谏”的解释，至宋代也发生了变化，不再像郑玄等人那样把“几谏”解释为“微谏”，而是认为“几谏”是在错误很小的时候进谏，即把“几谏”的“几”诠释为错误苗头出现的时机。松野敏之分析：“例如师从程颢、程颐的杨时（1053—1135）有这样的论述‘先意承志，喻父母以道，所谓几谏也。几而谏，则父母之过未形焉。’，就是说所谓‘几谏’是指父母有过错的意念但过错还未形成之前的劝说……杨时把《礼记·祭义》此处之语与‘几谏’联系起来进行阐释，认为‘几’字就是指错误没有明显化的阶段，即

① 《关于朱熹的孝与谏》，第88—89页。

② 《关于朱熹的孝与谏》，第88页。

父母的错误还没有形成的阶段先谏为‘几谏’。”[1] 宋代的杨时，利用《礼记·祭义》之语，对“几谏”进行了不同于郑玄的阐释。宋代的杨时诠释“几谏”，着重关注了在父母有过错之意向、未有过错之举动时的劝谏，可见，杨时关注了父母过错“未然”时的劝谏时机。朱熹更进一步阐释了劝谏父母的时机问题。

其实，朱熹在《朱子语类》《小学》《论语集注》中多次对“几谏”进行诠释，并且分析了谏的时机。例如朱熹《小学》中曰：“《内则》曰：父母有过，下气怡色，柔声以谏。谏若不入，起敬起孝。说（悦），则复谏。”[2] 劝说父母消除不当之念之时，要态度温和，“柔声以谏”，而且要注意父母情绪变化的“时机”，“谏若不入”之时，要“起敬起孝”，当父母的情绪容易接受子女劝说时再及时劝谏，即“悦则复谏”。可见朱熹对《论语·里仁篇》以及《礼记·内则篇》中关于“几谏”的阐释进行融合，用“态度”“时机”两个维度阐释了“几谏”，认为只有对父母怀有“敬”“爱”之心，温柔地劝谏，并且寻找“时机”有效劝谏，才是对父母真正地行孝。可见，朱熹赋予了“几谏”之孝更宽广的新意。朱熹从“态度”“时机”两个维度对劝谏的阐释，《朱子语类》还有记载：“‘又敬不违’者，上不违微谏之意，切恐唐突以触父母之怒；下不违欲谏之心，务欲置父母于无过之地。其心心念念只在于此。若见父母之不从，恐触其怒，遂止而不谏者，非也；欲必谏，遂至触其怒，亦非也。”[3] 朱熹反复强调对父母劝谏不能触怒，也不能害怕惹父母发怒而不劝谏，要态度柔和、选择“时机”劝谏父母之过。也就是说劝诫父母时，不能“择机”劝谏而惹父母发怒是不孝；态度粗暴劝谏父母过错是不孝；害怕父母发怒，放弃劝谏使陷父母于不义也是不孝。松野敏之《关于朱熹的孝与谏》阐释了朱熹论“谏”的“时机”与“孝”之间的关系问题，推进了日本朱子学的深入发展。

五、松野敏之《关于朱熹的孝与谏》的价值与局限性

① 《关于朱熹的孝与谏》，第 88 页。

② 《朱熹〈小学〉古注今译》，第 67—68 页。

③ 《朱子语类》，第 705 页。

哲学不仅仅是抽象的理论探讨，更是与现实紧密相连的智慧之光。在日本，哲学研究向来注重理论的深度与广度，但近年来，越来越多的学者开始关注现实生活中的具体问题，试图通过哲学的现实视角为这些问题提供独特的解决方案。日本有些学者不再满足于抽象的、形而上的理论探讨，而是将目光投向社会、文化、心理等多个层面，以更加贴近现实的方式诠释哲学思想。这种形而下的研究方式，使得日本哲学界在多个领域取得了显著的成果。对社会现象的深刻剖析、对人类心理的细腻描绘，都展现了日本学者在形而下哲学研究方面的独特魅力，其研究成果不仅丰富了哲学理论的内涵，也为解决现实问题提供了有益的启示。松野敏之《关于朱熹的孝与谏》看似没有从哲学高度对“孝与谏”问题进行探讨，然而在实践层面，对朱熹论“孝”与“谏”进行了比较深入的独特研究。《关于朱熹的孝与谏》，推动了日本当代朱子学的发展，有很大的学术价值。但不可否认，该书也存在一定的局限性。

（一）松野敏之《关于朱熹的孝与谏》的价值

朱子学一直被日本儒学者所关注，但是对于朱熹的论“孝”讨论比较少。然而，松野敏之不仅关注了朱熹的论“孝”，而且着重关注了朱熹论“孝”与“谏”的密不可分，比较了朱熹与郑玄、杨时等人对“谏”阐释的不同，分析了朱熹结合《论语》《礼记》《孟子》等对“谏”的相关论述，对“谏”作出了新阐释。正如他在《关于朱熹的孝与谏》中所说：“在《论语》的‘几谏’章中，被解释为像郑玄等那样选择语言委婉地劝谏，或者像宋代道学家们那样，在过失显在化之前，被解释为未然劝谏。朱熹不同于以往的解释，将《礼记·内则篇》的文章与《论语》‘几谏’章结合起来进行解释。因此，无论是进谏时的语言声调，还是进谏的时机，都进行了具体的论述。阐明了应该用什么样的样子、什么样的声音进谏。对父母并不是只说清楚就好，而是强调应该用温和的态度让父母接受谏言。”[①] 松野敏之认为《孝经》中也有《谏诤章》，例如《孝经》曰：“父有争子，则身不陷于不义。故当不义，则子不可以不争于父，臣不可以

① 《关于朱熹的孝与谏》，第96页。

不争于君；故当不义，则争之。从父之令，又焉得为孝乎！”[①] 此处并未论及怎样谏、如何谏才是孝，只是论述了父母不当时，子争之使其不陷入不义即为孝。松野敏之认为“古礼中没有‘谏争之礼’”[②]。关于“谏”与“孝”的关系，朱熹认为粗暴地对父母劝谏为不孝、父母有小错强谏惹父母生气为不孝、不择时机对父母劝谏也不是孝。在日本，“朱熹以后，进谏并不一定被认为是孝，孝和谏也能看到矛盾”[③]。松野敏之关注了朱熹论述的对父母劝谏之礼，以及“谏”的“时机”等问题。由此可见，松野敏之从理论与实践层面，以独特的视角，从“孝”的地位、“孝”的根据、“孝”的方式、“孝”的效果等方面，关注了朱熹理论中“孝”与“谏”的社会现实问题，将哲学思考偏向于解决实际困境，这种实践导向的学术研究，使哲学不再是高高在上的抽象思维，而是与人们的日常生活息息相关，更能够为社会的进步提供有力的智力支持。松野敏之《关于朱熹的孝与谏》促进了当代日本对朱子学的再次关注与发展，具有一定的学术价值与现实意义。

（二）松野敏之《关于朱熹的孝与谏》的局限性

朱熹论“孝”，是在“理”的统摄之下，结合先秦以及秦汉文献的《礼记》《孝经》和“四书”等进行思考的，并且通过“理”“气”论证了“孝”的合法性，从心性以及政治角度阐释了孝的意义。朱熹把“理”作为宇宙的本体，并且把“理”作为万事万物的主宰，“孝”是其“理”统摄之下的实践道德。他强调“孝”不仅仅是对父母的尊敬和赡养，更是一种道德情感和行为准则。朱熹主张通过践行“孝”来培养人的道德品质，强调“孝”的实践性，认为“孝”不仅仅是理论上的认识，更需要在日常生活中具体地体现出来。朱熹认为父子同“气”、同血脉，“孝”符合“理”，在“理”“气”的框架下，朱熹论证了“孝”的合法性。松野敏之在《关于朱熹的孝与谏》中，并没有对“理”与“孝”的关系进行具体的阐释。尽管松野敏之也提出了“朱熹的劝谏也被认为是孝的实

① 《孝经》，第 103 页。

② 《关于朱熹的孝与谏》，第 96—97 页。

③ 《关于朱熹的孝与谏》，第 98 页。

践道德"[①]，不具有形而上学性，然而对此并未具体论证。

松野敏之《关于朱熹的孝与谏》也没有将朱熹的"孝"和"谏"与"仁"联系起来进行厘定。"仁"即为"爱"，朱熹认为发自内心对父母"爱"，才会处处考虑父母的感受从而进行劝谏，并且也是出于对父母的"爱"，为防父母陷入不义，才会寻找最好时机对父母劝谏，达到最好的效果。朱熹认为"孝"是"仁"的基础和起点，强调"孝"是实行"仁"的根本，认为孝悌是人伦之本，只有先做到孝悌，才能真正践行仁爱。正像他在《朱子语类》中说："问：自'几谏'章至'喜惧'章，见得事亲之孝四端具焉。但觉得仁爱之意分外重，所以'孝弟为仁之本'，'立爱自亲始'。曰：'是如此。惟是初发先是爱，故较切。所以告子见得不全，便只把仁做中出，便一向把义做外来看了。'"[②]《朱子语类》还曰："问：'谢氏说"几谏"章，曰"以敬孝易，以爱孝难"，恐未安。'曰：'圣人答人问孝，多就人资质言之。在子夏则少于爱，在子游则少于敬，不当遂断难易也。如谢氏所引两句，乃是庄子之说。此与阮籍居丧饮酒食肉，及至恸哭呕血，意思一般。蔑弃礼法，专事情爱故也。'"[③]朱熹认为"理"是宇宙万物的本，它是一种超越具体事物的普遍规律和原则，是形而上的存在。而"仁"则是"理"在人道德层面的体现，"仁"是人的本性中所具有的"爱"之情，"仁"是道德行为的核心，通过实践"仁"，人们可以实现道德的完善。在朱熹的理论中，"仁"与"理"是相互统一的，因为"仁"是"理"的具体表现，而"理"则是"仁"的本源和基础。只有在符合"理"的前提下，"仁"的行为才是道德的。"仁"就是爱，"立爱自亲始"，朱熹强调"仁"是道德行为的出发点和归宿；"孝"是人伦道德的基础，是子女对父母的尊敬和孝顺；"谏"是一种道德责任和行为方式。朱熹主张谏言应该有适当的方式和方法，在谏言时要尊重长辈的权威，注意语言措辞以及态度的谦逊，强调谏言的目的是帮助长辈改正错误或做出更好的决策。因此，谏言应该以善意和建设性的方式来表达，使长辈能够接受和思考。松野敏之在《关于朱熹的孝与谏》中也说："如果认为父母有错

① 《关于朱熹的孝与谏》，第 97 页。
② 《朱子语类》，第 705 页。
③ 《朱子语类》，第 706 页。

误的话，不要发泄怒气，始终用平静的表情、柔和的声音进谏。即便如此，如果父母还是听不进去劝谏的话，就要用恭敬和体贴的心（孝）来营造容易接受劝谏的氛围，再次进谏。与其让父母的错误成为社会的问题，不如（尽最大努力）好好地对父母进行劝谏。”[①] 可见，松野敏之虽然关注了朱熹阐释“谏”时的“谏争之礼”，但并没有把朱熹的“谏争之礼”放到其整个理论体系中去思考，没有论及“孝”与“谏”发自“仁”。松野敏之在《关于朱熹的孝与谏》中也阐释了朱熹关于如何劝谏有过错的父母才是孝的观点，然而没有在哲学的高度进行深入的探讨。由此，从一定的角度看，松野敏之《关于朱熹的孝与谏》存在着一定的局限性。

① 《关于朱熹的孝与谏》，第 97 页。

Toshiyuki Matsuno on "Filial Piety and Admonish towards Zhu Xi"

Shi Shaobo

Abstract: Toshiyuki Matsuno is a renowned scholar of Zhu Xi in contemporary Japan, with multiple works. Among them, his work *On Zhu Xi' s Filial Piety and Advice* first explains the difference in status between Zhu Xi' s theory of "filial piety" and the Confucian theory of "filial piety" in the Han and Tang dynasties; Secondly, a specific analysis was conducted on Zhu Xi' s emphasis on "pleasing the face and gentle voice to advise" as "filial piety" ; Thirdly, it explores Zhu Xi' s theory that "filial piety" cannot be separated from "advice" ; Fourthly, it discusses Zhu Xi' s emphasis on" persuasion not only requires a gentle attitude, but also the choice of "persuasion" timing. Zhu Xi believed that being gentle in attitude and seizing the "opportunity" to "advise" parents was "filial piety" . If one cannot "choose the opportunity" to advise and provoke anger from parents, it is unfilial; Coarse attitude in advising parents is unfilial; Being afraid of parents' anger and giving up advice to lead them into mistakes is also unfilial. Toshiyuki Matsuno' s *On Zhu Xi' s Filial Piety and Advice* provides a relatively in-depth study of Zhu Xi' s theory of "filial piety" and "admonishment" from a practical perspective. Through a philosophical perspective, it promotes the development of contemporary Japanese Zhu Xi studies. However, Toshiyuki Matsuno' s *Filial Piety and Advice on Zhu Xi* also has certain limitations.

Key words: Toshiyuki Matsuno; *On Zhu Xi's Filial Piety and Advice*; Filial Piety and Persuasion

和刻本汉籍《晦庵朱先生心学录》的流传

黄太勇*

【摘　要】《晦庵朱先生心学录》是一部由中国明代王蓂辑录、黄纶刊刻，经日本学者训读，在日本多次重刻的和刻本汉籍。和刻本在日本广泛流传，但原本在中国却未见明确流传记录。经笔者梳理研究，该书实际出自王蓂辑录的另外一部著作——《大儒心学语录》。在阳明学兴起之前，"心学"主要指程朱学术思想，王蓂在两本书中的核心观点是继承吴澄将陆九渊心学纳入程朱心学传承体系的做法，维护程朱心学的主体地位，对阳明心学提出批评。但阳明学此时已经兴起，"心学"逐渐成为"陆王心学"的专称，与"程朱理学"相对立，观点与主流学术思潮背道而驰，是《晦庵朱先生心学录》在中国流传不明的原因。而在日本，山崎闇斋及其门派，古学派学者贝原益轩、荻生徂徕及其弟子太宰春台等人对朱子心学有较多关注，故《晦庵朱先生心学录》在他们活跃的时代被反复刊印。这一现象一方面反映出朱子学在东亚全面传播的普遍性，另一方面也体现了中日朱子学各具特色的特殊性。

【关键词】和刻本汉籍；《晦庵朱先生心学录》；王蓂；心学

由梁松涛先生主编、北京燕山出版社出版的《朱子学文献辑刊》第五十七册收录了一部影印的和刻本汉籍《晦庵朱先生心学录》（又名《朱子心学录》），

---

*【作者简介】黄太勇，福建省社会科学院助理研究员、历史学博士，研究方向为朱子学。

内容主要是辑录朱熹语录及其他著作中关于心学的论述。从日本全国汉籍数据库检索“晦庵朱先生心学录”或“朱子心学录”，可以看到该书在日本有明历元年（1655）、宽文三年（1664）、明和六年（1769）等刊本，当前在日本东京都立中央图书馆、京都大学附属图书馆、大阪大学附属图书馆等十多家图书机构有收藏，这说明该书在日本的流传比较广泛。据该书的两篇序言，该书原本由中国明代学者王蓂辑录，黄纶刊刻。但是，经笔者查检，该书原本自问世以来在中国的流传情况不明。本文拟以和刻本为线索，追溯其原本在中国问世、流传的情况，并尝试对其在中、日两国流传出现明显差异的原因进行分析。

一、和刻本汉籍《晦庵朱先生心学录》概况及其在日本的流传

从字面上讲，“和刻本汉籍”主要指日本刊刻的中国典籍。由于流传于日本的中国典籍数量巨大，其版本来源亦有所不同，在归类和命名上比较杂乱。20世纪70至80年代，日本著名书志学家长泽规矩也对日本所存汉籍进行了普查，编著了目前研究和刻本汉籍最权威的参考书《和刻本汉籍分类目录》，其中对和刻本汉籍的标准进行了辨析，李小龙先生将长泽规矩也的和刻本汉籍标准归纳为三点：“一者，必在日本出版；二者，必有（或曾有）中国之原本；三者，其书必有日本学者之加工。”[①] 长泽氏的标准比较严苛，使得很多应该被视为和刻本汉籍的书目未被收录，但《晦庵朱先生心学录》却以此标准被收入其中。现以《朱子学文献辑刊》所收录的《晦庵朱先生心学录》为例进行详细论述。

《朱子学文献辑刊》所收录的《晦庵朱先生心学录》全本由两篇序言、七卷正文和奥附组成。

首先，从长泽氏的第二条标准来看，该书两篇序言的作者分别是刊刻者黄纶和辑录者王蓂，二人都是有据可查的中国明代官员、学者。黄纶，字理夫，号北山，金溪县（今江西省抚州市金溪县）人，为著名学者湛若水弟子，湛若

① 李小龙：《和刻本汉籍善本考录》，天津古籍出版社，2024，前言第1页。

水为其作有诗文《答黄生理夫》《为黄理夫寿亲》《题北山书屋》等。黄纶专门刊刻了湛若水著作《甘泉二业通》,《百川书志》记载:“《甘泉二业通》四卷，皇明金溪黄纶编其师湛甘泉等讲论道业举业之词。又名《二业合一词》，上下八篇六十六章。”[①]他于嘉靖二十一年（1542）前后任江山县（今浙江省江山市）知县。王蓂，字时祯，又字弘斋[②]、东石，自号东石子[③]，与黄纶同为金溪县人。王蓂出生于明成化二十年（1484），父王序，为学正，封刑科给事中；母曾氏；有兄王萱，刑科给事中；弟芹。[④]其同乡兼学友王绍元（字希哲，又字白厓）为其作墓志铭，言及王蓂于弘治十七年（1504）中江西乡试，正德六年（1511）年进士及第，观政礼部。历官刑部四川司、湖广司主事，刑部浙江司员外郎，南京礼部祠祭司郎中，浙江提学副使等职务。嘉靖十一年（1532），其母卒，居家守孝，此后便坚决不复出，专意著述讲学，有编著十余种。[⑤]嘉靖三十二年（1553）尚在世。[⑥]王蓂在《晦庵朱先生心学录序》中明确言明自己“手抄先生

---

① 高儒撰:《百川书志》卷三《经》,《宋元明清书目题跋丛刊·明代卷》第1册，中华书局，2006，第721页。该书中有多条黄纶与湛若水的问答。参见湛若水撰:《湛若水全集》第12册，上海古籍出版社，2020，第136—151页。

② 明代金溪人黄纶在《刻晦庵朱先生心学录序》中称王蓂为“弘斋王子”。参见王蓂辑:《晦庵朱先生心学录》，梁松涛主编:《朱子学文献辑刊》第57册，北京燕山出版社，2019，第199页。清人全祖望在《奉临川先生帖子一》称“督学金溪王蓂弘斋著《陆子心学录》”，参见全祖望:《鲒埼亭集外编》卷四十四《奉临川先生帖子一》，朱铸禹汇校集注:《全祖望集汇校集注》，上海古籍出版社，2000，第1682页。

③ 清人阮元《文选楼藏书记》曾著录有王蓂著作《东石讲学录》，并言明:“因蓂自号‘东石子’，故名。”详见阮元撰，王爱婷、赵媛点校:《文选楼藏书记》卷三，上海古籍出版社，2009，第246页。

④ 龚延明主编，邱进春点校:《登科录》中册，宁波出版社，2016，第224页。

⑤ 王绍元:《浙江提学副使王公蓂墓志铭》，焦竑撰:《国朝献征录》卷八十四，上海书店，1986，第3583页。

⑥ 其弟子兼女婿的黄文龙为其编刊的文集《东石近稿》卷三收录有王蓂于嘉靖三十二年（1553）八月十六日写的《辞免征文帖》。沈乃文主编:《明别集丛刊·第二辑》第14册，黄山书社，2015，第493页。

之言，发其心学者，辑为是录"[①]。而黄纶也在《刻晦庵朱先生心学录序》中说王蒉"遂手辑先生之遗言开示心学者凡九百八十三条，次为七卷，以成一书"。而自己"捐俸刻置县斋，以广其流行"[②]。说明该书在中国确实存在刊刻发行的原本。

其次，长泽氏所说的第三条标准在该书中主要体现在文中出现了大量日本人阅读汉籍所用的"训点"。由于汉语与日语在语法上存在较大差异，为了帮助不懂汉语的日本学者阅读汉籍，日本学者发明了按照日语语法阅读汉籍的方法，称为"训读"，在训读时所用的符号就是"训点"。训点包括两种：一是表示训读顺序的"反点"，位于文字左边；二是表示读音的"送假名"，位于文字右边。[③]"反点"和"送假名"在该书全文都有出现，证明该书是经过日本学者加入训点后进行刊刻的。

最后，长泽氏和刻本汉籍的第一条标准直接体现在该书的奥附部分。和刻本汉籍的"奥附"就是中国通常所说的版权页，其明确注明该书是日本明和六年（1769）年二月由弘所、皇都书林位于醒井通五条上町的伊豫屋佐右卫门，及位于新町通高辻上町的海老屋弥兵卫共同刊印的调子氏藏本，后由东都书肆藻雅堂须原屋嘉助再次翻印。[④]日本学者井上隆明著有《近世书林板元总览》一书，对伊豫屋佐右卫门、海老屋弥兵卫的主人、所在地点做了简要考证。[⑤]

从汉籍版本形态来看，该书板式为四周单边，序为八行十八字，各行之间有栏线，正文十行二十字，各行之间无栏线。单鱼尾，各卷小题"晦庵朱先生心学录"，版心小题"朱子心学录"，并标明卷数。笔者在日本国立公文书馆官网看到了与《朱子学文献辑刊》收录的《晦庵朱先生心学录》同一底本的和刻本汉籍原件影像，该原件边框尺寸为20.2cm×14.8cm，卷三与卷七终有"宽政戊午"的浸字。与影印本不同的是，该书原版分两册，两册封面题名均为"朱

---

① 《晦庵朱先生心学录》，《朱子学文献辑刊》第57册，第212页。

② 《晦庵朱先生心学录》，《朱子学文献辑刊》第57册，第199—200页。

③ 中山步：《和刻本清人著述研究》，复旦大学博士学位论文，2008，第28页。

④ 《晦庵朱先生心学录》，《朱子学文献辑刊》第57册，第528—529页。

⑤ ［日］井上隆明：《近世书林板元总览》，青裳堂书店，1981，第97页、第156页。

子心学录”，第一册包括卷一至卷三，第二册包括卷三至卷七及奥附，第一册《刻晦庵朱先生心学录序》及第二册第四卷首页有“日本国图书”“浅草文库”浸印，第一册卷三终、第二册版权页中有“昌平坂学问所”浸印。“浅草文库”是日本明治时期著名的官办图书馆，“昌平坂学问所”是当时的官办学校，一度在日本官学中居于中心地位，这两个机构能够收藏该书，对该书的广泛流传应该有较大的推动作用。

长泽规矩也在《和刻本汉籍分类目录》中提到《晦庵朱先生心学录》在日本先后有五个版本：最早的版本是明历元年（1655），由京都的妇屋林传左卫门刊刻；第二个是宽文三年（1664）由京都村上平乐寺修版刊印；第三个版本是明和六年（1769）由京都海老屋弥兵卫和伊豫屋佐右卫门修版刊印的；第四个版本是由东京的澡雅堂须原屋嘉助翻印的第三个版本；第五个版本是由大阪的河内屋藤兵卫翻印的第二个版本。[①]《朱子学文献辑刊》第五十七册收录的影印本及日本国立公文书馆收藏的本子即为第四个版本。日本尊经阁文库与名古屋蓬左文库收藏有第二个版本。[②]京都大学附属图书馆收藏有第五个版本。

二、《晦庵朱先生心学录》原本在中国的流传及出处

上文论及《晦庵朱先生心学录》在中国有由明代王蓂辑录、黄纶刊刻的原本王绍元在为王蓂所作的墓志铭中未提及该书。明人晁瑮《晁氏宝文堂书目》中有著录《晦庵心学录》，[③]但并未言明作者及其他任何信息。清末民初人恽毓

---

① ［日］长泽规矩也著，长泽孝三编：《和刻本汉籍分类目录》增补补正版，汲古书院，2006，第105页。

② 《尊经阁文库汉籍分类目录》著录：“《晦庵朱先生心学录》，七卷，明王蓂，宽文版。”侯彤、吕春凤主编：《域外汉籍常用目录·第二辑》第2册，天津古籍出版社，2021，第454页；《名古屋市蓬左文库汉籍分类目录》著录：“《晦庵朱先生心学录》七卷，五册，明·王蓂编，日本宽文三年京都平乐寺刊本，翻刻明嘉靖中刊本。”《名古屋市蓬左文库汉籍分类目录》，名古屋市教育委员会，1975，第63页。

③ 晁瑮撰：《晁氏宝文堂书目》卷上，《宋元明清书目题跋丛刊四·明代卷》第1册，中华书局，2006，第622页。

鼎曾在其日记中写道，他于光绪十六年（1890）闰二月初二日“在乐善堂买《朱子心学录》一部，洋三角”[①]。也没有更多信息证明该书为王蓂所著。笔者结合王蓂墓志铭及其他文献，更大范围对王蓂著作的著录、流传和存世情况进行了全面梳理，发现在王蓂编著作中与“心学”相关的其他编著两种：

一是《大儒心学语录》（又名《大儒心学录》）二十七卷。墓志铭录书名为《大儒心学录》,《千顷堂书目》、万斯同《明史》、张廷玉《明史》等均著录为：“王蓂《大儒心学录》二十七卷。”[②]《万卷堂书目》《钦定续文献通考》著录为《大儒心学语录》二十七卷。[③]《四库全书总目》不仅著录《大儒心学语录》二十七卷，还介绍该书为“明王蓂撰。是编亦其归养之时所辑诸儒语录。凡周子、程子、张子、邵子、杨时、谢良佐、吕大临、尹焞、罗从彦、李侗、胡宏、朱子、陆九渊、张栻、吕祖谦、黄榦、蔡沈、陈淳、真德秀、薛瑄、吴与弼、陈献章、胡居仁二十四家，皆论心学之语也。”[④]今有《四库全书存目丛书》据清华大学图书馆藏嘉靖二十八年（1549）刻本影印的本子传世，书名为《大儒心学语录》。[⑤]

其二是《心学录》（又名《陆子心学录》）四卷。《天一阁书目》《钦定续文献通考》著录王蓂“《心学录》四卷”。[⑥]《文选楼藏书记》著录云：“《心学录》四卷，明王蓂辑。金溪人。抄本。是书编次宋儒陆九渊讲学之语五百二十条，

---

① 恽毓鼎著，史晓峰整理：《恽毓鼎澄斋日记》第1册，浙江古籍出版社，2004，第63页。

② 黄虞稷撰，瞿凤起、潘景郑整理：《千顷堂书目（附索引）》卷十一《儒家类》，上海古籍出版社，2001，第301页；万斯同撰：《明史》卷一三五《艺文三》,《续修四库全书》第326册，上海古籍出版社，2002，第386页；张廷玉等撰：《明史》卷九十八《艺文三》，中华书局，1974，第2427页。

③ 朱睦㮮撰：《万卷堂书目》卷三《儒家》,《宋元明清书目题跋丛刊四·明代卷》第1册，第596页；嵇璜、曹仁虎等撰：《钦定续文献通考》卷一七四《经籍考》,《景印文渊阁四库全书》第630册，台湾商务印书馆，2008，第334页。

④ 永瑢等撰：《四库全书总目》卷九十六《子部六》，中华书局，1965，第811页。

⑤ 《四库全书存目丛书·子部》第7册，齐鲁书社，1995，第475—855页。

⑥ 范邦甸撰，江曦、李婧点校：《天一阁书目》，上海古籍出版社，2019，第442页；《钦定续文献通考》卷一七四《经籍考》,《景印文渊阁四库全书》第630册，第334页。

间为论说发明于各条之下。”[①]《四库全书总目》著录更为详尽：“《心学录》四卷，明王蓂撰。是编乃蓂养亲家居之时，取陆九渊之言，择其发明心学者，汇为一编，凡五百二十条，而以己意推阐之，大旨亦主王守仁晚年定论。”[②] 清人全祖望在《奉临川先生帖子一》中称：“而又有督学金溪王蓂弘斋著《陆子心学录》，在嘉靖初年，阁下之乡老也。”[③]《陆子心学录》与《心学录》应该是同一本书。笔者未见有传世本。

笔者虽然在梳理中未发现更多关于《晦庵朱先生心学录》单行本在中国流传的明确记载，但可以证实，《晦庵朱先生心学录》就是出自《大儒心学语录》。《大儒心学语录》第十四、十五卷为《晦庵朱先生语》，后面还附有王蓂的跋——《书晦庵朱先生语后》。经笔者比对，《晦庵朱先生心学录》与《大儒心学语录》卷十四、卷十五的《晦庵朱先生语》内容基本一致，《晦庵朱先生心学录》前面所附王蓂所作的《晦庵朱先生心学录序》与《大儒心学语录》中的《书晦庵朱先生语后》内容一致。可以肯定，《晦庵朱先生心学录》的主体内容就是出自《大儒心学语录》第十四、十五卷的《晦庵朱先生语》及《书晦庵朱先生语后》。

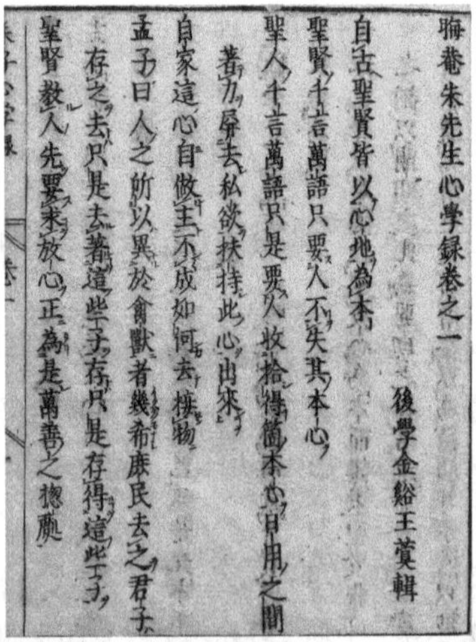
晦菴朱先生心學録卷之一
後學金谿王蓂輯
自古聖賢皆以心地為本
聖賢千言萬語只要人不失其本心
聖人千言萬語只是要人收拾得箇本心日用之間
著力屏去私欲扶持此心出來
自家這心自做主不成如何去接物
孟子曰人之所以異於禽獸者幾希庶民去之君子
存之去只是去著這些子存只是存得這些子
聖賢教人先要求放心正為是萬善之總處

日本国立公文书馆所藏《晦庵朱先生心学录》卷一

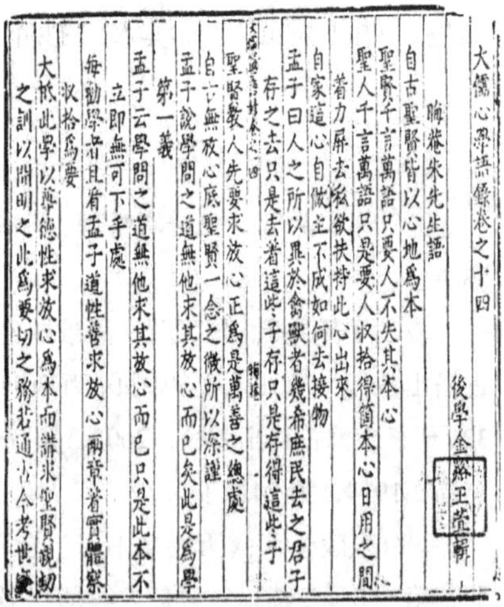
大儒心學語録卷之十四
晦菴朱先生語
後學金谿王蓂輯
自古聖賢皆以心地爲本
聖賢千言萬語只要人不失其本心
聖人千言萬語只是要人收拾得箇本心日用之間
著力屏去私欲扶持此心出來
自家這心自做主不成如何去接物
孟子曰人之所以異於禽獸者幾希庶民去之君子
存之去只是去著這些子存只是存得這些子
聖賢教人先要求放心正爲是萬善之總處
自古無放心底聖賢一念之微所以深謹
孟子說學問之道無他求其放心而已矣此是爲學
第一義
孟子云學問之道無他求其放心而已只是此本不
立即無可下手處
每勸學者且看孟子道性善求放心兩章着實體察
收拾爲要
大抵此學以尊德性求放心爲本而講求聖賢親切
之訓以開明之此爲要切之務若通古今考世變

《大儒心学语录》卷十四《晦庵朱先生语》

① 《文选楼藏书记》卷三，第 246 页。

② 《四库全书总目》卷九十六《子部六》，第 811 页。

③ 《鲒埼亭集外编》卷四十四《奉临川先生帖子一》，《全祖望集汇校集注》，第 1682 页。

从辑录先后顺序上看，《大儒心学语录》辑录启动时间早于《晦庵朱先生心学录》。《大儒心学语录》至晚于嘉靖十三年（1534）开始，五月完成第一卷《濂溪周先生语》，嘉靖十九年（1540）八月完成最后一卷《敬斋胡先生语》，主体工作完成，[①]《晦庵朱先生语》的辑录是在这期间的嘉靖十三年八月完成的。但是《大儒心学语录》书前附有中宪大夫、奉敕提督学校、陕西按察司副使章衮，及抚州知府顾沾分别于嘉靖二十八年（1549）四月写的序，说明该书最早的刊刻时间就在该年。[②] 而黄纶刊刻《晦庵朱先生心学录》却是在嘉靖二十一年（1542）十二月，早于《大儒心学语录》的刊刻时间。这是因为《大儒心学语录》在定稿后，并未立刻刊印，直到嘉靖二十七年（1548），时钦差巡抚江西等处地方都察院右佥都御史傅凤翔（字德辉，号印台）巡视金溪，王蕡便将书稿上呈，傅凤翔将书稿交给时任抚州知府的顾沾进行刊刻。[③] 而在《大儒心学语录》刊刻之前，王蕡将其中的《晦庵朱先生语》单独抽出，将两卷内容改为七卷，因重新分卷需要，对其中一些条目的顺序做了调整，但内容及条目总数与《大儒心学语录》中的《晦庵朱先生语》仍保持一致，[④] 并将《书晦庵朱先生语后》改为《晦庵朱先生心学录序》，最终形成《晦庵朱先生心学录》书稿交给黄纶。黄纶作《刻晦庵朱先生心学录序》附于书前，并在《序》中交代说《晦庵朱先生心学语录》卷数、条目是由王蕡亲自改定的。虽然《晦庵朱先生心学录》是在对《大儒心学语录》第十四、十五卷的《晦庵朱先生语》进行修改的基础上完成的，而且刊刻在先，但在《大儒心学语录》刊刻时，为了不影响整体体例，仍然保留了《晦庵朱先生语》的原始状态。

而且，《晦庵朱先生心学录》并非王蕡将《大儒心学语录》中的相关内容抽出进行单独刊印的个例。《大儒心学语录》第十六、十七卷是《象山陆先生

---

① 《大儒心学语录》，《四库全书存目丛书·子部》第7册，第489页、854页。

② 《大儒心学语录》，《四库全书存目丛书·子部》第7册，第477—480页。

③ 《大儒心学语录》，《四库全书存目丛书·子部》第7册，第475—476页。

④ 王蕡在《大儒心学语录》中对每卷所辑录的条目都进行了统计，其中第十四卷是五百九十七条，第十五卷三百八十四条，总共九百八十一条。但黄纶在《刻晦庵朱先生心学录序》中言及该书条目为九百八十三条。经笔者仔细核对，两书在条目数量上并无差异，为九百八十一条。

语》，分别收入陆九渊语录三百二十八条及一百九二条，总共五百二十条，在有些条目下以“蕡曰”开头阐述王蕡对该条目的看法。不仅条目数量与上文梳理的《心学录》（又名《陆子心学录》）高度吻合，也符合上文引《文选楼藏书记》“间为论说发明于各条之下”以及《四库全书总目》“而以己意推阐之”的说法。并且据王蕡《书象山先生语后》，《象山陆先生语》完成于嘉靖十三年（1534）年八月，[①]也符合上文全祖望所说的《陆子心学录》作于嘉靖初年的提法。这绝非巧合，很显然《心学录》（《陆子心学录》）也是王蕡将《大儒心学语录》第十六、十七卷的《象山陆先生语》抽出，将两卷改为四卷，然后刊刻形成的单行本，与《晦庵朱先生心学录》成书过程一致。

三、《晦庵朱先生心学录》在中日两国流传出现差异的原因

《晦庵朱先生心学录》和《大儒心学语录》问世以后的年代，中国社会的主流意识形态仍然是以朱子学为代表的儒家思想，相关儒家学者特别是朱子的言论和著作备受推崇。意外的是，《晦庵朱先生心学录》在中国的流传情况不明，《大儒心学语录》虽有著录，但现行传世版本依然是影印当年的初刻本，在流传过程中也未发现有重刻或翻印本，说明这两本书并未受到主流学术思潮的密切关注，与《晦庵朱先生心学录》后来在日本的广泛流传形成了明显反差。这显然是这两本书的学术立场在当时中日两国面临的境遇不同造成的。

《晦庵朱先生心学录》和《大儒心学语录》中的核心内容“心学”，是儒家思想特别是宋明理学中非常重要的概念。当前学术界的主流观点是将陆九渊与王阳明的学说称为“陆王心学”，而与之相对的将二程到朱熹的学说称为“程朱理学”，两者是宋明理学最大的两个学术流派，但这种主流观点是经过演变形成的。据现有研究，“心学”一词最早出自东汉汉译佛典《大比丘三千威仪经》，在南宋绍兴年间，“心学”一词已广泛流行于儒家士林。但在阳明学兴起之前，“心学”主要是指程朱一派的学术传统。[②]程朱理学家们留下了大量论心治

① 《大儒心学语录》，《四库全书存目丛书·子部》第7册，第747页。

② 冯国栋：《道统、工夫与学派之间——“心学”义再研》，《哲学研究》2013年第7期。

心、存心养心的言论。朱熹后学真德秀就曾辑录传统儒家经典与程朱理学家的心性论述编辑而成《心经》一书，[①] 开创了辑录程朱理学心学言论的先河。而反观陆九渊，其“从来没有以‘心学’二字来概括自己的学问。我也未见宋代有其他人以此二字来概括它。认真查其著作，陆九渊对理的论述远多于对心的论述”[②]。从宋至明，虽然“偶有学者以‘心学’指称陆学，然与称程朱学为‘心学’者，不可同日而语”[③]。

南宋以后，程朱学说逐渐被历代统治者和社会所接受，成为主流学术思潮，而陆九渊学说逐渐衰微。清人黄宗羲指出：“陆氏之学，流于浙东，而江右反衰矣。至于有元，许衡、赵复以朱氏学倡于北方。故士人但知有朱氏耳。然实非能知朱氏也，不过以科目为资，不得不从事焉。则无肯道陆学者，亦复何怪。”[④] 在这种情况下，出现了一种试图通过“会通朱陆”而复兴陆学的思潮，比较有代表性的有元儒吴澄，吴澄和陆九渊同为江西抚州人，对陆九渊有很深的同乡情结。他认为“心学之妙，自周子、程子发其秘，学者始有所悟，以致其存存之功。周子云‘无欲故静’，程子云‘有主则虚’，此二言，万世心学之纲要也”[⑤]。而“以心为学，非特陆子为然，尧、舜、禹、汤、文、武、周公、孔、颜、曾、思、孟以逮，邵、周、张、程诸子盖莫不然。故独指陆子之学为本心学者，非知圣人之道也”[⑥]。吴澄认同陆九渊的学说为“心学”，但其是想通过将陆九渊心学纳入程朱心学的主流，从而达到表彰陆学的目的。

王蓂与陆九渊亦为同乡，与吴澄一样对陆九渊有很深的同乡情结，他非常推崇吴澄的做法，将《吴澄集》中讲学经粹之语辑录出来编撰成《草庐吴先生

---

① 明代学者程敏政对真德秀《心经》一书作了大量附注，形成《心经附注》一书。周月琴著：《〈心经附注〉朝鲜半岛流行考》，学苑出版社，2016，第3—16页。

② 周炽成：《“心学”源流考》，《哲学研究》2012年第8期。

③ 冯国栋：《道统、工夫与学派之间——“心学”义再研》，《哲学研究》2013年第7期。

④ 黄宗羲原著，[清]全祖望补修，陈金生、梁运华点校：《宋元学案》卷九十三《静明宝峰学案》，中华书局，1986，第3097页。

⑤ 吴澄著，方旭东、光洁点校：《吴澄集》卷四十五《静虚精舍记》，中国社会科学出版社，2021，第951页。

⑥《吴澄集》卷四十八《仙城本心楼记》，第990页。

辑粹》一书，在该书的序言中明确表明该书是“爰采其发明心学、扶持世教者，尽厥精粹，类为七卷”。其中特别强调二程、朱熹与陆九渊、吴澄等古今圣人贤人本同一心。[①]他在《大儒心学语录》的《书象山陆先生语后》中指出，舜之言“人心惟危，道心惟微，惟精惟一，允执厥中”，实开万世之心学，孔、孟继之，孟子没而心学之传泯，直至周、程、张、朱之相承。而陆九渊不假师承，直宗孟子，对“发明心学亦有大功”[②]。在《大儒心学语录》中所列二十四人，以程朱学脉为主干，其将陆九渊心学融入程朱心学体系的意图非常明显。正因为如此，他在《晦庵朱先生心学录序》开篇就对朱子之学是心学进行论证，然后对阳明心学“知行合一”“致良知”等主要观点展开批评，提出朱熹之学以“存心”立本，其理论模式是通过“格物、致知、正心、诚意、修身”来达到“心之自得”“穷理正心”，而阳明心学视“格物”“讲学著述”等为“外索”“偏泥古本”，将“格物、致知、正心、诚意、修身”等统归于“知行”，摒弃了朱子心学“讲学明理之功”，这会导致人的行为缺乏正确指导而偏离正轨；认为阳明心学所强调的“人心皆有良知”“何必穷理”的观点，具有“良心会为物欲所蔽”，“致良知”不能“一蹴而至”的致命缺点；认为朱子心学是“实得孔子博约之宗旨，质诸尧舜‘精一’之传而无疑，历万世而无弊焉者”，是“明孔子之道以教万世无穷者”。所以他“手抄先生之言，发其心学者，辑为是录，终身佩服，求不自绝于先生之教，且以明先生之道于万世云”。

但是，在王蓂生活的时代，阳明学已经兴盛起来，其所生活的地方更是阳明学广泛流传的区域之一。明正德十一年（1516）至嘉靖元年（1522），王阳明奉旨巡抚南安（今江西省赣州市大余县）、赣州（今江西省赣州市）、汀州（今福建省龙岩市长汀县）、漳州（今福建省漳州市）等地，在赣州聚徒讲学，吸引了大批学生前来问学，其中就包括大批金溪士人。如黄直在正德十五年（1520）年从太学卒业归来后，闻王阳明倡良知之学于赣州，徒步前往受学。[③]据张艺

① 吴澄撰，［明］王蓂辑：《草庐吴先生辑粹》，《四库全书存目丛书·集部》第21册，第456页。

② 《大儒心学语录》，《四库全书存目丛书·子部》第7册，第747页。

③ 吴悌：《推官黄公直行状》，《国朝献征录》卷九十一，第3954页。

曦先生的研究，在此期间从学阳明的金溪士人还有黄株、胡民怀、胡民悚等人，这些人归来后与当地士绅举行翠云会讲，并吸引了阳明弟子邹守益、陈九川、唐枢等人前来参与。后来，黄直的学生吴悌在金溪疏山讲学，吸引了大批当地士人，推动阳明心学在金溪广为流传。而且金溪士人还尝试将阳明心学跟本地的陆九渊学术联结起来。[①]金溪只是阳明心学兴盛的一个缩影，《明史》记载："宗守仁者曰姚江之学，别立宗旨，显与朱子背驰，门徒遍天下，流传逾百年，其教大行，其弊滋甚。"[②]阳明不仅对"心学"进行重新定义，提出"夫圣人之学，心学也。学以求尽其心而已"[③]的主张，还构建了从尧、舜、禹、孔子、孟子、周敦颐、二程到陆九渊的心学传承脉络，[④]试图与朱子抢夺道统继承资格，他在《褒崇陆氏子孙》一文中明确强调："看得宋儒陆象山先生兄弟得孔孟之正传，为吾道之宗脉。"[⑤]王阳明的做法与金溪士人将阳明心学与陆九渊联系在一起的行为一致。在王阳明及其弟子的努力下，"心学"不仅逐渐演变为陆王学说的专称，而且被视为程朱理学的异端，与其完全对立。"嘉靖年间，王学已有'心学'之名，并与理学或道学相对立。"万历年间，邓元锡著《皇明书》，明确将"理学"与"心学"分门对列。[⑥]

在此背景下，王蓂依然坚持程朱理学为心学正宗，而且试图将陆九渊心学纳入程朱心学体系的做法，无论与阳明学派还是朱子学派的立场都是背道而驰的。何况无论是王蓂所在的江西还是刊刻《晦庵朱先生心学录》的浙江，当时都是阳明心学的重镇，所以王蓂的学术立场及其相关著作不仅没有被重视，还常常被误解。因为王蓂尊崇陆九渊心学，又在家乡金溪参与了以阳明心学为主

---

① 张艺曦：《明及清初地方小读书人的社集活动：以江西金溪为例》，《16—18世纪东亚世界的文人社集》，广西师范大学出版社，2022，第272—275页。

② 《明史》卷二八二《儒林》，第7222页。

③ 王守仁著，王晓昕、赵平略点校：《王文成公全书》卷七《重修山阴县学记》，中华书局，2015，第311页。

④ 《王文成公全书》卷七《象山文集序》，第296—298页。

⑤ 李贽编，李超、郭道平整理：《阳明先生道学钞》，首都师范大学出版社，2019，第29页。

⑥ 冯国栋：《道统、工夫与学派之间——"心学"义再研》，《哲学研究》2013年第7期。

场的翠云会讲，所以容易被误认为其亦主阳明心学。不仅上文所引的学者张艺曦先生有此倾向，四库馆臣也认为王蓂辑陆九渊《心学录》是“以己意推阐之，大旨亦主王守仁晚年定论”。因为此种境遇，《晦庵朱先生心学录》的流传自然受到很大影响。

《晦庵朱先生心学录》在日本的境遇与中国不同。朱子理学传入日本以后，在江户时代（1603—1868）全面走向兴盛，但此时阳明心学也已传入日本。因为江户时代早期没有主流意识形态的纠葛，所以日本的朱子学者并没有因为阳明心学而对整个心学产生芥蒂，相反还出现了维护朱子心学正统地位的思潮。王家骅先生认为，整个日本朱子学派在林罗山（1583—1657）后沿着两个方向发生了分化，其中之一就是浓化朱子学的唯心主义侧面，强调其封建伦理学，相较“穷理”更重视“居敬”，其中以山崎闇斋（1618—1682）及其门派诸人等为代表。[①] 山崎闇斋与其弟子保科正之著有《伊洛三子传心录》三卷，认为杨时、罗从彦、李侗三人上接二程，下承朱熹，传承发展了古圣贤的心法传授。林罗山第三子、德川幕府弘文学士院林恕（1618—1680，号鹅峰）为该书作的序中写道：“圣人之学至博，然约之则以传心为要而已。昔程子送杨子曰：‘道已南。’则其传程子之心昭晰也。罗能传杨之心，李能传罗之心，杨、罗、李之心便程子之心也，程子之心便圣人之心也。”[②] 这些观点与王蓂的观点一致。山崎闇斋还著有《大家商量集》，对陆王心学以及对吴澄、赵汸、程敏政等人会通朱陆的做法进行了批判。据吴震先生的研究，山崎闇斋的弟子佐藤直方（1605—1719）著有《王学弁集》一书，对阳明心学进行直接批判；另一弟子云川弘毅（1666—1709）在其文章《心学弁》中批评日本江户早期阳明学者中江藤树及其后学的心学为假心学，认为朱子学才是真心学。不仅闇斋学派，日本江户时期的古学派学者贝原益轩（1630—1714）、荻生徂徕（1666—1728）及其弟子太宰春台（1680—1747）等人都认为朱子学才是“心学”。[③]

山崎闇斋晚年退居京都讲学，弟子多达六千人，他和他的弟子们形成的

---

① 王家骅著，王起、秦莲星等译：《日本儒学史论》，江苏人民出版社，2019，第103页。

② 朱新林主编：《日本朱子学派文献汇编》第63册，北京燕山出版社，2021，第4—5页。

③ 吴震：《东亚儒学问题新探》，北京大学出版社，2018，第227页。

闇斋学派对整个江户时代产生了巨大影响，日本学者冈田武彦曾评价山崎闇斋及其学派说："闇斋不愧是一代杰儒，其风骨正似北宋之大慧宗杲，他的门派里面多胸怀大志的俊杰，具有睥睨其他诸派的气势，可说具有风靡德川一代之势。"[①] 而日本的古学派脱胎于朱子学，其代表人物很多都是由朱子学者转变而来，所以早期的贝原益轩更多被列为朱子学派的代表人物，如日本学者井上哲次郎就认为贝原益轩"若以德行家观之，足可与木下顺庵及室鸠巢雁行。若以博识家观之，足可与林罗山及新井白石相并立"，"为朱子学派中屹然挺拔者"。[②] 虽然到荻生徂徕与太宰春台的时代，古学派已经站在朱子学的反对面，但他们批判的心学是朱子心学。荻生徂徕与太宰春台是古学派中影响很大的学者，荻生徂徕开创了古学派中最有特色的萱园学派，而太宰春台作为其重要的弟子进一步发展了该学派，他们批判朱子心学，也从反面说明朱子心学在当时的日本影响很大。上述所说山崎闇斋及其弟子以及古学派的相关人物，他们活跃的时代与《晦庵朱先生心学录》在日本被反复刊印的时间相吻合，此绝非偶然，正是这些著名的学者掀起的思潮，为《晦庵朱先生心学录》的流行提供了良好的外部环境。

结 语

通过对《晦庵朱先生心学录》和刻本在日本、原本在中国出现不同流传情况的梳理、比较及原因分析，可以看到朱子学传播发展的东亚面向。朱子学从十四世纪开始成为中国的主流意识形态，在十七世纪中后期成为日本的主流思潮后，完成了在东亚地区的全面传播，这是东亚朱子学的普遍性，也是《晦庵朱先生心学录》能够在中国产生、在日本流传的大背景。但也可以看到，由于中、日两国朱子学意识形态化的时间、文化基础、国情不同，中、日两国对朱子学的理解、接受也不尽相同，从而形成了两国朱子学的各自特色，这种特殊性正是造成《晦庵朱先生心学录》在中、日两国的流传出现差异的根本原因。

① ［日］冈田武彦：《山崎闇斋》，东大图书股份有限公司，1987，第1页。

② ［日］井上哲次郎，万莉丽译：《日本朱子学派之哲学》，中国社会科学出版社，2021，第200页。

The Circulation of the Japanese Block-Printed Edition of the Chinese Classic *Huian Zhu Xiansheng Xin Xue Lu*

Huang Taiyong

Abstract: *Huian Zhu Xiansheng XinXue Lu* (Venerable Zhu Xi's Quotations of the Philosophy of the Mind) was originally compiled by WANG Ming during the Ming dynasty and published by HUANG Lun in China. It was later annotated with Japanese hiragana reading marks and reprinted multiple times in Japan as a Japanese Block-Printed Edition of a Chinese Classic. While these editions are circulated widely in Japan, there is no clear record of their circulation in China. Through research and analysis, it has been found that this book actually originates from another compilation *Da Ru Xin Xue Yu Lu* by Wang Ming. Before the rise of Wang Yangming's Philosophy of the Mind (Xin Xue), the term Xin Xue primarily referred to the philosophy of Cheng-Zhu (Cheng Hao, Cheng Yi & Zhu Xi) Neo-Confucianism. Wang Ming's key argument in both books was to follow WU Cheng in incorporating LU Jiuyuan's Philosophy of the Mind into the Cheng-Zhu tradition while maintaining the dominance of Cheng-Zhu philosophy and criticizing Wang Yangming's. However, by that time, Wang Yangming's philosophy had already gained prominence, and Xin Xue gradually became synonymous with the "Lu-Wang (Lu Jiuyuan & Wang Yangming) Philosophy of the Mind," standing in contrast to "Cheng-Zhu Neo-Confucianism." This ideological divergence from the mainstream academic trend contributed to the book's limited circulation in China. In Japan, however, scholars such as Yamazaki Ansai and his followers, as well as Ancient School of Thought (Kogaku ha) scholars like Kaibara Ekiken, Ogyū Sorai, and his disciple Dazai Shuntai, showed considerable interest in Zhu Xi's Philosophy of the Mind. As a result, *Huian Zhu Xiansheng Xin Xue Lu* was repeatedly printed during their days. This phenomenon reflects both the broad circulation of Zhu Xi's thought across East Asia and the distinctive characteristics of Neo-Confucian studies in China and Japan.

Key words: Japanese Block-Printed Edition of a Chinese Classic; *Huian Zhu Xiansheng Xin Xue Lu*; Wang Ming; the Philosophy of the Mind (Xin Xue)

程颢遗书真伪之辨：越南《明道家训》成书新考

刘亚琼　刘玉珺*

【摘　要】作为一部托名程颢、关系程颐、极具争议的越南书籍，《明道家训》实以明代善书《明心宝鉴》为蓝本编撰而成。通过《明心宝鉴》这一文本梯媒，该书承继唐代敦煌写本《太公家教》“广集俗谚、约为韵语”的编撰主旨，沿袭《文教词林》《新集文词九经抄》“援引群书”“以类相从”的编撰体例和“汇辑三教”的内容特点，对勾连再现唐代以来中国蒙书的本土亲疏关系和域外传播路径大有裨益。作为重抄重印、重编和喃译之外，较大改变中国书籍文本形态的新撰蒙书，《明道家训》成书研究为考察包括儒家典籍、敦煌写本在内的中国书籍在越南乃至东亚的传播和改制提供了典型例证和重要启示。

【关键词】《明道家训》；《明心宝鉴》；儒家典籍；敦煌写本；书籍交流

一、引言

在越南现存汉喃古籍中，题名宋代理学大家程颢（1032—1085）所撰的

---

*【作者简介】：刘亚琼，西南交通大学人文学院博士研究生，主要研究方向为域外汉籍与越南俗文学研究；刘玉珺，西南交通大学人文学院教授、博士生导师，主要研究方向为越南汉籍研究。

【基金项目】国家社科基金重大招标项目“中越书籍交流研究（多卷本）”（20&ZD333）。

《明道家训》，是一部以中国书籍的名义、在越南本土流传非常广泛的作品。[①]但此前国内外学界除有少数学者认为《明道家训》乃伊川先生程颐（1033—1107）[②]或越南蓝江人朱玉芝[③]所撰外，大多认为是书乃宋儒程颢所撰中国书籍的越南传本。2017年，越南汉喃研究院学者阮俊强先生在《东亚文献研究》刊载的《集句、集意、创新：越南蒙书〈明道家训〉的文献学研究》中首次提出此书并非宋儒程颢所撰，而是17世纪至20世纪初越南人所撰之书，其主要论据如下：一是书中第178句"色妇乱家"出自清代李雨堂《狄青演义》："谗言误国，妒妇乱家"；二是"莫爱珠玉，爱子孙贤"出自"明末清初"《明心宝鉴》中的"人皆爱珠玉，我爱子孙贤"；三是第317—318句"人心如铁，官法如炉"，出自元代白朴《墙头马上》："人心似铁，官法如炉"。[④]可以肯定的是，阮先生这一观点的提出，将《明道家训》的成书研究推进了一步，然而其主要论据却有值得商榷之处。据考证，"妒妇乱家"在元代《居家必用事类全集》"省心杂言"条草庐吴先生语已有载录，[⑤]且敦煌文书《王梵志诗》中已有"谗臣乱人国，妒妇破人家"[⑥]之句。而"人心似铁，官法如炉"早在宋时就多有记载，宋人陈元靓《事林广记》前集卷九[⑦]、释智愚（1185—1269）《颂古》篇[⑧]皆载此条。更为

---

① 现存版本多达十一种，在传入越南的中国蒙书中，仅次于蒙学经典《三字经》。这些版本主要藏于越南汉喃研究院、越南国家图书馆、北京大学东语系图书馆等地。其中，中国藏有四种，均传自越南。

② ［越］段忠存译：《明道家训》，智德丛书，1971，第3页。书中明确标注此书为程颢之弟程颐所撰，并将书名"明道家训"解读为"讲明（道理）以训家中子侄"，但未详述缘由。

③ 陈莉：《越南汉籍文化益彰——基于中山大学藏越南汉籍之考察》，《文化遗产》2014年第5期。经考，朱玉芝应是喃文部分译者。

④ ［越］阮俊强：《集句、集意、创新：越南蒙书〈明道家训〉的文献学研究》，《东亚文献研究》2017年第20辑。

⑤ 《居家必用事类全集》，《北京图书馆古籍珍本丛刊》第61册，书目文献出版社，1989，第422页。

⑥ 王梵志著，项楚校注：《王梵志诗校注》上，上海古籍出版社，2010，第300页。

⑦ 陈元靓：《事林广记》前集卷九，中华书局，1963，第71页。

⑧ 释妙源：《虚堂和尚语录》，卷五，《大正藏》第47册，新文丰出版公司，1983，第1020页。

重要的是“人皆爱珠玉，我爱子孙贤”之句，最早见于宋人倪思（1147—1220）《经鉏堂杂志》，非为《明心宝鉴》首次征引，且《明心宝鉴》的成书乃辑录诸家杂言，其中征引唐末敦煌写本《文教词林》《新集文词九经抄》等书条目。这些关键信息正蕴含着《明道家训》成书的新线索。故此，本文以敦煌写本《新集文词九经抄》《文教词林》和《太公家教》为文本参照，通过《明心宝鉴》这一文本梯媒，追溯越南文人如何承继敦煌写本的内容、体例和编撰方法，撰成越南书籍《明道家训》，以此实现对中国书籍的隔空接受和分域传承，进而厘清这部越南书籍与宋儒程颢的因缘际会。在拓宽中越书籍交流研究的区域空间和文本空间之外，亦取异域之新材料丰富敦煌文献的域外连接和影响。

二、《明心宝鉴》为《明道家训》蓝本考证

《明心宝鉴》是明洪武八年（1375）至洪武二十六年（1393）由范立本辑录的一部流传颇广的劝善书。因密切的地缘政治，其早在明神宗万历二年（1574）即传入越南，早于崇祯四年（1631）日本的王衡本《新锲京板正讹音释提头大字明心宝鉴正文》和西班牙传教士高母羡（Fray Juan Cobo，1546—1592）于万历十八年（1590）在菲律宾完成的西译本。[①]与《明心宝鉴》同时传入越南的还有《太公家教》，两书传于越南的记录，皆可见于明神宗万历二年（1574）严从简所著的《殊域周咨录》[②]。书籍文字的记录通常晚于流传事实的产生，所以《明心宝鉴》传入越南的时间应比这一记载要早上许多。十六世纪越南文人阮屿所著汉文小说《传奇漫录》中已有两处引用《明心宝鉴》句子[③]，可从书籍流传与接受的角度予以佐证。在越南现存汉喃文献中发现的《明心宝鉴》版本共有

① 周安邦：《〈明心宝鉴〉研究》，台湾逢甲大学博士论文，2009，第 206 页。

② 严从简：《殊域周咨录》，余思黎点校，中华书局，2000，第 239 页。

③［越］阮屿：《传奇漫录》，陈益源校点，陈庆浩、孙逊总主编：《越南汉文小说集成》第 4 册，上海古籍出版社，2010，第 39、91 页。

十种之多，[①] 这些版本皆非纯汉字本，而是与记录越南口语的喃字两相对照的重新翻刻本，由此足见《明心宝鉴》传入越南后流传和影响的深广程度，而此程度也随着《明心宝鉴》为《明道家训》编撰蓝本，这一中越书籍关系的厘清和证实得到深化（详见表 1）。

表 1 《明道家训》征引中国古籍及重于《明心宝鉴》条目表 [②]

序号	《明道家训》征引的中国古籍及条目数				明心宝鉴	序号	《明道家训》征引的中国古籍及条目数				明心宝鉴
1	商	—	周易	3	1	40	北宋	司马光	司马温公劝学歌	6	6
2	春秋	—	论语	28	20	41	北宋	司马光	书仪	8	6
3	春秋	孙武	孙子	1	—	42	北宋	司马光	资治通鉴	4	—
4	[春秋]李耳 [汉]河上公		老子河上公注	3	2	43	北宋	李昌龄	太上感应篇	4	4
5	战国	左丘明	国语	1	—	44	北宋	苏轼	东坡书传	2	2
6	战国	孟轲	孟子	15	12	45	北宋	程颐	伊川易传	1	—
7	战国	—	荀子	11	11	46	北宋	张思叔	张思叔座右铭	2	2
8	秦	黄石公	素书	1	1	47	北宋	晁说之	寄陈叔易	1	1
9	秦	吕不韦	吕氏先秦	1	—	48	北宋	范祖禹	范太史集	2	—
10	西汉	戴圣	礼记	10	6	49	北宋	释惠洪	林间录	2	2
11	西汉	戴德	大戴礼记	5	5	50	北宋	李纲	梁溪集	1	—
12	西汉	孔安国	古文孝经	8	8	51	[南宋]朱熹 [明]陈选		小学集注	11	11

① 其中刘春银、王小盾、陈义《越南汉喃文献目录提要》著录八种，法国藏三种，越南汉喃研究院藏五种。另有越南国家图书馆和北京大学东语系图书馆各藏一种，藏书编号分别为 R.1626 和 X/188.9/6338。

② 此表以越南国家图书馆所藏 500 句本《明道家训》（编号 R.1555）对以越南流传最较广的《明心宝鉴》同庆三年（1888）刻本中的汉文部分，逐条溯源，以作考证。并以目前可见相应条目出处最早的古籍进行列表，表中“明心宝鉴”一栏指重于《明心宝鉴》条目数。

续表

序号	《明道家训》征引的中国古籍及条目数				明心宝鉴	序号	《明道家训》征引的中国古籍及条目数				明心宝鉴
13	西汉	孔安国	尚书注疏	9	—	52	南宋	刘清之	戒子通录	2	2
14	东汉	班固	汉书	6	4	53	南宋	熊节	性理群书句解	2	2
15	东汉	郑玄	仪礼疏	4	—	54	南宋	陈元靓	事林广记	16①	16
16	东汉	庞德公	诫子诗	4	4	55	南宋	—	名贤集	2	2
17	东汉	—	太平经	2	—	56	南宋	张镃	仕学规范	1	1
18	三国魏	何晏	论语注疏	6	4	57	南宋	王应麟	通鉴答问	2	—
19	三国魏	王肃	孔子家语	7	5	58	南宋	杨士瀛	仁斋直指	2	—
20	晋	袁弘	后汉记	1	1	59	南宋	倪思	经鉏堂杂志	2	2
21	晋	杜预	春秋左传正义	2	2	60	南宋	洪迈	夷坚志	1	—
22	南朝梁	周兴嗣	千字文	1	1	61	南宋	谢枋得	叠山集	1	—
23	南朝宋	范晔	后汉书	3	2	62	南宋	杨万里	诚斋集	1	—
24	北齐	颜之推	颜氏家训	2	2	63	南宋	左圭	百川学海	1	1
25	北齐	杜弼	檄梁文	2	—	64	南宋	李焘	续资治通鉴长编	2	—
26	唐	吴兢	贞观政要	4	3	65	南宋	王炎	双溪类稿	1	—
27	唐	杜佑	通典	2	—	66	南宋	卫湜	礼记集说	1	—
28	唐	李延寿	北史	1	—	67	南宋	杜大珪	名臣碑传琬琰集	2	—
29	唐	白居易	勉学文	8	8	68	南宋	韩元吉	南涧甲乙稿	1	—
30	唐	释道世	法苑珠林	2	2	69	宋	李邦献	省心杂言	9	9

① 其中引孔子之言14句，《事林广记》为目前所见最早载录的典籍。

续表

序号	《明道家训》征引的中国古籍及条目数				明心宝鉴	序号	《明道家训》征引的中国古籍及条目数				明心宝鉴
31	唐	—	太公家教	27	22	70	元	—	居家必用事类全集	8	8
32	唐	王梵志	王梵志诗	1	1	71	元	杨瑀	山居新话	1	—
33	唐	—	文教词林	8	8	72	元	侯克中	艮斋诗集	1	1
34	唐	—	新集文词九经抄	5	5	73	明	范立本	明心宝鉴	51	51
35	唐	孙思邈	养生铭	2	2	74	明	夏良胜	中庸衍义	2	—
36	南唐	宋齐邱	玉管照神局	4	4	75	明	商辂	通鉴纲目续编	2	—
37	北宋	吕大钧	吕氏乡约	2	2	76	清	王先谦	东华录	4	—
38	北宋	邵雍	梦林玄解	2	2	77	清	冯云鹓	圣门十六子书	2	—
39	北宋	邵雍	瓮牖吟	3	3						
重合条目总计	中国古籍 371			《明心宝鉴》282①				未见出处条目 129			

证实《明心宝鉴》为《明道家训》编撰蓝本的依据主要有以下三点：首先，从表中可知，《明道家训》共援引中国从商至清涵盖经、史、子、集 77 部古籍中的诸家名言 371 句，逾全书 500 句以半数。而在《明道家训》援引中国古籍的 371 句中，未见与程颢（1032—1085）相关之句，甚至明确有 17 句出自其后之书，② 但巧合的是这 17 句仅且同时见载《明心宝鉴》，可见《明道家训》与《明心宝鉴》两书关系之一斑。其次，《明道家训》援引中国古籍的 371 句，重出《明心宝鉴》计 282 句之多，而少数未重出部分又多出自儒学“四书”“五经”和史书《汉书》《后汉书》

① 《明心宝鉴》越南翻刻本多题名“明心宝鉴释义”，以强调喃字释义部分，但因文中只考证汉字部分，故而以“明心宝鉴”代“明心宝鉴释义”行文。

② 其中宋人李邦献《省心杂言》9 句，元代佚名《居家必用事类全集》8 句。需要说明，《省心杂言》虽与成书更早的《省心录》时有重合，但《明道家训》所引 9 句未见于《省心录》。

等较为经典的越南科举考试必读书目，所涉知识当为《明道家训》作者常识。再者，在见载《明心宝鉴》的289句中，更有51句目前仅见于《明心宝鉴》，为各书之最。其中《明心宝鉴》载明征引他书，而他书未见者34句，直接征引《明心宝鉴》者17句。值得注意的是后者中第285—294句："种瓜得瓜，种豆得豆。天网恢恢，疏而不漏。皇天不负，有读书人。皇天不负，有道心人。皇天不负，有好心人"，连续征引《明心宝鉴》天理篇10条内容。甄综所论，《明道家训》作者在撰著之时并未遍览中国群集，而主要以《明心宝鉴》为蓝本，大量模仿和借用。

三、作为梯媒的《明心宝鉴》:《明道家训》的敦煌写本渊源

今敦煌写本《文教词林》《新集文词九经抄》《太公家教》在唐以后渐渐不传，而《明道家训》与三者在内容条目和编撰体例等方面却有诸多相同之处。若《太公家教》曾传入越南可为此作出部分阐释，而凭借敦煌藏经洞才得以传世的《文教词林》《新集文词九经抄》两书则尚有存疑，随着《明心宝鉴》为《明道家训》编撰蓝本的书籍关系的厘清，这一问题也随之可得疏证。

（一）以类相从、汇集三教：承继敦煌写本的内容体例

《文教词林》和《新集文词九经抄》都为唐代民间通俗启蒙读物。据郑阿财的研究，《明心宝鉴》《文教词林》《新集文词九经抄》三者之间存在一定的承继关系。[①]《明心宝鉴》与《新集文词九经抄》重出或相关条文计有百余条，甚至《新集文词九经抄》误引《太公家教》而误作"家语曰"，引《真言要决》误作"刘会曰"的两条，《明心宝鉴》亦误引。《新集文词九经抄》中未见条文则又多见于《文教词林》[②]。《明心宝鉴》不仅直接沿袭《新集文词九经抄》《文教词林》两书的内容条目，而且也习传了两书的成书模式和文本特色，这些都通过《明心宝鉴》这一文本梯媒，延续于《明道家训》之中。

① 详见郑阿财：《敦煌写卷新集文词九经抄》，文史哲出版社，1989，第131—171页。

② 郑阿财、朱凤玉：《敦煌蒙书研究》，甘肃教育出版社，2002，第310—311页。

观察《明道家训》的成书模式，其所征引的条文出自中国从商至清涵盖了经、史、子、集的77部古籍，这与援引书籍65种的《文教词林》和89部的《新集文词九经抄》，在“通阐内外，援今引古”这一编撰特点上无疑是一脉相承的。而在文本特色上，《明道家训》除采录儒家群籍外，还征引了《老子》《庄子》《太平经》《太上感应篇》《紫虚元君戒谕心文》等道家坟典，以及唐释道世《法苑珠林》等佛教经书，这与《文教词林》《新集文词九经抄》《明心宝鉴》杂糅儒释道三教，劝德亦劝善的内容特点实为列眉相通。尤为巧妙的是在编撰体例层面，《文教词林》和《新集文词九经抄》两书在编排上并无明显门类之分，但其“理意相扶”，以类相从而成书，实亦兼具类书特性。《明心宝鉴》习传这一特点，并将其分类特性发展得更为明晰，直接分作继善、天理、顺命、孝行等二十个篇目。虽然《明道家训》并未像《明心宝鉴》一样有明确分目，却有着明显的“以类相从，排比成篇”的分类痕迹。试以开篇21句为例：

人生百艺 文学为先 儒士是珍 诗书是宝 古者圣贤 易子而教 德行纯和
择为师友 养而不教 乃父之过 教而不严 乃师之惰 学问不勤 乃子之恶
后从先觉 鉴古知今 学有三心 不可失一 父母厚实 子学勤敏 严师作成

此段内容有三个论述层次：劝学—训子—劝学，劝学和训子正好分别对应《明心宝鉴》的“劝学篇第九”和“训子篇第十”两个分目。而将《明道家训》重合《明心宝鉴》条文所出篇目进行统计（如表2），可以发现在《明心宝鉴》二十个篇目中，《明道家训》重出达到17目之多，其中省心、正己、继善、存心等篇条文重合度尤为突出。由此可见，《明道家训》整体内容无疑不出《明心宝鉴》，但因《明心宝鉴》分目之间多有重叠，故在征引时并未完全依据其分类顺序，而是按照内容的相通性，进行巧妙的重新整合，这与“鸠书摘义，理意相扶”的《文教词林》和《新集文词九经抄》无疑是异书而隔空互文。忖度之，通过《明心宝鉴》这一文本梯媒，《明道家训》不仅承继了以《新集文词九经抄》《文教词林》为代表的唐代以来格言类蒙书“包括九经，罗含内外”[①]、以类相从

① 王重民：《敦煌古籍叙录》，中华书局，1979，第214页。

的编撰模式和融合三教内容特点，进而也在某种程度上有着兼具善书、类书、家训和蒙书的综合特征。

表 2 《明道家训》与《明心宝鉴》篇目重合表

序号	1	2	3	4	5	6	7	8	9	10	11	12	13	14	15	16	17	18	19	20
《明心宝鉴》篇目	省心	正己	继善	训子	存心	孝行	劝学	戒性	天理	立教	治家	安分	交友	遵礼	妇行	言语	治政	安义	顺命	存信
《明道家训》重合条目数	48	41	35	28	20	16	15	14	13	13	12	10	6	5	5	2	1	—	—	—

（二）广集俗谚、约为四言：沿袭《太公家教》的编撰主旨

与《文教词林》《新集文词九经抄》不同的是，《太公家教》曾传入越南，并与《明道家训》产生直接的文本接触，但巧合的是这一接触仍未绕开《明心宝鉴》这一文本媒介。王小盾先生《越南访书札记》谈到其曾在越南河内发现一抄于启定元年（1916）的《太公家教》残本①，朱凤玉曾将此本与敦煌所藏《太公家教》写本进行对比，发现两者差异明显：仅"'罗网之鸟，悔不高飞；悬钩之鱼，悔不忍饥'与敦煌本《太公家教》相同，其他则均未见"②，但多载录于《明心宝鉴》之中。值得关注的是其中的"人贪财而死，鸟贪食而亡"之句，《明心宝鉴》省心篇著录为"人为财死，鸟为食亡"。《名贤集》和《增广贤文》所录相同，今所见中国其他古籍此句亦均作"为"而未见作"贪"。巧合的是《明道家训》第264—265句则录为"人贪财死，鸟贪食亡"。无独有偶，"人心如铁，官法如炉"此句亦见载于《名贤集》《明心宝鉴》和《增广贤文》，作"人心似铁，官法如炉"。而《明道家训》第315—316句与越南本《太公家教》

① 王小盾：《越南访书札记》，项楚等编：《新国学》第3卷，巴蜀书社，2001，第50页。

② 朱凤玉：《敦煌本〈太公家教〉的传播及其对中国俗文化的展现》，《敦煌研究》2021年第6期。

所书一字不错，作“人心如铁，官法如炉”。由此可见，《明道家训》征引之四句当从越南本《太公家教》而来，且越南流传的《太公家教》已非唐代原本，而极有可能为后人根据《明心宝鉴》《名贤集》《增广贤文》等蒙书中的太公条目辑录，或增补同类格言韵语文句所成，而《明道家训》所征引的系由《明心宝鉴》等书籍辑录或增补过后的越南本《太公家教》。同时，它也继承了《太公家教》范式下东亚家训劝诫类蒙书广集格言俗谚，约为四言的成书模式。简举其四言为准，删繁就简，以类相从之证例。

（1）四言之句，原句摘出。如第110—101句引《汉书》:“过阙则下，过庙则趋”[①]；第194—195句引《颜氏家训》“教妇初来，教子婴孩”[②]。

（2）多或少于四言，添字去字。如第5—6句“古者圣贤，易子而教”见《孟子》:“古者易子而教之”[③]；第126—133句引孔子语“身体发肤，受之父母，不敢毁伤，孝之始也。立身行道，扬名于后世，以显父母，孝之终也”[④]整句摘出，只将五言“扬名于后世”作四言“扬名于后”。

（3）调换句序，略改字词。如第204—207句“术诈遗之，子孙者亡，道德遗之，子孙者昌”见宋李邦献《省心杂言》“以忠孝遗子孙者昌，以智术遗子孙者亡”[⑤]。

（4）择取相隔两句或单句。如第238—239句“患难相救，过失相规”，出自《吕氏乡约》“德业相劝，过失相规，礼俗相成，患难相恤”[⑥]。率167句“主馈蘋藻”则见宋人李纲（1083—1140）《梁溪集》之《杨夫人挽章二首》:“承家早庆芝兰秀，主馈空余蘋藻诚。”[⑦]

（5）同一语录按内容分而引之。第270—271句“含血喷人，先污我口”和

---

① 班固撰，颜师古注:《汉书》卷四十八，中华书局，2013，第2248页。

② 颜之推撰，王利器注:《颜氏家训集解》，中华书局，2014，第8页。

③ 杨伯峻译注:《孟子》卷七，中华书局，1960，第178页。

④ 孔安国传:《古文孝经》，《知不足斋丛书》第一集，上海古书流通处影印，1921，第49页。

⑤ 李邦献:《省心杂言》，《丛书集成新编》第14册，新文丰出版社，2008，第266页。

⑥ 吕大钧:《吕氏乡约》，宋嘉定五年（1212）李大有刻本，第1a—6a页。

⑦ 李纲:《梁溪集》卷三十二，台湾商务印书馆，1986，第791页。

第295—296句“伤人之语，反伤其身”皆出自《太公家教》：“伤人之语，还是自伤。含血喷人，先污自口。”

（6）续写。续写嵇康之语：“凶险之人，敬而远之。贤德之人，亲而近之”作“贤德之人，亲而近之，终自有益。凶恶之人，斥而远之，自免祸乱”①（第329—324句）。

（7）整合句义，作以改写。第24—28句“人有三情，可事如一，非父不生，非君不荣，非师不成”出自《国语》：“民生于三，事之如一。父生之，师教之，君食之。非父不生，非食不长，非教不知生之族也，故一事之。”②第272—275句“恶言出口，凶神监临，善念于心，吉神自现”辑录自《太上感应篇》：“然则太上所谓。人心起于善，善虽未为，而吉神已随之。或心起于恶，恶虽未至，而凶神已随之。”③

（8）改换中心词。第216—221句“子果贤矣，今虽贫贱，后必富贵，子不肖矣，今虽富贵，后必贫贱”，将司马温公语：“婿苟贤矣，今虽贫贱，安知异时不富贵乎？苟为不肖，今虽富盛，安知异时不贫贱乎”④中“婿”改为“子”。第337—338句“爱贤如兰，畏恶如虎”取邵康节戒子孙之“亲贤如就芝兰，避恶如畏蛇蝎”⑤，将“蛇”作“虎”。

四、从“明心”到“明道”：“明道”一词的误读与释疑

《明道家训》被视为程颢之书，概因后人将“明道”二字解读为明道先生，既然此书非程颢之书，那么“明道”二字究竟何指？对此，首先要明确《明道家训》之“明道”是否确为明道先生程颢？梳理此书与程颢相关的信息可知，

---

① 此条见载《明心宝鉴》交友篇第十九，最早见于唐敦煌写本《文教词林》，《新集文词九经抄》亦有征引，当为《明心宝鉴》承袭两书而来。

② 左丘明：《国语》卷七，上海古籍出版社，1978，第251页。

③ 李昌龄：《太上感应篇》，《道藏》第27册，天津古籍出版社，1988，第141a页。

④ 司马光：《司马氏书仪》卷三，《丛书集成初编》第1040册，中华书局，1985，第29页。

⑤ 刘清之：《戒子通录》，金兰生等撰：《传世言外一种》，岳麓书社，2003，第181页。

仅有中国所见"阮文誼"本在正文卷端有"明道先生家训四字经"字样（如图1），可知其确曾以程颢为作者在越南民间流传。其他将"明道"解读为明道先生的多为近现代之人，如越南学者杨广涵[①]、陈义、吴德寿等人。1993年陈义编撰《越南汉喃遗产书目提要》一书[②]，2002年中国学者王小盾、刘春银将其编译为《越南汉喃文献目录提要》，两部颇有代表性的越南古籍书目都将越南汉喃研究院所藏《明道家训》（编号AC.228）视为宋儒程颢所撰之书的越南喃译本。《越南汉喃文献目录提要》载是书提要云：

> 《明道家训》的喃文及越南文译注本，四言体。朱玉芝据程颢（号明道）原本翻译。按：本书内容讲述为人父者当仁厚，为人师者当严明，为人子者当孝敬勤敏等。[③]

2002年，越南学者吴德寿在其主编的《越南国家图书馆藏汉喃古籍书目》中为《明道家训》（R.1555）撰写了如下解题：

> 将中国同名书籍译为喃字，同时兼以喃文和拉丁国语字释解。主要内容为传播忠君孝亲、仁义礼智信等社会处事道德。属于基础教育类书籍，儒家常把它视为宋代大儒程明道（即程颢）之训言。[④]

这两种目录的观点，后被学术界所沿袭。我们无法由此判定此书是否在编撰之初就有意假托程颢之名，还是在流传过程中出现了误读。但若其在编撰时就假托程名援引群言，却未征引与明道先生有关的任何一部书中的内容或任何

---

① ［越］杨广涵：《越南文学史要》，越南国家教育部，1941，第28页。

② ［越］陈义、［法］弗朗索瓦·格罗斯：《越南汉喃遗产书目提要》第1册，社会科学出版社，1993。

③ 刘春银、王小盾、陈义：《越南汉喃文献目录提要》，台湾"中央研究院"中国文哲研所，2002，第391页。

④ ［越］吴德寿主编：《国家图书馆汉喃古籍书目》，越南国家图书馆文化信息部，2002，第243—244页。此处为笔者暂译。

一则语典、事典，似乎破绽过于明显。而前文越南学者段忠存将书名“明道家训”解读为“讲明（道理）以训家中子侄”，为我们提供了解读“明道”的另一种可能。正如《明心宝鉴》范立本序言所云：“非博学无以广知，不明心无以见性。”此为《明心宝鉴》“明心”之意。今存越南本《明心宝鉴》虽暂未见到附载范氏序文的版本，但根据《明道家训》以《明心宝鉴》为蓝本，大量借鉴《明心宝鉴》的内容，并继承其“以类相从”的编排体例等例证，可知《明道家训》在成书时当受到了《明心宝鉴》的深刻影响。而《明道家训》开篇首句“人生百艺，文学为先”，又与《明心宝鉴》范序之“况今学者，不过学其文艺为先，未有先学德行为本”异曲同工。由此可见，《明道家训》汲取《明心宝鉴》“明心”的取名立意而作“明道”也十分有可能。而《明道家训》与宋儒程颢的因缘际会，或为后世在流传与接受过程中，因“名人效应”的误读。

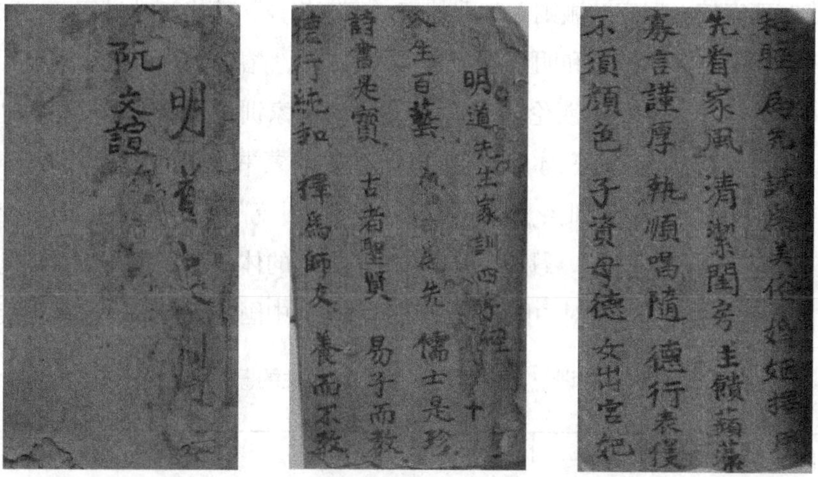

1-1：封面页　　1-2：正文首页　　1-3：正文中间页

图 1　中国孔夫子旧书网载录“阮文諠”本《明道家训》书影

五、《明道家训》成书研究的传播史和交流史意义

敦煌写本代表的俗文本体现了注重民间文本形态和文化功能的写本学研究

方法，它揭示出对于《明道家训》这类以口头传播为特点的俗文本来说，追溯文本内容间相互关联的意义，某种程度上远胜于考证撰书意图和作者。因此，无论《明道家训》的作者是有意假托程颢还是后人误读，都无法否定此书对中国书籍编撰体例和文化内涵接受的真实存在。而正是这些真实存在，使《明道家训》成为研究中国书籍在域外传播和接受情况不可多得的案例，具备重要的书籍传播史和交流史意义。

其一，勾勒出中国书籍本土亲疏关系及域外传播路径。以《明心宝鉴》为梯媒，上溯和拓展《明道家训》的文化空间，可以发现，《明道家训》承继唐代以来《新集文词九经抄》《文教词林》等敦煌写本所展现的东亚格言谚语类蒙书融合三教、广集俗谚、以类相从、排比成篇、劝诫劝善的编撰特点。此种承继性不仅可以追溯唐代以来中国格言俗谚类蒙书的本土亲疏关系（如表 3），亦可呈现其域外流传轨迹（如图 2），同时也可比类越南汉喃古籍中留存的几十部同构蒙书，其中既有邓春榜《居家劝诫则》和邓朴安《家范辑要》等格言劝诫家范，又有明显体现朱子《小学》分类和明伦敬身内容的黎右辑《春亭家训》及李文馥用越南特殊体裁六八体改编的《明伦撮要歌》，也有《裴家训孩》《启童说约》《幼学普通说约》等以天、地、人三才为导向的综合类四字蒙书。无论是只在越南本土流传的《春亭家训》《裴家训孩》，还是构成“书籍回流”的《明道家训》《启童说约》，都镌刻着儒家经典、敦煌写本乃至中国书籍的体裁、类例和文化印记，体现着中越蒙书交流中越南对中国书籍及其所承载的中国文化特殊的选择与接受。

表 3 《明道家训》与中国历代较有代表性的蒙书重合条目表

年代	明	明	唐	唐	宋 / 明	宋	宋
书名	明心宝鉴	增广贤文	太公家教	新集文词九经抄	小学集注	名贤集	三字经
《明道家训》重合条目	282	63	49	44	43	13	11

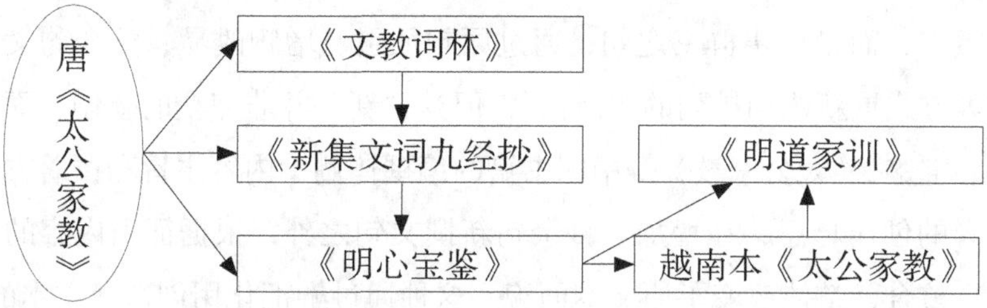

图 2 唐代以来中国格言俗谚类蒙书域外流传轨迹图

其二，为考察古代中国书籍在东亚的传播和改制提供典型例证。作为一部越南书籍，《明道家训》接受和改造中国书籍的方式为研究儒家典籍和敦煌写本的域外交流、中越书籍交流乃至东亚书籍交流提供了典型例证。这主要体现在以下两方面：一是从著述体例和篇章结构来看，《明道家训》对敦煌写本等书籍的承继，同时汇集了越南接受中国书籍方式的四种类别：著述体例范式的沿袭、著述体式的补充、著述艺术样式的模仿和对北书的仿作。[①] 二是从文本内容和文本形态观之，它体现了重抄重印、重编和喃译之外，越南接受和改造中国书籍的第四种方式——改编原文本形态的再创造。从文本内容和文本形态审视，越南接受和改造中国书籍的方式有四种：一是整本或节要移植的重抄重印，如大多按照原书内容单本整体刊刻，包含印刷机构、书名、作者、目次及内容的《朱子小学全书》（R.1478），其参照底本为明人陈选的《小学集注》。二是选录或节取多部书籍的篇章或片段进行重编，明显留存原文本的信息，且整体保留所录篇章或片段原文的主要结构和形态。如《群书合采》（VHv.923），此书以《朱子晚年传训》、朱熹《训学斋规》、苏洵《苏氏族谱》、范仲淹《义庄规矩》、袁采《世范》、司马光《涑水家仪》、叶梦得《石林家训》、吕居仁《官箴》和颜之推《颜氏家训》等诸多中国北齐和宋代家训书籍为底本进行群书类编，所选录的皆为哲理性片段。三是通过本土文字喃字进行喃译和改造，译文有六八体韵文和散文两种，《明心宝鉴》即属后者，虽然本文对《明心宝鉴》的研究主要侧重于汉文部分，但实际上该书在越南的现存文本已无纯汉字本，皆是汉喃对

① 详见刘玉珺《越南汉喃古籍的文献学研究》，中华书局，2007，第 280 页。除文中所列之四类，另有“北书的评选、节要、改编”。

译本。第四种便是《明道家训》所代表的新撰本，此类文本区别于段落或篇章选录的重编，而是广集群书之句，通过原句征引、增删改易、整合句义、改换中心词等方式重新遣词排列的“新撰”，但其“新”并非完全的新创，而是既继承《明心宝鉴》《太公家教》等中国书籍的编撰体例、内容主旨和撰著方式，又融入作者的创作巧思，在增加一百余句新撰文句之外，根据征引内容的相通性重新进行整合，整体改变了原文本面貌。这种通过融汇化用创造新文本的方式，十分隐秘且难以追溯其中国书籍渊源，在中越书籍交流乃至东亚书籍交流研究中，尤为值得关注。因为这些文本和越南喃文本、朝鲜谚文本等东亚本土文字改造本一样，不仅最能体现越南乃至东亚对儒家典籍、敦煌写本等中国书籍编撰体例、思想主旨以及中国文化的内化和接受，也最能彰显中国书籍域外传播和交流的外延与深度，拓展和延续中国古籍的文化内涵和生命力。从另一个层面来说，《明道家训》体现的越南乃至东亚接受和改造中国书籍的方式与特点，极具典型性和普适性，为研究儒家典籍、敦煌写本的域外交流、中越书籍交流乃至东亚书籍交流提供了重要视角。

Authenticity Discernment of Cheng Hao's Works: A New Investigation into the Formation of Ming Dao Jia Xun Circulated in Vietnam

Liu Yaqiong Liu Yujun

Abstract: As a highly controversial Vietnamese book written under the name of Cheng Hao, *Ming Dao Jia Xun* is actually compiled based on the Ming Dynasty book *Ming Xin Bao Jian*. Through textual medium of *Ming Xin Bao Jian*, *Ming Dao Jia Xun* learns the compilation principles of the Tang Dynasty Dunhuang manuscript *Tai Gong Jia Jiao*, which widely collects popular proverbs and presents them in rhyme, as well as the compilation style of *Wen Jiao Ci Lin* and *Xin Ji Wen Ci Jiu Jing Chao*, which emphasize drawing from various texts and grouping by themes, and the characteristic of integrating the Three Religions Confucianism, Buddhism, and Taoism in its content. This is significant for illustrating the local connections and extraterritorial transmission paths of Chinese children's enlightenment books since the Tang Dynasty. As a newly compiled Vietnamese children's enlightenment book that greatly changed the text form of Chinese books, different from those that were copied, reprinted, recompiled, or Nôm translation, the study of the compilation of *Ming Dao Jia Xun* provides a typical example and important inspiration for studying the transmission and transformantion of Chinese books, including Confucian classics and Dunhuang manuscripts in Vietnam and even East Asia.

Key words: *Ming Dao Jia Xun*; *Ming Xin Bao Jian*; Confucian classics; Dunhuang manuscript; Communion of book

利玛窦对朱子本体论的理解与批评

高地勇*

【摘　要】明清之际，利玛窦作为天主教传教士的重要代表，在华传教的过程中不得不直面当时的官学——朱子学，两者在本体论上的分歧最为突出。为了抗衡朱子学的权威，利玛窦将儒家划分为“先儒”和“今儒”，以先儒经典为文献依据，提出“太极”乃今儒创造的概念，不能代表先儒之思想。以经院哲学为理论基础，利玛窦把“物”分为“自立者”和“依赖者”，判定朱子学中的“理”为“依赖者”，仅是物的属性。利玛窦又从神创论的角度批评理本论，指出唯有灵觉者才能创生万物。利玛窦对朱子本体论的批评反映了天主教与儒家关于世界万物的本原之争。

【关键词】利玛窦；朱子；本体论；太极；理

明清之际，中国与西方文化首次相遇，并进行了深入交流，这次文化交流以耶稣会传教士入华为背景。耶稣会传教士的指导思想是经院哲学，而当时中国的主流意识形态是朱子学，两种不同的思想在对话的过程中发生了激烈的碰撞。文化交流一旦深入各自的生活、制度、信仰层面，就不会表现得像一潭死水那般平静，相反，犹如两条洪流在历史的临界处交汇，激荡起层层浪花。耶

---

*【作者简介】高地勇，华东师范大学哲学系2023级博士研究生，研究方向为宋明理学。

【基金项目】中华优秀传统文化专项课题（A类）重大项目“朱子学传播史研究”（23JDTCZ014）。

稣会士对天主教怀揣着不可磨灭的信仰，而儒者的护道之心同样坚定不移，既然双方都无法动摇彼此，那么碰撞是必然的。然而，若文化交流的表现形式仅是碰撞，那最终将以文化入侵[①]或文化封闭收场。耶稣会士意识到，要想进一步推进传教事业，就必须深入了解中国文化，并从中找到会通的可能。

被誉为“沟通中西文化第一人”的利玛窦（Matteo Ricci），采取所谓的“文化适应”策略，学习中国语言、阅读中国经典、吸纳中国传统习俗。这样一来，中西文化就不再决然对立，而是在某些层面达到了互通与交融。当然，两种文化不可能完全弥合，尤其是在涉及最根本的教义时，再做退让无疑将断送自己的文化命脉。也就是说，在本体论的层面，耶儒之间的分歧最为明显，而要达到真正的会通，这是不得不跨越的障碍。利玛窦对朱子学有深入了解，他清楚天主教的一神论与朱子的理本论存在难以逾越的鸿沟，要想撼动朱子学的地位，就只能回溯原始儒家，重思世界万物的本原，进而对朱子的本体论展开批评。

一、“太极”非先儒之概念

在贯彻“文化适应”策略的过程中，利玛窦阅览了大量儒家经典，他注意到，“四书五经”几乎没有太极的相关论述，这与朱子对太极的重视[②]形成了鲜明对比。就先秦时期的儒家经典来看，“太极”只在《易传》中出现过一次[③]，并非重要概念。相较而言，朱子作《太极图说解》，对太极有专门阐发，将之作为万物的本原。在利玛窦看来，“这种‘太极’的理论是新鲜的，是在500年前形成的”[④]。利玛窦的这一论断显然是为了割裂朱子之于先秦儒家的继承关系。利

---

① 与罗明坚（Michel Ruggier）、利玛窦同一时期到亚洲传教的桑彻斯（Alonso Sanchez）就主张：“劝化中国，只有一个好办法，就是借重武力。”参见裴化行：《明代闭关政策与西班牙天主教传教士》，《中外关系史译丛》第4辑，上海译文出版社，1988，第264页。

② 方旭东：《太极果非重要乎？——接着陈荣捷说》，《国际儒学》2022年第2期。

③ “是故易有太极，是生两仪，两仪生四象，四象生八卦。”（《易传·系辞上》）

④ 译文转引自黄志鹏：《罗光生命哲学中的创造观》，《西学东渐研究》第10辑，商务印书馆，2021，第148—149页。原文见Matteo Ricci: TheTrue Meaning of the Lord of Heaven, Revised edition by Thierry Meynard, Institute of Jesuit Sources, 2016, pp. 376—377.

玛窦知道，“太极”不具备神性，若以它为世界的本原，则直接与天主教教义相冲突。为了避免冲突，有两种解决方法，一是对“太极”进行重新释义，二是否定“太极”在儒家的地位。就第一种方法而言，需要推翻朱子对太极的阐释，提出太极是唯一且具备理性的，这种方法显然不可行。正如利玛窦意识到：“如果我们攻击这个原则（太极），那么统治着中国的士大夫就会被激怒。”[①] 因此就只能实行第二种方法，根据儒家经典，提出“太极”并非重要概念，而在经典中多次出现的、具有意志的“上帝”“天”才是万物的本原。可以看到，利玛窦相当于是借助先儒的权威来制衡朱子。

这种方法无疑是“明智”的。利玛窦在阅读“四书五经”的过程中，看到经文后附有大量注疏，这反映了儒家尊崇圣贤以及经典的传统，利玛窦恰恰是利用了这一传统，来与朱子学进行对抗。比如朱子主张：“圣人言语，皆天理自然，本坦然明白在那里。”[②] 按照朱子的意见，似乎我们遵从经文即可，不应当以己意创造新的概念。若太极果非圣贤所言，那突出太极的地位，就是违背经典与传统。正是基于这一点，利玛窦才如此奋力地在儒家经典中寻找依据，只要自己的观点和先儒吻合，就有驳倒朱子的机会。他说：“余虽末年入中华，然窃视古经书不怠，但闻古先君子敬恭于天地之上帝，未闻有尊奉太极者。如太极为上帝——万物之祖，古圣何隐其说乎？”[③] 利玛窦提到，根据古经书所记载，儒家先贤皆敬仰上帝，而不尊奉太极，也没有“太极”是万物之祖的论述，这足以说明“太极”只是今儒的创造，而且这种创造未能领会先圣的本意。

利玛窦从文献入手对“太极”的合法性质疑，具有一定的说服力。但我们知道，宋明理学之所以能成为中国哲学史上的一座高峰，正是因其具有丰富的哲学理论。朱子虽提倡不违圣人言语，但也可以依据经典进行进一步阐发。这种阐发不仅合乎先圣之道，而且还能表达经典中的未尽之意。二程体贴出“天

---

① 《罗光生命哲学中的创造观》，第 148—149 页。

② 朱熹著，朱杰人等主编：《朱子语类》卷十一，《朱子全书》第 14 册，上海古籍出版社、安徽教育出版社，2002，第 335 页。

③ ［意］利玛窦著，梅谦立注，谭杰校勘：《天主实义今注》，商务印书馆，2014，第 94 页。

理”二字，朱子补传《大学》，正体现了宋明理学这一思潮的为学风格，这和汉唐经学注不违经、疏不破注[①]有较大差别。因而面对西士的反诘，中士可以辩护道：“古者未有其名，而实有其理，但图释未传耳。”[②]显然，身处宋明理学为显学的时代，利玛窦想从文献的角度来说服中士是不可能的，那么就只能从概念本身着手加以论证。

利玛窦认为，周敦颐的《太极图说》和《太极图》只是数字变化和图案的组合，其中没有生成万物的实在依据，也就是说，“太极”只是空的概念，它不像天主（Deus）一样具有实在性。[③]为了更好地让西士理解宋明理学所提出的本原与先圣之道不悖，中士将讨论的对象从“太极”转移到了“理”，曰：“太极非他物，乃理而已。如以全理为无理，尚有何理之可谓？”[④]这句话出自朱子的观点，朱子说：“太极只是天地万物之理。”[⑤]又说：“总天地万物之理，便是太极。”[⑥]根据朱子的论述，“太极”绝不是虚像或空的概念，它就是万物之理，而且是总天地万物之全理。这样看来，中士以“太极”为本原诉诸的是理本论。利玛窦要反对朱子的观点，必须论证“理”为什么不能作为万物的本体，其中涉及“理”与“物”的关系问题。

二、“理”为依赖者而非自立者

为了理清“理”和“物”的关系，利玛窦把物区分为自立者和依赖者，并分别对二者举例说明：

---

① “疏不破注”的评论出自黄侃：“至于笃守专家，按文究例，守唐人疏不破注之法者，亦鲜见其人也。”黄侃：《黄侃论学杂著》，中华书局，1964，第453页。

② 《天主实义今注》，第94页。

③ “吾视夫‘无极而太极’之图，不过取奇偶之象言，而其象何在？太极非生天地之实，可知已。天主之理，从古实传至今，全备无遗；而吾欲志之于册，传之于他邦，犹不敢不揭其理之所凭，况虚象无实理之可依耶？”《天主实义今注》，第94页。

④ 《天主实义今注》，第94页。

⑤ 《朱子语类》卷一，第113页。

⑥ 《朱子语类》卷九十四，第3127—3128页。

夫物之宗品有二：有自立者，有依赖者。物之不恃别体以为物，而自能成立，如天地、鬼神、人、鸟兽、草木、金石、四行等是也，斯属自立之品者；物之不能立，而託他体以为其物，如五常、五色、五音、五味、七情等是也，斯属依赖之品者。且以白马观之：曰白，曰马，马乃自立者，白乃依赖者。虽无其白，犹有其马；如无其马，必无其白，故以为依赖也。比斯两品：凡自立者，先也、贵也；依赖者，后也、贱也。一物之体，惟有自立一类；若其依赖之类，不可胜穷。如人一身固位自立，其间情声、貌色、彝伦等类，俱为依赖，其类甚多。[1]

利玛窦所谓的自立者和依赖者，其实源于亚里士多德的实体论和托马斯·阿奎那的天主内是否有依附体之论。亚里士多德在《范畴篇》中提出了实体的概念，并区分了第一实体和第二实体。当然，我们不能简单地就把自立者对应第一实体，把依赖者对应第二实体。利玛窦所举的自立者，如人、鸟兽、金石等属于第二实体，它们是包含个体的种属；第一实体则为单独的个体，如“利玛窦”这一个人、“天主”这一位神。可以看到，利玛窦在给中士解释自立者时，并未对实体做区分，仅表达了这样一个观点：自立体一定是实体。依赖者在亚里士多德的实体论中可以被视为性质，如五色、五音、五味等。实体和性质的关系被描述为：性质必须依赖于实体，实体绝不存在于主体。[2]托马斯·阿奎那在论证天主内没有依附体时提出了自立体和依附体的概念，并认为自立体先于依附体，“依附体是由主体之构成元素（principia）所形成的”[3]。

亚里士多德哲学和阿奎那神学是耶稣会士的指导思想，利玛窦将其作为自己的理论资源，在中文语境中把物本身和物的属性分别定义为自立者和依赖者。就物本身作为实体而言，它既不需要其他东西为其规定，也不可能存在于其他

① 《天主实义今注》，第95页。

② ［古希腊］亚里士多德著，方书春译：《范畴篇 解释篇》，商务印书馆，1986，第12—19页。

③ ［意］托马斯·阿奎那著，刘俊余译：《神学大全》第一册《论天主一体三位》，中华道明会、碧岳学社，2008，第45—46页。

主体，因而能够自我成立；就物的属性而言，它既只能依赖于该物存在，也非独一无二，因而不能自我成立。如白马这一事物，马是自立者，白是依赖者，马无白仍可以为马，而白必须依赖于马才能存在。对此，利玛窦还从中国的文化语境对自立者和依赖者作出了评价，前者在先且贵，后者在后且贱。以“贵贱”分别自立者和依赖者，突出了两者的顺从关系和不平等的地位。

根据自立者和依赖者的内涵以及对“理”的理解，利玛窦把“理”归为依赖者，他说：

> 理亦依赖之类，自不能立，曷立他物哉？中国文人学士讲论理者，只谓有二端：或在人心，或在事物。事物之情，合乎人心之理，则事物方谓真实焉；人心能穷彼在物之理，而尽其知，则谓之格物焉。据此两端，则理固依赖，奚得为物原乎？二者皆在物后，而后岂先者之原？[①]

晚明时期，中国最流行的两个学派是陆王心学和程朱理学，两个学派都对“理”极为重视，但也有不同的主张。利玛窦说“中国文人学士讲论理者，只谓有二端”，实际是融合了心学与理学的观点。利玛窦在这里并未刻意区分心学与理学，但他的描述具有这样一种倾向：就心学的观点而言，理存在于人心；就理学的观点而言，理存在于事物。利玛窦想表达的重点是，“理”必须借助“心”或“事物”才能存在，其本身不能自立，那么可以推断，“理”只能是依赖者，它不可能作为万物的本原。事实上，利玛窦对心学与理学的认识并不准确。

心学主张的是心即理，而不是理存在于人心，并且，在“心即理”的命题中，心是道德层面的心之本体。至于“事物之情，合乎人心之理，则事物方谓真实焉”，从字面来看，这句话和王阳明所说的“致吾心良知之天理于事事物物，则事事物物皆得其理矣”[②]相近。但细究后便会发现，“事事物物皆得其理”的确切含义是，事事物物的意义及合理性皆本于吾心之良知。王阳明无论是谈

---

① 《天主实义今注》，第95页。

② 王守仁著，吴光等编校：《传习录中》，《王阳明全集》卷二，上海古籍出版社，2011，第51页。

“心外无物”，还是提出“致良知”，都未涉及存有本体论。这和朱子哲学的视野已然不同，可以看作是“本体论的转向”[①]。利玛窦未能了解阳明心学之于朱子理学的转变，他在使用“真实”这个词的时候，其逻辑是人心之理决定事物的实在，仍停留于存有本体论的视角。

程朱理学虽主张格物穷理，但不是说理只存在于事物中。比如朱子也强调：“心者，人之神明，所以具众理而应万事者也。”[②]当然，朱子的心具众理与心学还是不同的，在朱子看来，只有通过格物穷理才能消除心之所蔽，进而尽心之全体。利玛窦有意突出“格物穷理”，以表达“理”必须依赖于物而存在的观点。另外，利玛窦最大的误解在于将亚里士多德实体论中的属性和理等同起来。实际上，理与属性相差甚远。以白马为例，按照亚里士多德的实体论，白是属性，马是实体；按照朱子的理气论，白与马皆属于形而下之气，理决定了白马之所以白，理本身不是白。所以说，不能把理视作属性，它是事物的所以然之故。

在朱子的哲学思想中，物由形而上的理和形而下的气构成，理虽然不能脱离气而单独存在，但也绝不是气的依赖物。气只有凝聚成物才可显现，而气的聚散（物的形成与消亡）由理决定。也就是说，在时间上理与气没有先后之分，但在逻辑上理先于气。比如朱子举例说：“只不可说是今日有是理，明日却有是气，也须有先后。且如万一山河大地都陷了，毕竟理却只在这里。”[③]山河大地之理和气在山河大地形成的那一刻同时存在，山河大地的形质由气凝聚而成，气之所以能凝聚成山河大地，而不是凝聚成其他的物，就在于理决定了气的凝聚规则，因而理是山河大地的存在依据，即便山河大地塌陷了，也是理的作用，理具有在先性。以上所论涉及的是理作为事物的所以然之故，除此之外，理还是事物的所当然之则。就前者而言，它是事物存在的根据和规律，也称分理[④]；

---

① 杨国荣：《心学之思：王阳明哲学的阐释》，华东师范大学出版社，2020，第 82 页。

② 朱熹：《四书章句集注》，中华书局，2011，327 页。

③ 《朱子语类》卷一，第 116 页。

④ 用“分理”来形容事物的本质和规律。参见陈来：《朱子哲学研究》，生活·读书·新知三联书店，2010，第 113 页。

就后者而言，它是事物中的仁义礼智之性，也称性理。理虽然存在于事物中，但它决定了事物的生成、发展和消亡，是事物的本原。

利玛窦以亚里士多德的实体论为理论依据，认定存在于事物之中的东西只能作为依赖物，而且这类依赖物被描述为事物的属性。但我们知道，柏拉图所提出的“理念”，就是对同一类事物的类属性的抽象，它被视为事物存在的根本依据，而非依赖物。在整个西方哲学体系中，也存在不同的观点。这样看来，利玛窦对朱子的理解尚未深入其思想内部，他所接受的哲学训练以及坚守的信仰使他不能接纳朱子学，若利玛窦承认柏拉图的观点，那么也不会轻易把“理”视为依赖者，而误解朱子的本体论。

三、理不具灵觉而不能生物

利玛窦把理判定为依赖者，其地位比一般的物更低。但他还不止于此，为了凸显天主之于理的至高性，又从灵明知觉的层面否定理的本原地位。利玛窦以西士的身份向中士质问道：

> 理者，灵觉否？明义者否？如灵觉、明义，则属鬼神之类，曷谓之太极，谓之理也？如否，则上帝、鬼神、夫人之灵觉，由谁得之乎？彼理者，以己之所无，不得施之于物，以为之有也；理无灵无觉，则不能生灵生觉。请子察乾坤之内，惟是灵者生灵，觉者生觉耳。自灵觉而出不灵觉者，则有之矣；未闻有自不灵觉而生有灵觉者也。子故不逾母也。①

根据前面利玛窦对理的描述来看，他应当知道理是无灵觉的，不过他还是有意向中士发问。如果中士说理是有灵觉的，那么就应当把它作为鬼神一类，并引向唯一的神明——天主。如果中士遵循朱子学，承认理是无明觉的，那么他就可以继续自己的推论，否定理的本原地位。利玛窦的宇宙生成论是神创论，由高级的存在者生出低级的存在者，天主是至高的存在，世间一切都由他所生。

① 《天主实义今注》，第97页。

有灵觉者的层次要高于无灵觉者，因而可以推导无灵觉者不能生出有灵觉者。如果说无明觉的理是万物的本原，那么如何解释上帝、鬼神、人这些有灵觉者的产生呢？利玛窦除了用逻辑论证外，还通过经验说明灵觉者与非灵觉者的关系。他说我们在现实生活中只闻见过灵觉者生无灵觉者和灵觉者，没闻见过无灵觉者生灵觉者。

为了向中士说明物的产生和存在需要哪些条件，利玛窦还借用了亚里士多德的“四因说”。他说：

> 试论物之所以然者四焉。四者维何？有作者，有模者，有质者，有为者。夫作者，造其物而施之为物也；模者，状其物置之于本伦，别之于他类也；质者，物之本来体质，所以受模者也；为者，定物之所向所用也。[1]
>
> 天下无有一物不具此四者。四之中，其模者、质者，此二者在物之内，为物之本分，或谓阴阳是也；作者、为者，此二者在物之外，超于物之先者也，不能为物之本分。吾按天主为物之所以然，但云作者、为者，不云模者、质者。盖天主浑全无二，胡能为物之分乎？[2]

亚里士多德认为，一切事物的产生和存在需要四种要素。利玛窦接受了亚里士多德的自然哲学，他所谓的作者、模者、质者和为者，可分别对应动力因、形式因、质料因和目的因。质料和形式是物本身所具有的，利玛窦把与形式对应的模者描述为“状其物置之于本伦”，作为区别于他物的要素；把与质料对应的质者描述为“物之本来体质”，作为用来填充模者的要素。动力因和目的因通过对形式因的推理而得来，二者也是事物存在的要素。不过，利玛窦在亚里士多德“四因说”的基础上做了发挥，这种发挥基于托马斯·阿奎那对亚里士多德自然哲学的认识。阿奎那把质料因和形式因归为内在因，把动力因和目的因

① 《天主实义今注》，第 85 页。

② 《天主实义今注》，第 85 页。

归为外在因，[1] 这样就可以用来解释上帝是第一推动者。利玛窦遵循了阿奎那的观点，并且把内在于物的模者和质者比附儒家的阴阳。然而，这种比附是存在问题的。就朱子对阴阳的理解而言，“一阴一阳之谓道。阴阳是气，不是道，所以为阴阳者乃道也”[2]。阴阳是气，对应的是质者，而模者对应的是道或理，理决定了事物的形式。阴阳之气的动静是事物运动的动力，但又不能简单把动力因归为阴阳，因为阴阳也有动静之理，“一阴一阳之谓道”“所以为阴阳者乃道”即在说阴阳运动变化的根据是理。利玛窦把事物的质料因和形式因都归为阴阳，理则被排除在四因之外，这与他将理视为依赖者的观点是相承接的。

虽然利玛窦在用四因说论述事物存在的必要条件，但他的根本目的是引出天主。模者和质者是物的“本状”与“本来体质”，只有这两个因素显然还不能满足事物形成的充分条件，因而利玛窦说：“凡物不能自成，必须外为者以成之。”[3] 他举例作了说明，房屋楼台经由工匠之手才能被建造，若没有工匠这一外力的作用，它是不可能自己形成的。同样，天地万物能够规律地运转，必然是由一个有灵觉的存在者在背后起作用，这就是天主。[4] 利玛窦根据阿奎那的“外在因”论，将动力因和目的因分别归为作者和为者，而第一作者和第一为者只能是天主。

事实上，朱子并非没有思考过灵觉是如何产生的，只不过与利玛窦那种自然神学的思路不同。《朱子语类》记载了他与弟子的一段对话：

> 问：“知觉是心之灵固如此，抑气之为邪？”曰：“不专是气，是先有知觉之理。理未知觉，气聚成形，理与气合，便能知觉。譬如这烛火，是因得这脂膏，便有许多光焰。”[5]

---

① ［意］托马斯·阿奎那著，董尚文、程寿庆译：《论自然原理》，《世界哲学》2015 年第 6 期。

② 《朱子语类》卷七十四，第 2522 页。

③ 利玛窦：《天主实义今注》，第 82 页。

④ 《天主实义今注》，第 82 页。

⑤ 《朱子语类》卷五，第 218 页。

一弟子向朱子请教心的知觉是否由气产生。根据朱子的回答，知觉是由理和气共同产生的，不单是气的作用。首先要有知觉之理，气再根据此理凝聚成有知觉的形物，知觉由此而产生。可见，朱子将理本论落实到每一事物上，知觉作为一种能力，也不在外。因此，利玛窦说无知觉者不能生知觉者的论断只适用于他自己信仰的神创论。在朱子的哲学视域中，理本论不仅可以回答有知觉的事物是如何产生的，还可以回答知觉本身是如何产生的。

四、世界万物的本原之争

利玛窦对朱子本体论的批评，实际反映了天主教与儒家在世界万物本原问题上的争锋。在《天主实义》中，西士与中士既不能通过各自的论述说服对方，也无法调和彼此的观点。利玛窦的一切逻辑论证都始于对天主的信仰，他虽然积极地了解儒家经典，但只将视野局限在“四书五经”中的“上帝”，并冠以圣贤之言。殊不知孔、孟已摒弃三代的一些宗教性观念，尽管天是德性的来源，却不具有人格。人不会像对待君主那样被动地顺从天命，而是主动与天命相合，因为人有意志，而天无意志。宋明时期的理学家们皆秉承了这一思想，他们在对待天这一形象时保持高度的警惕，避免宗教化是他们解经明义的前提。朱子一方面顺时代所需，发展了先秦儒家未深入探讨的本体论，以天理/太极为万物的本原；另一方面又将天理/太极作为纯粹的德性根源。

利玛窦不能体会其中的传承与探新精神，他站在天主教的立场把理视为依赖者和无灵觉者，又以绝对信仰的态度否定理作为万物本原的可能性。同样作为耶稣会士的龙华民（Niccolo Longobardi）则采取了不一样的态度，他承认“太极”和“理”作为第一本原，而非依赖者，并且认为宋明理学继承了原始儒家的思想，孔、孟等先儒实际也是无神论者。龙华民虽对朱子学作出了更准确的评价，但他对儒家的批判相较于利玛窦而言更加激烈。利玛窦想要从原始儒家的经典中寻找依据，以契合天主教教义，这样一种方法的确加大了中西文化互通的可能性。不过，那需要以曲解朱子学和否定宋明理学接续儒家道统为代价，对中士而言，这是难以做出让步和妥协的。

在《天主实义》中，利玛窦还是以温和的态度与中士争辩，毕竟该书所面对的对象是中国的士大夫，但在与天主教内部成员的书信来往中，他的真实看法则在一定程度上表露了出来。他在一封书信中写道：

> 这种“太极”的理论是新鲜的……如果仔细地研究此事，那就会发现它与那些对上帝有一种比较正确的看法的古圣贤们互相矛盾。从他们的所说来看，我认为这完全是我们的哲学家们所说的第一性物质，因为这根本不是一种实体……虽然某些人声称它是物质的理性，但他们没有把理智理解为某种实质性的和有理智的东西。这种理智更为接近建立在推理基础上的理性，而不是推理理性。最后，不仅仅他们之中的诠释千差万别，而且他们还讲了许多蠢话。所以，我们更加认为该书（《天主实义》）不是攻击他们之所说，而是使之更为与上帝的观念相吻合，以便使我们显得不是追随中国人的观念，而是按照我们的观点来诠释中国作家的著作。①

信中的内容与利玛窦在《天主实义》所陈述的观点一致，一是指出“太极”和中国古圣贤所谓的“上帝”概念相违背；二是否定“太极”是一种实体；三是强调“太极”非推理理性，也就是无灵觉。在书信的末尾部分，利玛窦说出了自己的真实意图，即便他与中士的观点产生了分歧，也没有在《天主实义》中与之针锋相对，而是尽力让儒家的本体论和上帝的观念相吻合，实际是站在天主教的立场来诠释儒家经典。根据利玛窦的这段叙述便可知，针对何为世界本原这一终极问题，中西方是不可能达成一致的，除非转变自己的立场，而对于作为传教士身份的利玛窦来说，无疑是让他舍弃比生命更加重要的信仰。这也注定利玛窦对待朱子的本体论始终是持以批评的态度。

---

① 这封书信收藏于罗马卡萨纳滕斯图书馆，手稿第 21336 号。德礼贤（Pasquale M.D'Elia）在《利玛窦全集》第 2 卷，第 297—298 页的注释中引证过。转引自［法］谢和耐著，耿昇译：《中国与基督教：中西文化首次撞击》，商务印书馆，2023，第 19—20 页。

结 语

利玛窦对朱子本体论的批评，折射出天主教与儒家在万物本原问题上的深刻分歧，尽管利玛窦划分了“先儒”与“今儒”，试图从儒家经典的原始语境中寻找与天主教教义的契合之点，还是不能弥合二者本有的鸿沟，因为“他首先考虑的是怎样附会、利用中国文化中的可利用资源，以便快速获得传教的实效，而不是积极、主动地寻求儒耶真正意义上的、富有建设性的融合”①。当然，不可否认的是，利玛窦开辟了一条中西文化交流的道路。他的比较方法与传教策略影响了之后的传教士，使得儒家思想能够与西方思想进行更多对话。但与此同时，我们也要警惕文化交融可能是以曲解本土文化为代价，正如利玛窦在误解朱子本体论，并否定宋明理学接续儒家道统后，似乎就能达成所谓耶儒会通的壮举。

---

① 张晓林：《明末耶儒对话的两种诠释模式——以利玛窦、朱宗元为例》，《青海民族研究》2023 年第 2 期。

Matteo Ricci' s Understanding And Critique of Zhu Xi' s Ontology.

Gao Diyong

Abstract: During the Ming and Qing dynasties, Matteo Ricci,as a prominent representative of Catholic missionaries, was compelled to confront the state ideology of the time—Zhu Xi' s Neo-Confucianism. The biggest divergence between the two lies in their ontology. To challenge the authority of Zhu Xi' s philosophy, Ricci divided Confucianism into "ancient Confucians" and "modern Confucians," using the classics of the ancient Confucians as his textual basis. He claimed that the concept of "The Great Ultimate"(太极)was a creation of the Neo-Confucians and could not represent the thought of the ancient sages. Grounded in the theoretical framework of scholastic philosophy, Ricci categorized "substances" into "self-subsisting entities" and "dependent attributes." He classified Zhu Xi' s concept of "Li"(理)as a "dependent attribute," asserting that it was merely a property of things rather than an independent existence. Furthermore, Ricci criticized the principle-based cosmology(理本论)from the perspective of the doctrine of divine creation, arguing that only a sentient creator could generate all things. Ricci' s critique of Zhu Xi' s metaphysics reflected the fundamental debate between Catholicism and Confucianism regarding the origin of the universe.

Key words: Matteo Ricci; Zhuxi; Ontology; The Great Ultimate; Li

儒家思想史研究

巴蜀地区孔子造像背光研究

金建荣*

【摘　要】本文通过对重庆716处和四川2134处石窟寺中所存在的孔子造像进行梳理，发现孔子造像通常会与老子、释迦佛合窟，构成儒释道三教合一造像。其中重庆大足石窟的孔子背光为国内首次。我们认为孔子背光有三个特征：第一，从传播区域看，巴蜀是最早接受佛教造像的区域之一，同时也是石窟中孔子背光出现最早的区域，因此巴蜀地区石窟是儒道释三教合一的典型代表。第二，从以图证史看，孔子背光表明有一个孔子从圣到神的过程，提供了儒家含有儒教元素的图像依据，也是佛教中国化的一种现象。第三，从地域特色维度看，因为巴蜀地区这些造像多为非官方出资建造，家族性群体出资多，而且常常有几代工匠家族传承建造，所以应当关注“孔子被神化”是在民间信仰中被确立的现象。

【关键词】巴蜀地区；石窟；孔子背光；三教合一

*【作者简介】金建荣，淮阴师范学院美术学院教授、博士，研究方向为美术史与美术考古。

【基金项目】2019年度国家社会科学基金项目“汉传佛教造像背光在东亚的传播与影响研究”（项目编号：19BZJ022）；2023年度国家社会科学基金项目“儒释道美术考古材料的分布体系与宗教关系研究”（项目编号：23BZJ038）。

背光是佛教装饰图像，位于佛像的身后，示意佛像的神性光芒。佛像传入我国之初，背光是判断佛像的一个重要指标。孔子图像中出现背光，说明了本土宗教对佛教的接受，以及受到的影响。因为背光是佛教带入中国的图像，又是佛像判断的突出指标，所以背光也可以作为确认孔子造像神性的一个明确指标。

孔子背光是一个重要的文化现象，但目前并没有受到对应的重视。我们通过对已有研究成果的梳理，发现一个令人意外的现象：尽管相关成果对孔子造像与儒释道三教合一现象有所涉及，但是系统性研究孔子背光遗存的成果并不多。由此，本文从三个维度考察孔子背光的遗存情况：其一，数量维度，寻找一个完整的孔子背光的遗存数量面貌。其二，地域维度，描述孔子背光的地域特征。其三，时间维度，了解孔子背光的发展轨迹与意义。

一、巴蜀地区孔子造像遗存梳理

巴蜀地区的孔子背光是一个有考古成果支持的研究领域，本文从体系性方向展开研究。

三个维度的梳理

目前，学术界没有系统梳理孔子背光遗存的成果，在梳理孔子背光之前，我们首先梳理一下孔子造像的遗存。我们梳理的原则是材料要权威，且符合全面覆盖的要求。根据这个原则，我们选择《大足石刻全集》（1—11 卷）、《大足石刻内容总录》、《四川文物地图集》、《中国文物地图集 · 重庆分册》、《嘉陵江流域石窟调查及研究》等正式出版的权威考古资料。

1. 数量维度

依据 2021 年国家文物局公布的最新调查结果，全国共有 5986 处石窟造像。①

① 蒋肖斌：《国家文物局最新调查结果：全国共有石窟 2155 处，摩崖造像 3831 处》，中国青年报客户端，2021 年 12 月 24 日。http://cul.china.com.cn/2021—12/25/content_41834596.htm

其中巴蜀共有2850处，接近全国半数。本文梳理出巴蜀地区有孔子造像37处，其中重庆有19处，四川有18处。下文将按重庆与四川两块地域进行进一步分析。

重庆有716处石窟，[①]位居全国第三。[②]这个数据说明重庆石窟的比例大，具有代表性。重庆有孔子造像19处，集中于重庆辖下的大足、铜梁和江津三个区域，其中大足孔子造像最多，有14处，约占重庆孔子造像总数的74%。孔子背光大足最多，而且全国最早的孔子背光在这里出现。（表1）

表1 重庆地区孔子造像遗存数量

地区	遗存数量		遗存占比
	孔子造像（处）	地区石窟（处）	
大足	14	75	18.6%
铜梁	3	17[③]	17.6%
江津	2	22[④]	9%
总数	19	716	2.6%

四川省也是孔子造像数量比较多的地区，而且石窟数量在全国具有主要地位。据统计，四川石窟有2134处，数量居全国第一，[⑤]约占全国总量的三分之一。[⑥]孔子造像，四川有18处，主要分布于安岳、巴中、达州等6个区域，其

① 李晟：《亮出家底 重庆现有石窟716处》，人民网，http://cq.people.com.cn/n2/2021/0521/c367668—34737120.html

② 刘春力：《重庆市现有石窟716处 位居全国第三》，上游新闻，https://www.cqcb.com/yukuaibao/2022—01—27/4737845_pc.html

③ 国家文物局主编：《中国文物地图集·重庆分册（下）》，文物出版社，2010，第272—275页。

④ 《中国文物地图集·重庆分册（下）》，第147—153页。

⑤ 吴晓铃：《2134处！四川石窟数量全国第一》，川观新闻，https://www.cqcb.com/shuangcheng/2021—08—09/4353452_pc.html

⑥ 吴晓铃：《川渝石窟寺国家遗址公园建设已纳入两个“十四五”专项规划》，《四川日报》http://sc.sina.com.cn/news/m/2021—12—26/detail—ikyamrmz1177172.shtml

中安岳最多，有 8 处。

从数据看，以孔子造像为代表的儒释道造像占四川石窟总数的 0.8%，比例明显偏少。同时，这些区域位于四川东北方向，毗邻重庆西部，上接陇南，逐渐形成孔子造像的核心区域。（表 2）

表 2 四川地区孔子造像遗存数量

地区	遗存数量		遗存占比
	孔子造像（处）	地区石窟（处）	
安岳	8	136	5.88%
巴中	4	59[①]	8.47%
达州	1	39[②]	2.5%
南充	2	103[③]	1.9%
眉山	2	137[④]	1.5%
雅安	1	19[⑤]	10%
总数	18	2134	0.8%

在数量维度指标下，我们有以下认识：

其一，横向比较。从遗存数量看，重庆与四川数量几乎相近。这个现象说明，这两个地区在孔子背光研究领域中是要被重点关注的地区。

其二，纵向比较。从遗存分布数量看，各地区数量有不平衡现象。整体看，数量最多的地区，重庆指向大足，四川指向安岳。

可见，巴蜀地区的孔子造像，占比较少，且分布数量也不均衡，主要集中于大足与安岳。这些现象给学术界对孔子和儒释道三教合一相关研究带来一些

① 成都文物考古研究所等编:《巴中石窟内容总录》，巴蜀书社，2006，第 4 页。

② 国家文物局:《四川文物地图集 · 四川分册》，文物出版社，2009，第 909 页。

③ 《四川文物地图集 · 四川分册》，第 635—708 页。

④ 《四川文物地图集 · 四川分册》，第 581—634 页。

⑤ 《四川文物地图集 · 四川分册》，第 990—1045 页。

数据指向性上的思考与启发。

2. 地域维度

从地域分布看，巴蜀地区石窟主要集中于长江上游地区的两大分支流域：嘉陵江流域与岷江流域的沿线地区。这一地区石窟分布广泛、数量众多、题材多样，同时时间延续完整。

第一，重庆孔子造像分布。

在重庆石窟中，孔子造像最早出现在大足，之后分布于铜梁区与江津区。在大足，孔子造像多集中于大足西部与南部，呈两纵一横的分布趋势。两纵指：其一，国梁镇—回龙镇—智凤街道—珠溪镇；其二，高坪镇—中敖镇—铁山镇—季家镇。一横指：铁山镇—季家镇—三驱镇—珠溪镇。（表 3）

表 3　重庆大足孔子造像遗存地域分布情况

序号	孔子造像	大足地区	孔子造像（处）	孔子背光
1	大足石篆山	三驱镇	1	1
2	大足妙高山	季家镇	1	1
3	大足佛安桥	珠溪镇	2	1
4	大足佛耳岩			1
5	大足石壁寺	高坪镇	3	1
6	大足光明殿			风化，未见
7	大足九龙村			1
8	大足双山寺	国梁镇	1	风化，未见
9	大足潮水寺	中敖镇	2	风化，未见
10	大足小凤凰寺			0
11	大足塔耳山	大足区智凤街道	1	0
12	大足三教寺	回龙镇	1	0
13	大足天宝村	季家镇	1	风化，未见
14	大足火烧坝	铁山镇	1	0
总数			14	6

第二,四川孔子造像分布。

在四川石窟中，孔子造像主要分布于两条线：一条是横向线，川东资阳市安岳县，川中眉山市和雅安市；一条是纵向线，川东北地区巴中市、达州市、南充市，向下末端接入安岳县。两线交汇处是安岳，这里不仅孔子造像数量最多，还东接大足，形成安岳与大足为原点的巴蜀孔子造像的核心区域。

第三，地域分布分析。

在地域维度指标下，孔子造像的遗存在巴蜀地区的分布可分为三个区域：东部地区、中部地区、北部地区。这三个地区的遗存数量表现出孔子造像传播路径带来的影响。具体分析如下：

其一，东部地区与中部地区是孔子造像的重要区域。这一地区孔子造像数量最多，东部地区指重庆大足，中部地区主要指四川安岳（毗邻大足）。而这一区域也成为造像的核心区域。这个现象，呈现出的孔子造像传播路径是横线传播：一方面，体现出大足与安岳对儒教造像的接纳、包容与支持；另一方面，体现出大足与安岳对儒释道三教合一文化宗教信仰所采取的兼收并蓄的积极态度。

其二，北部地区（指川东北地区）分布呈现上接陇南和陕南的趋势，是条纵线。四川境内纵横线交汇点都是安岳。因此，安岳不仅是四川境内孔子造像重镇，也是儒教造像北传、西传的主阵地。

3. 时间维度

从时间维度看，两个地区基本同步。重庆地区的 19 处孔子造像中，宋代 6 处、明代 2 处、清代 11 处。其中，大足地区时间最早，朝代跨度最多，关注度也高。铜梁区和江津区，孔子造像集中于明清时期。四川地区的 18 处孔子造像，遗存时间跨宋代、明代和清三个时期。其中安岳 8 处，时间跨度最大，始凿于宋，重点于明。其他地区孔子造像主要集中于清代。（表 4）

表 4　巴蜀地区孔子造像遗存时间

地域		孔子造像数量（处）	时间		
			宋	明	清
重庆	大足	14	6	1	7
	铜梁	3	—		3
	江津	2	—	1	1
	总计	19	6	2	11
四川	安岳	8	2	5	1
	巴中	4	—	—	4
	达州	1	—	—	1
	南充	2	—	1	1
	眉山	2	—	?	1
	雅安	1	—	?	?
	总计	18	2	6+ ?	8+ ?
巴蜀	总计	37	8	8+ ?	19+ ?

在时间维度指标下，孔子造像在几个阶段中的修建数量并不均衡，这一现象体现了民间社会信仰的倾向问题。具体分析如下：

其一，宋代是孔子造像的起始期。这个现象体现了宋代儒学在巴蜀民间的受重视程度。自汉代文翁化蜀，引进儒家经学后，儒学在巴蜀官方传播。宋代，文以靖国，尊孔崇儒，儒教吸收佛道教理，在周敦颐、二程、朱熹、陆象山等人的推动下，新儒哲学——理学诞生。两宋时巴蜀儒学发展达到高峰，并逐渐深入民间。相继在大足、安岳石窟建造孔子像，塑孔尊儒，刻塑背光。

其二，元代没有造像。元代虽在一定程度上也推崇儒学，但元代文人因国难家仇隐居不仕，独善其身，孔子造像受到影响。巴蜀地区在南宋后期是宋朝抵御蒙古军队的前沿阵地，战争对此区域破坏很大，没有财力修造新窟可能也是一个原因。

其三，孔子造像数量在明清时剧增。重庆明清造像达到该地区造像总数的

74%，四川明清造像达到89%，两地都是清代最多，这与清朝政府尊孔崇儒密切相关。清代山野石窟鳞次栉比，普通百姓以开窟凿像为功德，在房前屋后、田间地头，结社集资开凿造像，钱多开大窟，钱少凿小窟，造就了丰富多彩的巴蜀石窟。另一方面，孔子造像也寄托了读书人心中的美好愿景。

其四，递增趋势明显。从时间维度看，巴蜀地区孔子造像从宋代大足创始（宋6处），向西波及安岳（宋2处），随后安岳在明时期兴起造像（明5处），清时期大足再次兴起（清7处），并向重庆铜梁与江津地区传播。四川安岳与巴中（4处）地区相继开凿，并影响了东北其他地区零星修造。

二、巴蜀地区孔子背光的遗存与意义

佛像背光是佛像身后的图像装饰，它包括项光和身光，合称为背光。项光是位于造像头部后面的装饰图像；身光是位于造像身体部位后面的装饰图像。背光是佛教造像的一个重要组成部分，象征尊像的智慧与神格。印度佛像中，很早就出现项光，进入中国后，背光成为佛像的标志性图像。孔子造像出现背光，也意味着孔子造像具有了与佛像一样的至上神属性。

（一）墓葬中最早的佛像背光

依据考古遗存，中国早期佛教造像出现于东汉时期，主要集中在长江流域上游的巴蜀地区。[①] 其中，重庆丰都县出土了最早有明确纪年的东汉延光四年（125）摇钱树青铜佛像。[②] 此佛像清晰可辨：佛像头后有硕大的圆盘状项光。[③] 该像为我们提供了确凿的证据：中国早期的佛像自传入之初即有项光。罗二虎从时间和佛像造型分析，认为长江上游地区的早期佛像很可能代表了中国内地

① 阮荣春：《佛教南传之路》，湖南美术出版社，2000，第39页。

② 2002年，宝鸡考古队在重庆丰都县一座砖室墓中，发现一尊摇钱树青铜佛像。该佛像位于一件残缺的摇钱树树干上，佛像残高5厘米。

③ 何志国：《佛教偶像起源及其在贵霜朝的交流》，《敦煌研究》2010年第1期。

最早阶段的典型佛像。[①]阮荣春提出早期佛教造像传播趋势是西早东晚，川地以汉代造像为多。长江中、下游的佛像基本上属于三国后期至西晋时期的。[②]那么，延光四年摇钱树青铜佛像就具有了重要的史学意义：一是，这是我国迄今为止发现的最早的有明确纪年的佛像，[③]且佛像有圆形项光；二是，该佛像在重庆出土，证明重庆最早接受了佛像及背光。

此外，巴蜀地区还相继出土了东汉至三国时期的佛像30余件。此时的中国北方地区，尚未发现同时期或更早的佛像遗存。云南的早期佛像主要受四川地区的影响。[④]由此可见，长江上游的巴蜀地区是最早接受佛像的区域，也是早期佛像艺术传播的重要地域。

（二）石窟中最早的孔子背光

巴蜀地区石窟造像很早就受到了学术界关注。自20世纪末以来，随着调查研究的深入，重庆大足石窟造像成为重要的调查与研究对象，被持久关注。在大量的考古报告与佛教造像中，我们发现孔子造像是在该地区石窟中首次出现。

在中国，孔子像历史悠久，遗存较多，但都没有背光。从西汉海昏侯墓室屏风，到东汉画像石与墓室壁画，再到孔庙、文庙与书卷中，皆不见孔子背光。

在大足石窟中，孔子造像有两个应当关注的现象。其一是，孔子背光首次在大足石篆山石窟出现；其二是，孔子造像首次与佛教、道教形成最早的儒释道三教合一石窟。据统计，大足有14处儒释道三教合一石窟，孔子造像从最初的单窟建造，到与佛教造像、道教造像同窟建造，形式与主题已指向明确，即儒释道三教合一。这两个现象构成大足石刻儒释道信仰这一鲜明特色。由此，从图像学以图证史角度出发，孔子造像、佛教造像与道教造像是儒释道思想在

---

① 罗二虎：《论中国西南地区早期佛像》，《考古》2005年第6期。

② 《佛教南传之路》，第39页。

③ 刘宏斌等：《陕西宝鸡考古队完成三峡文物发掘任务》，《中国文物报》2002年3月22日第2版。

④ 雷玉华、仁青卓玛：《云南佛教造像的渊源——从佛教摩崖造像看中华民族多元一体之西南篇章》，《西南民族大学学报（人文社会科学版）》2022年第12期。

巴蜀地区传播的有力证据。

孔子背光的出现，是一个需要关注的现象。孔子造像在大足石刻建造过程中受到佛教造像的影响，在造像身后刻绘背光，背光的出现赋予孔子更丰富的精神信仰内涵。孔子背光有一个从个性化刻塑，到与佛像同绘塑的发展过程。这个现象说明，孔子与佛在民间信仰中处于同等的崇拜地位。因此，孔子背光在巴蜀地区石窟的出现，意义重大。

三、背光对孔子造像的意义

背光来自佛教图像体系，在这个体系中，背光的出现就意味着至上神的出现。孔子是中国的圣人，圣人是世俗世界的，至上神则有了宗教属性。因此，孔子背光的出现，说明孔子造像有了一个属性上的转移。

（一）背光是儒释道图像体系的明确指标

1. 背光的性质与来源

佛像背光是外来宗教文化，最早出现在古印度佛像头后或身后，之后这个位置基本规定。古印度早期佛像中，背光是一个非常显著的图像，有背光出现就是有佛像出现。佛像传入中国以后，这个特征也继续保留，成为辨识外来佛与本土仙的一个重要依据。

2. 佛像背光在中国的传播

从长江流域的汉晋佛像遗存看，人们通常通过发饰、服饰、坐姿、手势以及背光等图像，来辨别佛像与仙人。仙人有羽翼，但无背光。因此，背光是分别佛与仙的显著标识。无论是长江上游的摇钱树、摩崖石刻，还是长江中游的铜镜，抑或长江下游的魂瓶、画像砖，早期佛像大多有背光，并成为判断佛像的重要依据之一。

背光在佛经中有较多描述，但在造像仪轨中却并未提及。这就给工匠与画师们很多想象空间，于是背光就有了丰富和有趣的内容。这些内容随着不同时代、不同地域产生了不同的艺术形式与艺术风格，逐渐与中国地域文化融合在一起，完成了中国化的进程。

南北朝时期是中国佛像背光的繁盛期。受汉译佛教经典与本土地域政治文化的影响，背光图像精彩绝伦，内容丰富。工匠和画师在有限的空间内绘塑化佛、火焰、飞天、莲花、佛传故事等内容，达到宣传佛教思想的目的。同时，各地的审美和表现并不完全一致，导致中国南北朝时期，东西地域、南北地域的佛教造像背光在形制、内容与纹样有各自不同的图像谱系，它们之间既有联系又有差异。南北与东西地域形成了各具特色的背光模式体系，在同一地域存在着明显的传承与更迭。

唐代，佛像背光在石窟中绚丽多彩，在内容上已趋于团花植物纹样、云纹、放射纹和几何纹样等，色彩上繁复多变，背光色彩丰富且华丽壮观。

五代两宋，由于禅宗思想与文人画的盛行，佛教绘画趋于文人书卷化和禅意墨戏化，佛教美术由石窟转向案头清玩。此时，石窟开凿主要集中于四川地区，并达到鼎盛。佛像背光趋于简洁明了、色彩素雅，内容与形式有所式微，符合宋代素雅内敛的静穆美。

3. 背光提供了孔子从圣化到神化的重要依据

孔子作为中国古代思想家、教育家和儒家学派的创始人，后人为他描绘的图像也很丰富。从历代孔像的流传谱系看，从汉至宋，无论是画像石还是墓室壁画，抑或文庙碑刻造像、卷轴画等，孔子被表现为帝王相、官员相、学者（布衣）相三种类型，[①] 皆无背光。但是，这一现象在巴蜀地区的宋代石窟中得到了改变。在大足石篆山石窟，孔子有卷云纹头光；在大足妙高山石窟，孔子有漫云纹身光。

这个现象，来自考古材料，与以往的文献材料完全不同，是一个以图证史的典型案例。文献中的材料，孔子是被当作“圣人”来塑造的。比如，孔子被尊称为“大成至圣先师”孔圣人。三国魏阮籍《咏怀》：“孔圣临长川，惜逝忽若浮。”唐皇甫冉《送孔党赴举》：“家承孔圣后，身有鲁儒名。”朱熹《诗集传》：“孔，甚也；圣，通明也。”孔子作为人格高尚、智慧高超的人，在中国人

① 董倩倩、范菲菲：《圣人之像——从馆藏文物看孔子形象变迁》，《文物鉴定与鉴赏》2017 年第 5 期。

心中，是至高的儒学圣人。

在巴蜀地区的石窟中，孔子像与佛像、老子像同窟同壁同背光。在石窟的“供奉性造像”，是观者敬奉、观想的对象。背光既然是佛像的神性象征与表现，那么相对应地，孔子背光，也是孔子作为圣人神化的象征与表现。背光使孔子增加了神性的色彩，赋予了孔子从圣人转化到神的形象变化。石窟中，孔子与佛一样有了背光，“圣”转化为“神”。对于道家而言，老子也是一样，一个新的现象出现了——道家成为道教。

质言之，从图像学角度看，背光是孔子从圣到神的重要依据，甚至是唯一依据。如果没有背光，我们就无法从冠冕、五官、服饰、坐具和手式等图像判断孔子“神”的属性。这是一个应当深入认识的问题，一方面，从背光角度看，宋代孔子完成从圣人到神的转变，也就是完成了儒家至儒教的图像转变。在石窟中，孔子成为受人礼拜的神、教主，这是人对神与教主的礼拜。另一方面，从图像学角度看，背光是孔子被神化的象征，是儒家思想宗教化的图像表现，是儒家转向儒教的图像依据。任继愈指出：“我们认为儒具有一些宗教的特征，如祭天地，拜孔子，敬祖先，这些东西都带有一些宗教的内容和性质……儒也是一种宗教，是中国的一种特殊形态的宗教。”① 孔子造像出现背光始自宋代巴蜀地区石窟，孔子由圣人升华为神，背光则是神性的符号。从图像出发，可以明确孔子在石窟中有被神化的可能。

从仪式维度看，孔子背光也有着宗教仪式的需求。涂尔干认为：“宗教现象可以自然而然地分为两个基本范畴：信仰与仪式。信仰是舆论的形态，是由各种表现构成的；仪式则是某些明确的行为方式。”② 石窟造像具备开放性空间，在这些宣扬传播佛道的场所，加入孔子造像，在一定程度上不仅满足了人们对儒教崇拜仪式的需求，同时还满足了对佛教、道教的崇拜仪式需求，一举三得。当然，孔子造像出现在以举办这是佛教仪式为主的地方，也为佛教的中国化提

---

① 任继愈：《宗教和宗教研究》，《中国古代文化史讲座》，中央广播电视大学出版社，1984，第158—159页。

② ［法］涂尔干：《宗教生活的基本形式》，渠东、汲喆译，上海人民出版社，2006，第33页。

供了一个重要例证。

（二）孔子背光是佛教中国化的表现

佛教的创始人释迦牟尼，被认为是先知先觉的圣人。佛陀生前创立的学说与传教更近似于学术流派而非宗教，其核心内容是四谛和八正道，教人客观地认识世界并寻求自我解脱。他自身反对崇拜神，既没创造佛教神系，也没塑碑立像，在其涅槃后的五百年里，其佛像也一直没有产生，人们只是借助菩提树、法轮、宝座与脚印等象征物隐喻佛陀的存在。直到公元1世纪，古印度出现佛像，释迦牟尼成为佛教徒崇拜的偶像，被请进石窟与寺庙，受人礼拜，自此佛本身成为一个神。

显然，在某种程度上，儒家学派的创始人孔子，与释迦牟尼有很多相似之处，建立学说，传播思想。孔子对鬼神的态度是敬而远之，既未创造儒教神系，也未出现偶像图像。直至公元1世纪，孔子形象才被描绘在屏风上，此后孔子的形象经久流传。

从图像体系的角度看，释迦牟尼与孔子有很多相似之处。最初的信仰和学说传播中，两位历史人物都没有背光，后来佛教有了背光，佛教背光传入中国后，孔子在佛教石窟中也有了背光，儒学有了儒教的痕迹，这一现象在巴蜀地区首次出现。这一现象说明，儒教造像效仿了佛教造像，也在造像身后绘塑背光。足见，在巴蜀石窟造像中，佛教图像对儒教图像产生了影响。

四、孔子造像的民间属性与意义

相对于传统文化而言，孔子造像的民间属性是一个需要关注的方向，因为汉武帝独尊儒学后，孔子就被圣人化了，与域外的佛教产生关系就必须有突破，这个突破必须有外来之力，这个力量有一部分就是来自民间。巴蜀地区的孔子造像出现，就说明这种民间力量的存在。

第一，出资人民间化。

从传统文献材料看，我国石窟主要有官营、僧营、社营和户营四种形式。

巴蜀石窟中社营和户营较多，社营指结社集资团体开凿，户营指个人出资开凿。

从地域文化特点看，巴蜀石窟特点鲜明，即石窟遍布于山间田野，虽然有宏伟大窟，但更多是浅龛与摩崖造像，这些浅窟与摩崖造像大多是由结社集资或个人出资，其中蕴含着很浓郁的宗族气息，修造的工匠也具有家族传承性。

从出资人身份看，开窟施主不仅有皇室成员、官吏、僧人，还有武将、士兵、乡绅、居士、乡野百姓等。他们或结社集资，或个人出资，钱多开大窟，钱少凿小窟。比如，最早的儒释道三教窟是大足石篆山石窟，由北宋绅士严逊个人出资建造；大足宝顶山石窟是南宋僧人赵智凤（法名智宗）集资创凿；大足北山石窟是唐末昌州刺史韦君靖私人出资开凿。

从镌匠身份看，石篆山石窟由著名的匠师文惟简开凿。妙高山石窟第 2 窟由文仲璋、文珠开凿，他们是文惟简的第四代后裔。大足佛安桥第 12 窟明确记载了“东普攻镌造，处士文孟周记”，文孟周是文惟简的第五代后裔。孔子背光样式显示出了工匠的家族性传承。

据统计，宋代大足石刻迄今发现了 26 位镌匠的姓名，在全国石窟中较为罕见。他们是伏元俊、伏元信、伏世能、伏小六、伏小八、伏麟、文昌、文惟简、文惟一、文居礼、文居用、文居安、文居道、文仲璋、文琇、文玠、文珠、文凯、文玠、文孟周、文孟通、文艺、蹇忠进、罗复明、胥安和吴宗明，其中文姓 16 人，伏姓 6 人。[①] 尤其是文姓工匠，家族传承了六代。

第二，艺术表现民间化。

巴蜀地区孔子造像的遗存数量比较多，跨越的时间也很长。本文根据考古报告提供的信息，分两个阶段予以讨论。第一阶段为宋代，第二阶段为明清。

第一阶段，宋代背光呈现出刻绘热情。

宋代的孔子造像主要分布在大足，且大都绘塑了背光，背光体现了孔子造像的严谨与民间艺术创造的热情。

首先，大足石篆山石窟第 6 窟。此窟是孔子及十哲像，建于北宋元祐三年（1088）。该窟与第 7 窟佛窟、第 8 窟老子窟，并列为儒释道三教合一窟。第 6

---

① 胡文和：《大足石篆山石门山妙高山宋代石窟与文氏镌匠世家的关系研究》，《中华佛学学报》2001 年第 14 期。

窟孔子头后有卷云纹雕刻（图1），该装饰与第7窟佛像头光雕刻（图2）相近。虽然第6窟晚于第7窟6年塑成，且造像尊格不同，但工匠文氏依然仿造第7窟佛像头光样式刻塑了孔子头光，以保持儒释道石窟雕刻风格的一致性。

图1　大足石篆山石窟第6窟孔子头光（1088）

图2　大足石篆山石窟第7窟佛像头光（1082）

其次，大足妙高山石窟第2窟。此窟中，孔子与佛陀的背光不同。孔子身后刻漫云纹大背光，以衬托孔子的帝王气象。这种漫云纹背光（图3）从未见于其他佛像，是中国工匠的创造。大背光与精雕细凿的孔子像相得益彰，表现出较强的艺术感染力。该窟主壁塑一尊坐北朝南的佛像（图4），佛像身后有大圆形火焰纹头光与椭圆形身光。

图3　大足妙高山石窟第2窟孔子背光

图4　大足妙高山石窟第2窟佛像背光

再次，自大足佛安桥第12窟儒释道同窟（图5）以后，孔子造像与佛像、老子像同窟同壁，孔子背光与佛像、老子像绘塑一致。尤其是宋代开凿的石窟，即使于清代或近代增补修缮，也绘塑了背光，尽力保持遗迹的初始状态。

图 5　大足佛安桥第 12 窟造像背光

宋代孔子背光的特征比较突出：其一，基本都是参照佛像。这也是佛教中国化的一个表现，说明信徒与工匠追求造像完整，借鉴佛像背光，有了给孔子造像增加背光的意识。其二，宋代孔子背光是新的创造。孔子背光有别于传统的佛教背光，如卷云纹、漫云纹背光就借用了中国本土图像，是中国化的创造。佛像的云纹背光，古印度没有，而中国传统绘画中，经常运用祥云衬托环境与气氛。如《朝元仙仗图》中“云”穿插在众神之间，增强了宏大场面的叙事效果。其三，宋代孔子背光大多呈现为“圆形头光”。圆形头光多为彩绘，因后代人陆续重绘，多呈现不同时期的风格面貌，当地村民不明就里，通常将头光绘成圆盘状，以象征圆光。

第二阶段，明清背光创新热情不再。

明清时期，巴蜀地区的孔子背光大致呈现两种类型：其一，头光仅有一圆盘状，身光色彩单一，且多为现代人补绘，象征孔子的神性光辉。其二，在摩崖石窟中，大多壁面经风雨侵蚀，已不见背光。这些情况可能有以下原因：

一方面，总体而言，明清时期开凿的石窟虽然数量有所增加，但石窟造像大多技法粗拙，有的体量偏小。背光作为孔子附属的装饰图像，通常会被简略描绘。另一方面，在崇德报功及求神福佑观念的影响下，孔子造像成为一种文化符号，施主与工匠更关注孔子造像本身，工匠塑造孔子背光的热情已不复存在。再者，在明代礼俗权衡中，洪武、嘉靖两朝统治者易塑像为木主运动，可能对巴蜀石窟孔子造像及背光产生了影响。清代孔庙塑像再度流行，巴蜀石窟孔子造像随之明显增多，背光也随之增多。

综上所述，孔子背光有个起伏的发展过程。从最初北宋时期背光的师仿佛像，到南宋时期背光的明确化与本土化，再到明清时期背光的简洁化与消失，孔子背光始终走在中国化的道路上。

第三，民间化意义。

从遗存分布来看，巴蜀石窟与中原石窟不同，这一地区民间凿窟盛行，尤其是户营凿窟，近似家庙，属于民间信仰体系，施主有较大的自主权，宗教仪规束缚较少，镌匠按照施主要求镌刻，民间特点突出。

在这种情况下，孔子造像与佛道造像开窟并塑，尤其是北宋绅士严逊以一己之力开凿大足石篆山石窟，与文氏工匠一起，首创了孔子造像及背光，树立了孔子与佛陀同样的神性特征，形成最早的儒释道三教合一造像。而这些活动，基本由民间所为，虽然有时会得到政府支持，但主体还是民间人士。

此后，这种形式随着工匠的镌刻传承，在大足与安岳石窟慢慢延展开来，“孔子神化”在民间信仰中逐步确立，在一定程度上，这也对儒教崇拜在民间流传有助推作用。发展至明代，民间刻本《三教源流搜神大全》七卷，收神像插图一百二十五幅，卷一述三教源流，首篇为孔子，其次为释迦牟尼，再次为老子。由此可见，孔子作为儒教之神在民间已广为流传，儒释道三教合一思想在中国民间百姓中心产生了深远的影响。

五、结论

巴蜀地区首次出现孔子背光，这是一个重要的文化现象。本文首次对巴蜀地区的孔子背光进行了梳理与分析，意在抛砖引玉，希望引起学术界的关注和深入讨论。

中国儒释道三教关系，从汉代碰撞到南北朝之抗争，再到隋唐之鼎峙，于宋代三教合一，巴蜀石窟造像以具象的图像对整个历史演变作出了生动阐释。从图像学维度，孔子背光既是孔子被神化的起点，也是佛教中国化体现在儒教造像上的起点。明代丘浚认为："塑像之设，中国无之，至佛教入中国始有也。"[①] 没有背光的孔子作为圣人形象，被凝固在孔庙中，有背光的孔子则作为儒教教主，其形象被永远凝固在石窟艺术中。

---

① 吕元善：《圣门志》卷四《祀典》，《四库全书存目丛书本》，史部第79册影印明崇祯刻本，第233页。

Research on the Halo of Confucius Statues in the Bashu Region

Jin Jianrong

Abstract: By sorting out the Confucius statues existing in the 716 grotto in Chongqing and the 2134 grotto in Sichuan,it is found that Confucius statues are usually placed in the same grotto with Laozi and Sakyamuni Buddha,forming the statues of the integration of the three teachings of Confucianism,Buddhism and Taoism.Among them,the halo of Confucius in Dazu,Chongqing is the first of its kind in China.The halo of Confucius has three characteristics:First,in terms of the propagation area,Bashu is one of the earliest areas to accept Buddhist statues and the halo of Confucius appeared in grottoes.The grottoes in Bashu are a typical representative of the integration of the three teachings .Second, by using images to prove history,the halo of Confucius indicates that there is a process of Confucius evolving from a sage to a deity,providing visual evidence for Confucianism with elements,it is also a phenomenon of the Sinicization of Buddhism. Third,by regional characteristics,because most of these statues in Bashu were built with non-official funding,often funded by family groups and craftsmen' s families ,attention should be paid to the phenomenon that "Confucius was deified" in folk beliefs.

Key words:Bashu region;grotto Confucius halo;integration of the three teachings

方玉润解读《诗经》爱情诗的经学进路

高擎擎 *

【摘　要】爱情诗是《诗经》中的一大门类，蕴含着先民们鲜活细腻的情感诉求与心灵慰藉。整体来看，古代《诗经》学者并未着力于把握爱情诗的文学面目，而从美刺方面加以解读，或者斥之为淫诗。晚清学者方玉润解读爱情诗呈现出文学与经学两种进路，其中经学进路依然占据主体。其经学进路探寻爱情诗背后的思想内涵与文化底蕴，或将男女之情解作君臣朋友之义，或将爱情诗解作贤人隐逸，或解为刺淫之诗。这些解读有不同的意义，或丰富了爱情诗的深层意蕴，或表达了儒家的重贤思想，或强调了儒家经典的社会功能。方玉润将爱情诗置于历史文化背景下进行审视，有助于我们更全面、深入地理解《诗经》爱情诗的内涵和价值。

【关键词】方玉润;《诗经》; 爱情诗; 经学进路

人们习惯于按内容将古诗划分为爱情诗、送别诗、怀古诗、边塞诗、田园诗、咏物诗、讽喻诗、悼亡诗等类别。洪湛侯先生指出，爱情诗包括恋歌以及与爱情婚姻有关的诗篇。近当代研究者论及《诗经》的思想内容时，爱情诗是

* 【作者简介】高擎擎，中国社会科学院古代史研究所博士后、助理研究员，研究方向为中国古代思想史、诗经学史。

【基金项目】国家资助博士后研究人员计划（GZC20241993）; 中国社会科学院学科建设“登峰战略”资助计划（DF2023YS16）。

最热门的话题之一。[①]以恋爱婚姻为主题的爱情诗的确是《诗经》中备受关注的一个部分。

总体而言，两千年来的古代《诗经》学者并未致力于廓清爱情诗的文学面目，而是从维护君主统治的角度出发，挖掘其中的经学意蕴。汉学家标榜“文王之化”，往往从美刺方面阐释爱情诗，其代表作是《诗序》。宋学家中执牛耳的是朱熹，其《诗集传》从维护礼教出发，鼓吹“淫诗说”，大量爱情诗被解为淫奔之诗。清初硕儒姚际恒著有《诗经通论》，采用深挖诗义的方法探求诗篇意旨，对爱情诗的文学本质有所触及。晚清儒者方玉润受姚氏解《诗》方法启发，著有《诗经原始》，其书“务求得古人作诗本意而止，不顾《序》，不顾《传》，亦不顾《论》，唯其是者从而非者正”[②]。方氏摒弃门户之见，解《诗》时不受前述三家的束缚，对《诗经》爱情诗的阐释亦较之三家更加深彻。

方玉润（1811—1883），字友石，一字黝石，自号鸿蒙子，云南宝宁（今云南广南）人。梁启超称赞他“善能说诗，可比崔东壁，凤毛麟角，致足珍焉”[③]，对其诗经学造诣给予了极高评价。对今人普遍认为的爱情诗，方氏或剖析诗人内心情感，将诗直接解作男女相念，把握住了诗的文学面目。比如，今人多认为《王风·大车》是女子爱慕男子的诗，诗句“谷则异室，死则同穴”表达对爱情的坚定信念。《诗序》《诗集传》皆以大夫能否听男女之讼立论，距诗意较远。方氏受姚际恒启发，揭示男女离情之惨，与诗意贴近，他说：“周衰世乱，征伐不一，周人从军，迄无宁岁。恐此生永无团聚之期，故念其室家而与之诀绝如此。然其情亦可惨矣！”[④]

中国古代并没有现代意义上的“文学”概念，身为传统儒士的方氏亦不具备文学解《诗》眼光，因此本文所说的文学进路指方氏的解读在客观上彰显出文学性。在更多情况下，方氏或将男女情解作君臣朋友义，或将爱情诗解作贤人隐逸，或解为刺淫之诗。这三种解读立足于经学立场，着重阐明经文大义，

① 洪湛侯：《诗经学史》，中华书局，2002，第680页。

② 方玉润：《诗经原始·自序》，李先耕点校，中华书局，1986，第3页。

③ 梁启超：《近代学风之地理的分布》，《清华学报》1924年第1期。

④ 《诗经原始》，第200页。

是其经学进路。虽然这几种解读方向并非方氏所发明，但他能够兼纳博采，综而用之，且对具体诗篇的解读意涵丰富，创见迭出，颇具独到之处。

一、认为爱情诗表达君臣朋友之义

《周易·序卦传》云："有天地然后有万物，有万物然后有男女，有男女然后有夫妇，有夫妇然后有父子，有父子然后有君臣，有君臣然后有上下，有上下然后礼义有所错。"这里除夫妇、父子、君臣等伦常关系以外，还涉及天尊地卑的古代哲学思想和男尊女卑的古代社会思想。显然，从天地、男女、夫妇到君臣的逻辑理路是一脉相承的，每一组关系都有上下之别，这是礼义形成的基础。在诗歌中男女、夫妇与君臣相互类比亦颇为常见，朱光潜谈爱情诗时说道："《诗经》中许多情诗据说是隐射国事的，屈原也常以男女关系隐寓君臣遇合。"[①] 余培林在《诗经正诂》中也认为一些爱情诗是在隐喻君臣关系，"古之臣仆忠于其主，亦犹妻妾忠于其夫，故忠臣往往与贞女并称"[②]。夫妇关系与君臣关系可相比拟，二者在身份上的尊卑之别自不必说，臣子对君王的忠诚或背叛，期待或失望，君王对臣子的欣赏或厌恶，求贤若渴或弃如敝履，都如男女恋情一般。因此古诗中这种比拟原较多见，而随着君主专制的加强，后世这种类比逐渐消失。情人之间是可以有怨恨的，天下无不是的君，哪里还能对君有怨？

方玉润解诗，有以男女比况君臣的情况，也有以男女比况朋友的情况。他主张《风》诗应当寓意托兴，而以男女寄托君亲朋友便是一种托兴手法。如，《陈风·防有鹊巢》有句"谁侜予美？心焉忉忉""谁侜予美？心焉惕惕"，表明这是一首忧谗诗，但诗文所述关系是君臣之间的，还是男女之间的，颇有不同意见。程子主张君臣词，方氏赞其"深得风人义旨"，朱子主张男女词，方氏却说："诗人之遇晦翁，诗人之大不幸也，可慨也！"反对只以男女词说此诗。方氏认为："夫《风》诗托兴甚远，凡属君亲朋友，意有难宣之处，莫不假托男女

① 朱光潜：《谈中西爱情诗》，《朱光潜全集》第五册，中华书局，2012，第 87 页。

② 余培林：《诗经正诂》，台北三民书局，2005，第 495 页。

夫妇词婉转以达之。”[①] 明确指出此诗假托男女夫妇之词而言君亲朋友。

又《召南·草虫》实际上是一首思妇诗，三章叠唱，“未见君子，忧心忡忡”“未见君子，忧心惙惙”“未见君子，我心伤悲”。方氏为此诗立序“思君念切也”，阐之曰：“此盖诗人托男女情以写君臣念耳……夫臣子思君，未可显言，故每假思妇情以寓其忠君爱国意，使读者自得其意于言外。则情以愈曲而愈深，词以益隐而益显。然后世之人从而歌咏之，亦不觉其忠君爱国之心油然而自生，乃所以为诗之至也。孔子云‘诗可以兴’者，非是之谓欤？不然，彼妇自思其夫，纵极工妙，何足为《风》诗之正耶？”[②] 他指出，臣子思君，只能采取一种委婉的表达方式，所以常假托夫妇相思以抒情。他提出，“情以愈曲而愈深，词以益隐而益显”，认为情感通过曲折的方式展现，反而更能触动人心，显得更加深沉和真挚；文字表达得越隐晦，反而能让读者更深入地思考和感受，从而更清晰地理解其中的内涵。因此以男女情写君臣念，不仅在于二者的可类比性，更在于此种托兴能够在潜移默化中感发读者的忠君爱国之心，这是正《风》的应有之义，而夫妇间情感本身不具有这样深刻的感发作用。

方氏还认为《风》诗采用托兴手法，有时并非实写，而是靠虚笔传达诗旨，这样的微妙之处并非人人都能洞察到。比如，《陈风·月出》反复咏唱月光下佳人倩影之美，营造出迷离的意境。今人多认为是一首情诗，方氏则主张：“此诗虽男女词，而一种幽思牢愁之意，固结莫解。情念虽深，心非淫荡。且从男意虚想，活现出一月下美人。并非实有所遇，盖巫山、洛水之滥觞也。不料诸儒认以为真，岂不为诗人所哂？使充是心于君亲朋友之间，则忠臣孝子，义弟良朋，必有情难自已之处。此《风》诗之旨深微幽远，托兴无端，含毫有意，固非迂儒俗士所能窥也。”[③] 认为《风》诗应当有所寄托，诗中的美人形象是诗人情感的象征，而非真实的存在。诗歌表面上写的是男女之情，实际上表达的是更深层次的情感，这种情感可以推广到更广泛的人际关系中，如君臣、父子、朋友等。由此爱情诗在方氏眼中具有了超越男女情感本身的深层意思，从而他

① 《诗经原始》，第 288 页。

② 《诗经原始》，第 98—99 页。

③ 《诗经原始》，第 289 页。

也将那些只停留在表面去解读爱情诗的先儒讥为迂儒俗士。

方氏以男女比况朋友，主要出于情感亲密上的相近。譬如，今人一般认为《王风·采葛》“一日不见，如三月兮”“一日不见，如三秋兮”“一日不见，如三岁兮”是描绘男女相思的诗句。方氏则以朋友情解读这首诗，其称：“夫良友情亲，如同夫妇，一朝远别，不胜相思，此正交情浓厚处，故有三月、三秋、三岁之感也。若泛泛相值，转面顿忘，或市利相交，势衰即去，岂尚能作此语？”[①]认为这首诗表达了良友之间的亲密情感，如同夫妻般深厚，一旦分别，思念之情难以抑制。方氏强调，这种情感只可能出现在深厚真挚的交情之中，而那种泛泛之交或利益之交是绝对不可能达到这种境界的。因此他推崇这首诗是千古怀友佳章。这样的解读，方氏无疑是站在《论语·卫灵公》“群居终日，言不及义，好行小慧，难矣哉”立场之上的，鲜明地表达了儒家道义为先的择友取向。

《郑风·东门之墠》诗句“其室则迩，其人甚远”，意谓两人住得很近却不得相见，末二句直陈相思，“岂不尔思，子不我即”。方氏对此诗的解读同时探讨了君臣关系与朋友关系的可能性，析之曰：“古诗人多托男女情以写君臣朋友义。臣之望君，堂廉虽近，天威甚严，有不可以骤进者。君之责臣，则如唐玄宗云：‘卿自不仕，奈何诬我？’是君又未尝不有望乎臣也。至朋友两相思念，更不待言。诗中有怀想情，而无男女字，又安知非朋友自相思念乎？且室迩人远，颇有高人雅士迹迩市城，心出尘表气象。”[②]方氏给出了两种解读思路：一是以君臣义解之，臣子望君，距离不远，但慑于天威，不敢骤进。人君亦不以威严孤标，而有期待于臣子，方氏还引了唐玄宗责难孟浩然的话进行佐证。方氏借着解读，将儒家所推崇的一种良性的君臣关系彰显了出来。二是以朋友义解之，诗中虽有怀想之情，但未必是男女之情，也可能是朋友之间的思念。他更从室近人远之句，解读出高人雅士身处繁华市井而怀有超世绝俗的气象。显然，方氏的两种解读思路都是言之有理的，打破了男女相奔的传统说法，揭示出了诗篇中情感的多重象征意义。

---

① 《诗经原始》，第199—200页。

② 《诗经原始》，第219页。

《楚辞》以香草美人喻示贤人君子，在此基础上发展出以男女恋情象征君臣关系的诗歌模式。皮锡瑞排比十几篇古诗词，指出："此皆词近闺房，实非男女，言在此而意在彼，可谓之接迹风人者。"[①] 可见，风人咏托男女本为常见。而将《诗经》中的爱情诗解读为君臣关系或朋友关系，本也是儒家经学的阐释传统。不过就方氏来讲，将男女解作君臣朋友在《诗经》爱情诗说解中已然占据很大比重，丰富了爱情诗的深层意蕴。若淡化上述爱情诗的文学本质，方氏的解读在经学应用方面无疑提供了丰富的视角。这种解读方式，使爱情诗超越了个人情感的局限，而与更宏大的社会伦理和政治理想联系起来。从而爱情诗中男女情爱转化为朋友之间的关爱与道义，凸显了儒家"友直，友谅，友多闻"（《论语·季氏》）的交友观；男女的追求与等待转化为对"明君贤臣"关系的推崇，升华为对理想政治秩序的期待。

二、将爱情诗解为贤人隐逸之作

中国历朝历代不乏隐士，不同时期的隐士具有不同的隐逸精神，其隐逸形式也各具千秋。古代知识分子有尊崇隐士的传统，羡慕隐士能在乱世避地求全，能在治世独守恬淡。东晋陶渊明和北宋林逋堪称隐士代表，他们备受诗家歌咏。方氏崇尚隐逸，对不少爱情诗从这个角度进行解读，表达了鲜明的重贤思想。

政治环境是隐逸行为能否产生的重要条件，通常而言，政治清朗时士人乐于从政，政治黑暗时士人倾向于隐居深林。方氏对贤人在野或者居于下位等情况表达悲悯，同时透露出对诗中所述政局的担忧。比如《小雅·隰桑》今人多解为男女情诗，方氏则对起兴语"隰桑有阿"作了这样的评论："然桑而曰隰，则以兴贤人君子之在野者可知。夫以贤人君子而隐处岩阿，则朝廷之上所处非贤人君子之俦又可知。"[②] 认为此诗思在野贤人，并感慨朝堂非人。方氏从桑树所生非地，推出贤人君子本应在朝辅政却被迫隐于草野的隐喻，应当说还是很合理的。

---

① 皮锡瑞著，吴仰湘点校：《经学通论·诗经》，中华书局，2017，第236页。

② 《诗经原始》，第464页。

《邶风·简兮》是女子爱慕舞师的情诗，末章言："山有榛，隰有苓。云谁之思？西方美人。彼美人兮，西方之人兮。""山有……隰有……"是《诗经》中较为典型的情诗话语，山高隰低，常用来托兴男女情思。周在卫西，"西方美人"当指来自周地或周室的舞者。方氏则作隐语讲，以为"西方美人"是"西京圣王"，还将舞师设定为贤人，并认为"末章非贤者不能自道其胸臆"。方氏的解读处处彰显"选贤"之意，如说"将欲习舞，先简舞人"，将选拔人才置于首位。又阐发了人才的标准，如将诗中的"有力如虎，执辔如组"与"左手执龠，右手秉翟"分为武舞和文舞，暗示人才应当文武兼备；将舞师"无慢容，亦无怍色，颜如渥赭，裕如也"的仪表转述为对贤者的定义。方氏又说，"盖所挟者大，所见者远，故不禁有怀西京盛世，而慨然想慕文武成康之至治不复得见于今日，因借美人以喻圣王，而独寄其遐思焉"，于是男女思恋转为政治遐思，本诗的主旨也转为"贤者自伤失位而抒所怀也"。[①]从方氏的解读中，我们隐约可以看见晚清盛世不再的事实、方氏自身政治抱负的未酬以及对"衰世"的危机意识。晚清国势日衰，朝政腐败，方氏满怀报国之志，但应试十余次均不第，后投笔从戎，却久沉下僚。所谓"贤者自伤失位而抒所怀也"，岂非方氏自况，文武兼备的人才岂非方氏自指？

而《召南·摽有梅》则更为典型，《诗序》谓"男女及时也"，已切中肯綮，诸家亦多从之解。但方氏不予认同，仍从词气方面认为本诗不类男女词。其实"梅"与媒人的"媒"谐音，在诗词中与婚姻关联是极自然的，陈奂疏解《摽有梅》首句时这样说："梅由盛而衰，犹男女之年齿也。梅、媒声同，故诗人见梅以起兴。"[②]闻一多先生更据此诗提出古人有抛果实求婚的习俗："古俗于夏季果熟之时，会人民于林中，士女分曹而聚，女各以果实投其所悦之士，中焉者或以佩玉相报，即相约为夫妇焉。"[③]方氏则秉持重贤思想，对"梅"作新解，认为此即《尚书》中"盐梅和羹"之"梅"。《尚书·说命下》记商王武丁称

---

① 《诗经原始》，第140—141页。

② 陈奂：《诗毛氏传疏》上册，商务印书馆，1935，第40页。

③ 孙党伯、袁謇正主编：《闻一多全集》第三册《诗经编上·诗经新义》，湖北人民出版社，1993，第274页。

赞傅说之言："若作和羹，尔惟盐梅。"将傅说比作和羹的不可或缺的调料。后世"盐梅和羹"成为贤臣辅佐君王治国的重要典故，也成为诗赋中的一个重要意象。方氏据此认为："盖商、周之际，剥复之秋也。山林隐逸，借肥遁以韬光者，固自不少，然求其贤如太公、伯夷、太颠、闳夭、散宜生辈，亦难数数觏。又况几经丧乱，几经沉沦，其能久而自存，不至为时所摇落，如硕果之不食者，岂可多得乎哉？若不及早旁求而延访之，则盐梅和羹之士日渐剥落，有老死岩阿以至于尽焉耳。"[①] 以梅比喻国家所需的贤才，诗中梅子渐落，意味贤才凋零。贤人难遇，又况历经丧乱而自存于世者，已然无多，君相若不及早旁求延访，恐怕其人将老死殆尽了。

高人逸士各有其志，《摽有梅》中的贤士愿意得到征用，故而诗人对君相有所规讽。在方氏看来，《召南·野有死麕》中的贤士则拒绝招隐，该诗有句"野有死麕，白茅包之""白茅纯束，有女如玉"。他认为："此必高人逸士抱璞怀贞，不肯出而用世，故托言以谢当世求才之贤也。意若曰，惟野有死麕，故白茅得以包之。惟有女怀春，故吉士得而诱之。今也'林有朴樕，野有死鹿'矣，然'白茅'则'纯束'也，而谁其包之？……惟望尔入山招隐时，姑徐徐以云来，勿劳我衣冠，勿引我吠龙，不至使山中猿鹤共相惊讶也云尔。吾亦将去此而他适矣。此诗意极深而词又甚婉，故使读者猝难领会。"[②] 本诗本是青年男女恋爱幽会的诗，男子将死鹿捆绑起来，当作礼物送给女孩，收获了女孩的芳心。方氏上述解读，意谓野外有死鹿，白茅因被捆束在一起而无法包之，暗喻事情不遂人愿，隐士不会应招。这里的贤士不食人间烟火，丝毫不愿沾染凡尘，展现出高于普通人的孤傲心灵。

中国古代的隐士多与政治有紧密的联系。早期的隐士或许还在践行老庄回归自然的思想，但后来更多隐士身在山林，心在庙堂，脱离不了与政治的纠葛。老子曾提出"道法自然"的观点，却也说过："君子得其时则驾，不得其时则蓬累而行。"[③] 孔子也说："危邦不入，乱邦不居。天下有道则见，无道则隐。"（《论

---

① 《诗经原始》，第 109—110 页。

② 《诗经原始》，第 114 页。

③ 司马迁：《史记》卷六三《老子传》，中华书局，1959，第 2140 页。

语·泰伯》）显然政治环境会对个体隐逸行为产生重要影响，或者说个体隐逸行为会根据政治环境作出相应调适。就个体来说，政治地位的升降起伏关系到其价值追求与生命意义能否实现，是其无法忽略的现实问题。在讲求个性自由的魏晋南北朝，诸多著名隐士无法摆脱政治的影响，或因之殒命，或被朝廷强制征聘。在积极进取的隋唐时代，隐逸成为士人出仕的一种手段，被称作"终南捷径"，他们为了博取高名而归隐，最终目的依然是踏入官场。隐士与政治的羁绊难以割裂，方氏解读中贤士对招隐的不同态度，或许反映了其内心面对乱世，到底选择出世还是入世的一种矛盾。

儒家具有推崇贤人政治的思想，从根源上讲，与其崇尚"德治"的政治理想有关。儒家要实现"德治"理想，就会顺其自然地提出贤人政治的主张，恰如姜广辉先生所指出的那样："在儒家看来，天下是天下人的天下，不是统治者一人的天下；要实行'德治'，就须以天下为公器，实行'以德居位'的贤人政治。"[①] 部分爱情诗被方氏解读为求贤诗，是中国传统政治文化中重贤思想的体现，而重贤思想的背后实则隐藏着对传统"德治"理想的崇重。同样值得注意的是，这也是方氏针对晚清时局及个人境遇所抒发的一种情怀。方氏的《诗经原始》致力于探求古人作诗本意，但在上述诸例中，他舍弃了原本更合乎诗人本意的解读，反而作了大量政治隐喻。这更加凸显了方氏的重贤思想，反映了他对晚清时局和贤人不得其用的深度忧虑，反映了他以失位待用的贤人自况的心境。这多少有些违背《诗经原始》的撰述意图，但洪湛侯先生称方氏此类的解读"十分离奇"，"不免为此书之败笔"，[②] 却也未免言过其实。

三、认为爱情诗是刺淫之诗

宋代朱熹反对传统的"美刺说"，却提出"淫诗说"，启发王柏删经之举，消解了《诗经》作为儒家经典而被汉儒赋予的神圣的权威性。无论"美刺说"，还是"淫诗说"，二者所发挥的道德教化功能是一致的，只不过道德的约束条件

---

① 姜广辉主编：《中国经学思想史》第一卷，中国社会科学出版社，2003，第42页。

② 《诗经学史》，第573页。

由外在经典转向了内在心性。方氏提出所谓“刺淫之诗”，旨在令相关诗篇起到反面的教材作用，目的在于警世劝诫，强化道德教化。

在方氏看来，朱熹以“淫诗说”解诗，不仅违逆诗人本意，更与事实多有龃龉。他评《卫风·木瓜》：“《集传》于诗词稍涉男女字，即以为淫奔之诗，说《诗》如此，未免有伤忠厚，恐非诗人意也。”[①] 在《诗经原始·诗旨》中他质难朱熹：“然诗多寄托男女，不尽描写己事，又非公之所识。以故《郑风》篇篇指为淫词，不更将诗人意思尽情说坏耶？”[②] 又总论《郑风》：

> 《郑风》古目为淫，今观之，大抵皆君臣朋友、师弟夫妇互相思慕之词……《溱洧》则刺淫，非淫者所自作，何得谓为淫耶？然则圣言非欤？窃意《郑风》实淫，但经删定，淫者汰而美者存，故郑多美诗，非复昔日之郑矣。其《溱洧》一篇尚存不删者，以其为郑实录，存之篇末，用为戒耳。此所谓“放郑声”也。宋儒不察，但读“郑声淫”一语，遂不理会“放”字，凡属郑诗，悉斥为淫。举凡一切君臣朋友、师弟夫妇互相思慕之词，无不以桑中、濮上之例例之。遂使一时忠臣贤士，义夫烈妇，悉含冤负屈于数千百载上，而无人昭雪之者。此岂一时一人之憾？愚故特为标出，宁使得罪后儒，不敢冤诬前圣。世之有志《风》《雅》者，当能谅予一片苦衷也。[③]

方氏鞭挞宋儒将忠烈之人的互相思慕之词解为淫靡之词，歪曲了诗人本意与事实真相，使他们含冤负屈数千百载，更抱着为圣人洗去冤诬的心态指出宋儒致误的原因是误读《论语·卫灵公》中孔子“放郑声”及“郑声淫”之语。经过析辨，方氏认为宋儒忽视了关键的“放”字。孔安国曾将此字解为“放远”，邢昺解为“放弃”，[④] 方氏倾向于解为“汰黜”，指出现存《郑风》经过夫

① 《诗经原始》，第 187 页。

② 《诗经原始》，第 55 页。

③ 《诗经原始》，第 226—227 页。

④ 何晏注，邢昺疏：《论语注疏》，北京大学出版社，1999，第 211 页。

子汰黜，剩下的多是美诗。“淫诗说”对后世诗学发展影响巨大，一如方氏所言：“乃晦翁竟错会圣言，致启说《诗》门户数百年之争，则岂夫子所能逆计哉？”[①]所以他“细绎《郑》、《卫》诸诗”，认为其中“并无所谓淫奔之作”，因此“乃敢舍朱传而别寻诗旨”。[②]方氏力主“郑多美诗”，称郑诗有“君臣朋友、师弟夫妇互相思慕之词”，大胆突破了宋儒郑风多淫的说法，一定程度上还原了诗之“原始”，彰显了其学术特色与追求。在具体实践上，他又保留了部分前人认为的“淫诗”，但将其解读为刺淫之诗。

比如，《郑风·溱洧》记述了郑国的一个风俗，每年三月上巳，人们在溱洧两河边上集会，游春祈福，热闹非凡。本诗摘取的是青年男女在这一天游乐的片段，采兰赠勺，相互调笑。《诗集传》谓“此诗淫奔者自叙之词”[③]，方氏则立序“刺淫也”，并评曰：“盖刺淫，非淫诗也。此诗人自叙其国俗如此，不必言刺而刺自在。想郑当国全盛时，士女务为游观。莳花地多，耕稼人少。每值风日融和，良辰美景，竞相出游，以至兰勺互赠，播为美谈，男女戏谑，恬不知羞。则其俗流荡而难返也……圣人存之，一以见淫词所自始，一以见淫俗有难终，殆将以为万世戒。不然，‘郑声淫’为圣王所必放，而又何存乎？”[④]明确反对淫诗之说，通过“不必言刺而刺自在”的预设改为刺淫，最后点明教戒之意。另外，评论中出现了“恬不知羞”“其俗流荡”等贬义词，表明方氏尽管有还原诗之“原始”的追求，在很大程度上也的确超越了宋儒，但在个别诗篇的解读上仍然没有跳出宋儒的窠臼。

淫诗与刺淫诗虽然都与“淫”相关，但在方氏看来，它们的涵义存在巨大差异。正因为这样，他指出郑、卫之地确实有淫风，然而其诗却不是淫诗：“盖郑、卫之风诚淫，郑、卫之诗则非淫，何也？夫使郑风不淫，则《溱洧》无所刺；卫风不淫，则《桑中》何所讽？且《新台》、《静女》诸诗，非卫淫风之实

① 《诗经原始》，第 54 页。

② 《诗经原始》，第 65 页。

③ 朱熹著，赵长征点校：《诗集传》，中华书局，2011，第 72 页。

④ 《诗经原始》，第 226 页。

迹乎？要知其风虽淫，而所收之诗则皆刺淫作，非淫奔词，不可以不辩也。”[1]明确表明淫诗实为刺淫诗，后者比前者更能突出讥刺的意图。进一步而言，表述方式的微调更加强调了这类诗存在的目的，即警世劝诫。

一是以社会上普通士女为教戒对象。《卫风·氓》的女主人公被氓遗弃之后，诉说情变经历，表达悔不当初之意。《诗集传》称“此淫妇为人所弃，而自叙其事，以道其悔恨之意也”[2]，认为是弃妇自作。方氏则认为是诗人叹咏弃妇而作，并站在经学立场剖解此诗的现实意义，即使世人引以为戒，“观其以氓直起，亦某甲某乙无知之人耳，特其事述之足以为戒，故见诸歌咏，将以为世劝焉”。意谓氓只是一个甲乙丙丁之类的非特指人物，诗人作诗并不为了鞭挞某个人，而有意以弃妇的遭遇警醒世人。方氏对此诗女主人公抱有同情态度，“曰‘子无良媒’者，是其初亦未尝不欲守礼以待媒。乃情不自禁，私订昏姻，后要媒妁，则违礼已甚，然其不敢显然背礼之心，则又昭然而若揭”。[3]中国古代男女成婚，需经过媒人从中搭线，否则婚姻关系不被正式承认。《齐风·南山》有诗文“取妻如之何？必告父母”“取妻如之何？匪媒不得”。《孟子·滕文公下》言：“不待父母之命，媒妁之言，钻穴隙相窥，逾墙相从，则父母国人皆贱之。”所以方氏批判女主人公私订婚姻，后要媒妁，是一种违礼的做法。与此同时，他悲悯此女最初有守礼之心，认为她与普通私奔失节者不同，“此女始终总为情误，固非私奔失节者比，特其一念之差，所托非人，以致不终，徒为世笑。士之无识而失身以事人者何以异？是故可以为戒也”[4]。更由女子失身事人延伸到士人处世之法，以资后人借鉴。

二是对统治者的教诫。在春秋时期，卫宣公强行霸占儿媳，违背伦理纲常，常被后世人议论。据称《诗》中多首诗对相关人物进行过讥刺，但以现代眼光来看，有的诗明显是爱情诗。譬如，现代学者一般认为《邶风·静女》描写青年男女恋爱、幽会，有句“爱而不见，搔首踟蹰”“彤管有炜，说怿女美”。

---

① 《诗经原始》，第 52 页。

② 《诗集传》，第 48 页。

③ 《诗经原始》，第 179—180 页。

④ 《诗经原始》，第 180 页。

朱子指为“淫奔期会之诗”①，方氏从史实角度立序“刺卫宣公纳伋妻也”。卫宣公的儿子伋将娶齐国的宣姜，宣公见到她的美貌后竟强纳为己妻，方氏评道：“宣公只闻其美而未之见，已不胜其搔首踟蹰之思。及其既见，果静而且娈，则不惟色可取，性亦可悦……描摹宣公好色无礼、逆理乱伦丑态，可谓穷形尽相，不遗余力矣。特其词隐意微，不肯明斥君非，故难测识。”眉评又说：“‘女美’二字是罪案。”②认为“静女”是宣姜，将宣姜的美色视为祸水，并把宣公垂涎美色的丑态揭露殆尽。对此，方氏还说：“诗人播为歌咏，圣人载在葩经，皆有关于伦常大故，不仅系乎风化已也。”③于是，诗中青年男女的约会乐趣与绵绵情意被忽视掉，一首原本展现爱情美好瞬间的诗篇被以圣人的名义加上了伦理纲常的规范。

为了规讽统治者，汉儒匠心独运地将《诗经》奉为“谏书”，提出并大力倡扬“美刺说”，使其成为诗经汉学的重要特征。方氏所处的时代“谏书”的需求应当说大大削弱了，但他提出“刺淫之诗”的目的依然在于警世劝诫，寄望《诗经》重又发挥实际的政治意义以及社会功能。朱熹标出二十四首“淫诗”，与此相对应的《诗序》的相关解释主要有“刺奔”“刺好色”“刺乱”“刺时”“刺衰”等，不宜简单地认为方氏提出“刺淫之诗”就是对《诗序》相关“美刺说”的照搬复现。“美刺说”是《诗经》被奉为神圣经典的环节之一，蕴含了汉儒发扬自家学说的焦虑，而方氏刺淫警世的内在动因则主要在于抒发个人政治理想，加强道德教化。

方氏把这部分爱情诗解作刺淫之诗，说明他深受传统思想浸染。不仅是他，同样被夏传才先生称作“独立思考派”的姚际恒、崔述对情诗恋歌的解读，也走上了相似的路子。夏先生评论此三人：“他（姚际恒）把正面的抒写曲解为反面的讽刺，那些真挚直率的情诗，都被他解释为‘刺淫之诗’。崔述也不能抛开封建伦理道德思想，他把情诗恋歌解释为‘惩淫荡之风’，对许多诗篇的解释，仍难免穿凿附会。这些封建思想的束缚，方玉润同样难以避免，也不能正

① 《诗集传》，第34页。

② 《诗经原始》，第148—149页。

③ 《诗经原始》，第240—241页。

确阐明大多数诗篇的本义。”[①]三人受时代所囿，未能完全还原情诗恋歌的本来面目，无疑令人感到遗憾。但其对自身政治理想与信仰的坚持，却也令人感到一丝钦敬。而其对情诗恋歌的阐释亦有其诗经学上的意义和历史价值，正如姜广辉先生所说：“由于儒者的一代一代的阐释，给《诗经》附加和递增了许多的价值和意义。《诗经》因而变成了一部承载价值和意义的母体文本。”[②]

总而言之，方氏解读《诗经》爱情诗的经学进路侧重于思想挖掘与礼教遵循，将爱情诗置于历史文化的大背景下进行考察。他运用深厚的经学功底，赋予爱情诗更多内涵和意义。将男女情解作君臣朋友义并作深入探讨，丰富了爱情诗的深层意蕴。将部分爱情诗解作贤人隐逸，表达了鲜明的重贤思想，这背后隐藏着儒家对传统“德治”理想的崇重和方氏个人的政治期待。他还将前儒认定的“淫诗”改称为“刺淫之诗”，意在将这些诗篇转化为富有教育意义的反面教材，后者的表述方式直接道出讥刺之意，能更有效地发挥警醒世人的劝诫作用。经学进路的解读掩盖了爱情诗的文学面目，然而方氏巧妙地借助爱情主题，深入涉猎了中国古代社会的伦理道德观念、儒家贤人政治理念、儒家经典的社会功能等问题，从而展示出《诗经》爱情诗在历史文化中的另一面价值。

---

① 夏传才：《诗经研究史概要》，清华大学出版社，2007，第156页。

② 姜广辉、邱梦艳：《诗经讲演录》，中国社会科学出版社，2016，第6页。

The Approach of Study of Confucian Classics of Fang Yurun' s Interpretation of Love Poems in *The Book of Songs*

Gao Qingqing

Abstract: Love poems are a major category of *The Book of Songs*, which contains the vivid and delicate emotional demands and spiritual consolation of the ancestors. On the whole, the ancient scholars of *The Book of Songs* did not focus on grasping the literary face of love poems, but interpreted them from the perspective of praising and satirizing, or denounced them as obscene poems. As a scholar in the late Qing Dynasty, Fang Yurun' s interpretation of love poems presents two approaches: literature and study of Confucian, of which the latter still occupies the main part. His approach to the study of Confucian classics explores the ideological connotation and cultural details behind love poems, or interprets the love between men and women as a meaning of monarchs and ministers or friends, or the love poems as reclusion of virtuous people, or as poems that satirize sensuality. These interpretations have different meanings, enrich the deep implications of love poems, or express the Confucian thought of valuing the virtuous, or emphasize the social function of Confucian classics. Fang Yurun' s examination of love poems under the historical and cultural background helps us to understand the connotation and value of love poems in *The Book of Songs* more comprehensively and deeply.

Key words: Fang Yurun; *The Book of Songs*; love poems; approach of study of Confucian classics

丁酉科场案与顺治朋党观的发展

孔祥楠*

【摘　要】在顺治丁酉科场案中，顺天闱、江南闱的处置重于其余三闱，江南闱又重于顺天闱。而整个丁酉科场案的处置又重于顺治朝其余科场案。顺天、江南两闱因事涉贿通关节，案由较重，因而处置重于其余三闱。江南闱因顺治恼恨江南闱主考官违背面谕而特旨加重。整场丁酉科场案重于其余科场案，则是因为其正处于顺治朝政策由宽松转向严厉转变、对朋党的处置与防治由重视朝局向重视科举转变的一个节点。丁酉科场案重处的背后是顺治朋党观的发展与转变。

【关键词】丁酉；江南；顺治皇帝；科举制度；朋党

清初顺治年间，科场案频发。除两科满洲进士外，在使用顺治年号的十八年间，清廷于顺治三年（1646）、四年、六年、九年、十二年、十五年、十六年、十八年，分别选拔了八科进士。而据王戎笙《清初科场案研究》的统计，仅在这八科之中，就发生了“大大小小的科场案十四起”，“其发案率之高为清代历朝之最，也是中国历史之最”。① 在这众多科场案中，尤以顺治十四年（1657）的丁酉科场案牵连广、处置重。

---

*【作者简介】孔祥楠，中国社会科学院大学历史学院博士研究生，研究方向为中国古代思想史。

① 王戎笙：《清初科场案研究》，《清史论丛（1995）》，辽宁古籍出版社，1996，第170页。

丁酉科场案名为一案，实为多案的合称。顺治十四年乡试放榜后，顺天闱士子物议沸腾，顺治帝闻此大怒，大狱遂起。江南、河南、山东、山西等闱亦相继被劾。是次科场案迁延数年、蔓及全国，持续时间长、波及范围广。其中，清廷对顺天、江南两闱的处置尤为酷烈。不只涉案主考、同考、考生被捕问罪，未涉案的考生也要一体覆试重考。因此被斩、被绞、流徙尚阳堡、流徙宁古塔者不计其数。

学界关于此案的专门研究较少，《清稗类钞》对此案的原始史料做了收集、整理，① 孟森先生与商衍鎏先生做了进一步的收集与整理。② 王戎笙先生的《清初科场案研究》在前人的基础上对此案进行梳理，进而分析了清初法制的时代特点，并对比了顺治、康熙对待科场案的不同态度。③ 何涛《顺治丁酉科场案背后的朝局纷争》分析了丁酉科案牵涉的南北两党之争。④ 其余的研究则比较分散。⑤

既往的研究已经做出了很大的成绩，但仍留有可待开发的空间。首先，以往对丁酉科场案的梳理多按闱梳理，诸闱之间的时间关系交织复杂，尚无按时间顺序梳理者。其次，顺天闱、江南闱重于其他三闱、江南闱又重于顺天闱的原因应分别讨论。再次，丁酉案作为顺治朝政策变化的一个重要节点，所反映的顺治对朝局与朋党的思考和认识尤应得到重视。

一

丁酉科场案从顺治十四年至顺治十六年，横跨两年，时间跨度大；牵涉顺

---

① 徐珂：《清稗类钞》第 3 册《狱讼类》，中华书局，2010，第 982—991。

② 孟森：《心史丛刊》，中华书局，2006，第 34—75 页；商衍鎏：《清代科举考试述录及有关著作》，百花文艺出版社，2004，第 201—205 页。

③ 《清初科场案研究》，《清史论丛（1995）》，第 167—181 页。

④ 何涛：《顺治丁酉科场案背后的朝局纷争》，《甘肃广播电视大学学报》2021 年第 5 期。

⑤ 谢国桢：《明清之际党社运动考》，中华书局，1982，第 162—163 页；李润强：《清代进士群体与学术文化》，社会科学文献出版社，2007，第 123—125 页；冉耀斌：《丁酉科场案与清初秦陇文人心态》，《西北师大学报（社会科学版）》2012 年第 6 期。

天、江南、河南、山东、山西诸闱，波及范围广。按闱分理此案，的确能让每闱案件始末俱全，但也会模糊诸闱之间的时间先后关系，不能收一览全局之效。按时间顺序，可将整个科场案分为案发、发展、审结、余波四个阶段。

顺治十四年十月到十二月为科场案的案发阶段。科场案先是起于顺天闱，又在顺治帝穷究的刺激下，波及江南闱与河南闱。

丁酉科场案始于顺天闱，顺天闱科场案则起于任克溥的参奏。顺治十四年乡试放榜后，京师舆论哗然，刑科右给事中任克溥于吏科给事中陆贻吉处得知内幕，掌握实据，于当年十月十六日具本。[①] 十月二十五日，案件审理结束，顺治下命将案件所涉受贿之同考官、行贿之举人及居间之人“立斩，家产籍没，父母、兄弟、妻子俱流徙尚阳堡”[②]。至十一月二日，以身为主考而不能察觉同考官作弊，“降左庶子曹本荣、右中允宋之绳五级，仍以本衔门用”[③]。

短短半月，顺天闱科场案的初步审理与处置即告完成，涉案七人立斩，主考官亦因此得咎，处置力度空前。顺治的雷厉风行已使朝野内外心中凛然，而此后的发展则让案件进一步扩大。

在顺天闱案件审理过程中，朝廷掌握了更多的证据和线索，因此在七位主犯正法后，“提拿各犯，缇骑四出”[④]。随着逮捕的举子与官员不断增多，[⑤] 此次顺天闱乡试的公平性已成笑话，不在贿举名单上的举子恐亦未必皆有真才实学。顺治于是决定对整场顺天乡试选中的举人“亲行覆试”。当年十一月，顺治屡下严旨，敦促当科顺天闱举人来京，“不许迟延规避”[⑥]，若托故不来，除“革去举

---

① 题信天翁：《丁酉北闱大狱记略》，陈力编：《中国野史集粹》，巴蜀书社，2000，第955页。

② 《清世祖实录》卷一一二，顺治十四年十月甲午条，中华书局，1985，第880页。

③ 《清世祖实录》卷一一三，顺治十四年十一月庚子条，第882页。

④ 题信天翁：《丁酉北闱大狱记略》，第956页。

⑤ “张次先父子、孙伯龄父子、郁光伯父子，学士诸震、张汉之兄中书舍人张嘉，又中书张恂、光禄李倩，次第就逮。嗣又遣校拿常熟赵某，湖州沈某二人、闵某二人，皆有关节而不中者。”参见《丁酉北闱大狱记略》，第956页。

⑥ 《清世祖实录》卷一一三，顺治十四年十一月己酉条，第882—883页。

人，永不许应考”外，仍要被“提解来京，严究规避之由”[①]。

顺治意志坚决，欲对这场科场大案追究到底。在这种情形之下，其余科道官员亦蜂拥上奏，参奏其余诸闱情弊。工科给事中阴应节在当年十一月参奏江南主考官方犹、钱开宗，指称江南闱“榜发后，士子忿其不公，哭文庙，殴帘官，物议沸腾”[②]。同时，刑科右给事中朱绍凤亦上奏弹劾河南主考官黄釶、丁澎，[③]并于十二月四日得旨严察。这样，起于顺天闱的大火就烧到了江南闱、顺天闱。

顺治十五年（1658）正月到三月，是丁酉科场案的发展阶段。在这一阶段，科场案进一步发酵，声势更加浩大，主要有以下三个方面的表现：

第一，波及范围继续扩大。顺治十五年二月，礼部磨勘各闱乡试朱卷，“河南省考试官黄釶、丁澎用墨笔添改字句；山东省同考官同知袁英，知州张锡怿，知县唐瑾、吴暹、何铿、章贞用蓝笔改窜字句；山西省考试官匡兰馨、唐赓尧批语不列衔名：俱属疏忽”[④]。除顺天、江南、河南外，山东、山西亦被卷入其中。

第二，对江南闱的劾奏增多。顺治十四年末，阴应节弹劾江南闱，只及江南闱主考官方犹、钱开宗，而在顺治十五年二月，御史上官鉝上书劾奏江南省同考官舒城县知县龚勋及中式举人程度渊，致使江南闱更受重视。[⑤]

第三，顺治亲自覆试顺天闱、江南闱。顺天闱士子在顺治十四年底即陆续进京，顺治帝于顺治十五年正月十七日亲自覆试顺天闱。又因江南闱情弊较多，在案发后“屡见参奏”[⑥]，顺治遂应上官鉝之请，“照京闱事例”“亲加覆试”[⑦]。当年三月，顺治帝覆试江南闱。朝廷决定覆试时已近春闱，江南闱举人因此错过此次会试。只有一位举人因文理独优而得免会试，直接与通过会试的贡士一同殿试。在覆试结束后，清廷于二月十三日革去顺天闱八位举人，又于三月革去

① 《清世祖实录》卷一一三，顺治十四年十一月丁巳条，第 883 页。

② 《清世祖实录》卷一一三，顺治十四年十一月癸亥条，第 884 页。

③ 《清世祖实录》卷一一三，顺治十四年十二月壬申条，第 885 页。

④ 《清世祖实录》卷一一五，顺治十五年二月庚午条，第 896 页。

⑤ 《清世祖实录》卷一一五，顺治十五年二月庚午条，第 896 页。

⑥ 《清世祖实录》卷一一五，顺治十五年三月戊午条，第 901 页。

⑦ 《清世祖实录》卷一一五，顺治十五年二月丙申条，第 899 页。

江南闱十四位举人，并将江南闱二十四人罚停会试两科。[①]

顺治十五年四月到十二月，是科场案的审结阶段。随着两闱举子相继覆试，诸闱案件的审理工作也陆续结束。以时间顺序而论，案发最早的顺天闱在顺治十五年四月结案。随后，河南闱在七月，江南闱在十一月，山东、山西两闱在十二月也都相继结案。按照处理结果的轻重，可以将诸闱分为三类：一为案情较轻者，包括山东、山西两闱；二为案情稍重者，主要是河南闱；三为案情极重者，包括顺天、江南两闱。

在涉案五闱中，山东、山西因礼部磨勘被卷入，主考或同考以疏忽违例而被降三级，案由轻微，处置较轻。[②]河南闱两主考除违反《科场条例》外，又有"恣取人参"之事，遂被流尚阳堡。[③]与上述三闱不同，顺天、江南两闱处置极重。

顺治十五年四月，刑部拟奏，顺天闱涉案诸人或"立斩"，或"立绞"，或"绞监候"，其中最重几人本要"家产籍没，妻子、父母、兄弟流徙尚阳堡"，顺治帝以"多犯一时处死，于心不忍"，特旨改轻，以示宽大，最后判决"俱从宽免死，各责四十板，流徙尚阳堡，余依议"。[④]

江南闱早在顺治十四年十一月就已被参，至顺治十五年十一月，刑部仍未能拟定意见。顺治下旨申斥，催促刑部。[⑤]刑部遂于十一月拟奏，"正主考方犹拟斩，副主考钱开宗拟绞，同考试官叶楚槐等拟责遣尚阳堡，举人方章钺等俱革去举人"。顺治帝以为量刑过轻，特旨改重，两主考皆被斩，十八位同考皆被绞，涉案举人亦"家产籍没入官，父母、兄弟、妻子并流徙宁古塔"[⑥]。

顺治十五年底至顺治十六年（1659）闰三月，是科场案的余波。顺治十六年，本已落下帷幕的科场案风波又起。是年云贵新附，诏开恩科，"于今秋再行

① 《清世祖实录》卷一一五，顺治十五年三月戊午条，第 901 页。

② 《清世祖实录》卷一二二，顺治十五年十二月丙寅条，第 944 页。

③ 《清世祖实录》卷一一九，顺治十五年七月辛酉条，第 926 页。

④ 《清世祖实录》卷一一六，顺治十五年四月辛卯条，第 907 页。

⑤ 《清世祖实录》卷一二一，顺治十五年十一月壬子条，第 941 页。

⑥ 《清世祖实录》卷一二一，顺治十五年十一月辛酉条，第 942 页。

会试”[①]。顺治又于当年闰三月二十八日再次覆试丁酉科江南举人。这次覆试除十八人被罚停会试两科外，其余人皆准作举人，并允许参加当科会试。[②]这次的处理结果较顺治十五年时稍轻。而至此为止，丁酉科场案正式宣告平息。

综合上文所述，我们可将丁酉科场案的整个过程制成以下表格：

分期	年月	顺天闱	江南闱	河南闱	山东闱、山西闱
案发	顺治十四年十月	任克溥参奏			
	顺治十四年十一月		阴应节参奏		
	顺治十四年十二月			朱绍凤参奏	
发展	顺治十五年正月	覆试			
	顺治十五年二月		屡见参奏	礼部磨勘	礼部磨勘
	顺治十五年三月		覆试		
审结	顺治十五年四月	结案			
	顺治十五年七月			结案	
	顺治十五年十一月		结案		
	顺治十五年十二月				结案
余波	顺治十六年闰三月		再行复试		

纵观整个丁酉科场案，顺天和江南两闱的处置最重。这是因为其余三闱案由较轻，而顺天、江南两闱案由较重。因此，历来对丁酉科场案的讨论都集中在顺天、江南两闱。而对顺天、江南两闱的讨论又主要集中在讨论两闱的起因与对两闱的处置上。

二

顺天闱、江南闱的案发首先是由于科举弊窦丛生，落第举子心中愤懑，鼓

① 《清世祖实录》卷一二三，顺治十六年二月庚午条，第954页。

② 《清世祖实录》卷一二五，顺治十六年四月己亥条，第969—970页。

噪舆论。顺天闱同考官李振邺、张我朴等收受嘱托甚多，但录取额数有限。其中又以李振邺最为孟浪。李振邺在闱内阅卷时将关节落于纸笔，又被童子拿去，忘记索回销毁。事后他又四处宣扬“某某，我之力也”[①]，被人揭发，传遍京师。此事被刑科右给事中任克溥闻之上奏，其事遂发。而其童子所藏纸条亦被发现，牵扯权贵众多。

顺天闱起于舆论，江南闱亦是如此。戴璐《鼓斋杂录》载：“顺治丁酉科场大狱，相传因尤侗著《钧天乐》而起。时尤侗、汤传楹高才不第，隐姓名为沈白、杨云，描写主考何图，尽态极妍，三鼎甲贾斯文、程不识、魏无知，亦穷形尽相。”[②] 张维屏《松轩随笔》载：“西堂先生自恨不登甲乙榜……出句谓读《离骚》《钧天乐》诸传奇，对句谓秋波制艺也。”[③] 可见江南闱亦是舆论喧嚣，被工科给事中阴应节以“物议沸腾”参奏。

两闱的风波虽起于舆论，但科道官员的参劾尤为关键。有学者认为这两闱案情与顺治年间的南北两党相争有关。[④] 邓之诚先生以为丁酉大案背后操弄之人是北党刘正宗，何涛则认为顺天闱背后有南党王永吉的影子，这些看法似有证据不足之嫌。当时人对于任克溥参奏顺天闱的动机是这样描述的：

> （任克）溥受山左诸大老意旨，久衔考官。又为孙伯龄所咻，不无垂涎于房考。房考不应，早已甘心诸人。[⑤]

任克溥，山东聊城人。时人以其为“受山左诸大老意旨”，则其本为北党。而孙珀龄，山东济南人，亦为北党，与其有隙。同时，因此案而遭难的张天植亦为北党。那么任克溥参奏顺天闱背后恐无南北党争的因素。至于王永吉借此

---

① 《丁酉北闱大狱记略》，第 954 页。

② 戴璐：《石鼓斋杂录》，孟森编：《心史丛刊》，第 62 页。

③ 张维屏：《松轩随笔》，孟森编：《心史丛刊》，第 62 页。

④ 邓之诚：《清诗纪事初编》卷六，中华书局，1965，第 660 页。何涛：《顺治丁酉科场案背后的朝局纷争》，《甘肃广播电视大学学报》2021 年第 5 期，第 71—72 页。

⑤ 《丁酉北闱大狱记略》，第 955 页。

打压北党，他或有这层想法。但王永吉嫡侄陷入此案，王永吉本身亦以此案得咎。则南北党诸人皆受顺天闱牵连，可见顺天闱并非南北党争。至于江南闱，阴应节所参的方拱乾虽为南人，却正是北党大老刘正宗的好友。此后顺治十七年（1660），魏裔介参劾刘正宗时，正用方拱乾的流徙来论证刘正宗立身不正方才交友如此。[①] 则阴应节参奏江南闱，恐亦并非北党打击南党之举。

这两闱案发，其实皆由当时舆论喧嚣，而科道官为谋求禄位，进而风闻参奏。顺治帝在当年十月曾说："朕年来屡饬科道各官据实陈奏以广言路，乃不抒诚建议。"[②] 鼓励科道官员上书陈弊。任克溥正是看中这一机会，才在当年十月十六日大胆上奏。顺治帝随即于十月十九日将其从刑科右给事中转为左给事中。这也是随后科道官员接连不断参劾丁酉科场的原因所在。

顺天闱、江南闱在案发之后声势一浪高过一浪，其中又有汉人借以相互构陷。记于顺治十七年的《丁酉北闱大狱记略》曾言："满汉水火，而汉之无耻者又欲借满以倾汉，倾汉以结满。"[③] 顺天闱如此，江南闱亦同样，甚至更甚。著名的才子吴兆骞即被诬陷。吴父在给吴兆骞的信里写道："不意仇人一纸谤书……忽罹奇货。"[④] 吴兆骞之子所著《宁古塔纪略》亦载："讵知变起萧墙，以风影之谈，横被诬陷……"[⑤] 邓之诚先生猜测："吴兆骞……遣戍宁古塔，章、王所告发也。"[⑥] 章、王二人乃是同声社成员，吴兆骞乃是慎交社成员，两社互相龃龉，遂有吴兆骞之事。

丁酉科场案诸闱处理皆重，而江南闱尤重，关键在于顺治皇帝。每次乡试前，中央都会分配主考官，顺治十四年当然也不例外。下面是《清世祖实录》中几则主考官任命的记载：

---

① 《清世祖实录》卷一三六，顺治十七年六月壬辰条，第 1051 页。

② 《清世祖实录》卷一一二，顺治十四年十月乙酉条，第 879 页。

③ 《丁酉北闱大狱记略》，第 956 页。

④ 吴兆骞：《归来草堂尺牍》，麻守中校点：《秋笳集》，上海古籍出版社，2009，第 275 页。

⑤ 吴桭臣：《宁古塔纪略》，麻守中校点：《秋笳集》，上海古籍出版社，2009，第 338 页。

⑥ 邓之诚：《清诗纪事初编》卷三，第 387 页。

七月乙巳，命内翰林国史院侍讲方犹、弘文院检讨钱开宗为江南乡试主考官。谕曰："江南素称才薮，今遣尔等典试，当敬慎秉公。倘所行不正，独不见顾仁之事乎？必照彼治罪，决不轻恕。尔等秉公与否，朕自闻知，岂能掩人耳目。尔其慎之。"①

七月己未，命吏部员外郎黄釴、礼部主事丁澎为河南乡试主考官。②

八月癸酉，命左春坊左庶子曹本荣、右春坊右中允宋之绳为顺天考试官。③

顺天、江南、河南都是此次乡试案涉及的场闱，而江南则因系明南京，而在科举中尤有其特殊地位，向与顺天并称"南北两闱"。在考官任命中，顺治对江南闱的考官特意有过一番叮嘱，并以"顾仁之事"相告诫。"顾仁之事"是顺治朝的一起要案。顾仁在顺治十二年（1655）六月以刑部主事巡按顺天。十月十九日，"吏部书吏章冕刎颈叩阍，讦告顺天巡按顾仁悖旨婪赃，陷害无辜"。更让顺治恼火的是，在外遣顾仁时，顺治曾召其至太和殿与左翼门两次面谕，叮嘱再三，希望其能"仰体朕意，洁己率属，奠安民生"。可顾仁却"面承敕谕，再四谆切，辄敢背旨坏法，收囊纳贿"。顺治在历数其罪状时毫不掩饰自己的愤怒，称其"不但坏法受贿，且背朕两次面谕，为日无几，藐若罔闻"④。随后，议罪凌迟，顺治从宽改为立斩。⑤

顾仁案对顺治帝的影响是巨大的，此后面谕群臣时顺治帝经常引以诫勉群臣。其意大旨是告诫臣下忠心任事，勿违上谕。这也正是江南闱案发后，顺治特旨改重时，尤其强调江南闱两位主考"辄敢违朕面谕""大为可恶"⑥的原因所在。

① 《清世祖实录》卷一一〇，顺治十四年七月乙巳条，第863页。
② 《清世祖实录》卷一一〇，顺治十四年七月己未条，第866页。
③ 《清世祖实录》卷一一一，顺治十四年八月癸酉条，第867页。
④ 《清世祖实录》卷九五，顺治十二年十一月癸未条，第744页。
⑤ 《清世祖实录》卷九五，顺治十二年十一月乙酉条，第745页。
⑥ 《清世祖实录》卷一二一，顺治十五年十一月辛酉条，第942页。

三

江南闱的处理较顺天为重，顺天、江南的处理则较其余三闱为重。若扩大视野，就会发现，本次科场案的处理则较顺治朝以往历次科场案都要严重。

此前，在顺治二年（1645）、十一年（1654）皆有乡试案发生，但处理方式却相对温和。顺治二年的河南乡试案的处理如下：

> 礼部磨勘河南乡试录，内称“皇叔父”为“王叔父”。主考欧阳烝、吕云藻俱请敕下处分。疏入。得旨：“皇叔父摄政王封号，久奉明旨，中外恪遵。欧阳烝辄敢任臆改移，悖慢不敬，无人臣礼，殊属可恶，并吕云藻俱着革职，刑部分别究拟具奏。”①

顺治十一年顺天乡试案处理方式与二年类似：

> 礼部尚书郎球等参奏：“顺天主考范周、吴正治评阅朱卷，止有姓名，全无次第。请敕部议处。”户科给事中宋牧民复参奏：“试录程文种种乖谬，至有喧传为笑柄者，辱简命而忝文衡，莫此为甚。请敕部从重处分，以挽颓风、昭文治。”俱下所司。②

顺治二年为多尔衮摄政时期，顺治十一年为顺治亲政时期。两场乡试科场案，即使是干犯清廷大忌的文字大案，其罪责都仅止于主考，没有牵连他人。不仅对考官宽容，对科举士子表现出的陋习，顺治亦显示出宽宏大量的一面，“谕礼部：‘近来进呈登科录及乡、会、殿试等卷，率多隐匿年岁，以老为壮，以壮为少……今科进士登科录及以后各试卷，务要据实供写。其余陋风，悉行

① 《清世祖实录》卷二二，顺治二年十二月庚子条，第194页。

② 《清世祖实录》卷八六，顺治十一年十月庚午条，第680页。

改正，毋负朕崇诚信、重廉耻至意。'”① 这道谕旨，语气平和、态度优容。

顺治时期，科举名额充足，应考者增多，使得顺治时期平均进士数冠绝有清一朝。其与之后的康熙朝相比，更形成一种巨大的反差。② 但是顺治在处理丁酉科场案时却一反此前的温和，大加斧钺。这样的转变的背后更深的思想因素。

多尔衮摄政时，多用北人为政。顺治八年（1651）顺治帝亲政后，大力擢用以陈名夏、陈之遴为首的南人。而到顺治十三年（1656），多尔衮时期的北党势力已不成威胁，昔日南党之首的陈名夏也获罪被诛。朝中政局皆在掌握，在亲政多年之后、接近成年之时，顺治帝对朋党问题的认识正逐渐发生转变。

顺治十三年二月二十七日，顺治帝在南苑晓谕群臣：

> 今人多结朋党……朕观宋、明亡国，悉由朋党。其时学者以程颐、苏轼为圣贤，程颐、苏轼非党，则蜀、洛之名何自而生？嗣后各树门户，相倾相轧，宋之亡实兆于此。学者虽明知之而不敢置议，可不为大戒欤？朕自亲政以来，以宽为治，恒谓洪武诛戮大臣为太过。由今以观，太宽亦不可也。
>
> …………
>
> 上曰：“朕之所以教尔等者，诚视尔等如子，欲其改过迁善。尔等嗣后亦当体悉朕心，勇于去不善，以勉于善。不然，国法具存，朕亦不能为尔等宽也。”诸臣皆顿首受命。③

在顺治看来，宋、明两国因朋党而亡国。顺治皇帝在此反思自己亲政以来对朝臣过于宽纵，今后当效法明太祖，对臣子违谕从严处置。实际上，早在顺治十年（1653），顺治皇帝对明太祖就已然颇具好感了。当时，他问宁完我、陈名夏等：“上古帝王，圣如尧舜，固难与比伦。其自汉高以下、明代以前，何帝为优？”陈名夏等回答说：“汉高、文帝、光武、唐太宗、宋太祖、明洪武，俱

① 《清世祖实录》卷九一，顺治十二年四月丙子条，第 716 页。

② 李润强：《清代进士群体与学术文化》，中国社会科学出版社，2007，第 54—55 页。

③ 《清世祖实录》卷九八，顺治十三年二月丙子条，第 764 页。

属贤君。”顺治进一步问这几位之中谁最贤，陈名夏以唐太宗为对。顺治并不满意，对他说：“岂独唐太宗？朕以为历代贤君，莫如洪武，何也？数君德政有善者、有未尽善者，至洪武所定条例章程，规画周详。朕所以谓历代之君不及洪武也。”① 顺治皇帝此前从未因党争而杀大臣，而在诛杀南党陈名夏后，此次面谕群臣，再次谈及朋党问题，并提及明太祖，显露出从严惩治的决心，对大臣的警告之意明显。顺治皇帝表明严惩意图不止一次。在顺治十四年十月，顺治帝再次向臣工表明：“今后若复违朕谕，国法具在，决不少宥。”②

顺治皇帝除了有从宽纵到严治的横向心态转变，他对朋党问题的认识更有纵向的深入认识。顺治年间的朋党一般被称作“南北党”，这是因为两党大佬分别出身江南与山东。以地域为名的朋党在朝中便产生了南人、北人这样以地缘利益结合的政治利益共同体。顺治时期南北两党的大臣曾多次明言南北之争。北党大老冯铨曾说：“南人优于文而行不符，北人短于文而行可嘉。”③ 他以此来劝顺治皇帝选材不可偏重文采，任官不可偏用南人。南党陈之遴也曾说过“南北各亲其亲，各友其友”，为顺治痛恶。④ 顺治帝也不讳言南北，针对陈之遴上述言论，他说：“朝廷立贤无方，不分南北。南人中有贤有不肖，北人中亦有贤有不肖。朕近日处分各官虽多南人，皆以事情论，非以地方论。”⑤ 可知时人对朋党的认识多以地域南北为言。

一般而言，南北党之所以成势，既在于一二高官的旗帜作用，又在于他们能提携后进。而朋党相互提携、培植势力最重要的方式，就是科举。但事有不可一概而论者。北党宁完我弹劾陈名夏时，曾引张天植为证人。张天植，浙江秀水人，顺治六年（1649）探花。⑥ 宁完我称“天植系臣门生，知之颇悉”⑦。宁完我正是顺治六年会试的考官之一。张天植是南人出身，又名列探花，按理来

① 《清世祖实录》卷七一，顺治十年正月丙申条，第 567 页。
② 《清世祖实录》卷一一二，顺治十四年十月乙酉条，第 879 页。
③ 《清世祖实录》卷七三，顺治十年三月癸巳条，第 580 页。
④ 《清世祖实录》卷九九，顺治十三年三月乙酉条，第 768 页。
⑤ 《清世祖实录》卷九九，顺治十三年三月癸卯条，第 771 页。
⑥ 法式善：《清秘述闻》卷一，中华书局，1982，第 12 页。
⑦ 《清世祖实录》卷九九，顺治十一年三月一日辛卯条，第 769 页。

说当颇受南党器重，但其最后却与北党宁完我共诋陈名夏。

由此可见，地域同乡关系和科举师生、同年关系既有交叉又有区别。科举一方面作为管道，为以地域关系为主的南北两党输送新人，成为南、北党的“朋党之根”；另一方面，错综复杂的师生与同年关系又构成了一种不同于地域关系的权力网络，成为另一种潜在的朋党。

顺治十三年，在朝中朋党问题渐轻后，顺治帝对朋党的认识逐渐下移，从先前关注“六部大臣，各自结党”[①]的南、北地域之党，到逐渐注意到科举在朋党形成过程中的重要作用。更重要的是，他意识到，作为“朋党之根”的科举与“六部大臣，各自结党”的朝中朋党不同。对于朝中大臣所结朋党，顺治帝可以加以利用，稳坐高台，但科举的不正之风则会广泛影响士子和中低层官员。考官以朝廷公典市其私恩，贪贿横行，必会蠹食王朝根本。他因此传谕汉臣：

> 今观风俗日移，人心习于浇薄，遇幼年受业之师，略不致礼，惟以考试官为师终身加敬。夫以理论，则自幼教育之师，受其诲导，自宜始终敬礼。若考试官员，朕所遣也，岂受业者比哉？自后此等，悉宜明示禁革之。[②]

顺治十四年正月，顺治帝就此问题再次传谕吏部：

> 朕惟制科取士，课吏荐贤，皆属朝廷公典，原非臣子可借以罔上行私、市恩报德之地。至于师生称谓，必道业相成，授受有自，岂可攀援权势，无端亲昵？近乃陋习相沿，会试、乡试考官所取之士，及殿试读卷、廷试阅卷、学道考试优等、督抚按荐举属吏，皆称门生。往往干谒于事先，径窦百出；酬谢于事后，贿赂公行……朕欲大小臣工共涤肺肠，痛革积弊……如扬榜后有仍前认作师生者，一并重处不贷。尔部即通行严饬内

---

① 《清世祖实录》卷七二，顺治十年二月己酉条，第571页。

② 《清世祖实录》卷九八，顺治十三年二月丙子条，第765页。

外各衙门务令恪遵，永绝朋党之根。以昭朕激劝群工、共还荡平至意。[①]

顺治解决朝中朋党问题后，意识到朝中的朋党只是所结之果，科举制度才是“朋党之根”。顺治十三、十四年，是顺治帝朋党观转变的关键节点。从朝中的朋党到科举的陋弊，是从朋党之果溯及朋党之根。顺治对士人、举子的态度，也如他在顺治十三年所言，从“宽以为治”到“不能为尔等宽”。恰在顺治皇帝观念转变的这一节点上，丁酉科场案出现在他的面前，这也正是顺治严惩这起科场案在理性层面的深层原因。以江南闱为例，阴应节参江南闱举子方章钺与主考方犹同宗。方拱乾在回奏中表示：“臣籍江南，与主考方犹从未同宗，故臣子章钺不在回避之例，有丁亥、己丑、甲午三科齿录可据。”[②] 历来学者皆以为此言可以信据。方章钺的侄子方登峄在后来却说：“我叔方章钺中举后，与考试官方犹认了族亲，被监察御史阴应节参劾革职。”[③] 据此可知，方章钺并非因与主考官方犹联宗而中举。相反，方章钺是中举后才与主考官方犹联宗。而考后与考官以师生相称、联宗攀附，正是顺治在顺治十三年、十四年谕旨中反复申戒的。

结 语

顺治十四年乡试放榜后，顺天、江南两闱士子物议沸腾，河南、山东、山西等闱亦相继被劾。顺治帝闻此大怒，大狱遂起。是次科场案蔓及全国，又以顺天、江南两地最惨。

河南、山东、山西等闱所涉案由较轻，因此处置也最轻。顺天、江南两闱之案起于落第举子因觉考试不公而发的舆论，考官与考生交通贿买，皆牵涉案中，案由更重。同时，其中又夹杂着汉人的相互构陷。江南闱主考官临行前曾

① 《清世祖实录》卷一〇六，顺治十四年正月戊午条，第827页。

② 《清世祖实录》卷一一三，顺治十四年十二月乙亥条，第885页。

③ ［法］戴廷杰（Pierre—Henri Durand）:《戴名世年谱》卷十二，中华书局，2004，第865页。

受顺治面谕，并被诫以“顾仁之事”。案发之后，顺治对违背上谕的江南闱无疑更为恼恨，这也是他最终对江南闱的处理特旨改重的重要因素。

如果跳出丁酉案本身，着眼于整个顺治朝的政策转变，丁酉案仍然是一个具有标志性的节点。它标志着顺治的统治风格由宽松转向严厉，也标志着顺治对朋党的处置与防治由重视朝局到重视科举。

在亲政后逐渐解决朝中朋党问题的过程中，顺治帝对朋党的认识逐渐深化。在处理陈名夏案后，他晓谕群臣，阐明自身的朋党观。宋、明因朋党而亡国，自己对待朋党也将如明太祖一般从严、从重而不会以过往的宽松平和相待。

同时，他还逐渐意识到科举与朋党的相互作用。朝中的朋党尚可利用，而科举风气的败坏则有百害而无一利。因此，改革科举风气就显得尤为重要。丁酉科场案正是他因势利导，改革科举以绝“朋党之根”的一次重要尝试。

The Ding–You Imperial Civil Examination Case and the Development and Transformation of Shunzhi' s View on Cliques

Kong Xiangnan

Abstract: In the Ding–You Imperial Examination Case during the Shunzhi Period, the Shuntian and Jiangnan examination halls were dealt with more severely than the other three, and the Jiangnan examination hall was dealt with more severely than the Shuntian' s. The entire Ding–You Imperial Examination Case was dealt with more severely than the other Imperial Examination cases during the Shunzhi Period. The Shuntian and Jiangnan examination halls were dealt with more severely than the other three because they were involved in bribery and collusion. The Jiangnan examination hall was dealt with more severely than the Shuntian' s because the Shunzhi Emperor was angry that the chief examiner of the Jiangnan examination hall violated his face–to–face warning. The entire Ding–You Imperial Examination Case was more severe than the other Imperial Examination cases because it was at a point when the Shunzhi Emperor' s ruling policy changed from being lenient to being strict, and the handling and prevention of cliques changed from focusing on the court to focusing on the Imperial Examination. Behind the severe punishment of the Ding–You Imperial Examination Case was the development and transformation of Shunzhi's view on cliques.

Key words: Ding–You; Jiangnan; Shunzhi Emperor; Imperial Examination System; Cliques